Monopolisierungstendenzen bei Netzwerkgütern

Studien zur Wirtschaftspolitik

Herausgegeben vom
Forschungsinstitut für Wirtschaftspolitik
an der Universität Mainz e.V.

Band 82

PETER LANG
Frankfurt am Main · Berlin · Bern · Bruxelles · New York · Oxford · Wien

Anne Katrin Sohns

Monopolisierungstendenzen bei Netzwerkgütern

Wettbewerbspolitische Analyse mit Microsoft-Problematik

PETER LANG
Internationaler Verlag der Wissenschaften

Bibliografische Information der Deutschen Nationalbibliothek
Die Deutsche Nationalbibliothek verzeichnet diese Publikation in der Deutschen Nationalbibliografie; detaillierte bibliografische Daten sind im Internet über <http://www.d-nb.de> abrufbar.

Zugl.: Mainz, Univ., Diss., 2006

D 77
ISSN 1438-7433
ISBN 978-3-631-55067-0

www.peterlang.de

Vorwort

Die vorliegende Studie entstand während meiner Zeit als wissenschaftliche Mitarbeiterin am Lehrstuhl für Volkswirtschaftslehre von Universitätsprofessor Dr. Hartwig Bartling sowie als Geschäftsführerin des Forschungsinstitutes für Wirtschaftspolitik an der Universität Mainz e.V. Sie wurde im Juli 2006 fertig gestellt und im September 2006 vom Fachbereich Rechts- und Wirtschaftswissenschaften als Dissertation angenommen. Für die Veröffentlichung sind einige aktuelle Entwicklungen ergänzt.

An der Entstehung dieser Arbeit waren zahlreiche Personen direkt oder indirekt beteiligt, denen ich an dieser Stelle danken möchte: Mein besonderer Dank gilt meinem akademischen Lehrer, Herrn Universitätsprofessor Dr. Hartwig Bartling. Neben seiner sehr guten fachlichen Betreuung trugen seine verständnisvolle, großzügige und feinsinnige Art sowie sein immerwährender doktorväterliche Zuspruch maßgeblich zum Gelingen der Studie bei.

Weiterhin danke ich Herrn Universitätsprofessor Dr. Werner Zohlnhöfer für die Übernahme des Zweitgutachtens, seine wertvollen Anregungen und sein großes Interesse an der Thematik. Ferner danke ich Herrn Universitätsprofessor Dr. Rolf Peffekoven für die Übernahme des Vorsitzes der Prüfungskommission. Den Herren Universitätsprofessoren Dr. Helmut Diederich und Dr. Walter Hamm danke ich für wertvolle Anmerkungen zu meiner Studie. Vor allem möchte ich Herrn Prof. Dr. Frank Fichert danken, der die vorliegende Arbeit durch seine große Fachkompetenz und Diskussionsfreude wesentlich bereichert hat.

Herzlich bedanke ich mich auch bei meinen Kolleginnen und Kollegen – Dr. Antje Geldsetzer, Dr. Michael Mörsch, Katja Mohr und Stephanie Schüller für die sehr gute kollegiale Zusammenarbeit, sowie unserer hilfswissenschaftlichen Mitarbeiterin Seher Yildirim für ihre Unterstützung. Darüber hinaus gilt mein spezieller Dank Frau Jutta Sack, die mit großer Sorgfalt die mühevolle Satzarbeit übernahm.

Nicht zuletzt danke ich wichtigen Menschen aus meinem privaten Umfeld, mit deren Unterstützung und Aufmunterung ich so manche hoffnungslos erscheinende Krise meistern konnte. Besonders hervorheben möchte ich meine Freunde Susanne Beck, Simon Brendel, Thomas Kilian, Eva Krieger, Anja Kümmel, Melanie Kubin, Katrin Roesen, Carsten Schulz und allen voran Harriet Zilch.

Abschließend gilt mein tiefer Dank meiner Familie: Gertrud Sohns, Horst Sohns, Margarete Sohns, Judith Sohns, Ingo Schmall und Johanna Schmall. Insbesondere danke ich meiner Schwester Judith Sohns für wertvolle sprachliche Anregungen, meinem Schwager Ingo Schmall für ausgiebige Gespräche über den Aufbau und die Spezifikationen von Software sowie meiner Mutter Gertrud Sohns für ihre große Ausdauer beim Korrekturlesen und ihrem unermüdlichen Zuspruch.

Mainz, September 2006 Anne Katrin Sohns

Inhaltsverzeichnis

Abbildungsverzeichnis

Tabellenverzeichnis

Abkürzungsverzeichnis

Abs.	Absatz
API	Applications Programming Interface
Art.	Artikel
ASP	Application Service Provider
Aufl.	Auflage
BIP	Bruttoinlandsprodukt
Bit	Binary Digit
B2B	Business-to-business
bzw.	beziehungsweise
ca.	circa
CAD	Computer Aided Design
CD	Compact Disc
CDs	Compact Discs, Plural und alle Fälle des Plurals
CISC	Complex Instruction Set Computing
COE	Client Operating Environment
CORBA	Common Object Request Broker Architecture
c. p.	Ceteris paribus
CRM	Customer Relationship Management
DBMS	Datenbankmanagementsystem
DCOM	Distributed Component Object Modell
DOS	Disc Operating System
d. h.	das heißt
DK	Durchschnittskosten
DV	Datenverarbeitung
DVD	Digital Versatile Disc

DVDs	Digital Versatile Discs, Plural und alle Fälle des Plurals
EDV	Elektronische Datenverarbeitung
EG	Europäische Gemeinschaft
EGV	Vertrag (zur Gründung) der Europäischen Gemeinschaft
ERP	Enterprise Resource Planning
et al.	et alii
etc.	et cetera
EU	Europäische Union
EuG	Europäisches Gericht
f.	folgende
F.A.Z.	Frankfurter Allgemeine Zeitung
F&E	Forschung und Entwicklung
ff.	fortfolgende
GE	Grenzerlös
GK	Grenzkosten
GNU	GNU is not Unix
GUI	Graphical User Interface
GWB	Gesetz gegen Wettbewerbsbeschränkungen
HOTB	Höchstoptimale technische Betriebsgröße
Hrsg.	Herausgeber
HTTP	Hypertext Transport Protocol
IAP	Internet Access Provider
IuK	Informations- und Kommunikationstechnik
IT	Informationstechnik
J2EE	Java 2 Enterprise Edition
KMU	kleine und mittlere Unternehmen

Kfz	Kraftfahrzeug
LAN	Local Area Network
lit.	littera, der Buchstabe
ME	Millennium Editino
Mio.	Million(en)
MOM	Message-Oriented-Middleware
MOTB	
Mrd.	Milliarde(n)
MS	Microsoft
MSN	Microsoft Network
NC	Netzcomputer
NT	New Technology
OEM	Original Equipment Manufacturer
OI	Organisation und Informatik
OTMs	Objekt-Transaktions-Monitore
OECD	Organisation for Economic Co-Operation and Development
o. J.	ohne Jahresangabe
OMG	Object Management Group
OS	Operating System
o. V.	ohne Verfasserangabe
p. a.	pro anno
PC	Personal Computer
PCs	Personal Computer, Plural und alle Fälle des Plurals
PDA	Personal Digital Assistant
PDF	Portable Document File
Rdn.	Randnummer

RISC	Reduced Instruction Set Computer
ROM	Read only memory
S.	Seite
SCM	Supply Chain Management
Sec.	Section
SOE	Server Operating Environment
SVR	Sachverständigenrat zur Begutachtung der gesamtwirtschaftlichen Entwicklung
Tz.	Textziffer
u. (a.)	und (andere); unter anderem
URL	Uniform Resource Locator
USA	United States of America
USD	United States Dollar
vgl.	vergleiche
VHS	Video Home System
VLA	Volume License Agreement
Vol.	Volume
Y2K	Year 2000
z. B.	zum Beispiel
z. T.	zum Teil
z. Z.	zurzeit

Erster Teil: Einführung

A Problemstellung und Zielsetzung der Arbeit

Die Erfolge des Personal Computers seit den 1980er Jahren und des Internets seit Mitte der 1990er Jahre haben nicht nur unseren Alltag grundlegend verändert, sie stellen auch die Wettbewerbspolitik vor eine neue und große Herausforderung. Obwohl sich die Märkte der New Economy durch die oft gerühmte Innovationsdynamik auszeichnen, weisen sie auch eine ausgeprägte Tendenz zur Unternehmenskonzentration auf. Das gilt z. B. für Client-PC-Betriebssysteme, Office-Suites und Handelsplattformen.

Anders als bei Märkten für traditionelle Güter scheint die primäre Ursache für Monopolisierungstendenzen auf Märkten für Netzwerkgüter weder in den Verhaltensweisen der Anbieter noch in den angebotsseitigen Größenvorteilen zu liegen. Vielmehr sprechen in dieser Studie herausgearbeitete Indizien dafür, dass die Konzentrationstendenz durch den nachfrageseitigen Wunsch nach einem möglichst großen Netzwerk an Nutzern des gleichen Programms bzw. der gleichen Plattform hervorgerufen wird. Dieser Wunsch lässt sich darauf zurückführen, dass der Nutzen der Nachfrager mit zunehmender Netzwerkgröße steigt (positiver Netzwerkeffekt). Die Chancen für einen dauerhaften Wettbewerb auf Märkten für Netzwerkgüter sind demzufolge maßgeblich davon beeinflusst, ob das jeweilige Netzwerk nur von einem Anbieter bereitgestellt wird oder mehrere Anbieter ihre Güter, z. B. auf Basis eines gemeinsamen Standards, zu einem Netzwerk zusammenschließen. Zwar sind Netzwerkeffekte kein neues Phänomen des Computerzeitalters, jedoch entfaltet sich ihre konzentrationsfördernde Wirkung offensichtlich insbesondere bei virtuellen Gütern, da hier in vielen Fällen ein Netzwerk auf einem proprietären Standard eines Anbieters beruht.

Die Ökonomik der Netzwerkeffekte ist ein vergleichsweise junges Forschungsgebiet der Volkswirtschaftslehre, dessen Ursprünge in der Mitte der 1980er Jahre liegen.[1] Ein Großteil der volkswirtschaftlichen Arbeiten zu Netzwerkeffekten bedient sich spieltheoretischer Modelle, die zum einen die benutzerseitigen Probleme bei der multilateralen Koordination der Beitrittsentscheidungen zu Netzwerken untersuchen. Zum anderen werden die Anreize und Strategien privater Unternehmen zur Etablierung des eigenen Netzwerkes bzw. Standards analysiert.[2] In den Studien werden vorwiegend Effizienzanalysen durchge-

---

[1] Die ersten Arbeiten, in denen die Bedeutung von Netzwerkeffekten systematisch anhand eines spieltheoretischen Instrumentariums herausgearbeitet wurde, sind die Artikel von KATZ, SHAPIRO [1985] und FARRELL, SALONER [1985].

[2] Vgl. WEY [1999], S. 10.

führt. So ist untersucht, ob positive Netzwerkeffekte externe Effekte darstellen, die ein Marktversagen herbeiführen,[3] ob sich in einem marktlichen Standardisierungsprozess ein inferiorer Standard durchsetzt[4] und ob ein Standardwechsel zu einem überlegenen Netzwerk zu früh oder zu spät erfolgt.[5]

Studien, in denen die Auswirkungen von Netzwerkeffekten auf den Wettbewerb den zentralen Untersuchungsgegenstand darstellen, sind in der ökonomischen Literatur rar. Zwar haben zahlreiche prominente Ökonomen im Rahmen des US-amerikanischen Microsoft-Prozesses Artikel zu der Microsoft-Monopolproblematik verfasst, in denen auch die Auswirkungen von Netzwerkeffekten auf den Wettbewerb beleuchtet wurden. Da aber die Ökonomen während des Prozesses als Gutachter und Zeugen der Anklage bzw. des Angeklagten bestellt wurden, liegt die Vermutung nahe, dass die ökonomische Argumentation die jeweils vertretenen Parteiinteressen besonders betrachtet.[6]

Vor dem skizzierten Hintergrund ist ein erstes zentrales Ziel dieser Studie, die Auswirkungen von bedeutenden Netzwerkeffekten auf den Wettbewerb systematisch zu analysieren. Von besonderem Interesse ist hierbei, welche zusätzlichen marktstrukturellen und verhaltensbedingten Voraussetzungen dazu beitragen, dass sich die konzentrationsfördernde Wirkung von Netzwerkeffekten voll entfalten kann. Da insbesondere Märkte für Standardsoftware durch Konzentrationstendenzen gekennzeichnet sind, dienen sie als Fallstudien zur Konkretisierung der praktischen Relevanz der zunächst theoretisch vorgenommenen Analyse von Netzwerkeffekten. In diesem Zusammenhang wird auch untersucht, ob ein durch Netzwerkeffekte hervorgerufenes Monopol ein generelles Indiz für das Wettbewerbsversagen auf dem jeweiligen Markt darstellt. Unter einem fundamentalen Wettbewerbsversagen wird verstanden, dass der Wettbewerb auf einem Markt dauerhaft unterdrückt ist und sich die verfestigt-vermachtete Marktstruktur nicht durch staatliche Eingriffe korrigieren lässt. Deshalb werden die jeweilige Marktphase und die Höhe der Marktzutrittsschranken in die Analyse einbezogen.

Ein zweites zentrales Ziel der Studie ist es, der Wettbewerbspolitik praktische Handlungsempfehlungen beim Umgang mit Märkten für Netzwerkgüter zu ge-

---

3 Vgl. unter vielen KATZ, SHAPIRO [1985], LIEBOWITZ, MARGOLIS [1995a].

4 Maßgeblich wurde diese Diskussion von DAVID [1985] beeinflusst.

5 Vgl. unter vielen FARRELL, SALONER [1987].

6 So fungierten die Ökonomen Economides, Evans, Schmalensee, Liebowitz und Margolis als Berater für Microsoft, während z. B. die Ökonomen Fisher und Rubinfeld als Zeugen der U.S.-Regierung auftraten. Vgl. EVANS u. a. [2000], S. 133, ECONOMIDES [2002], LIEBOWITZ, MARGOLIS [2001a].

ben. Es wird geprüft, inwieweit der wettbewerbspolitische Ordnungsrahmen in Deutschland und der Europäischen Union dazu geeignet ist, den zuvor analysierten Wettbewerbsproblemen ursachenadäquat entgegenzutreten. Der über sieben Jahre andauernde Rechtsstreit zwischen der Europäischen Kommission und Microsoft erweckt nach dem US-amerikanischen Kartellrechtsverfahren gegen den Softwarekonzern den Eindruck, als stünden die Wettbewerbsbehörden der westlichen Industrieländer den spezifischen Wettbewerbsproblemen der New Economy nahezu machtlos gegenüber.[7] Vor diesem Hintergrund wird abschließend ein Vorschlag für die Gestaltung eines wettbewerblichen Ordnungsrahmens unterbreitet, der ein ursachenadäquates Vorgehen der Wettbewerbspolitik auf verfestigt-vermachteten Märkten für Netzwerkgüter erlaubt.

B Aufbau der Arbeit

Die vorliegende Studie ist in fünf Teile gegliedert. Im ersten Teil sind Problemstellung, Zielsetzung und Aufbau der Studie erläutert.

Im zweiten Teil wird in die grundlegende Problematik von Märkten für Netzwerkgüter eingeführt. Hierzu erfolgt eine detaillierte Auswertung der ökonomischen Theorie von Netzwerkeffekten aus wettbewerbspolitischer Sicht. Bereits in diesem Teil der Arbeit wird die zentrale Rolle der Kompatibilität auf Märkten für Netzwerkgüter herausgearbeitet, wobei zwischen den Wünschen der Nachfrager und der Anbieter unterschieden ist.

Die Teile drei bis fünf stehen im Zentrum der Studie. Im dritten Teil der Arbeit werden die Chancen für den Wettbewerb auf Märkten für Netzwerkgüter unter Einbeziehung der bisher gewonnen Erkenntnisse sowie unter Berücksichtigung der Marktphasen analysiert. Im Zuge der Wettbewerbsanalyse sind unterschiedliche Szenarien in Abhängigkeit von den Kompatibilitätsentscheidungen der Anbieter auf dem jeweiligen Markt für Netzwerkgüter untersucht. In der anschließenden Zusammenfassung ist herausgearbeitet, unter welchen Bedingungen Netzwerkeffekte die zentrale Ursache für die Monopolisierung eines Marktes darstellen. Der dritte Teil endet mit einer wettbewerbspolitischen Beurteilung dieser strukturellen Monopolisierungstendenzen.

Im vierten Teil werden die gewonnenen theoretischen Erkenntnisse in der Fallstudie „Analyse der Monopolstellung von Microsoft" konkretisiert. Märkte für Standardsoftware sind für eine Fallstudie besonders geeignet, da Netzwerkeffekte aufgrund der hier vorzufindenden „idealen" Nebenbedingungen ihre monopo-

---

[7] Vgl. HEISE (Hrsg.) [2006a] sowie FRANKFURTER ALLGEMEINE ZEITUNG (Hrsg.) [2006].

lisierende Wirkung ungehemmt entfalten können. Zunächst werden der Softwaremarkt mit seinen Besonderheiten charakterisiert und die auftretenden Netzwerkeffekte identifiziert. Anschließend wird der Markt für Client-PC-Betriebssysteme als „Paradebeispiel" für Märkte mit monopolistischer Marktstruktur vorgestellt. Schließlich ist die Rolle der Marktzutrittsschranken auf Märkten für Netzwerkgüter untersucht. Abschließend wird analysiert, unter welchen Voraussetzungen die Gefahr besteht, dass der dominante Anbieter seine Marktmacht auf vor- oder nachgelagerte Märkte überträgt. Neben grundsätzlichen Überlegungen sind die Märkte für „Internet-Browser" und „Server-PC-Betriebssysteme" als Fallbeispiele charakterisiert.

Im fünften und letzten Teil der Arbeit werden die Erkenntnisse der vorangegangenen Analyse zusammengefasst und der zentrale wettbewerbliche Problembereich identifiziert. Hierauf aufbauend ist diskutiert, ob die herkömmlichen Instrumente, wie sie im deutschen und europäischen Wettbewerbsrecht vorliegen, prinzipiell geeignet sind, einen wirksamen Wettbewerbsschutz auf Märkten für Netzwerkgüter zu gewährleisten. Es wird deutlich, dass diese Instrumente insbesondere dann nicht ursachenadäquat wirken, wenn Netzwerkeffekte eine dauerhafte Monopolstellung hervorrufen, die durch gezielte, wettbewerbsbeschränkende Verhaltensweisen des dominanten Anbieters weiter verfestigt wird. Aufbauend auf dieser Erkenntnis ist ein wettbewerbspolitisches Konzept zur Lösung des Problems entwickelt.

Die Arbeit schließt mit einem Fazit unter Betonung des zukünftigen Forschungs- und Handlungsbedarfs für die Wettbewerbspolitik.

Zweiter Teil: Besonderheiten von Märkten für Netzwerkgüter

A Grundlagen

1 Begriffsabgrenzungen

Netzwerkeffekte wurden ansatzweise bereits in den 1970er Jahren bei physischen Netzwerken untersucht.[8] Im Jahr 1985 hoben die Autoren Katz und Shapiro erstmals anhand eines formalen Modells hervor, dass bedeutende Netzwerkeffekte die zentrale Ursache für die Monopolisierung eines Marktes sein können.[9] Der wegweisende Artikel entfachte in der ökonomischen Literatur unter anderem eine Diskussion darüber, inwieweit Netzwerkeffekte als Ursache von Monopolisierungstendenzen verkannt worden sind. Zuvor wurden strukturell bedingte Monopolisierungstendenzen nahezu ausschließlich durch das Auftreten angebotsseitiger Größenvorteile begründet.[10]

Netzwerkeffekte treten bei einer Vielzahl von Gütern sowohl in positiver als auch in negativer Form sowie in unterschiedlich starker Ausprägung auf. Ein *positiver* Netzwerkeffekt bezeichnet das Phänomen, dass ein neuer Nachfrager des gleichen Gutes den Nutzen der aktuellen Nachfrager erhöht. So mehrt z. B. ein neuer Teilnehmer eines Telekommunikationsnetzes den Nutzen der anderen Teilnehmer, weil er einen zusätzlichen potenziellen Gesprächspartner darstellt. *Negative* Netzwerkeffekte können in einer Netzwerkgemeinschaft z. B. in Form von Viren auftreten, die von einzelnen Netzwerkteilnehmern in Umlauf gebracht werden. Sie verursachen Ausfälle von EDV-Programmen, Emailsystemen oder ganzen Netzwerken und mindern so den Gewinn/Nutzen der betroffenen Unternehmen/Privatpersonen.[11] In der Regel überwiegt in Netzwerkgemeinschaften der positive Netzwerkeffekt deutlich. Ein eventuell auftretender negativer Netzwerkeffekt kann den positiven Netzwerkeffekt abmildern, jedoch nur in Ausnahmefällen überkompensieren. In den nachfolgenden Abschnitten wird gezeigt, dass der positive Netzwerkeffekt einen zentralen Einfluss auf die Bildung einer Netzwerkgemeinschaft besitzt. Vor diesem Hintergrund wird der Begriff Netzwerkeffekt in dieser Studie als positiver Netzwerkeffekt verstanden.

---

8 Vgl. ROHLFS [1974], S. 16 ff.

9 Vgl. KATZ, SHAPIRO [1985], S. 424 ff.

10 Die Auswirkungen angebotsseitiger Größenvorteile sind in Kapitel D 3.3 erörtert.

11 Um derartige Risiken zu vermindern, werden umfangreiche Sicherheitssysteme installiert. Beispielsweise investierten im Jahr 2002 deutsche Unternehmen mit mehr als 100 Angestellten – nach eigenen Angaben – etwa 7,3 Mrd. Euro in die „Informationssicherheit". Vgl. GITNET-SECURITY (Hrsg.) [2003].

Der Gesamtnutzen (u_i), den ein Nachfrager durch den Kauf eines Gutes mit positiven Netzwerkeffekten erfährt, lässt sich anhand einer einfachen linearen Nutzenfunktion darstellen:[12]

$$u_i = y_i + z_i N^e$$

In der Regel wird hierbei die Annahme getroffen, dass die Nachfrager nur eine Einheit des Netzwerkgutes nachfragen.[13] Der Parameter y_i stellt den Anteil am Gesamtnutzen dar, den der Nachfrager *i* aus den qualitativen Grundeigenschaften eines Gutes generiert (netzwerkunabhängiger Nutzen oder Basisnutzen). Dieser Basisnutzen kann bei unterschiedlichen Konsumenten variieren. Der netzwerkabhängige Teil am Gesamtnutzen (Netznutzen) ist durch $z_i N^e$ determiniert, wobei die Nutzenerhöhung, die die einzelnen Nachfrager jeweils durch die Ausdehnung des Netzwerkes erfahren (Netzwerkeffekt), in der Regel als identisch angenommen wird.[14] In den unterschiedlichen Modellen ist der Netznutzen entweder von der aktuellen Netzwerkgröße bzw. installierten Basis (N)[15] oder der erwarteten Netzwerkgröße (N^e) abhängig.[16] Die aktuelle Netzwerkgröße wird durch den historischen Absatz bestimmt und deshalb auch als installierte Basis bezeichnet. Wird hingegen angenommen, dass der Netznutzen von der erwarteten Netzwerkgröße abhängig ist, so lassen sich unterschiedliche Erwartungsmodelle zugrunde legen.

Grundsätzlich werden zwei Strömungen unterschieden. In den älteren Studien werden rationale Erwartungen der Nachfrager unterstellt. Die Annahme rationa-

---

12 Vgl. MATUTES, REGIBEAU [1996], S. 185 f. In dieser vereinfachten, linearen Nutzenfunktion ist der positive Zusammenhang zwischen dem Nutzenniveau eines Wirtschaftssubjekts und der Netzwerkgröße exogen vorgegeben. Economides bezeichnet den Ansatz von Katz und Shapiro demzufolge als Makroansatz. Vgl. ECONOMIDES [1996a].

13 Vgl. KATZ, SHAPIRO [1985], KATZ, SHAPIRO [1986a]. In diesen ersten formaltheoretischen Modellen wurden sich gleichende Netzwerkgüter in horizontalen Netzwerken bzw. Kommunikationsnetzwerken untersucht.

14 Diese Annahme ist jedoch realitätsfern. So ziehen Individuen einen unterschiedlichen Nutzen aus der Teilnahme an einem Telekommunikationsnetz. Ein privater Teilnehmer, der einen großen Bekanntenkreis hat, den er regelmäßig telefonisch kontaktiert, wird einen größeren Nutzen aus der Teilnahme an einem Telekommunikationsnetz ziehen als ein Teilnehmer mit einem vergleichsweise kleinen Bekanntenkreis.

15 Vgl. WEY [1999], S. 35. Die Anzahl aller Teilnehmer eines Netzwerkes wird auch als installierte Basis (installed base) bezeichnet. Die erwartete Anzahl aller Teilnehmer lässt sich demnach auch als erwartete installierte Basis bezeichnen. Die installierte Basis kann für Newcomer eine Marktzutrittsschranke darstellen, wenn es diesen nicht gelingt, Kompatibilität zu den Netzwerkgütern des Etablierten herzustellen. Diese Problematik ist in Kapitel C 2.2.2.1 im Vierten Teil der Studie analysiert.

16 Vgl. FARRELL, SALONER [1985], FARRELL, SALONER [1986a], KATZ, SHAPIRO [1985], sowie KATZ, SHAPIRO [1986a].

ler Erwartungen impliziert jedoch, dass die Nachfrager die zukünftige Entwicklung kennen und somit das Marktergebnis – mit Ausnahme von zufälligen Ereignissen – vorhersehen können.[17] Diese Annahme erscheint bereits auf den ersten Blick unrealistisch, was auch durch empirische Untersuchungen bestätigt wird.[18] Aus diesem Grund ist die Erwartungsbildung in neueren Studien so modelliert, dass sie primär von vergangenen Entwicklungen beeinflusst wird.[19] Hierdurch wird die Abhängigkeit von der installierten Basis wieder hergestellt. Empirische Studien belegen, dass diese Annahme im Vergleich zu der Annahme rationaler Erwartungen realitätsnäher ist.[20] Die lineare Nutzenfunktion lässt sich anschaulich anhand der nachfolgenden Grafik darstellen.[21]

Abbildung 1: Nutzenfunktion des Nachfragers *i*

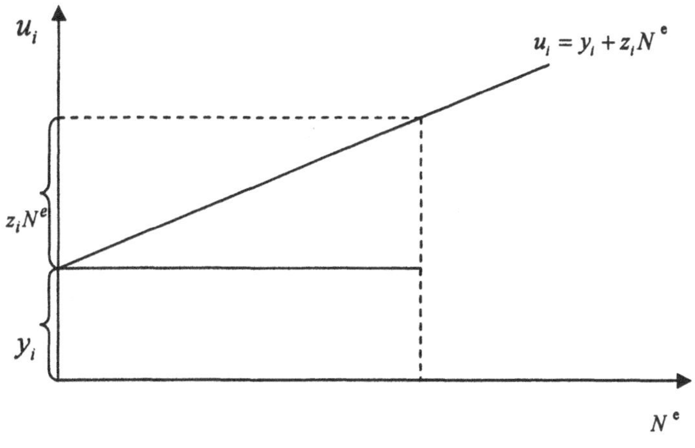

Quelle: Eigene Darstellung in Anlehnung an BUXMANN [2001], S. 548.

Abbildung 1 zeigt – anhand einer einfachen linearen Nutzenfunktion – die Abhängigkeit des Nutzens eines Netzwerkteilnehmers von der erwarteten Anzahl aller Netzwerkteilnehmer. Die Nutzenfunktion enthält neben qualitativen Eigen-

---

17 Vgl. FARRELL, SALONER [1985], S. 72 ff.

18 Vgl. KÖSTER [1998], S. 12.

19 Vgl. ARTHUR [1989], S. 126 ff.

20 Vgl. KÖSTER [1998], S. 13.

21 Vgl. KATZ, SHAPIRO [1985], S. 424.

schaften (*Basisnutzen*) den Nutzen, der durch den zuvor charakterisierten Netzwerkeffekt hervorgerufen wird (*Netznutzen*). Der Anteil des Netznutzens am Gesamtnutzen eines Nachfragers variiert bei unterschiedlichen Gütern deutlich. Während der Basisnutzen einer Teilnehmeranschlussleitung kaum existiert, ist er bei einem Textverarbeitungsprogramm vergleichsweise hoch. Neben dem Austausch von Dateien, durch den der Netzwerkeffekt entsteht, hat ein Textverarbeitungsprogramm auch einen so genannten Stand-alone-Nutzen. So ist es auch möglich, Briefe zu schreiben und diese auszudrucken, um sie mit der Briefpost zu versenden. In diesem Fall wird der Computer als eine Art elektronische Schreibmaschine verwendet.

In der traditionellen netzwerkökonomischen Literatur wird in der Regel – ähnlich wie in der Grafik – ein monoton steigender Netznutzen unterstellt. Demzufolge werden Netzwerkeffekte auch häufig als nachfrageseitige Größenvorteile oder nachfrageseitige Skalenerträge bezeichnet.[22] Ein Grund für diese Annahme ist, dass Netzwerkeffekte als anonyme Größe betrachtet werden.[23] In der neueren Literatur gibt es gegen das kontinuierliche Anwachsen des Netznutzens und die unterstellte Anonymität begründete Einwände, die in Kapitel C (vgl. Abschnitt 1.1) genauer analysiert werden.[24]

2 Netzwerktypen, Netzwerkeffekte und Netzwerkgüter

2.1 Kommunikationsnetzwerke und direkte Netzwerkeffekte

Mehrere Güter, die miteinander verbunden sind und so einen gegenseitigen Austausch ermöglichen, bilden zusammen ein Netzwerk.[25] Zunächst lassen sich die zwei Netzwerktypen Kommunikations- und Komponentennetzwerke vonein-

---

22 Vgl. unter vielen KATZ, SHAPIRO [1985], KATZ, SHAPIRO [1986a], WIESE [1990] sowie BESEN, FARRELL [1994]. Die Autoren verwenden im Zusammenhang mit direkten Netzwerkeffekten den Begriff „nachfrageseitiger Größenvorteil". Vgl. z. B. KATZ, SHAPIRO [1985], S. 425.

23 Ein Netzwerkeffekt stellt eine anonyme Größe dar, wenn generell unterstellt wird, dass der Beitritt eines neuen Teilnehmers den Nutzen der aktuellen Netzwerkteilnehmer erhöht, ohne dabei auf die „Qualität" des Teilnehmers zu achten. So würde ein neuer Teilnehmer in einem Telekommunikationsnetz den Nutzen der übrigen Teilnehmer erhöhen, ganz gleich, ob sie miteinander kommunizieren werden oder nicht.

24 Vgl. unter vielen ELLICKSON u. a. [1997].

25 Hiervon sind Netzwerke im klassischen Sinne wie Straßen- und ÖPNV-Netze abzugrenzen. Bei einem Straßennetz steht nicht der zuvor charakterisierte Netzwerkeffekt im Vordergrund. Vielmehr ist der Verbund bei der Nutzung von Bedeutung. So können mehrere Verkehrsteilnehmer eine Straße nutzen, jedoch wird der individuelle Nutzen nicht durch die zunehmende Anzahl an Verkehrsteilnehmern erhöht. Vielmehr kommt es zu Überfüllungseffekten, die den Nutzen der anderen Teilnehmer mindern.

ander abgrenzen, die durch das Auftreten unterschiedlicher Netzwerkeffekte charakterisiert sind.[26]

Ein Kommunikationsnetzwerk entsteht durch die *horizontale Verbindung* mehrerer sich *gleichender Komponenten*, die unmittelbar („Individuen als Komponenten“) oder mittelbar (mit Hilfe physischer Komponenten) den Austausch zwischen den Teilnehmern des Netzes ermöglichen.[27] Ein Kommunikationsnetz, das ohne den Einsatz physischer Komponenten aufgebaut werden kann, stellt z. B. das Netz der „Deutschsprechenden“ dar. Kommunikationsnetze, die mit physischen Komponenten aufgebaut werden, sind beispielsweise das Telefonnetz, das Fax-Netz oder das Internet.[28] In einem Telekommunikationsnetz wird die Kompatibilität durch das Zusammenwirken von physischen Hilfskomponenten erreicht, z. B. Leitungen und Endgeräte. Diese Hilfskomponenten stellen den Kompatibilitätsstandard dar.[29] „Die an das Netzwerk angeschlossenen Benutzer bilden in Kommunikationsnetzwerken die komplementären Produkte, die durch den Kompatibilitätsstandard des Netzwerkes miteinander verbunden werden.“[30]

In einem Kommunikationsnetz wird der Netzwerkeffekt direkt durch den Beitritt eines neuen Teilnehmers hervorgerufen. Der neue Teilnehmer stellt für die aktuellen Teilnehmer des Kommunikationsnetzes einen potenziellen Kommunikationspartner dar und erhöht hierdurch deren Nutzen. Da sich der Beitritt unmittelbar auf die Nutzenfunktion der beteiligten Wirtschaftssubjekte auswirkt, werden Kommunikationsnetzwerke primär durch das Auftreten so genannter

---

26 Zu den zwei ersten Netzwerktypen vgl. WEY [1999], S. 34 ff. Economides und White unterscheiden „one-way-networks“ und „two-way-networks“, wobei one-way-networks Komponentennetzwerken und two-way-networks Kommunikationsnetzwerken entsprechen. Vgl. ECONOMIDES, WHITE [1994], S. 651 ff. sowie ECONOMIDES [1996b], S. 211 ff.

27 In der Literatur werden derartige Verbindungen auch als horizontale Netzwerke bezeichnet. Dies kann jedoch zu Missverständnissen führen, da nicht nur Verbindungen auf horizontaler Ebene vorliegen müssen. Jedoch basiert die Namensgebung auf der horizontalen Form des Kommunikationsflusses.

28 Das Internet ist das größte weltumspannende Netzwerk. Es ist ein öffentlich zugängliches Rechnernetz, das aus einem Verbund von Teilnetzen und Einzelrechnern besteht. „Das Internet ist für die elektronische Kommunikation das, was das weltweite Telefonnetz für die sprachliche Kommunikation ist.“ MEYERS LEXIKON REDAKTION (Hrsg.) [2001], S. 309.

29 Die Begriffe Kompatibilität und Standard sind in Abschnitt 4 vertieft erörtert.

30 WEY [1999], S. 34. Komplementäre Produkte sind Güter, die sich gegenseitig ergänzen. Die isolierte Nutzung eines von zwei komplementären Gütern kann zu einem geringeren bzw. keinem Nutzen führen.

direkter Netzwerkeffekte charakterisiert.[31] Die Netzwerkgröße eines Kommunikationsnetzes wird durch die Anzahl der Kommunikationsteilnehmer bestimmt.

2.2 Komponentennetzwerke und indirekte Netzwerkeffekte

Komponentennetzwerke bestehen aus komplementären, zumeist technischen Produkten, die physisch, elektromagnetisch oder optisch zusammenpassen. Sie lassen sich von den Benutzern zu einem *Produktsystem* verbinden (vertikale Verbindung). Das so entstandene Netzwerk dient – im Gegensatz zu Kommunikationsnetzen – vornehmlich dem Austausch von „Informationen" (z. B. elektromagnetischen Signalen) zwischen den technischen Komponenten. Typische Güter, die sich gegenseitig ergänzen und so die Komponenten eines Netzwerkes bilden, sind CD-Player und CDs, Videorecorder und Videokassetten, DVD[32]-Player und DVDs sowie Spielkonsolen und Spiele.

Zumeist bestehen Komponentennetzwerke aus langlebigen Basiskomponenten (Plattform), für die nach und nach diverse Komplementärgüter (Sekundärprodukte) gekauft werden. Bei den obigen Beispielen stellen CD-, DVD-Player, Videorekorder und Spielkonsolen die Plattform und CDs, DVDs, Videokassetten und Spiele die Sekundärprodukte dar.[33]

Im Gegensatz zu einem Kommunikationsnetzwerk hat der Beitritt zu einem Komponentennetzwerk, der durch den Kauf einer Basiskomponente erfolgt, nahezu keinen direkten Einfluss auf den Nutzen der anderen Teilnehmer des Komponentennetzes. So bleibt der Nutzen des Besitzers einer Sony Playstation weitgehend unberührt, wenn ein anderes Wirtschaftssubjekt die gleiche Spielkonsole kauft. Jedoch resultiert ein *indirekter* Netzwerkeffekt aus der Annahme, dass die Käufer einer relativ teuren Basiskomponente mit dieser Investitionsentscheidung mittel- bis langfristig in ein Komponentennetzwerk eingeschlossen sind und zukünftig in den Kauf von Komplementärgütern (z. B. Spiele) investie-

---

31 Vgl. KATZ, SHAPIRO [1985], S. 424, KATZ, SHAPIRO [1986b], S. 146 sowie FARRELL, SALONER [1985], S. 70.

32 „Digital Video Disc" oder „Digital Versatile Disc" ist ein der CD ähnlicher optischer Datenträger auf dem Daten in einer Größe von bis zu 4,7 GB aufgenommen werden können. Seit 1996 sind fünf DVD-Formate als Standard festgelegt: DVD-Video, DVD-Rom, DVD-Audio, DVD-R, DVD-RW. Vgl. HANSEN, NEUMANN [2001], S. 774 f.

33 Katz und Shapiro haben in ihrem wegweisenden Artikel für Komponentennetzwerke auch den Begriff „Hardware-Software-Paradigma" geprägt. Hierbei sehen sie Hardware und Betriebssystem als langlebige Basiskomponente an für die im Laufe der Zeit Komplementärgüter wie Anwendungssoftware oder Peripheriegeräte gekauft werden. Vgl. KATZ, SHAPIRO [1985], S. 424.

ren werden.[34] Demzufolge hat der heutige Käufer einer Basiskomponente Einfluss auf die Vielfalt und die Preise der Komplementärgüter in der Zukunft.

Zum einen nehmen – bei gegebenem Nachfrageanstieg nach der Basiskomponente – Anzahl und Vielfalt an Komplementärgütern für die entsprechende Basiskomponente zu; denn die Hersteller[35] von Komplementärprodukten werden ihre Produkte ausschließlich oder zumindest prioritär der Plattform anpassen, von der sie erwarten, dass sie sich am Markt durchsetzt, da sich die Schaffung von *Kompatibilität* zu mehreren Plattformen in der Regel aus Kosten- und Erlösgesichtspunkten nicht lohnt.[36] Zum anderen führt eine größere Nachfrage nach Komplementärgütern unter der Annahme eines normalen Kostenverlaufs zunächst zu sinkenden Stückkosten bei den Herstellern von Komplementärgütern.[37] Da die steigende Nachfrage nach Komplementärgütern in der Regel eine Zunahme an Anbietern dieser Güter bedingt und mit steigender Anbieterzahl tendenziell ein stärkerer Wettbewerbsdruck entsteht, ist davon auszugehen, dass die gesunkenen Stückkosten die Preise für Komplementärgüter reduzieren.[38]

Diese Ausführungen machen deutlich, dass direkte Netzwerkeffekte unmittelbare Auswirkungen auf den Nutzen der Nachfrager haben. Im Gegensatz zu den direkten Netzwerkeffekten werden indirekte Netzwerkeffekte durch „Fixkosten und zunehmende Skalenerträge bei der Bereitstellung komplementärer Sekundärprodukte"[39] verursacht; sie wirken sich erst in dem zuvor erörterten sekundären Effekt auf die Nachfrage aus. In vielen Fällen weisen Netzwerke sowohl direkte als auch indirekte Netzwerkeffekte auf. Zumeist ist jedoch einer der beiden Netzwerkeffekte dominant, so dass sich die Netzwerke tendenziell einer der beiden Gruppen zuordnen lassen.

---

34 Vgl. KATZ, SHAPIRO [1994], S. 94.

35 Aus Gründen der Vereinfachung werden in dieser Studie die Begriffe „Hersteller" und „Anbieter" synonym verwendet.

36 Durch das Auftreten dieser indirekten Netzwerkeffekte wird der Markteintritt von Newcomern deutlich erschwert. Diese marktzutrittsbehindernde Wirkung ist in Kapitel C 2.2.2.3 im Vierten Teil dieser Arbeit detaillierter erörtert. Beispielsweise betont Richter Jackson, dass die Anbieter von Komplementärgütern ihre Güter prioritär für die am weitesten verbreitete Basiskomponente herstellen. Vgl. UNITED STATES DISTRICT COURT FOR THE DISTRICT OF COLUMBIA (Hrsg.) [1999b], Tz. 36-45.

37 Vgl. WEY [1999], S. 39.

38 Vgl. CHURCH, GANDAL [1993], S. 240. Sie bezeichnen diesen Effekt auch als Komplementaritätsnetzwerkexternalitäten. Detaillierte Ausführungen zu indirekten Netzwerkeffekten vgl. ECONOMIDES [1996a], S. 673-699.

39 WEY [1999], S. 39.

2.3 *Physische und virtuelle Netzwerke*

Neben der Unterscheidung nach dem charakteristischen Netzwerkeffekt lassen sich Netzwerke darüber hinaus nach den Bestandteilen ihrer Komponenten in physische und virtuelle Netzwerke untergliedern.

Physische Netzwerke setzen sich primär aus materiellen Netzwerkgütern bzw. Netzwerkkomponenten zusammen. Prominente Beispiele für Netzwerke mit primär physischen Komponenten sind Telekommunikations-, Video-, DVD- und CD-Netzwerke. So besteht das Telekommunikationsfestnetz mit Leitungen und Endgeräten aus primär physischen Komponenten. Auch Videokassetten, DVDs und CDs sowie die zugehörigen Recorder bzw. Player stellen physische Komponenten dar.

Virtuelle Netzwerke setzen sich dagegen primär aus immateriellen Netzwerkgütern bzw. Komponenten zusammen. Bekannte Beispiele für virtuelle Netzwerkgüter sind das Internet, B2B-Plattformen und Softwarenetze. Die Hauptbestandteile des Internets, von B2B-Plattformen und von Software sind digitale Komponenten. Zwar wird Software häufig auf physischen Produkten wie einer CD abgespeichert, jedoch nimmt die Bedeutung von virtuellen Distributionskanälen kontinuierlich zu. Alle genannten Beispiele gehören der New Economy an. Virtuelle Netzwerkgüter stellen jedoch kein reines Phänomen der New Economy dar. Neben den genannten Beispielen gehören auch die gemeinsame Sprache der Bewohner eines Landes oder einer Region sowie die Verwendung einer einheitlichen Schrift der Gruppe der virtuellen Netzwerke an.

2.4 *Klassifikation von Netzwerkgütern*

Die nachfolgende Grafik verdeutlicht, dass positive Netzwerkeffekte bei allen Gütern – mit Ausnahme von Singulärprodukten – auftreten können.[40] Die Bedeutung des hieraus resultierenden Netznutzens am Gesamtnutzen kann jedoch stark variieren.

---

[40] Singulärprodukte sind Produkte, die mit keinem weiteren Produkt zu einem Produktsystem verbunden werden müssen.

Abbildung 2: Anteil von Basisnutzen und Netznutzen am Gesamtnutzen von diversen Gütern

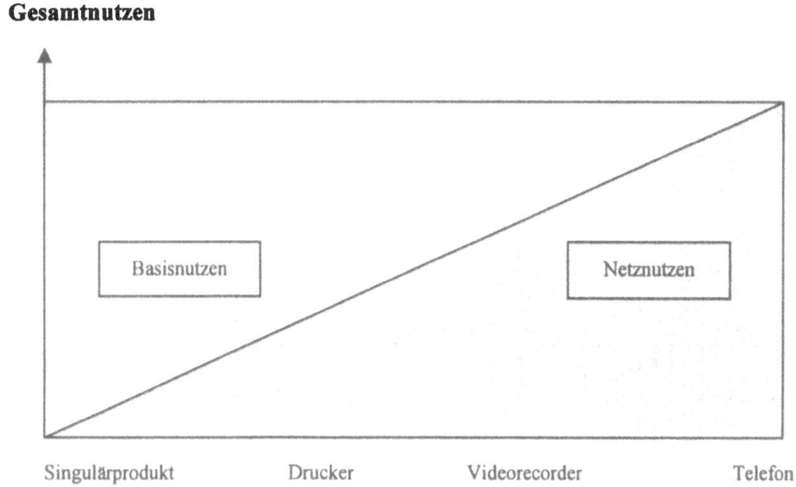

Quelle: Eigene Darstellung in Anlehnung an BOROWICZ, SCHERM [2001], S. 397.

Bei einem Druckersystem entsteht ein indirekter Netzwerkeffekt durch preiswertere Komplementärgüter wie Druckerpapier und Patronen. Aus Nachfragersicht ist hierbei jedoch die Vielfalt an Komplementärgütern von vergleichsweise geringerer Bedeutung als dies bei einem Videosystem der Fall ist. Hierdurch ist es den Anbietern von Druckern und Systemgütern mit ähnlichen Eigenschaften in der Regel möglich, die komplementären Güter selbst herzustellen. Darüber hinaus existieren für viele dieser Systemgüter bereits industrieweite Ex-ante-Standards, so dass einem Nachfrager die Bedeutung des Netzwerkeffektes kaum bewusst wird.[41] Bei einem Videosystem ist die Bedeutung des Netznutzens, der durch den indirekten Netzwerkeffekt hervorgerufen wird, vergleichsweise größer. Die Nachfrager ziehen einen zusätzlichen Nutzen aus der Vielfalt an angebotenen Inhalten auf den Videokassetten. So fragen einige Nachfrager überwiegend Action-Filme nach, während andere Dokumentarfilme und Dritte Musikvideos bevorzugen. Der Videorecorder selbst bietet jedoch nur einen Basisnutzen, wenn unterstellt wird, dass der Anbieter mit dem Videorecorder Leer-

---

41 Einen guten Überblick vermittelt SWANN [2000].

kassetten anbietet. In diesem Fall kann der Besitzer eines Videorecorders Fernsehsendungen aufzeichnen. Ein Netzwerkgut, das quasi keinen Basisnutzen hat, ist das Telefon. Für seinen Besitzer hat ein Telefonapparat in der Regel keinen Nutzen, wenn er nicht gleichzeitig an ein Netzwerk mit anderen Telekommunikationsteilnehmern angeschlossen ist.

In der vorliegenden Studie werden nur die Güter als Netzwerkgüter bezeichnet, bei denen der aus dem Netzwerkeffekt resultierende Zusatznutzen (Netznutzen) eine so große Bedeutung annimmt, dass er die Kaufentscheidung der potenziellen Nachfrager maßgeblich beeinflusst (Netzwerkgüter im engeren Sinne).

3 Zusammenhang zwischen Netzwerkeffekten und externen Effekten

Da Netzwerkeffekte zumeist ohne direkte Belohnung der beteiligten Akteure auftreten, bezeichneten Katz und Shapiro diese anfänglich als „network externalities"[42]. Externalitäten bzw. externe Effekte beschreiben das Auftreten einer Situation, in der die Nutzen- bzw. Gewinnfunktion eines Marktteilnehmers J (U_J) mindestens einen Parameter (Y) enthält, der ganz oder teilweise von einem oder mehreren anderen Marktteilnehmern beeinflusst wird. Analytisch gilt somit:[43]

$$U_J = U_J(X_J^1, X_J^2, \ldots, X_J^i, Y)$$

Externe Effekte sind insbesondere aus der Umweltpolitik bekannt. So treten beispielsweise bei der Produktion des privaten Gutes Luftverkehrsdienstleistung negative externe Effekte in Form von Geräusch- und Schadstoffemissionen auf.[44] Die Fluggesellschaften nutzen das öffentliche Gut Umwelt als Aufnahmemedium für Emissionen. Die Emissionen belasten die Anwohner, da sie die „Nutzungsmöglichkeiten des Gutes Umwelt zu Wohnzwecken" einschränken. Diese Einschränkung wird von dem Luftverkehrsanbieter aber typischerweise nicht in seinem ökonomischen Kalkül berücksichtigt.

Eine (volle) Anlastung der Kosten beim Luftverkehrsanbieter als Verursacher negativer externer Effekte wäre nur möglich, wenn die Anwohner Eigentumsrechte an dem Gut „Umwelt" besitzen würden, die sie zu vertretbaren Kosten durchsetzen könnten (Abhängigkeit von der Höhe der Transaktionskosten).

---

42 Vgl. KATZ, SHAPIRO [1985], S. 424 sowie KATZ, SHAPIRO [1994], S. 96.

43 Vgl. FRITSCH, WEIN, EWERS [2005], S. 88.

44 Ein „öffentliches Gut" stellt hingegen den Extremfall eines Gutes da, bei dessen Produktion nahezu ausschließlich externe Nutzen auftreten.

Charakteristisch für das Auftreten externer Effekte ist das Fehlen derartiger Eigentumsrechte und somit die Unmöglichkeit des Ausschlusses unerwünschter Nutzer (Nichtanwendbarkeit des Ausschlussprinzips). Die fehlende Ausschlussmöglichkeit impliziert gleichzeitig, dass die privaten Wirtschaftssubjekte nicht in der Lage sind, die externen Effekte zu internalisieren.[45] Als Folge wird der Preismechanismus (z. B. für Luftverkehrsdienstleistungen) verzerrt. Das hierdurch hervorgerufene Wettbewerbsversagen begründet die Notwendigkeit von Staatseingriffen.[46]

Ähnlich wie bei den externen Effekten wird auch die Nutzenfunktion des Nachfragers eines Netzwerkgutes durch einen oder mehrere Marktteilnehmer beeinflusst. Dennoch erscheint es nicht sinnvoll, den Begriff „network externalities" zu verwenden, da mit diesem generell das Auftreten von Wettbewerbsversagen assoziiert wird. Insbesondere bei indirekten Netzwerkeffekten handelt es sich jedoch nur um pekuniäre Effekte, die durch die Veränderung der Preisrelationen auf den komplementären Märkten auftreten. Pekuniäre Effekte sind im statischen Sinne effizient, da sie eine Änderung der Knappheitsrelationen anzeigen und so die Allokation über den Markt steuern. Während sie aus Allokationsgesichtspunkten erwünscht sind, können sie unter Umständen verteilungspolitisch problematisch sein. Ein Wettbewerbsversagen aufgrund der fehlenden Internalisierung tritt jedoch bei pekuniären externen Effekten in der Regel nicht auf.[47]

Direkte Netzwerkeffekte weisen zwar die Eigenschaften technologischer externer Effekte auf, die im Fall fehlender Eigentumsrechte zu Wettbewerbsversagen führen können. Jedoch besitzen die Anbieter von Netzwerkgütern in der Mehrzahl aller praxisrelevanten Fälle Verfügungsrechte über das von ihnen angebotene Netzwerkgut.[48]

---

45 Die Möglichkeiten des Ausschlusses von nicht zahlungswilligen Nachfragern auf Softwaremärkten sind in Kapitel A 2.1 im Vierten Teil der Arbeit untersucht.

46 Vgl. dazu FICHERT [1999], S. 96 ff.

47 Stolpe weist darauf hin, dass auch pekuniäre Effekte in einer Welt unvollkommenen Wettbewerbes nicht ausreichend internalisiert werden können. Vgl. STOLPE [1995], S. 6 ff. Tegner sieht in pekuniären Externalitäten zwar keine eigenständige Ursache von Marktversagen, „jedoch können sie die fortwährende Existenz von Marktversagenstatbeständen entscheidend mit verursachen. Auch gibt es keinen Anhaltspunkt dafür, daß preisliche Externalitäten ausnahmslos erwünscht sind oder keiner wirtschaftspolitischen Korrektur bedürfen." TEGNER [1996], S. 20.

48 Nur in seltenen Ausnahmefällen existieren keine Eigentumsrechte bzw. lassen sich Eigentumsrechte nicht zu vertretbaren Kosten durchsetzen. Ein Beispiel für ein Netzwerk für das sich keine privaten Eigentumsrechte durchsetzen lassen, ist das Netzwerk der „Deutschsprechenden".

Verfügungsrechte lassen sich in (1) Gebrauchsrechte, (2) Einkommensrechte und (3) Übertragungsrechte einteilen. Gebrauchsrechte erlauben einer privaten bzw. juristischen Person, ein Gut zu nutzen, zu verändern und gegebenenfalls zu verbrauchen. Einkommensrechte erlauben dem Inhaber über Einkommensströme zu verfügen, die sich mit dem Objekt erzielen lassen. Übertragungsrechte ermöglichen dem Inhaber, die eigenen Verfügungsrechte auf ein anderes Wirtschaftssubjekt – z. B. gegen Entgelt – zu übertragen. Bei physischen Netzwerken liegt der Besitz in ihrer Natur. So baut ein Telekommunikationsunternehmen sein Netz aus physischen Komponenten selbst auf. Bei einem Großteil virtueller Netzwerke ist es möglich, Eigentumsrechte durch Copyrights, Patente oder Handelsmarken zuzuweisen.

In der Regel lassen sich die skizzierten Verfügungsrechte zu vertretbaren Kosten durchsetzen, so dass der private Anbieter prinzipiell dazu in der Lage ist, die auftretenden Netzwerkeffekte zu internalisieren.[49] Gelingt es dem Anbieter des Netzwerkgutes, ein geeignetes Preissystem zu finden, werden technologische zu pekuniären Effekten, wodurch ein Wettbewerbsversagen verhindert werden kann.[50] Vor diesem Hintergrund ist in der vorliegenden Studie – in Anlehnung an die Autoren Liebowitz und Margolis – der Begriff „Netzwerkeffekt" gebraucht, mit dem nicht generell das Auftreten von Wettbewerbsversagen assoziiert wird.[51]

4 Bedeutung von Kompatibilität für die Entstehung von Netzwerken

Die Grundvoraussetzung für die Entstehung von Netzwerken ist, dass sich Güter miteinander verbinden lassen und demnach kompatibel sind.[52] Die Kompatibilität wird in allen Netzwerken mit Hilfe so genannter *Schnittstellen* erreicht,

---

49 Vgl. EGGERTSSON [1990], S. 34 f.

50 Thum zeigt anhand eines einfachen Adaptionsmodells, dass unter gewissen Voraussetzungen Update-Verträge, die eine Preisdiskriminierung zwischen alten und neuen Nachfragern eines Netzwerkgutes ermöglichen, als Instrument zur Internalisierung von „network externalities" dienen können. Vgl. THUM [1994a], S. 269 ff. Auch Wey zeigt, dass unter gewissen Umständen Produktvorankündigungen und niedrige Eintrittspreise „Netzexternalitäten" internalisieren können. Vgl. WEY [1999], S. 152.

51 Vgl. LIEBOWITZ, MARGOLIS [2001a], S. 73, LIEBOWITZ, MARGOLIS, [1995a], S. 13. Auch Autoren wie SCHLIEPER [1980], S. 524, GRÖHN [1999], S. 28 f. und FICHERT [2002], S. 2 verwenden diese Definition. Auch Katz und Shapiro nutzen in ihren neueren Publikationen den Begriff „Netzwerkeffekt", Vgl. KATZ, SHAPIRO [1994], S. 93-115.

52 Vgl. ECONOMIDES [1996a], S. 676.

die erst das Zusammenfügen der einzelnen Netzwerkkomponenten bzw. Netzwerkgüter ermöglichen. Farrell und Saloner unterscheiden hierbei drei Formen der Kompatibilität:[53]

1. *Physische bzw. materielle Kompatibilität*
   (Schnittstelle als physischer Teil des Produktes)

2. *Kommunikations-Kompatibilität*
   (Kommunikationsgrundlagen wie gleiche Sprache und gleiches Kommunikationsprotokoll[54] bilden die Schnittstelle zwischen den Produkten)

3. *Konventions-Kompatibilität*
   (Schnittstelle basiert auf vertraglich festgelegten Eigenschaften wie Währung, Uhrzeit, Straßenverkehrsordnung etc.)

Die Einteilung macht deutlich, dass Schnittstellen sowohl immaterielle als auch materielle Verbindungen schaffen können. Eine materielle Verbindung lässt sich anschaulich am Beispiel von CD und CD-Player erörtern. Wenn eine CD so konzipiert wurde, dass sie auf einem CD-Player abspielbar ist, so stellt dies eine materielle bzw. physische Kompatibilität dar. Die Nutzer einer gemeinsamen Sprache sind hingegen bei einer Kommunikation immateriell verbunden (Kommunikations-Kompatibilität als immaterielle bzw. virtuelle Kompatibilität).[55]

In der Literatur wird zwischen Form und Ausmaß von Kompatibilität unterschieden.[56] Netzwerkprodukte in Kommunikationsnetzwerken werden als kompatibel bezeichnet, wenn sie sich austauschen lassen. Beispiele hierfür sind Informationen, die durch das Sprechen der gleichen Sprache weitergegeben werden können, oder Daten, die durch das gleiche Übertragungsprotokoll versendet werden. In vielen Fällen lassen sich auch die physischen Netzwerkgüter austauschen, z. B. die Endgeräte eines Telefonnetzes. Sie stellen somit kompatible Substitute dar. Die Netzwerkprodukte eines Komponentennetzwerkes sind

---

53 Vgl. KÖSTER [1998], S. 6. Köster orientiert sich an FARRALL, SALONER [1987], S. 1.

54 Ein Kommunikationsprotokoll legt die allgemeinen Regeln zum Austausch von Informationen fest und unterstützt so die Interaktion auf unterschiedlichen Ebenen. Als Beispiel sei das Hypertext Transport Protocol (HTTP) genannt, das im Internet zur Datenübertragung genutzt wird. Vgl. BUXMANN, KÖNIG [1998], S. 123.

55 Vgl. KÖSTER [1998], S. 5. Köster spricht in diesem Zusammenhang auch von „Kommunikations-Kompatibilität".

56 Vgl. FARRELL, SALONER [1987], S. 2 sowie HERGERT [1987], S. 76 ff.

hingegen kompatibel, wenn sich die Güter der verschiedenen Ebenen miteinander kombinieren lassen (Komplemente).[57]

Vollständige Kompatibilität liegt in der Regel zwischen den Netzwerkgütern eines Anbieters vor, wenn diese der gleichen Produktgeneration angehören.[58] Darüber hinaus ist die Herstellung von Kompatibilität auch zwischen den Netzwerkgütern unterschiedlicher Anbieter möglich. Hierbei wird die Neigung der Anbieter zur Herstellung von Kompatibilität insbesondere davon beeinflusst, ob sich die betroffenen Unternehmen in einer direkten Konkurrenzsituation befinden (*externe Kompatibilität auf horizontaler Ebene*) oder sich gegenseitig ergänzen (*externe Kompatibilität auf vertikaler Ebene*). Falls bei den verschiedenen Anbietern unterschiedliche Präferenzen für die Herstellung externer Kompatibilität bestehen, so kann ein Anbieter versuchen, eine *einseitige Kompatibilität* herzustellen. Diese Form der Kompatibilität stellt jedoch bereits aufgrund der Einseitigkeit nur eine *Teilkompatibilität* dar.

Der Kompatibilitätsbegriff wird auch im Zusammenhang mit dem Austausch bzw. der Kombinationsmöglichkeit von Netzwerkgütern unterschiedlicher Generationen eines Herstellers oder mehrerer Hersteller verwendet (*Intergenerationskompatibilität*).[59] So liegt z. B. bei Textverarbeitungsprogrammen unterschiedlicher Generationen eine vollständige Intergenerationskompatibilität vor, wenn sich die Dokumente jeder anderen Generation problemlos öffnen und bearbeiten lassen.[60]

---

57 Vgl. KATZ, SHAPIRO, [1994], S. 105 f. Katz und Shapiro bezeichnen die Kompatibilität zwischen Substituten auch als horizontale Kompatibilität und die Kompatibilität zwischen Komplementen als vertikale Kompatibilität.

58 Ein Unternehmen kann auch bei eigenen Produkten verschiedene Versionen anbieten, zwischen denen keine vollständige Kompatibilität herrscht, um so den Markt zu segmentieren und eine Preisdifferenzierung bzw. -diskriminierung zu betreiben. Vgl. FRANKFURTER ALLGEMEINE ZEITUNG (Hrsg.) [2005], S. 15.

59 Katz und Shapiro bezeichnen mit dem Begriff vertikale Kompatibilität auch die Kompatibilität zwischen unterschiedlichen Produktgenerationen. Vgl. KATZ, SHAPIRO [1994], S. 105 f. Bei Software sind in diesem Zusammenhang auch die Begriffe Abwärts- bzw. Aufwärtskompatibilität gängig. Abwärtskompatibilität ist gegeben, wenn sich z. B. die Dokumente der neusten Word-Version (Textverarbeitungsprogramm von Microsoft) auch von älteren Versionen öffnen lassen würden. Läge hingegen Aufwärtskompatibilität vor, so ließe sich ein Word-Dokument der Vorgängerversion mit der aktuellen Word-Version öffnen.

60 Auch die Intergenerationskompatibilität kann dazu beitragen, dass Newcomern, die diese Form der Kompatibilität nicht gewährleisten können, der Eintritt in einen Markt für Netzwerkgüter erschwert wird.

In den nachfolgenden Kapiteln wird gezeigt, dass das Ausmaß an Kompatibilität einen maßgeblichen Einfluss auf die Form und die Chancen des Wettbewerbes auf Märkten für Netzwerkgüter hat.

5 Zwischenergebnis

Die vorangegangenen Ausführungen machen deutlich, dass der Netznutzen und demnach die Zahlungsbereitschaft eines Nachfragers für ein Netzwerkgut mit zunehmender Netzwerkgröße steigt. Vor diesem Hintergrund wünschen die (potenziellen) Nachfrager die „Maximierung der Größe“ des Netzwerkes, dem sie durch den Kauf eines Netzwerkgutes beitreten.

Die **„notwendige Bedingung“** für eine Maximierung der Netzwerkgröße ist, dass alle angebotenen Netzwerkgüter auf einem Markt demselben Netzwerk angehören (industrieweite Kompatibilität). Eine erste oberflächliche Betrachtung kann zu dem Schluss führen, dass die Güter nur dann zuverlässig demselben Netzwerk angehören, wenn alle Güter von einem Unternehmen angeboten werden. Aus diesem Grund wird der nachfrageseitige Wunsch nach der Maximierung der Netzwerkgröße in weiten Teilen der netzwerkökonomischen Literatur als die zentrale Ursache für Monopolisierungstendenzen auf Märkten für Netzwerkgüter angesehen.[61]

Allerdings ist bekannt, dass die Menge an abgesetzten Gütern auf einem Wettbewerbsmarkt in der Regel größer ist als auf einem Markt mit monopolistischer Marktstruktur.[62] Darüber hinaus kommt der Wettbewerb den Nachfragern direkt oder indirekt durch die Erfüllung der nachfolgenden Funktionen zu Gute, die sich in drei Gruppen unterscheiden lassen:[63]

---

[61] Vgl. unter vielen FICHERT [2002], KATZ, SHAPIRO [1985], KÖSTER [1998], LIEBOWITZ, MARGOLIS [2001b], SAILER [2001] sowie WEY [1999].

[62] Vgl. FRITSCH, WEIN, EWERS [2005], S. 22 ff.

[63] Detaillierte Ausführungen zu den Funktionen des Wettbewerbs bei BARTLING [1992], S. 2 ff.

Abbildung 3: Funktionen des Wettbewerbs

Klassisch-politische Wettbewerbsfunktionen
- Wettbewerb begrenzt die Macht des Staates gegenüber den privaten Wirtschaftssubjekten. - Wettbewerb kontrolliert die Macht der privaten Wirtschaftssubjekte.
Statische Wettbewerbsfunktionen
- Die zur Bereitstellung von Gütern und Dienstleistungen erforderlichen Produktionsfaktoren werden in die produktivste Verwendung gelenkt. - Die Struktur des Güterangebots entspricht den Präferenzen der Nachfrager. - Die Einkommen werden gemäß der Marktleistung verteilt.
Dynamische Wettbewerbsfunktionen
- Wettbewerb fördert Innovationen bei Produkten und Produktionsverfahren. - Wettbewerb fördert Imitationen und sonstige Anpassungen an gesamtwirtschaftliche Datenänderungen.

Quelle: Eigene Darstellung in Anlehnung an BARTLING [1992], 2ff.

Dies impliziert als **„hinreichende Bedingung“**, dass sich die Nachfrager ein wettbewerbliches Angebot von Netzwerkgütern wünschen. Zum einen, weil sie sich hierdurch erhoffen, dass die Menge an abgesetzten Netzwerkgütern und somit die Netzwerkgröße bei gegebener Kompatibilität maximal ist. Zum anderen wird ihr Nutzen durch die gleichzeitige Erfüllung aller anderen Wettbewerbsfunktionen weiter erhöht.

Zunächst könnte der Eindruck entstehen, dass zwischen „notwendiger“ und „hinreichender Bedingung“ ein Widerspruch besteht. Die nachfolgende Analyse der netzwerkspezifischen Besonderheiten wird zeigen, dass der Widerspruch zwischen den beiden Bedingungen nicht zwingend ist. Falls der Markt für Netzwerkgüter auf vormarktlicher Ebene industrieweit standardisiert ist, können konkurrierende Unternehmen auf Basis des zuvor definierten Standards ihre Güter am Markt anbieten. Ein industrieweiter Standard ermöglicht das Zusammenfügen von Netzwerkgütern unterschiedlicher Anbieter zu einem gemeinsamen Netzwerk.[64] In diesem Fall ist eine Maximierung der Netzwerkgröße prinzipiell mit dem Angebot unter wettbewerblichen Bedingungen vereinbar.

Die privaten Anbieter von Netzwerkgütern werden sich gleichwohl nicht immer auf einen einheitlichen Standard einigen können bzw. wollen. Falls neben den Netzwerkeffekten noch weitere – primär angebotsseitige – Voraussetzungen vorliegen, die den alleinigen Netzwerkaufbau begünstigen, werden rational handelnde Unternehmen eine Monopolstellung anstreben und vor diesem Hintergrund den alleinigen Netzwerkaufbau bevorzugen.[65]

Bei Vorliegen von externer Inkompatibilität wird das Netzwerk eines Monopolisten immer größer sein als das jeweilige Netzwerk eines im Wettbewerb stehenden Unternehmens bzw. Unternehmensverbandes. Falls der Monopolist nicht durch hohe Marktzutrittsschranken geschützt ist, wirkt die potenzielle Konkurrenz disziplinierend auf Preis- und Mengenpolitik des Monopolisten. Im günstigsten Fall entspricht die Größe seines Netzwerkes der Größe, die auf einem Wettbewerbsmarkt für standardisierte Netzwerkgüter erreicht würde.[66] Unter den genannten Voraussetzungen besteht in einer Monopolstellung kein Widerspruch zu der hinreichenden Bedingung für die Maximierung der Netzwerkgröße.

Ist der Monopolist jedoch durch hohe Marktzutrittsschranken geschützt (verfestigte Monopolstellung), so wird die hinreichende Bedingung für die Maximierung der Netzwerkgröße nicht erfüllt. Der Monopolist wird im Vergleich zu der Wettbewerbssituation in der Regel eine geringere Menge an Netzwerkgütern zu einem höheren Preis anbieten, was einem gesamtwirtschaftlichen Effizienzverlust zur Folge hat. Diese Ineffizienzen auf dem Absatzmarkt führen zu weiteren statischen Ineffizienzen auf den Faktormärkten, da der Monopolist durch das vergleichsweise geringere Angebot an Gütern zu wenig Ressourcen als Vor-

---

64 Unter einem industrieweiten Standard wird die Nutzung einheitlicher Schnittstellen (standardisierte Schnittstellen) verstanden, mit deren Hilfe sich die Netzwerkgüter der unterschiedlichen Anbieter zu einem Netzwerk zusammenfügen lassen. Die Festlegung der Schnittstellen betrifft nicht die zentralen Produktmerkmale, so dass den Anbietern die Möglichkeit der Produktdifferenzierung weitestgehend erhalten bleibt.

65 Das Erreichen einer Monopolstellung schließt die gemeinsame Gewinnmaximierung mehrerer Unternehmen in Form eines Kollektivmonopols mit ein. In diesem Fall würde ein Unternehmensverband durch einen gemeinsamen Netzwerkaufbau versuchen, eine Kollektivmonopolstellung zu erreichen. Die Voraussetzungen für den alleinigen Netzwerkausbau sind in Kapitel D 3 vertieft analysiert.

66 Diese Annahme folgt aus dem Modell der bestreitbaren Märkte. Hier wird gezeigt, dass der Monopolist unter Abwesenheit von Marktzutrittsschranken die Wettbewerbsmenge zum Wettbewerbspreis bereitstellt. Vgl. Kapitel C im Vierten Teil dieser Studie.

leistungen nachfragt.[67] Darüber hinaus besteht die Gefahr, dass aus einer verfestigt-vermachtete Marktstellung dynamische Ineffizienzen resultieren.[68]

B Externe Kompatibilität und Inkompatibilität auf horizontaler Ebene

1 Externe Kompatibilität auf horizontaler Ebene

1.1 Möglichkeiten zur Herstellung externer Kompatibilität

Bei der Schaffung von Kompatibilität zwischen den Netzwerkgütern konkurrierender Hersteller lassen sich generell zwei unterschiedliche Ausgangssituationen voneinander abgrenzen.

Eine Möglichkeit zur Schaffung von externer Kompatibilität auf horizontaler Ebene sind Maßnahmen, die zu einem Wegfall der Konkurrenz zwischen beteiligten Anbietern führen. Beispiele hierfür sind Fusionen von oder Kartellbildungen zwischen ehemals konkurrierenden Unternehmen. Beide Formen haben zur Folge, dass die ursprünglichen Konkurrenten fortan eine gemeinsame Gewinnmaximierung anstreben. Demnach entfällt – zumindest kurzfristig – der Wettbewerb zwischen den beteiligten Unternehmen.[69] Nach dem Unternehmenszusammenschluss bzw. der Kartellbildung werden die Netzwerkgüter der ehemals konkurrierenden Anbieter in der Regel vollkommen kompatibel sein. Für die

---

67 Vgl. Fritsch, WEIN, EWERS [2005], S. 200. Zur Erörterung der Implikationen von kompetitivem und monopolistischem Outputmarkt auf die Einkommensverteilung vgl. auch PINDYCK, RUBINFELD [2005], S. 726 ff., sowie BLANCHARD, ILLING [2004], S. 188 ff.

68 Es ist davon auszugehen, dass der Monopolist träge wird und so die eigenen Leistungen nicht mehr präzise auf die Wünsche der Nachfrager abstimmt. Es kann zur Absenkung der Produkt- und/oder der Servicequalität kommen, wenn sich der Anbieter aufgrund seiner dominanten Marktstellung in Sicherheit wiegt. Sollte das Monopol über weite Marktphasen durch hohe Marktzutrittsschranken geschützt sein, so besteht die Gefahr, dass auch die betriebs- und unternehmensinterne Allokation suboptimal bleibt. So genannte *X-Ineffizienzen*, die in jedem Unternehmen dadurch entstehen, dass sich Management und Arbeitnehmer in ihrer Arbeitsweise und bei der Beschaffung von Informationen nicht so effizient verhalten, wie sie könnten, werden aufgrund des fehlenden Wettbewerbsdruckes weiter verstärkt. Es besteht die Gefahr, dass die handelnden Personen ein „ruhiges Leben" bevorzugen, wenn sie sich keinem wettbewerblichen Druck mehr ausgesetzt sehen. Vgl. LEIBENSTEIN [1966], S. 392 ff. Darüber hinaus ist anzunehmen, dass nötige Anpassungen an sich ändernde volkswirtschaftliche Rahmenbedingungen unterbleiben. Des Weiteren wird der Monopolist nicht in Forschungs- und Entwicklungsprojekte investieren, falls diese eine Substitution bisheriger Produkte und Prozesse, die für den Erhalt des Monopols wesentlich sind, herbeiführen können. Als Folge bleiben radikale bzw. echte Innovationen aus. Vgl. FRITSCH, WEIN, EWERS [2005], S. 200 f.

69 Vgl. SCHMIDT [2001], S. 120 ff. sowie S. 138 ff. Insbesondere bei Kartellen kann es zu Konflikten zwischen den Kartellmitgliedern kommen. Vgl. KNIEPS [2005], S. 117 ff., SCHULZ [2003], S. 57 f.

beteiligten Unternehmen ist die Herstellung von Kompatibilität rational, da hierdurch der Netznutzen und somit die Zahlungsbereitschaft der Nachfrager steigt. Der Wegfall des Wettbewerbes zwischen den Unternehmen kann dazu führen, dass der Wettbewerb auf dem gesamten relevanten Markt gefährdet ist und schließlich sogar zum Erliegen kommt. Aus diesem Grund finden sich in den „Wettbewerbsverfassungen" der westlichen Industriestaaten Gesetze, die eine Kartellbildung in der Regel untersagen und materielle Zusammenschlüsse von Unternehmen kontrollieren.[70]

Neben den zuvor erläuterten Maßnahmen zur Schaffung von Kompatibilität kann diese auch auf einer vormarktlichen Ebene geschaffen werden, d. h. dass sie wettbewerbskonform ist. Vormarktlich impliziert hierbei nicht generell, dass Kompatibilität auf Basis eines Ex-ante-Standards entsteht. Vielmehr ist vormarktlich so zu verstehen, dass die Schaffung von Kompatibilität den Wettbewerb auf den Absatzmärkten nicht behindert, sondern einen positiven Einfluss auf die mittel- bis langfristigen Chancen für die Entfaltung von Wettbewerb hat. Prinzipiell kann eine vormarktliche Kompatibilität durch einen De-jure-Standard, eine Komiteelösung, ein second sourcing und eine Adapterlösung geschaffen werden.

De-jure-Standard

Im Fall eines De-jure-Standards definiert eine übergeordnete staatliche Instanz zumeist ex ante „einheitliche Eigenschaften oder Regeln für Objekte"[71] (Schnittstellen), die eine Verbindung der Güter zu einem materiellen oder immateriellen Netzwerk ermöglichen. Beispiele für einheitliche Eigenschaften sind gemeinsame Sprache, identische Kommunikationsprotokolle oder die einheitliche Breite von Eisenbahnschienen. Diese Vorgaben können sowohl für die Güter eines Kommunikations- als auch für die Güter eines Komponentennetzwerkes gemacht werden. Ein De-jure-Standard kann prinzipiell ein industrieweiter Standard mit globalem Charakter sein, wenn sich alle Staaten auf diesen Standard einigen. Häufig gilt der Standard jedoch nur für eine Industrie (z. B. den Schienenverkehr) innerhalb eines Landes (räumlich abgegrenzter Markt).[72] Sollte auf die vormarktliche Stufe der Standardisierung eine marktliche Stufe folgen, auf der private Anbieter agieren, so ist ihnen ihre Tätigkeit nur dann gestattet, wenn sie

---

70 Zur Kontrolle von Fusionen auf Märkten für Netzwerkgüter vgl. WISSENSCHAFTLICHER BEIRAT BEIM BUNDESMINISTERIUM FÜR WIRTSCHAFT UND TECHNOLOGIE (Hrsg.) [2001], Tz. 127.

71 BUXMANN [2001], S. 544.

72 Vgl. DAVID, GREENSTEIN [1990], S. 3 ff.

sich an die staatlichen Vorgaben halten. Ein De-jure-Standard stellt demnach eine hoheitliche Zwangsausübung dar. Sie lässt sich ökonomisch rechtfertigen, wenn bei der Bereitstellung des Netzwerkgutes das Ausschlussprinzip nicht anwendbar ist, wodurch dieses das zentrale Charakteristikum eines öffentlichen Gutes aufweisen würde. In diesem Fall wären die privaten Marktakteure nicht in der Lage, die auftretenden „Netzwerkexternalitäten" zu internalisieren, und es würde ohne staatlichen Eingriff zu Marktversagen kommen.[73]

Komiteelösung

Häufig ist Kompatibilität das Ergebnis einer so genannten *Komiteelösung*.[74] Hierbei legen Vertreter unterschiedlicher Interessengruppen – wie Entwickler, Anbieter sowie unter Umständen Nachfrager und der Staat – zumeist vor der Produkteinführung (ex ante) einheitliche Schnittstellen (Standards) für ein Objekt fest.[75] Ein Beispiel für eine Komiteelösung ist der Modellierungsstandard CORBA (Common Object Request Broker Architecture), der zur klassischen Middleware-Architektur[76] im Computer-Software-Bereich zählt.[77] Eine Komiteelösung muss nicht zwingend zu einem industrieweiten Standard (industrieweite Kompatibilität) auf regional begrenzten oder globalen Märkten führen.[78] So ist die Bildung von Allianzen oder Verbänden denkbar, deren Mitglieder nur aus einem Teil der Unternehmen einer Industrie bestehen. Auf realen Märkten ist in vielen Fällen ein Konkurrieren mehrerer Allianzen bzw. einzelner Unternehmen mit Allianzen zu beobachten.[79] Das Eintrittsbegehren von Unternehmen in die Allianz kann prinzipiell verwehrt werden.[80] Einem Industrieverband können hingegen in der Regel alle Unternehmen einer Industrie beitreten, die den Zu-

---

[73] Vgl. hierzu ausführlich DYBVIG, SPATT [1983] sowie die Ausführungen in Kapitel A 3.

[74] Vgl. BUXMANN [2001], S. 546.

[75] Wey bezeichnet auch einen Standard, der das Resultat einer Komiteelösung ist, als „De-jure-Standard". Dieser Verwendung des Begriffes wird nicht gefolgt, da der Standard nicht rechtsverbindlich festgelegt, sondern freiwillig von den beteiligten Unternehmen übernommen wird. Vgl. WEY [1999], S. 32.

[76] Middleware ist eine Softwareschicht, die zwischen Betriebssystemen und der Anwendungssoftware angesiedelt ist. Vgl. hierzu Ausführungen in Kapitel A 3.3 im Vierten Teil dieser Studie.

[77] Die „Common Object Request Broker Architecture" (CORBA) ist eine technische Spezifikation für die Erstellung, Verbreitung und Verwaltung verteilter Programm-Objekte in einem Computer-Netz. Vgl. TRESCH [1996], S. 251 f.

[78] Vgl. SALONER [1990], S. 147.

[79] Vgl. BLOCH [1995], S. 537 ff.

[80] Vgl. WEY [1999], S. 233.

gang zu dem Verband wünschen. Der Ausschluss eines Unternehmens ist nicht ohne sachlich gerechtfertigten Grund möglich.[81] Legt ein Industrieverband einen Standard fest, auf dessen Basis die Netzwerkgüter hergestellt werden sollen, so handelt es sich um einen industrieweiten Standard.[82] Selbst wenn ein Komitee global organisiert ist, kann der Einfluss unterschiedlicher Interessensgruppen dazu führen, dass ein Komitee mehrere Standards entwickelt und somit einen globalen Markt künstlich segmentiert. Ein prominentes Beispiel für diese Form der Segmentierung stellt der Markt für DVDs dar. Hier wurden aufgrund des nachdrücklichen Wunsches der Filmindustrie so genannte Ländercodes eingeführt. Diese erhoffte sich dadurch, Raubkopien zu verhindern und eine räumliche Preisdifferenzierung betreiben zu können.[83]

Falls dem Komitee nicht alle potenziellen Anbieter eines Marktes angehören, können zeitweise mehrere, inkompatible Techniken[84] auf einem Markt auftreten. Zum einem werden Netzwerkgüter angeboten, deren Eigenschaften durch die Komiteelösung festgelegt wurden. Alle Netzwerkgüter mit diesen Eigenschaften lassen sich, unabhängig von ihrem Anbieter, zu einem Netzwerk zusammenfügen. Sie sind vollständig kompatibel. Zum anderen können gleichzeitig von weiteren Anbietern/Anbieterkooperationen Netzwerkgüter auf Basis einer proprietären Technik angeboten werden, die nicht mit dem Standard der Komiteelösung kompatibel sind. Dies ist zum Beispiel auf Märkten für Personal Digital Assistants (PDAs) und Smartphones der Fall.[85] In diesem Fall wird ein Wett-

---

81 Vgl. WEY [1999], S. 233.

82 Standardisierungsverbände haben in den letzten Jahrzehnten sowohl auf nationaler als auch auf internationaler Ebene an Bedeutung gewonnen. Die Bedeutung der Standardisierungsverbände auf internationaler Ebene hat insbesondere im Zusammenhang mit dem Internet in den 1990er Jahren erheblich an Bedeutung gewonnen. Auf die Bedeutung von Standardisierungsverbänden weisen auch DAVID, GREENSTEIN [1990], 24 f. sowie SALONER [1990], S. 147 hin.

83 Vgl. HANSEN, NEUMANN [2001], S. 777 f.

84 Der Begriff Technik bedeutet im Kontext dieser Arbeit die Handhabung bzw. das Verfahren, das einem Netzwerkgut bzw. einem Netzwerk zugrunde liegt. Durch die Offenlegung der Technik/bzw. von Teilen der Technik (Schnittstellen) kann externe Kompatibilität geschaffen werden.

85 Ein PDA ist ein mobiler kleiner Computer, der vornehmlich als elektronisches Adressbuch oder als Terminkalender benutzt wird. Auf neueren PDAs können auch Musik und Videos abgespielt werden. Darüber hinaus lassen sich auch kleinere Textverarbeitungs- und Tabellenkalkulationsprogramme auf ihnen installieren. Ein Smartphone ist ein Telefon, in das ebenfalls ein mobiler kleiner Computer integriert ist. Im Vergleich zum PDA verfügt es in der Regel über eine geringere Prozessorleistung, da es primär die Funktionen Sprachtelefonie und Datentransfer erfüllen soll. Auf dem Smartphonemarkt ist ein Nebeneinander von proprietären Standards und Standards auf Basis einer Komiteelösung vorzufinden. Zum Nebeneinander proprietärer Techniken und Techniken auf Basis einer Komiteelösung vgl. HEISE (Hrsg.) [2003b], HEISE (Hrsg.) [2003c], HEISE (Hrsg.) [2003d], HEISE (Hrsg.) [2004a] und HEISE (Hrsg.) [2004b].

bewerb um die temporäre Monopolstellung entstehen.[86] Nicht selten besitzt ein Netzwerk auf Basis einer Komiteelösung einen Startchancenvorteil gegenüber den Netzwerken einzelner Anbieter. Eine bedeutende Ursache ist die positive Beeinflussung der Nachfrageerwartungen. Auf diesen Aspekt wird in Kapitel D (vgl. Abschnitt 2.1) vertieft eingegangen.

Second sourcing

Kompatibilität kann auch dadurch hervorgerufen werden, dass der Eigentümer einer proprietären Technik – in der Regel der Innovator oder ein etablierter Anbieter – konkurrierende Unternehmen in sein Netzwerk einlädt (so genanntes second sourcing).[87] Die Neigung zu einer derartigen Öffnung des proprietären Standards wird u. a. von der Realisierbarkeit und der Höhe eines Entgeltes beeinflusst. Ein bekanntes Beispiel für eine Entgeltlösung stellt der Markt für CDs dar. Die CD und der CD-Player als Basisplattform wurden ursprünglich gemeinsam von den Unternehmen Philips und Matsushita entwickelt.[88] Die beiden Unternehmen stellen ihre Technik bereits seit Jahren konkurrierenden Unternehmen gegen die Zahlung einer Lizenzgebühr zur Verfügung. Bis heute werden CDs und CD-Player von mehreren konkurrierenden Unternehmen produziert und am Markt angeboten.

Adapterlösung

Kompatibilität zwischen den Netzwerkprodukten konkurrierender Anbieter kann prinzipiell auch durch den Einsatz eines so genannten *Adapters* geschaffen werden.[89] Der Adapter verbindet zwei ursprünglich inkompatible Schnittstellen miteinander. Die Chancen für eine Adapterlösung sind vergleichsweise groß, wenn die Anbieter von Netzwerkgütern nur schwache Verfügungsrechte besitzen oder sich ihre Rechte nur schwer durchsetzen lassen.[90]

---

86 Vgl. hierzu die Ausführungen in Kapitel B 2 des Dritten Teils dieser Studie.

87 Die Einladung bzw. Freigabe seiner Technik kann durch explizite Verträge wie Lizenzvergabe oder durch implizit geduldete Imitation erfolgen.

88 Vgl. GRÖHN [1999], S. 30.

89 Vgl. zu den Vor- und Nachteilen von Adaptern grundlegend CHOI [1996].

90 Besitzen die Anbieter jedoch starke Verfügungsrechte, so ist Inkompatibilität in der Regel nicht einfach durch Schaffung eines Adapters überwindbar. Vgl. DAVID, GREENSTEIN, [1990], S. 4 sowie FARRELL, SALONER [1992], S. 9 ff.

Adapter können als „One-Way-Adapter" und „Two-Way-Adapter" konstruiert sein. Ein „One-Way-Adapter" schafft nur einseitige Kompatibilität, in der Regel vom Netzwerk des Kompatibilitätsbegehrenden (Unternehmen A) zu dem Netzwerk des Unternehmens (Unternehmen B), dem er sich anschließen möchte. Dies hat zur Folge, dass die Teilnehmer des Netzwerkes von Unternehmen A auch auf das Netzwerk des Unternehmens B zugreifen können, während die umgekehrte Möglichkeit nicht besteht.[91]

Der Austausch in beide Richtungen kann prinzipiell durch einen so genannten Two-Way-Adapter geschaffen werden. Da der Adapter in der Regel vom „Kompatibilitätssuchenden" entwickelt wird, ist ein reibungsfreier Austausch in beide Richtungen häufig nicht realisierbar. Das Unternehmen, das nicht an der Herstellung von Kompatibilität interessiert ist, wird sich nicht an dem Informationsaustausch beteiligen, der die Voraussetzung für eine vollkommene Kompatibilität ist.

Ein bekanntes Beispiel für den Einsatz von Adaptern findet sich bei Apple-Computern. Mit Hilfe eines Adapters ist es möglich, Dokumente zu bearbeiten, die mit Programmen für Intel- bzw. IBM-kompatible[92] Computer angefertigt wurden. Auch bei der Anwendung der Office-Programme[93] des Unternehmens Sun ist es durch den Einsatz von Adaptern möglich, Dokumente zu öffnen, die mit Office-Programmen von Microsoft erstellt wurden.[94] Die Adapter in den genannten Beispielen können jedoch keine vollkommene Kompatibilität herstellen. So lassen sich die Dokumente zwar öffnen, in vielen Fällen geht aber die Formatierung verloren, die im ursprünglichen Dokument vorgenommen wurde. Darüber hinaus können bei Tabellenkalkulationsprogrammen die Formeln des Ursprungsdokumentes häufig nicht übernommen werden.[95]

Ausblick

Die zuvor charakterisierten Möglichkeiten zur Schaffung von Kompatibilität führen zu einer zunehmenden Homogenisierung der „betroffenen" Netzwerk-

---

[91] Die Nutzer des Netzwerkes A können somit an einem vergleichsweise größeren Netzwerk teilnehmen als die Nutzer des Netzwerkes B.

[92] Hierbei handelt es sich um Industriestandards für Personalcomputer, die in Kapitel B 2 des Vierten Teils dieser Arbeit ausführlich erörtert werden.

[93] Office-Programme stellen ein Bündel von weit verbreiteter Bürosoftware dar, deren Inhalte in Kaptitel A 3.5.4 im Vierten Teil dieser Arbeit charakterisiert sind.

[94] Vgl. SUN MICROSYSTEMS (Hrsg.) [2005].

[95] Vgl. UNILOG INTEGRATA (Hrsg.) [2003], S. 15.

güter von konkurrierenden Anbietern, da bereits mit der individuellen Netzwerkgröße ein zentraler Qualitätsaspekt entfällt. Für die Nachfrager von Netzwerkgütern eines Kommunikationsnetzwerkes hätte eine vollkommene industrieweite Kompatibilität zur Folge, dass die Teilnehmer miteinander uneingeschränkt kommunizieren können, unabhängig davon, von welchem Anbieter sie die Netzwerkgüter erworben haben. Für die Nachfrager von Netzwerkgütern eines Komponentennetzwerkes hätte eine vollkommene, industrieweite Kompatibilität zur Folge, dass alle Basiskomponenten – unabhängig vom Hersteller – die gleichen Schnittstellen besitzen. Folglich ließen sich die Komplementärgüter, die für die Basiskomponente eines Herstellers optimiert wurden, auch mit den Basiskomponenten aller anderen Anbieter nutzen. Neben den gleichen Schnittstellen sind den Anbietern von Komplementärgütern bei einer vollständigen industrieweiten Kompatibilität alle – zur Herstellung von Komplementärgütern – benötigten Schnittstelleninformationen bekannt.

In den vorangegangenen Abschnitten wurden Netzwerkeffekte und ihre Auswirkungen charakterisiert. Die Erörterungen machen deutlich, dass sowohl die (potenziellen) Nachfrager der Netzwerkgüter eines Kommunikationsnetzwerkes als auch die (potenziellen) Nachfrager der Netzwerkgüter eines Komponentennetzwerkes die Teilnahme an einem Netzwerk mit maximaler Netzwerkgröße wünschen, um so ihren Netznutzen zu maximieren. Die maximale Netzwerkgröße wird bei einer industrieweiten Kompatibilität erreicht.

1.2 Chancen zur Erreichung der maximalen Netzwerkgröße

De-jure-Standard

Die größte Wahrscheinlichkeit für die Realisierung einer industrieweiten Kompatibilität besteht zumindest auf nationaler Ebene bei einem De-jure-Standard. Falls basierend auf dem De-jure-Standard mehrere Anbieter ihre Netzwerkgüter in Konkurrenz anbieten, ist prinzipiell auch die hinreichende Bedingung für eine maximale Netzwerkgröße erfüllt. Jedoch basiert ein De-jure-Standard auf einer staatlichen Zwangsausübung. Diese stellt einen massiven Eingriff in die privaten Eigentumsrechte dar und kann zu erheblichen Ineffizienzen wie negativen Auswirkungen auf die Innovationsneigung der Anbieter führen. Deshalb sollte eine De-jure-Standardisierung nur in den seltenen Fällen Anwendung finden, in denen sich bei Netzwerkgütern keine Eigentumsrechte durchsetzen lassen.

Das Durchsetzen von Eigentumsrechten ist auf dem Softwaremarkt, der im „Vierten Teil“ der vorliegenden Studie untersucht wird, in der Regel möglich. Darüber hinaus dürften auf hoch technisierten Märkten wie dem Softwaremarkt auf staatlicher Seite deutliche Informationsdefizite vorliegen. Vor diesem Hintergrund würde eine De-jure-Standarisierung sowohl statische als auch dynamische Ineffizienzen hervorrufen.[96]

Komiteelösung

Durch eine Komiteelösung kann ebenfalls eine industrieweite Kompatibilität erreicht werden.[97] Zwar hat sie im Vergleich zum De-jure-Standard den Nachteil der schwächeren Bindungswirkung, gleichwohl lassen sich die Informationsdefizite durch die Beteiligung mehrerer Interessengruppen deutlich senken. Ein weiterer Vorteil einer erfolgreich realisierten, industrieweiten Komiteelösung ist, dass freiwillig auf die Koexistenz mehrerer inkompatibler Techniken verzichtet wird.[98] Jedoch lässt sich ein industrieweiter Ex-ante-Standard aufgrund z. T. gegenläufiger Interessen und der schwachen Bindungswirkung nicht in allen Fällen durchsetzen. Während der Staat zu Sanktionsmaßnahmen greifen kann, entscheiden sich die Unternehmen unaufgefordert dafür, den festgelegten Standard zu übernehmen. Es ist ihnen prinzipiell zu jeder Zeit möglich, diese Entscheidung zu revidieren.[99] Kommt es nicht zu einer industrieweiten Einigung aller Unternehmen auf einen Standard, hat dies einen Wettbewerb mehrerer inkompatibler Techniken zur Folge, wodurch die Vorteile einer frühzeitigen Einigung auf einen Standard verloren gehen.

Lässt sich ein industrieweiter Ex-ante-Standard durchsetzen und bieten die im Wettbewerb stehenden Anbieter ihre Netzwerkgüter basierend auf diesem Standard an, so ist auch die hinreichende Bedingung für eine maximale Netzwerkgröße erfüllt. Die im Wettbewerb angebotenen Netzwerkgüter lassen sich aufgrund der standardisierten Schnittstellen zu dem „größten" Netzwerk zusammenfügen.[100]

---

96 Es erscheint sinnvoll, der Meinung von Sailer zu folgen, dass der Staat aufgrund von Informationsdefiziten nicht selbst die Standardisierung der Schnittstellen vornehmen soll. Seine Aufgabe kann jedoch darin bestehen, eine Standardisierung zu fordern und das Zusammentreffen von Komitees zu fördern. Vgl. hierzu SAILER [2001], S. 358.

97 Vgl. WEY [1999], S. 255 f.

98 Vgl. WEY [1999], S. 32.

99 Beispielsweise ist Motorola aus dem Symbian Konsortium ausgetreten. Vgl. HEISE (Hrsg.) [2003a].

100 Vgl. SHAPIRO, VARIAN [1999], S. 299 f. und die Ausführungen in Kapitel A 5.

Second sourcing

Grundsätzlich kann eine industrieweite Kompatibilität auch erreicht werden, indem ein Anbieter sein Netzwerk für Konkurrenten öffnet. Jedoch ist die Chance, die maximale Netzwerkgröße zu erreichen bei second sourcing vergleichsweise gering. Wie bereits erläutert, steigt die Neigung eines Anbieters zur Öffnung seines proprietären Standards mit der Höhe eines zu erzielenden Entgeltes. Die Möglichkeit zur Entgelterzielung ist insbesondere dann gegeben, wenn der Anbieter bereits eine gestärkte Marktposition innehat. Im Vorfeld wird dieser seine Technik/sein Netzwerk in der Regel vor konkurrierenden Anbietern schützen.[101] Bis zu der Öffnung des Netzwerkes ist demnach ein Nebeneinander mehrerer konkurrierender, inkompatibler Techniken möglich. Hierdurch bliebe bei den potenziellen Nachfragern in frühen Marktphasen eine Unsicherheit darüber bestehen, welche Technik/welches Netzwerk sich im Wettbewerb um die dominante Marktstellung behaupten kann. Falls der Anbieter sich nach dem Erreichen einer starken Marktstellung für ein second sourcing entscheidet, bleibt es fraglich, ob es zu einem wirksamen Wettbewerb kommt und somit die hinreichende Bedingung für eine maximale Netzwerkgröße erfüllt wird. Auf diese Problematik wird im Dritten Teil dieser Arbeit (vgl. Kapitel B 3) eingegangen.

Adapterlösung

Auch eine Adapterlösung kann prinzipiell zu einer industrieweiten Kompatibilität führen. Die Bedingung zur Erreichung einer industrieweiten Kompatibilität ist, dass sich alle Unternehmen einer Industrie durch die Konstruktion eines Adapters an das Netzwerk eines Unternehmens anschließen.

In der Regel streben Unternehmen eine Adapterlösung nur dann an, wenn es zu Asymmetrien in der Machtverteilung kommt und die Herstellung einer einvernehmlichen Kompatibilität nicht möglich ist. In diesen Fällen wird tendenziell das marktschwache Unternehmen (kompatibilitätssuchendes Unternehmen) einen Adapter herstellen, um sich einem größeren Netzwerk anzuschließen. Es wird sich immer dann für die Herstellung entscheiden, wenn seine erwarteten Gewinnzuwächse größer sind als seine Kosten für die Entwicklung eines Adapters.[102]

---

[101] In der Regel wird ein Anbieter versuchen, die Renten seiner F&E-Investitionen durch Lizenzeinnahmen und durch eine zeitlich verzögerte Öffnung seines Standards zu schützen. Vgl. FERGUSON, MORRIS [1993], S. 23 f.

[102] Vgl. KATZ, SHAPIRO, [1985], S. 436 ff.

Aus gesamtwirtschaftlicher Sicht ist die Herstellung eines Adapters nur dann wünschenswert, wenn die Summe zukünftiger Gewinnzuwächse der Unternehmen und zukünftiger Nutzenzuwächse der Konsumenten die Kosten für die Entwicklung des Adapters übersteigen. Nicht jedes Unternehmen wird durch die Adapterlösung einen Gewinnzuwachs erwarten. Insbesondere das Unternehmen, das in der Ausgangssituation marktstark ist, wird Gewinnrückgänge befürchten, da das schwächere Unternehmen durch die einseitige Schaffung von Kompatibilität von seiner installierten Basis profitiert.[103] Der individuelle Vorteil eines größeren Netzwerkes ginge in diesem Fall verloren. Darüber hinaus wird das Unternehmen mit einer Verschärfung des Wettbewerbes rechnen, da die Schaffung von Kompatibilität eine Homogenisierung der Netzwerkgüter der betroffenen konkurrierenden Anbieter zur Folge hat. Deshalb ist zu erwarten, dass der marktstarke Anbieter Marktanteile an den Konkurrenten abgeben wird und unter einen stärkeren Preisdruck gerät.

2 Externe Inkompatibilität auf horizontaler Ebene

2.1 De-facto-Standard

Auf Märkten für Netzwerkgüter ist es ebenfalls möglich, dass eine industrieweite Kompatibilität das Ergebnis eines marktlichen Konkurrenzprozesses ist.[104] Sollte sich im Wettbewerb mehrerer inkompatibler Netzwerktechniken eine dominante Technik herausbilden (Ex-post-Standard), so wird sie schließlich (nahezu) die gesamte Marktnachfrage auf sich vereinen. Die Nachfrager der unterlegenen Technik werden in vielen Fällen nach und nach zu dem dominanten Netzwerk wechseln, weil sie von dem deutlich größeren Netznutzen profitieren wollen.[105] Auch die Erstkäufer werden sich aufgrund des (erwarteten) größeren Netznutzens für das dominante Netzwerk entscheiden, wodurch sich die kleineren Netzwerke nicht auf dem Markt halten können. Auf diesem sind schließlich nur noch Netzwerkgüter vorzufinden, die auf Basis der dominanten Technik hergestellt wurden. Das impliziert die vollkommene Kompatibilität aller angebotenen Güter einer Produktgeneration. In der Regel liegt eine solche auch dann

---

[103] In der Regel wird das kompatibilitätssuchende Unternehmen mit dem Adapter eine einseitige Kompatibilität herstellen. Es wird bestrebt sein, von der installierten Basis des marktstarken Unternehmens zu profitieren, während es dem marktstarken Unternehmen keinen Zugang zu der eigenen installierten Basis bereitstellt.

[104] Vgl. MONOPOLKOMMISSION (Hrsg.) [1992], S. 701.

[105] Vgl. hierzu die detaillierten Ausführungen in Kapitel B 2.4 im Dritten Teil dieser Studie.

vor, wenn die Netzwerkgüter unterschiedlichen Generationen angehören.[106] Eine auf diese Weise entstandene, industrieweite Kompatibilität wird als ***De-facto-Standard*** bezeichnet.[107] In der netzwerkökonomischen Literatur werden De-facto-Standards in ***nicht-geförderte*** und ***geförderte*** De-facto-Standards unterschieden.[108]

Nicht-geförderter De-facto-Standard

Ein ***nicht-geförderter*** De-facto-Standard gleicht einem öffentlichen Gut, da keiner der Anbieter auf den Absatzmärkten ausschließliche Verfügungsrechte an ihm besitzt. Demzufolge kann kein Marktakteur von der Nutzung des Standards ausgeschlossen werden (Nicht-Ausschlussprinzip).[109] Eine Folge der fehlenden Eigentumsrechte ist, dass kein Anbieter auf dem Markt eine marktmächtige Stellung erlangen wird, da die Möglichkeit zur Zwangsausübung fehlt. In der netzwerkökonomischen Literatur wird ein nicht-geförderter De-facto-Standard auch als „spontane Ordnung"[110] bezeichnet, die „das Ergebnis anonymer marktlicher Konkurrenz zwischen vielen unabhängigen Benutzern"[111] ist.

Auf dem Markt für Client- und Serverbetriebssysteme gibt es mit Unix und Linux prominente Beispiele für nicht-geförderte-Standards (auch „offene" Standards).[112] AT&T verzichtete als Entwickler von Unix darauf, unter anderem aufgrund diverser kartellrechtlicher Prozesse auf seine Geltendmachung von Ansprüchen.[113] Linus Torwald entwickelte Linux gezielt als offenen Standard mit dem Wunsch, dass dieser auf nicht-kommerzieller Basis von Programmierern auf der ganzen Welt weiterentwickelt werden und ein Gegengewicht zu dem kommerziellen Betriebssystem Windows bilden solle. Bei den genannten Betriebssystemen wäre die Anwendbarkeit des Ausschlussprinzips im Gegensatz zu einem rein öffentlichen Gut prinzipiell möglich, wenn sich die Entwickler ihre

---

106 Intergenerationskompatibilität wird von den Anbietern häufig als Strategievariable eingesetzt. Die Auswirkungen sind in Kapitel C 2.2.1.4 im Vierten Teil dieser Arbeit erörtert.

107 Vgl. WEY [1999], S. 240.

108 Vgl. DAVID, GREENSTEIN, [1990], S. 4.

109 Vgl. WEY [1999], S. 30.

110 Vgl. WEY [1999], S. 30.

111 Vgl. WEY [1999], S. 30.

112 Hierbei ist zu beachten, dass Linux aktuell keinen De-facto-Standard darstellt. Bei Unix-Betriebssystemen hängt dies von der Marktabgrenzung ab. Beide Betriebssysteme sind in Kapitel B 3.2 im Vierten Teil dieser Studie charakterisiert.

113 Vgl. WEST [2002], S. 5.

Verfügungsrechte an den Betriebssystemen gesichert hätten. Die Geltendmachung derartiger Ansprüche ist jedoch aus den genannten Gründen nicht gewollt. Demnach stellen die beispielhaft genannten Netzwerkgüter kein „reines" öffentliches Gut dar. Die Annahme wird durch die Tatsache bestätigt, dass heute von diversen Softwareherstellern unterschiedliche Unix- und Linux-Distributionen kommerziell angeboten werden.[114] Die Unternehmen besitzen somit Eigentumsrechte an den Distributionen und sind auch in der Lage, diese geltend zu machen.[115]

Geförderter De-facto-Standard

Der Begriff ***geförderter*** De-facto-Standard bezeichnet den Zustand, in dem es einem Unternehmen bzw. einer Unternehmensgruppe gelungen ist, seine ***proprietäre*** Technik auf einem Markt so zu etablieren, dass eine (Quasi-)Monopolstellung erreicht wurde. Hierbei ist die Existenz von Eigentumsrechten eine Grundvoraussetzung für den Erfolg des jeweiligen Netzwerkes.[116]

Zum einen werden rational handelnde Unternehmen nur dann in ein Netzwerk investieren, wenn sie annehmen, dass sie zumindest mittel- bis langfristig mit dem Verkauf von Netzwerkgütern Gewinne erzielen können. Dies ist in den meisten Fällen nur möglich, wenn sie den Nachfragern ihre Netzwerkgüter gegen Entgelt zur Verfügung stellen.[117] Die Durchsetzbarkeit eines Entgeltes ist wiederum maßgeblich davon abhängig, ob es den Anbietern gelingt, nichtzahlungswillige Nutzer von ihrem Netzwerk auszuschließen (Anwendung des Ausschlussprinzips bei Nachfragern).

Zum anderen werden die Anbieter nur dann eine Vormachtstellung erlangen und behaupten können, wenn es ihnen auch gelingt, einen Netzwerkzutritt von Konkurrenten abzuwehren (Anwendung des Ausschlussprinzips bei Konkurrenten). Die „Gefahr", dass Wettbewerber die gewünschte Kompatibilität mit Hilfe eines Adapters erlangen können, bleibt auch hier weiterhin bestehen. Der/die Anbieter des De-facto-Standards werden jedoch versuchen, die erfolgreiche

---

[114] Vgl. hierzu die Ausführungen in Kapitel B 3.2 im Vierten Teil dieser Arbeit.

[115] Als Folge dieser „Teil-Eigentumsrechte" sind insbesondere die Unix-Distributionen der unterschiedlichen Anbieter nicht bzw. nicht vollständig kompatibel.

[116] Vgl. DAVID, GREENSTEIN [1990], S. 4 ff.

[117] Im Bereich der Internet-Ökonomie gibt es Ausnahmen. So finanzieren sich einige Anbieter der New Economy ausschließlich durch Werbebanner auf ihren Webseiten und/oder durch den Verkauf von Komplementärgütern. Vgl. MONOPOLKOMMISSION (Hrsg.) [2003], Tz. 652.

Konstruktion einer solchen Anschlussmöglichkeit zu erschweren oder gar zu verhindern.[118]

2.2 Chancen zum Erreichen der maximalen Netzwerkgröße

Nicht-geförderter De-facto-Standard

Falls sich aus einem Wettbewerbsprozess ein De-facto-Standard herausbildet, kann auch hierdurch eine industrieweite Kompatibilität erreicht werden.[119] Insbesondere bei nicht-geförderten Techniken stellt jedoch der De-facto-Standard ein zufälliges Marktgleichgewicht auf Märkten für Netzwerkgüter dar. Die Autoren Katz und Shapiro zeigen, dass die Dominanz eines Standards durch strukturelle Voraussetzungen hervorgerufen werden kann. Sie erfolgt – insbesondere bei fehlenden Eigentumsrechten – ohne jegliche Beeinflussung der Anbieter und basiert demnach nicht auf wettbewerbsbeschränkenden Verhaltensweisen.[120]

Generell ist jedoch das Zustandekommen eines Marktes bei fehlenden bzw. nicht durchsetzbaren Eigentumsrechten fraglich. In vielen Fällen wird sich kein privater Anbieter finden, der in den Netzwerkaufbau investieren möchte. Für Unternehmen lohnt sich die Bereitstellung von Netzwerkprodukten insbesondere dann ***nicht***, wenn sie erhebliche Anfangsinvestitionen für den Netzwerkaufbau tätigen müssen. So haben sie bei nicht-durchsetzbaren Eigentumsrechten keine Möglichkeit, zahlungsunwillige „Nachfrager" (Trittbrettfahrer) von der Nutzung auszuschließen. Vor diesem Hintergrund werden sie befürchten, dass sich ihre Investitionen nicht amortisieren und sich tendenziell gegen ein Angebot entscheiden.

Selbst wenn Unternehmen unter den genannten Bedingungen Netzwerkgüter anbieten, haben sie aufgrund der fehlenden Eigentumsrechte keine Möglichkeiten, die auftretenden Netzwerkeffekte zu internalisieren.[121] Bei einem Nebeneinander konkurrierender, inkompatibler Techniken auf Märkten für Netzwerkgüter

---

118 Vgl. FARRELL [1989], S. 35 ff. Hier wird differenziert zwischen „schwachen" und „starken" Verfügungsrechten. Ein Unternehmen hat starke Verfügungsrechte, wenn es ihm gelingt, die Schaffung von Kompatibilität durch die Konkurrenz zu unterbinden. In diesem Fall werden die Konkurrenten gezwungen, ein eigenes, inkompatibles Netzwerk aufzubauen. Gelingt es den Konkurrenten jedoch durch Adapter oder Imitation die von ihnen gewünschte Kompatibilität herzustellen, bezeichnet dies Farrell als schwache Verfügungsrechte.

119 Vgl. KATZ, SHAPIRO [1985], S. 425.

120 Vgl. KATZ, SHAPIRO, [1985].

121 Vgl. THUM [1994a], S. 269 f.

können „multiple Gleichgewichte“ auftreten.[122] So zeigen Katz und Shapiro in ihrem grundlegenden Artikel am Beispiel eines statischen Cournot-Oligopolmodells, dass im Fall eines Angebots von Netzwerkgütern drei Ausprägungen bei der Verteilung der Marktanteile eintreten können:

1) Symmetrisches Oligopol

2) Symmetrisches natürliches Oligopol

3) Asymmetrisches natürliches Oligopol

Im symmetrischen Oligopol sind alle Unternehmen aktiv und bieten die gleiche Menge an Netzwerkgütern an.[123] Im symmetrischen natürlichen Oligopol sind nicht alle Unternehmen aktiv. Die relevante Marktnachfrage entfällt aber auch hier zu gleichen Teilen auf die aktiven Anbieter. In einem asymmetrischen natürlichen Oligopol sind nicht alle Unternehmen aktiv und die relevante Marktnachfrage ist auf die aktiven Unternehmen ungleich (asymmetrisch) verteilt. Den Extremfall der asymmetrischen Marktanteilsverteilung stellt der De-facto-Standard dar. Die Autoren zeigen, dass eine symmetrische Verteilung inkompatibler Netzwerke aus gesamtwirtschaftlicher Sicht nicht optimal ist, da die jeweils auftretenden Netzwerkeffekte bei mehreren, inkompatiblen Netzwerken vergleichsweise klein bleiben.[124] Der Marktprozess bringt in diesem Fall zu wenig Standardisierung hervor. Es wurde bereits darauf hingewiesen, dass die ausbleibende Internalisierung im Fall fehlender Eigentumsrechte zu einem Wettbewerbsversagen führt.

In dem zweiten grundlegenden Artikel für die Netzwerkökonomie zeigen die Autoren Farrell und Saloner anhand eines dynamischen Modells, in dem die Chancen von Innovationskonkurrenz untersucht werden, dass fehlende Eigentumsrechte in Verbindung mit Netzwerkeffekten auch zu dynamischen Ineffizienzen führen können. In der Ausgangslage ihres Modells hat sich ein nichtgeförderter De-facto-Standard durchgesetzt. Die Teilnehmer des Netzwerkes, das

---

[122] Vgl. SAILER [2001], S. 353. Es sind multiple Gleichgewichte möglich, wenn die Nachfrager weder eines der alternativen Netzwerkprodukte präferieren, noch einem dieser Produkte besondere Erfolgsaussichten einräumen. Wie bereits erörtert spielen die Nachfrageerwartungen über den zukünftigen Erfolg einer Netzwerktechnik eine herausragende Rolle bei der Kaufentscheidung der Nachfrager.

[123] Bei einer symmetrischen Verteilung mehrerer, inkompatibler Netzwerke wäre die Netzwerkgröße nicht maximal. Auch Katz und Shapiro haben in ihrem Artikel darauf hingewiesen, dass die aggregierte Ausbringungsmenge bei einer industrieweiten, vollständigen Kompatibilität größer ist als bei einem Nebeneinander mehrerer inkompatibler Netzwerke. Vgl. KATZ, SHAPIRO [1985], S. 432.

[124] Vgl. KATZ, SHAPIRO [1985], S. 429 ff.

sich auf Basis des alten De-facto-Standards gebildet hat, werden nun sukzessive vor die Wahl gestellt, zu einem neuen Netzwerk auf Basis eines überlegenen Standards zu wechseln oder im alten Netzwerk zu bleiben. Die Autoren kommen zu dem Ergebnis, dass der Wechsel von der alten zur neuen Technik aus gesamtwirtschaftlicher Sicht zu häufig (excess momentum) oder zu selten (excess inertia) erfolgen kann.[125] Ein Wechsel erfolgt zu häufig, wenn sich Individuen für den Wechsel zu einer neuen, inkompatiblen Technik entscheiden, hierbei jedoch nicht beachten, dass dieser Wechsel für die verbleibenden Teilnehmer der alten Technik eine Verkleinerung der installierten Basis und somit eine Verringerung ihres Netznutzens darstellt. Ein Wechsel kann zu selten erfolgen, wenn die Individuen ihren individuellen Nutzenzuwachs bei einem Wechsel geringer einschätzen als die erwarteten Kosten. Da jedoch der individuelle Nutzen von dem gesellschaftlichen Nutzen abweicht, kommt es zu einem gesamtwirtschaftlichen Verlust, wenn der soziale Nutzen größer ist als die gesellschaftlichen Kosten des Wechsels.

Geförderter De-facto-Standard

Besitzt ein Anbieter/eine Anbietergruppe hingegen Eigentumsrechte an einer Netzwerktechnik, so kann er diese (z. B. durch preispolitische Maßnahmen) fördern und so aktiv die Dominanz seines Netzwerkes beeinflussen. In den Ausführungen in Kapitel B 2 im Dritten Teil dieser Arbeit werden Gründe dargelegt, weshalb ein Wettbewerb zwischen geförderten Netzwerktechniken in der Regel zu einem De-facto-Standard führt. Zwar birgt ein geförderter De-facto-Standard – im Gegensatz zu dem nicht-geförderten De-facto-Standard – die Gefahr, dass der (Quasi-)Monopolist die Nachfrager durch zu hohe Preise ausbeutet und im Vergleich zu einem Wettbewerbsmarkt eine zu geringe Menge an Netzwerkgütern bereitstellt. Darüber hinaus werden durch eine dauerhafte Monopolstellung in der Regel auch dynamische Ineffizienzen hervorgerufen.

Ein Vorteil des geförderten De-facto-Standards ist jedoch, dass der Anbieter/die Anbietergruppe aufgrund der Eigentumsrechte die Möglichkeit hat, die Netzwerkeffekte zumindest teilweise zu internalisieren. Dies könnte z. B. mit Hilfe einer zeitlichen Preisdifferenzierung erfolgen. Sie ließe sich derart vornehmen, dass Nachfrager in frühen Marktphasen einen vergleichsweise niedrigen Preis für das Netzwerkgut zahlen, da der Netzwerkeffekt und der daraus resultierende Netznutzen noch gering sind. In späteren Marktphasen treten hingegen die

---

[125] Vgl. FARRELL, SALONER [1985], S. 81, KATZ, SHAPIRO [1992], S. 73 sowie KATZ, SHAPIRO [1994], S. 108.

Wirtschaftssubjekte mit dem Kauf eines entsprechenden Gutes einem relativ großen Netzwerk bei. Der Netzwerkeffekt und der daraus resultierende Netznutzen sind vergleichsweise hoch, was auch einen höheren Preis ermöglicht. Eine zeitliche Preisdifferenzierung kann den Netzwerkaufbau beschleunigen und die intertemporalen Netzwerkeffekte internalisieren.

Gelingt es dem Monopolisten eine perfekte Preisdifferenzierung vorzunehmen, kann sein Netzwerk im Idealfall die Größe realisieren, die bei einem wettbewerblichen Angebot auf Basis eines industrieweiten Ex-ante-Standards erreicht wird. Die hinreichende Bedingung für die maximale Netzwerkgröße wäre somit zwar im Prinzip erfüllt, unter dynamischen und verteilungspolitsichen Aspekten bleibt das Monopol auch weiterhin problematisch.[126]

Die Gefahren des excess momentum und des excess inertia ließen sich mit Hilfe von durchsetzbaren Eigentumsrechten ebenfalls verringern. Der Anbieter der neuen Technik kann u. a. preispolitische Maßnahmen einsetzen, die einen gesamtwirtschaftlich vorteilhaften Wechsel fördern.[127]

3 Zwischenfazit

Die Ausführungen in diesem Kapitel lassen erkennen, dass bei privaten Netzwerkgütern wie Software – ohne staatliche Einflussnahme – die größte Wahrscheinlichkeit für die Realisierung einer industrieweiten Ex-ante-Kompatibilität besteht, wenn von *allen* Anbietern einer Industrie eine Komiteelösung angestrebt wird. Ein Ex-ante-Standard auf Basis einer Komiteelösung trägt in der Regel zu einer größeren Erwartungssicherheit auf Seiten der potenziellen Nachfrager bei. Vor allem besitzt eine solche Lösung den Vorteil, dass sie prinzipiell auch mittel- bis langfristig Wettbewerb innerhalb eines Standards zulässt.[128]

Der Wettbewerb zwischen geförderten, inkompatiblen Netzwerktechniken führt in der Regel zu einer industrieweiten Ex-post-Kompatibilität (De-facto-Standard). Auf Teilmärkten des Softwaremarkts konkurrieren geförderte und nicht-geförderte Techniken um die dominante Marktstellung. Der Eigentümer der geförderten Netzwerktechnik besitzt – u. a. aufgrund der Internalisierungsmöglichkeiten – Wettbewerbsvorteile gegenüber der nicht-geförderten Technik.

---

[126] Grundlegendes zur monopolistischen Preisdifferenzierung vgl. FRITSCH, WEIN, EWERS [2005], S. 196 ff.

[127] Vgl. LIEBOWITZ, MARGOLIS [1994], S. 146. Ein Beispiel hierfür sind niedrige Einführungspreise.

[128] Vgl. hierzu detaillierte Ausführungen in Kapitel B 3.1 im Dritten Teil dieser Arbeit.

Demzufolge ist davon auszugehen, dass der Eigentümer bei sonst gleichen Bedingungen das „Rennen“ um die dominante Marktstellung für sich entscheidet.[129]

Im nachfolgenden Kapitel ist untersucht, weshalb ein industrieweiter Ex-ante-Standard als Ergebnis einer Komiteelösung – trotz der positiven Auswirkung auf die Netzwerkgröße – nicht immer am Markt zu realisieren ist. Vor diesem Hintergrund wird zunächst die Nachfrageseite analysiert. Hierbei sind auch Gründe angeführt, die aus Sicht der Kunden gegen einen industrieweiten Ex-ante-Standard sprechen können. Im Anschluss an die Analyse der Kompatibilitätspräferenzen der Nachfrager werden die Einflussfaktoren auf die Kompatibilitätspräferenzen der Anbieter untersucht. Einen bedeutenden Einflussfaktor stellen hierbei die Kundenpräferenzen dar. Ferner sind die Kompatibilitätspräferenzen der Anbieter durch die Gewinnmaximierungsabsichten und die angebotsseitigen Voraussetzungen beeinflusst. Unter Abwägung dieser Aspekte werden sich letztere schließlich für oder gegen die Herstellung von Kompatibilität entscheiden. Eine industrieweite Kompatibilität kann ex ante nur geschaffen werden, wenn alle Anbieter einer Industrie die Schaffung von externer Kompatibilität unterstützen und sich auf einen Standard einigen können. Liegen hingegen zwischen einzelnen Anbietern bzw. Anbietergruppen unterschiedliche Vorstellungen über das Ausmaß an externer Kompatibilität vor und verfügen diese Akteure gleichzeitig über starke Eigentumsrechte, so kommt es in der Regel zu einem Wettbewerb um den De-facto-Standard. Für den Fall schwacher Eigentumsrechte ist mit Hilfe eines Adapters die Herstellung einseitiger Kompatibilität möglich. In der Regel wird hierdurch jedoch keine vollkommene, industrieweite Kompatibilität erreicht.

Die vorangegangenen Ausführungen lassen darauf schließen, dass die Nachfrager ein wettbewerbliches Angebot von industrieweit standardisierten Netzwerkgütern gegenüber den anderen möglichen Angebotsformen bevorzugen. Dieser Wunsch lässt sich für den Fall privater Güter tendenziell am besten durch eine Komiteelösung erfüllen, die ex ante einen industrieweiten Standard festlegt. In der netzwerkökonomischen Literatur werden jedoch Argumente angeführt, die aus Sicht der Nachfrager gegen den Wunsch nach einem industrieweiten Ex-ante-Standard sprechen. Diese Argumente sind im nachfolgenden Kapitel genauer untersucht.

---

129 Vgl. KATZ, SHAPIRO [1986a], S. 838.

C Kompatibilität aus Sicht der Nachfrage von Netzwerkgütern

1 Primäre Nutzenaspekte

1.1 Individualisierung des Netznutzens

Es ist bei Kommunikationsnetzwerken offensichtlich, dass die Ausprägung eines Netzwerkeffektes nicht nur durch die Anzahl aller tatsächlichen oder erwarteten Teilnehmer, sondern durch die Anzahl der „richtigen" (erwarteten) Teilnehmer (Qualität der Teilnehmer) beeinflusst wird. So sind bei einer Entscheidung über den Netzwerkbeitritt nur die Teilnehmer relevant, die potenzielle Kommunikationspartner sind (Individualisierung des Netznutzens).

Im Umkehrschluss erhöht nicht jeder neue Teilnehmer eines Netzwerkes den Nutzen aller Teilnehmer, sondern nur den Nutzen derjenigen, die in ihm einen potenziellen Kommunikationspartner sehen.[130] Hieraus könnte geschlussfolgert werden, dass die Nachfrager keinen industrieweiten Standard wünschen, sondern lediglich ein Netzwerk, in dem sich alle potenziellen Kommunikationspartner befinden.[131]

Diesem Argument lässt sich jedoch entgegnen, dass nicht jeder (potenzielle) Teilnehmer eines Kommunikationsnetzwerkes alle zukünftigen Kommunikationspartner benennen kann. Während es z. B. für den potenziellen Teilnehmer eines Telekommunikationsnetzes vergleichsweise einfach sein dürfte, Freunde zu nennen, mit denen er aktuell kommunizieren möchte, sind die Kommunikationspartner im beruflichen Umfeld in vielen Fällen nicht im Voraus festzulegen.[132] Aufgrund dieser Unsicherheit werden Nachfrager von Netzwerkgütern

---

130 Vgl. ELLICKSON, u. a. [1997], S. 1.

131 Einige Autoren lassen die Annahme monoton steigender Netzwerkeffekte ganz fallen und ersetzen sie durch den Begriff „lokale" Netzwerkeffekte. Vgl. z. B. DAVID, FORAY [1992], ELLISON [1993], GOYAL, JANSEN [1993], OECHSLER [1994] und GOYAL [1995]. Einen Extremfall von „lokalen" Netzwerkeffekten stellen so genannte Inselnetze dar. Der Netzwerkeffekt tritt nur innerhalb einer sehr kleinen exklusiven Gruppe, z. B. in der Nachbarschaft, auf. Ein Beispiel hierfür wäre ein firmeninternes Netzwerk, das ausschließlich zum Austausch von Informationen der Mitarbeiter des Unternehmens dienen soll. In den Fällen, in denen die Teilnehmer eines Netzwerkes limitiert sind, ist nicht ein unmittelbarer Wunsch der Nachfrager nach einem industrieweiten Standard abzuleiten. So wäre bei isolierter Betrachtung der direkten Netzwerkeffekte denkbar, dass mehrere parallele Kommunikationsnetze von unterschiedlichen Anbietern betrieben werden, die nicht kompatibel sind. Ob es zu einem Nebeneinander von Inselnetzen unterschiedlicher Anbieter kommt, wird neben nachfrageseitigen Aspekten auch von angebotsseitigen Voraussetzungen beeinflusst. Die Voraussetzungen sind in Kapitel D genauer erörtert (vgl. insbesondere die Abschnitte 2.2, 3.2 und 3.3).

132 Auch im privaten Umfeld können im Zeitablauf wechselnde Kommunikationspartner auftreten. Kurzfristig sind die Kommunikationspartner jedoch besser vorherzusehen, als dies im beruflichen Umfeld der Fall ist.

eines Kommunikationsnetzes c. p. ein größeres Netzwerk einem kleineren Netzwerk vorziehen.

Darüber hinaus ist davon auszugehen, dass ein potenzieller Netzwerkteilnehmer nur dann einem Kommunikationsnetzwerk beitreten wird, wenn er an dem Austausch mit einem weiteren Netzwerkteilnehmer interessiert ist. Demzufolge wird der Nutzen von mindestens einem aktuellen Netzwerkteilnehmer durch den Beitritt erhöht.[133] Werden die seltenen Fälle ausgeschlossen, in denen Netzwerkteilnehmer den Nutzen anderer Mitglieder beeinträchtigen, so stellt eine Individualisierung des Netznutzens aus Nachfragersicht kein Argument gegen einen industrieweiten Standard dar.

Das Argument der fehlenden Individualisierung des Netznutzens trifft nicht auf die Güter eines Komponentennetzwerkes zu. Ein neuer Teilnehmer eines Komponentennetzwerkes verursacht den – in Kapitel 1 charakterisierten – indirekten Netzwerkeffekt und erhöht so den Nutzen der aktuellen Netzwerkteilnehmer. Dieser Effekt wird durch die Kostendegression bei den Anbietern der Komplementärgüter hervorgerufen. Auch die Nachfrager von Netzwerkgütern eines Komponentennetzwerkes können ex post qualitative Unterschiede aufweisen. So ist es möglich, dass einige Teilnehmer nach dem Netzwerkbeitritt mehr bzw. „die richtigen“ Komplementärgüter nachfragen und somit einen stärkeren positiven Einfluss auf das Angebot dieser Güter ausüben als andere. Jedoch wird nahezu jeder neue Teilnehmer Komplementärgüter kaufen und demnach deren Angebot positiv beeinflussen. Darüber hinaus ist für die aktuellen und potenziellen Netzwerkteilnehmer zum Zeitpunkt des Beitritts eines neuen Teilnehmers nicht absehbar, wie viele Komplementärgüter der „Neue“ zukünftig erwerben wird und welche Qualität er somit „aufweist“.

1.2 Überfüllungseffekte

Eine stark ansteigende Mitgliederzahl kann die Funktionsfähigkeit von Netzwerken mit primär physischen Komponenten beeinträchtigen, wenn die Netzwerkkapazität nicht hinreichend schnell an die Anforderungen der steigenden Nachfrage angepasst wird. Diese so genannten Überfüllungseffekte führen zu Nutzeneinbußen auf der Nachfrageseite. Ein Beispiel für derartige Nutzeneinbußen sind Überlastungen von Mobilfunknetzen in Ballungsräumen, die durch eine große Anzahl an gesprächswilligen Teilnehmern ausgelöst werden. In einem

---

[133] Diese Annahme schließt aus, dass Individuen einem Netzwerk beitreten, um anderen Netzwerkteilnehmern zu schaden.

überlasteten Netz sind Gesprächsunterbrechungen eine häufige Folge, wodurch der Nutzen der betroffenen Gesprächsteilnehmer eingeschränkt wird.[134]

In dem skizzierten Fall besitzt das Netzwerkgut die Eigenschaften eines Klubgutes. Die positiven Netzwerkeffekte werden ab einer gewissen Teilnehmerzahl von den negativen Effekten der Überfüllung überkompensiert.[135] Im Gegensatz zu Netzwerken mit physischen Komponenten treten Überfüllungseffekte bei „rein virtuellen" Netzwerken nicht auf.

1.3 Produktdifferenzierungswünsche der Nachfrager

Der Wunsch nach Produktvielfalt kann ebenfalls den Standardisierungswünschen der Nachfrager entgegenstehen.[136] Sollte der Nutzen, den die Nachfrager aus der Produktvielfalt generieren, den Netznutzen überkompensieren, werden sich diese gegen einen industrieweiten Standard aussprechen.[137] Der Verlust an Produktvielfalt ist davon abhängig, ob durch Standards nur allgemeine Regeln zum Austausch von Informationen festgelegt sind (Kommunikationsstandards) oder konkrete Inhalte vorgegeben werden. Während die Vorgabe von Kommunikationsregeln auch weiterhin ein hohes Maß an Individualität zulässt, wird sie durch das Festlegen von Inhalten eingeschränkt.[138] Im zweiten Fall kann der Wunsch nach einer Maximierung der Netzwerkgröße durch die Produktdifferenzierungswünsche der Wirtschaftssubjekte begrenzt werden, jedoch würden sehr heterogene Nutzerpräferenzen letztlich zu einer Marktspaltung führen. Auf den einzelnen Teilmärkten könnte schließlich der Wunsch nach einer Maximierung der Netzwerkgröße erneut auftreten.[139]

---

[134] Auch Matutes und Padilla zeigen am Beispiel der Nutzung eines Geldautomaten, dass ab einer bestimmten Nutzerzahl Überfüllungseffekte und somit Nutzeneinbußen auftreten können. Jedoch sind die Netzwerkeffekte in diesem Fall nicht horizontaler, sondern vertikaler Natur, da der Nutzen der Netzwerkteilnehmer mit der zunehmenden Anzahl an Geldautomaten steigt. Vgl. MATUTES, PADILLA [1994], S. 1113 ff.

[135] Vgl. ausführlich zur Theorie der Klubgüter BUCHANAN [1965], CORNES, SANDLER [1986].

[136] Vgl. CHURCH, GANDAL [1992], S. 85 ff. sowie KATZ, SHAPIRO [1994], S. 93 ff.

[137] Vgl. FARRELL, SALONER [1986a], S. 71 ff. Darauf hingewiesen haben auch KATZ, SHAPIRO [1986a], S. 824.

[138] Vgl. BUXMANN, KÖNIG [1998], S. 123.

[139] Vgl. ACKERMANN [1999], S. 64. Es ließe sich z. B. für den Markt von Textverarbeitungsprogrammen anführen, dass Nachfrager mit spezifischen Anforderungen wie der Integration mathematischer Formeln ein anderes als das am weitesten verbreitete Produkt MS-Word nachfragen. Diesem Argument ist zu entgegnen, dass Textverarbeitungsprogramme eine Software darstellen, die für den täglichen Bürobedarf angefertigt wurde. Programme mit speziellen Tools werden in der Regel ergänzend zu normalen Textverarbeitungsprogrammen nachgefragt, stellen

In dieser Studie liegt der Fokus auf den Netzwerkgütern, bei denen der Einfluss der Netzwerkeffekte auf die Kaufentscheidung eine zentrale Bedeutung einnimmt. Solange die Güter dem gleichen Markt angehören, ist davon auszugehen, dass der aus dem Netzwerkeffekt resultierende Zusatznutzen den Wunsch nach Produktvielfalt dominiert.[140] Wird bei der Herstellung von Kompatibilität darauf geachtet, nur die Mindestanforderungen für das Zusammenwirken der Komponenten zu erfüllen, so besteht nicht zwingend ein Trade-off zwischen Produktdifferenzierungswünschen und dem Wunsch nach einem industrieweiten Standard. Legt ein Komitee lediglich gemeinsame Schnittstellen fest, so kann Produktvielfalt, die durch eine Fülle von Produktmerkmalen beeinflusst wird, auch weiterhin gewährleistet sein.[141]

1.4 Wettbewerb als Ausleseprozess

Die Nachfrager werden c. p. einen Wettbewerb um den „besten Standard" und damit einen Ex-post-Standard gegenüber einem Ex-ante-Standard vorziehen, wenn sie ein großes Vertrauen in den Sanktions- und Selektionsmechanismus des Wettbewerbes haben. In diesem Fall erwarten sie, dass sich der Standard mit dem besten *Preis-Leistungs-Verhältnis* durchsetzt. Hierdurch ließe sich vermeiden, dass ex ante ein Standard bestimmt würde, ohne zu wissen, ob dieser auch als „bester" Standard aus einem Wettbewerbsprozess hervorgegangen wäre.

Insbesondere die Tatsache, dass viele Netzwerkgüter die Eigenschaften von Erfahrungsgütern aufweisen, könnte aus Nachfragersicht für einen Wettbewerb mehrerer inkompatibler Techniken sprechen.[142] Bei Erfahrungsgütern ist es in der Regel erst nach einer gewissen Zeit der Nutzung möglich, die Qualität des Gutes zu beurteilen.[143] Deshalb kann es für die Nachfrager von Vorteil sein, wenn sie innerhalb des Wettbewerbsprozesses um den dominanten Standard zusätzliche Qualitätsinformationen erlangen und auf dieser Basis schließlich die

---

somit ein Komplementärprodukt und kein Substitut dar. Insofern kann auf dem Markt für Textverarbeitungsprogramme auch weiterhin von homogenen Kundenpräferenzen ausgegangen werden.

140 Vgl. ACKERMANN [1999], S. 63.

141 So unterscheiden sich z. B. Mobiltelefone deutlich in Qualitätseigenschaften wie Gehäuse, Bedienerfreundlichkeit, Datenverwaltung, Kamerafunktion. Mit jedem dieser Mobiltelefone ist es jedoch möglich, am gleichen Kommunikationsnetz teilzunehmen.

142 Vgl. CHOI u. a. [1997], S. 138.

143 Vgl. für eine ausführliche Charakterisierung der Erfahrungseigenschaften NELSON [1970], S. 311 ff. Eine detaillierte Diskussion über Such-, Erfahrungs- und Vertrauenseigenschaften von Gütern findet sich bei WEIBER, ADLER [1995], S. 43 ff.

in ihren Augen „beste“ Technik auswählen. Der Autor Choi hat die Implikationen von Netzwerkgütern als Erfahrungsgüter und die Auswirkungen einer Standardisierung untersucht. Er sieht das frühzeitige Festlegen auf einen Standard als problematisch an, da hierdurch die Möglichkeit genommen würde, von auftretenden Lerneffekten zu profitieren.[144]

Erwarten die Nachfrager, dass auch langfristig Rahmenbedingungen vorliegen, die weiterhin einen Innovationswettbewerb ermöglichen, so spricht ein zusätzlicher Aspekt für einen Wettbewerb um den „besten“ Standard. Die Nachfrager erhoffen sich, dass ein dynamischer Wettbewerbsprozess immer wieder neue Innovationen hervorbringt, durch die veraltete Produkte abgelöst werden. Bei einem Ex-ante-Standard könnten sie hingegen einen Verbleib im Status quo befürchten.[145]

Dem ersten Aspekt lässt sich entgegnen, dass die Autoren David und Arthur in ihren viel beachteten Artikeln zu dem Ergebnis kommen, dass auch aus einem Wettbewerb um den „besten Standard“ ein „minderwertiger“ Standard als Sieger hervorgehen kann, in den die Nachfrager eingeschlossen sind. Als Ursache hierfür identifizieren sie die historische Abfolge zufälliger Ereignisse („history matters“) und hohe Wechselkosten. Nach den Autoren David und Arthur sind die potenziellen Nachfrager auch bei einem Standardisierungswettbewerb nicht vor dem Beitritt zu einem Netzwerk mit minderer Qualität gefeit.[146]

Darüber hinaus können z. B. ungleiche Startbedingungen das Marktergebnis verzerren. Sie lassen sich auf marktstrukturelle Besonderheiten zurückführen, die durch den Einsatz gezielter Verhaltensweisen zugunsten eines Anbieters wirken können.[147] Zusätzlich besteht die Gefahr, dass aus dem Wettbewerbsprozess ein Monopolist als Setzer eines Standards hervorgeht, der durch hohe Marktzutrittsschranken vor potenzieller Konkurrenz geschützt ist. In diesem Fall wäre ein Imitationswettbewerb quasi unmöglich. Im Fall sehr hoher Marktzutrittsschranken besteht darüber hinaus die weitere Gefahr, dass auch der Innovationswettbewerb als Sanktions- und Selektionsmechanismus entfallen kann.[148]

---

[144] Choi beschreibt den frühzeitigen Beitritt zu einem Standard als kollektive Ignoranz gegenüber Lerneffekten. Vgl. CHOI [1997], S. 421 f.

[145] Farrall und Saloner verweisen darauf, dass Standardisierung Innovation verhindern kann. FARRELL, SALONER [1992], S. 9.

[146] Vgl. DAVID [1985] sowie ARTHUR [1989].

[147] Vgl. hierzu insbesondere die Ausführungen in Kapitel B 3.2 im Dritten Teil und Kapitel D im Vierten Teil der Studie.

[148] Die Auswirkungen auf Märkten für Netzwerkgüter sind in Kapitel C 2.3 im Vierten Teil und Kapitel A im Fünften Teil der Arbeit erörtert.

Wenn Netzwerkgüter die Eigenschaften eines Erfahrungsgutes aufweisen, kann ein Ex-ante-Standard aus Nachfragersicht hilfreich sein.[149] Denn mit der zukünftigen Netzwerkgröße ist für die potenziellen Nachfrager vor dem Kauf des Gutes ein zentraler Qualitätsaspekt nicht feststellbar. Akerlof zeigt, dass Informationsasymmetrien zwischen Anbietern und Nachfragern bei Erfahrungsgütern zu einem völligen Versagen des Marktmechanismus führen können. Dieses Wettbewerbsversagen tritt dann auf, wenn es den potenziellen Nachfragern eines Erfahrungsgutes nicht gelingt, sich mit Hilfe durchsetzungsfähiger Garantieverträge vor niedriger Qualität abzusichern.[150] Akerlofs These wird von Autoren der neueren Industrieökonomik zumindest teilweise relativiert. So können sich auf einem Markt Schutzmechanismen herausbilden, durch den das „Wettbewerbsversagens-Szenario" von Akerlof verhindert wird. Einen dieser möglichen Schutzmechanismen stellt die private Standardisierung dar.[151]

Denkbar ist, dass ein Mindeststandard von einem Komitee aus Branchenexperten festgelegt wird, der die Nachfrager vor dem Kauf von Netzwerkgütern mit minderer Qualität schützen könnte.[152] Netzwerkgüter, die den Mindeststandard erfüllen, würden als solche kenntlich gemacht. Anbieter, die den Mindeststandard nicht erfüllen, würden aus dem Komitee ausgeschlossen. Ihre Netzwerkgüter wären fortan inkompatibel und nicht mehr mit dem „Gütesiegel" gekennzeichnet. Bei einer Beteiligung des Staates an der Komiteelösung könnte es gelingen, Anbieter mit Gütern minderer Qualität vom Markt auszuschließen.[153] Auch der oben angesprochene Aspekt, dass auf die Teilnehmer eines Netzwerkes im Fall eines Netzwerkwechsels hohe Kosten zukommen, spricht aus Nachfragersicht für die Festlegung eines Mindeststandards. Hierdurch ergäbe sich für die Nachfrager eine zusätzliche Absicherung. Sie würden davor geschützt, aufgrund versunkener Kosten in einen Standard mit minderer Qualität eingeschlossen zu sein.

---

149 Mit der Größe des erwarteten Netzwerkeffektes kann die zentrale Qualitätseigenschaft nicht vor dem Kauf festgestellt werden. Erst nach dem Kauf kann der Nachfrager im Laufe der Zeit seinen individuellen Netznutzen identifizieren.

150 Vgl. AKERLOF [1970], S. 488 ff.

151 Vgl. hierzu LELAND [1979], S. 1328 ff., sowie HAUCAP [2001], S. 6.

152 Vgl. VHARENKAMP [1991], S. 52 f.

153 In diesem Fall wirkt der Mindeststandard wie eine Marktzutrittsschranke. Einen guten Überblick über die Wirkung von Mindeststandards zur Absicherung der Nachfrager bei Qualitätsunkenntnis geben FRITSCH, WEIN, EWERS [2005], S. 316 f.

2 Primäre Kostenaspekte

2.1 Erwartete Preiserhöhung

Unter der Annahme, dass die Unternehmen zumindest einen Teil ihrer Kompatibilitätskosten auf die Preise überwälzen, könnte dieser Aspekt aus Nachfragersicht gegen die Standardisierung sprechen.[154] Sollten die (potenziellen) Nachfrager durch die Standardisierung einen Preisaufschlag erwarten, der den erwarteten zusätzlichen Netznutzen überkompensiert, so wäre ein Ex-ante-Standard nicht in Ihrem Interesse.[155]

Welchen Anteil der Kompatibilitätskosten die Anbieter auf die Preise überwälzen können, hängt neben den Nachfrageelastizitäten auch davon ab, welche Anbieter die Standardisierungskosten zu tragen haben. Sind die Standardisierungskosten gleichmäßig auf die Anbieter verteilt, liegt auf dem Absatzmarkt Wettbewerb vor und sehen sich die Anbieter einer normal verlaufenden Gesamtnachfragekurve gegenüber, so ist es möglich, die gesamten Standardisierungskosten über die Preise an die Nachfrager weiterzugeben. Da eine Komiteelösung auch mittel- bis langfristig einen Wettbewerb innerhalb des Standards ermöglicht, werden die Nachfrager zumindest einen Teil der Standardisierungskosten tragen. Es ist darauf hinzuweisen, dass den Nachfragern in der Regel keine vollständige Information über zukünftige Preis- und Nutzenentwicklung vorliegt. Es ist jedoch – auch für den Fall unsicherer Erwartungen – davon auszugehen, dass sie immer dann einen industrieweiten Ex-ante-Standard wünschen, wenn die erwarteten zusätzlichen Kosten geringer sind als der erwartete zusätzliche Nutzen, den die Nachfrager durch die Vergrößerung des Netzwerkes erfahren (Erhöhung des Netznutzens).

Neben diesen direkten Kosten der Kompatibilität können den Nachfragern auch indirekte Kosten durch eine Standardisierung entstehen. Diese würden durch den bereits erörterten Verlust an Produktvielfalt verursacht. Die Einigung auf einen Standard höherer Qualität bedeutet, dass sich die Konsumenten nur noch für den Beitritt zu einer höherwertigen und in der Regel auch teureren

---

[154] Kompatibilitäts- bzw. Standardisierungskosten können bei einer formalen Standardsetzung z. B. durch die Ressourcen verursacht werden, die über einen gewissen Zeitraum in einem Komitee gebunden sind. Die Autoren Farrell und Saloner erwähnen in diesem Zusammenhang auch so genannte „Verspätungskosten", die durch einen langwierigen Standardisierungsprozess verursacht werden. Vgl. FARRELL, SALONER [1992], S. 10.

[155] Blankart und Knieps weisen darauf hin, dass innerhalb eines Komitees häufig hohe Koordinationskosten anfallen, vgl. BLANKART, KNIEPS [1993], S. 39 ff. Vgl. hierzu auch GRÖHN [1999], S. 45, sowie THUM [1994b], S. 14.

Technik entscheiden können. Die Chance des Beitritts zu einem preiswerteren Netzwerk mit minderer Basisqualität entfällt.[156]

2.2 *Erwartete angebotsseitige Größenvorteile*

Auch die Erwartung angebotsseitiger Größenvorteile im Bereich der relevanten Nachfrage kann den Wunsch nach einem Wettbewerb um eine Monopolstellung – somit einen Ex-post-Standard – hervorrufen. In diesem Fall stellt ein Unternehmen die nachgefragte Menge am kostengünstigsten zur Verfügung. Die vergleichsweise geringen Kosten werden dann zumindest teilweise an die Nachfrager überwälzt, wenn sich der Anbieter durch potenzielle Konkurrenz bedroht fühlt.[157] Gibt der Monopolist die geringeren Kosten über niedrigere Preise an die Nachfrager weiter, so ist das alleinige Angebot eines Unternehmens selbst dann wünschenswert, wenn lokale Netzwerkeffekte vorliegen. Bei Vorliegen lokaler Netzwerkeffekte besitzen Netzwerke den Charakter von so genannten Inselnetzen. Der Beitritt eines zusätzlichen Nutzers in das Inselnetz A führt nicht zu einem direkten Netzeffekt für die Nutzer des Inselnetzes B. Jedoch würde ein Nachfrageanstieg nach dem Netzwerkgut des Inselnetzes B zu einer Stückkostensenkung führen, von der – falls sie an die Nachfrager weitergegeben würde – auch die potenziellen Nachfrager des Inselnetzes A profitieren könnten.

Das Vorliegen von angebotsseitigen Größenvorteilen im Bereich der relevanten Nachfrage ist vergleichsweise selten. Insofern ist nicht anzunehmen, dass Wirtschaftssubjekte diesen besonderen Kostenverlauf erwarten. Sollte dennoch eine derartige Erwartung vorliegen, werden die Nachfrager nicht generell einen Wettbewerb um die dominante Marktstellung wünschen. Ein Monopol, dessen Ursache angebotsseitige Größenvorteile sind, ist in der Regel durch hohe Marktzutrittsschranken vor potenziellen Konkurrenten geschützt. Der Anbieter ist demnach nicht gezwungen, die Kostenvorteile an die Nachfrager weiterzugeben.[158] Nehmen die potenziellen Teilnehmer an, dass der Monopolist die Kostenvorteile nicht oder nur teilweise weitergibt, ist für sie eine Standardisierung vorteilhaft.

---

156 KATZ, SHAPIRO [1986a], S. 824.

157 Vgl. hierzu detaillierte Ausführungen in Kapitel C im Vierten Teil der Studie.

158 Vgl. zu den Auswirkungen von Marktzutrittsschranken die Ausführungen in Kapitel C 2 im Vierten Teil der Arbeit.

3 Schlussfolgerungen

Die angeführten Argumente gegen einen industrieweiten Ex-ante-Standard lassen sich über weite Strecken entkräften. Die Maximierung der Netzwerkgröße bleibt jedoch als entscheidendes Argument für den Wunsch der Nachfrager nach einem industrieweiten Ex-ante-Standard bestehen. Aus Nachfragersicht lassen sich darüber hinaus zusätzliche Gründe für eine Standardisierung anführen:

Erstens erhöht ein industrieweiter Ex-ante-Standard z. B. auf Basis einer Komiteelösung das Vertrauen der potenziellen Teilnehmer in den zukünftigen Erfolg des Netzwerkes. Zwar bestünde auch weiterhin die Möglichkeit, dass ein industrieweites Netzwerk zu wenig Teilnehmer hat, da bei gegebenem Preis die Zahlungsbereitschaft der Nachfrager zu gering ist. Als Folge würde der Markt mittel- bis langfristig absterben. Diese Gefahr wäre jedoch bei gegebenem Basisnutzen aufgrund des größeren Vertrauens der Nachfrager in den Standard und der hieraus resultierenden erhöhten Kaufbereitschaft erheblich geringer. Falls sich alle Anbieter einer Industrie ex ante auf einen Standard verständigen, kann dies eine Erwartungssicherheit bei den Nachfragern darüber schaffen, dass dieser Standard eine langfristige Geltung besitzen wird.[159]

Zweitens würde durch einen industrieweiten Ex-ante-Standard für potenzielle Teilnehmer die Gefahr gemindert, sich für den Beitritt zu dem „falschen" Netzwerk zu entscheiden. Hierunter ist ein Netzwerk zu verstehen, das als Verlierer aus dem Wettbewerb um den dominanten Standard hervorgehen wird. Die Teilnahme an dem unterlegenen Netzwerk hätte einen geringeren Netznutzen zur Folge. Falls der hieraus resultierende Nutzenentgang sehr hoch wäre, könnte sich der Teilnehmer im Nachhinein für den Wechsel zu dem dominanten Netzwerk entscheiden.[160] Durch diesen Wechsel können ihm hohe Kosten entstehen. Zuvor getätigte Investitionen wie Schulungsaufwendungen für das alte Netzwerk wären unwiederbringlich verloren.[161]

Drittens werden durch einen industrieweiten Ex-ante-Standard die vorvertraglichen Transaktionskosten der Nachfrager gesenkt. Diese setzen sich sowohl in Kommunikations- als auch in Komponentennetzwerken vornehmlich aus Such- und Informationskosten zusammen.[162] Ein Grund für die Senkung ist, dass sich

---

159 Vgl. ECONOMIDES, SIOW [1988], S. 118.

160 Sollte sich der unterlegene Anbieter für einen Marktaustritt entscheiden, so würde dies den Teilnehmer des unterlegenen Netzwerkes zu dem Wechsel zwingen, wenn er weiterhin an einem vergleichbaren Netzwerk teilnehmen möchte. Vgl. FICHERT [2002], S. 5.

161 Dieser Aspekt wird in Kapitel C 2.2.2.2 im Vierten Teil der Studie untersucht.

162 Zu der Bedeutung von Such- und Inspektionskosten vgl. RICHTER, FURUBOTN [1999], S. 51 f.

die potenziellen Nachfrager vor dem Kauf eines Netzwerkgutes nicht mehr zwischen verschiedenen, inkompatiblen Techniken entscheiden müssen. Vor dem Beitritt zu einem Komponentennetzwerk werden neben den Such- und Informationskosten für die Basiskomponente auch die Such- und Informationskosten für geeignete Komplementärgüter gesenkt, da diese auf die standardisierte Schnittstellen angepasst sind und so schneller ausfindig gemacht werden können.

Viertens kann ein industrieweiter Ex-ante-Standard zur Senkung der nachvertraglichen Transaktionskosten beitragen.[163] Sie ermöglicht auch mittel- bis langfristig einen Wettbewerb verschiedener Anbieter innerhalb des Standards, wodurch die Wahrscheinlichkeit für opportunistisches Verhalten auf der Anbieterseite sinkt.[164] Bei dem Wettbewerb inkompatibler Netzwerke bestünde hingegen mittel- bis langfristig die Gefahr, dass ein Unternehmen als Monopolist aus dem Wettbewerb hervorgeht. Im Extremfall könnte dieser die Nachfrager ausbeuten, ohne den Markteintritt von potenziellen Konkurrenten fürchten zu müssen.[165]

Diese Ausführungen lassen erkennen, dass die Nachfrager von Netzwerkgütern bei primär statischer Betrachtungsweise – bis auf vereinzelte Ausnahmen – einen industrieweiten Ex-ante-Standard wünschen. Unter der zuvor getroffenen Annahme, dass der Netznutzen bei Netzwerkgütern von zentraler Bedeutung ist, stellt ein monopolistisches Angebot für die Nachfrager bei statischer Betrachtung eine *Second-best*-Lösung dar. Zwar bestünde die Gefahr, dass ein Monopolist im Vergleich zum Wettbewerb innerhalb eines industrieweiten Ex-ante-Standards eine kleinere Menge zu einem höheren Preis bereitstellen würde, sein Netzwerk und der hieraus resultierende Netzwerkeffekt wäre allerdings – im Vergleich zu mehreren, inkompatiblen Netzwerken –relativ groß. Aus dynamischer Sicht ließe sich das Argument anführen, dass sich in einem Wettbewerb als Ausleseprozess die beste Technik durchsetzt. Hierfür sind jedoch wettbewerbliche Bedingungen in der Ausgangssituation eine Voraussetzung. Darüber hinaus spricht aus Nachfragersicht die Gefahr einer verfestigt-vermachteten Marktstellung gegen den Wettbewerb um den dominanten Standard. Nachdem sich ein Netzwerk am

---

163 Vgl. WEY [1999], S. 46.

164 Jedoch kann nicht bei jeder Form von Standardisierung von wettbewerblicher Preisbildung ausgegangen werden. So ist es denkbar, dass ein marktstarker Anbieter marktschwächere gegen Zahlung einer Gebühr in seinen Standard einlädt. Diese Lizenzgebühr ist unter Umständen jedoch so hoch, dass der marktstarke Anbieter weiterhin die Nachfrager ausbeuten kann.

165 Die Monopolisierungstendenzen auf für Netzwerkgüter werden im Dritten Teil dieser Arbeit detailliert untersucht (vgl. hier insbesondere im Kapitel B die Gliederungspunkte 2 und 3). In vielen Fällen ist diese Monopolstellung auch dauerhaft, da der Anbieter/die Anbietergruppe durch hohe Marktzutrittschranken geschützt sind. Die Ursachen hierfür sind in Kapitel C im Vierten Teil dieser Arbeit herausgearbeitet.

Markt durchgesetzt hat, besteht die Möglichkeit, dass fortan der Wettbewerb um die beste Technik aufgrund hoher Marktzutrittsschranken unterdrückt wird, wodurch die wettbewerbliche Selektionsfunktion nicht mehr gewährleistet wäre.

D Kompatibilität aus Sicht der Anbieter von Netzwerkgütern

1 Vorbemerkungen

In Kapitel B wurden die prinzipiellen Möglichkeiten der Anbieter von Netzwerkgütern zur Herstellung von Kompatibilität aufgezeigt. Die Ausführungen haben deutlich gemacht, dass die Anbieter sich nur dann frei für bzw. gegen die Herstellung von Kompatibilität entscheiden können, wenn sie über Eigentumsrechte an einem Netzwerkgut verfügen, die sie zu vertretbaren Kosten durchsetzen können. In diesem Kapitel wird untersucht, unter welchen weiteren Voraussetzungen die Anbieter von Netzwerkgütern – bei gegebenen Eigentumsrechten – eine Herstellung von externer Kompatibilität auf horizontaler Ebene wünschen.

Erstens wird der anbieterseitige Wunsch nach Kompatibilität maßgeblich davon beeinflusst, ob sich die Anbieter in einem Konkurrenzverhältnis befinden oder nicht. Die Kompatibilitätspräferenz der Anbieter wird bei den beteiligten Unternehmen vergleichsweise groß sein, wenn sich ihre Netzwerkgüter gegenseitig ergänzen (Komplementärgüter).[166] Anbieter von Basiskomponenten sind wegen der bereits erörterten Wirkung der indirekten Netzwerkeffekte an einem vielfältigen Angebot von Komplementärgütern interessiert. So besitzt z. B. der Anbieter einer Spielkonsole in der Regel ein großes Interesse an der Herstellung von Kompatibilität zu den Anbietern von Spielen.

Das Verhalten kann sich jedoch ändern, wenn der Anbieter der Spielkonsole auch als Anbieter auf dem Markt für Spiele tätig ist oder diese Tätigkeit zukünftig anstrebt (vertikal integrierter Anbieter). Falls hierdurch ein direktes Konkurrenzverhältnis zwischen den betrachteten Anbietern entsteht, könnte der Anbieter der Basiskomponente ein Interesse daran besitzen, den Konkurrenten auf dem Markt für Spiele an der Herstellung von Kompatibilität zu seiner Basiskomponente zu hindern. In Kapitel D im Vierten Teil dieser Arbeit ist die Motivation für ein derartiges Verhalten genauer analysiert.

Befinden sich die Unternehmen einer Industrie nicht in einem direkten Konkurrenzverhältnis, da sie z. B. komplementäre Güter anbieten, besteht eine große

---

166 Vgl. WEY [1999], S. 237.

Chance für die Realisierung eines industrieweiten Verbandes.[167] In diesem werden sie gemeinsam einen Standard festlegen, auf dessen Basis alle Mitglieder zukünftig die komplementären Netzwerkgüter produzieren.

In den nachfolgenden Abschnitten sind zunächst die Faktoren untersucht, die einen bedeutenden Einfluss darauf haben, ob sich die Anbieter von Netzwerkgütern **für** oder **gegen** die Herstellung von Kompatibilität zu den Netzwerkgütern konkurrierender Anbieter entscheiden (externe Kompatibilität auf horizontaler Ebene). Eine einvernehmliche Kompatibilität zwischen den Netzwerkgütern konkurrierender Anbieter kann bei existierenden Eigentumsrechten durch die bereits erörterte Komiteelösung oder die freiwillige Einladung eines Unternehmens in das eigene Netzwerk erreicht werden.[168] Als Folge ist ein industrieweiter Standard – wie in Kapitel B 1 erörtert – möglich, aber nicht zwingend. Es wurde bereits darauf hingewiesen, dass die Standardisierung auf Basis einer Komiteelösung in der Regel vor der Markteinführung eines Netzwerkproduktes erfolgt und somit einen Ex-ante-Standard darstellt. Lädt hingegen ein Anbieter Konkurrenten in sein Netzwerk ein, so kann dies vor oder nach der Markteinführung eines Produktes erfolgen. Es wurde bereits darauf hingewiesen, dass die Neigung für diese freiwillige Öffnung eines proprietären Netzwerkes mit der Höhe eines eventuell zu erzielenden Entgeltes ansteigt. Die Chance zur Entgelterzielung, z. B. in Form einer Lizenzgebühr, wird nach dem Erreichen einer starken Marktstellung größer sein.

Entscheidet sich nur einer von mehreren konkurrierenden Anbietern gegen eine Herstellung von Kompatibilität, beschließt er gleichzeitig, sein Netzwerk alleine aufzubauen.[169] Konkurrierende Anbieter sind somit zu dem Aufbau eines eigenen Netzwerkes bzw. eigener Netzwerke gezwungen. Schließlich werden auf dem Markt mindestens zwei verschiedene Netzwerke um die dominante Marktstellung konkurrieren.

Unter dem alleinigen Aufbau wird bei Kommunikationsnetzwerken verstanden, dass nur ein Anbieter die zentralen Komponenten des jeweiligen Netzwerkes anbietet. Der alleinige Aufbau eines Komponentennetzwerkes impliziert hingegen nur das alleinige Angebot der Basiskomponente. Die Komplementärgüter können indessen von anderen Anbietern angeboten werden.

---

167 Vgl. BLOCH [1995], S. 549 ff.

168 Vgl. WEY [1999], S. 178.

169 Gleiches gilt für eine Gruppe von Anbietern, die sich zu einem Standardisierungsverband zusammengeschlossen haben, in den jedoch nicht alle Anbieter aufgenommen werden. In diesem Fall entscheidet sich die Anbietergruppe, bei ihrem Netzwerkaufbau andere Anbieter auszugrenzen.

2 Argumente für die Herstellung externer Kompatibilität

2.1 Einbeziehung der Kompatibilitätspräferenzen der Nachfrager

In der nachfolgenden Analyse wird vorausgesetzt, dass den Anbietern der Netzwerkgüter die Gesetzmäßigkeiten von Netzwerkeffekten und der besondere Einfluss der Erwartungsbildung bekannt sind. Wie bereits in den vorangegangenen Abschnitten erörtert, wird die Netzwerkgröße bei einem industrieweiten Ex-ante-Standard am größten sein. Das impliziert, dass auch die Zahlungsbereitschaft der Nachfrager c. p. am höchsten ist.[170] Unter der generellen Annahme, dass alle Anbieter am Markt die Gewinnerzielung beabsichtigen, spricht diese Voraussetzung prinzipiell für die Herstellung von Kompatibilität zu den Netzwerkgütern der Konkurrenten.

Darüber hinaus wirkt sich ein Ex-ante-Standard, aufgrund des größeren Vertrauens der Nachfrager in die Netzwerkgröße sowie einer geringeren Angst vor Ausbeutung und vor dem Beitritt zu dem falschen Netzwerk, positiv auf die Absatzchancen der standardisierten Produkte aus. Auch dieser Vertrauensvorschuss auf Seiten der Nachfrager dürfte die Neigung der Anbieter zu einer Standardisierung erhöhen. Bei den Anbietern von Basiskomponenten eines Komponentennetzwerkes würden sich für den Fall eines Ex-ante-Standards die Absatzchancen zusätzlich dadurch verbessern, dass durch einen einheitlichen Standard ein größeres Angebot an Komplementärgütern hervorgerufen würde. Die Ursache hierfür stellen die indirekten Netzwerkeffekte dar. Die potenziellen Anbieter von Komplementärgütern werden ein größeres Vertrauen in den Standard haben und sich somit schneller für ein Angebot entscheiden. Alle Güter würden demnach nicht für verschiedene, inkompatible Basiskomponenten, sondern für die Komponenten eines industrieweiten Standards angeboten. Auch dieser Aspekt hätte positive Auswirkungen auf die Kauf- und Zahlungsbereitschaft der Nachfrager.

Der wohl bedeutendste Einfluss auf das Verhalten der Anbieter von Netzwerkgütern geht jedoch von produktionstechnischen und logistischen Voraussetzungen aus, welche die Anbieter bei der Bereitstellung von Netzwerkgütern berücksichtigen müssen. Die Anbieter sind sich in der Regel bewusst, dass sie die potenziellen Nachfrager nur dann zum Kauf ihrer Produkte bewegen können, wenn die Nachfrager einen schnellen und „reibungsfreien Netzwerkaufbau" erwarten können. Ein reibungsfreier Netzwerkaufbau beinhaltet vor allem, dass die Nachfrage in jeder gewünschten Geschwindigkeit zu bedienen ist. Vor diesem Hinter-

[170] Wie bereits erörtert, steigt die Zahlungsbereitschaft der Nachfrager mit steigendem Netznutzen. Der steigende Netznutzen wird durch die Erweiterung des Netzwerkes erreicht.

grund wird der jeweilige Anbieter zunächst prüfen, wie ein derartiger Netzwerkaufbau erfolgen kann. Falls die produktionstechnischen oder logistischen Voraussetzungen einen reibungsfreien Aufbau behindern, wird dies seine Neigung zur Herstellung von Kompatibilität positiv beeinflussen. Nachfolgend sind die bedeutendsten angebotsseitigen Restriktionen charakterisiert.

2.2 *Produktionsengpässe bei alleinigem Netzwerkaufbau*

Ein Anbieter wird sich tendenziell dann für einen gemeinsamen Netzwerkaufbau entscheiden, wenn er annimmt, dass er die erwartete Marktnachfrage nicht in der gewünschten Geschwindigkeit befriedigen kann. Dies ist insbesondere bei der Produktion von Netzwerkgütern zu erwarten, die sich vornehmlich aus physischen Komponenten zusammensetzen.[171] Bei Netzwerkgütern ist zu beobachten, dass der Absatz dieser Güter, nachdem eine „Mindestmenge" von ihnen nachgefragt wurde, überproportional wächst.[172] Nicht selten tritt der Fall ein, dass der Anbieter die Produktionskapazitäten nicht schnell genug ausweiten kann, um die stark ansteigende Nachfrage in der gewünschten Zeit zu befriedigen. Bei einem gemeinsamen Netzwerkausbau erhöhen mehrere Anbieter gleichzeitig ihre Produktionskapazitäten, wodurch die Wahrscheinlichkeit für das Auftreten von Engpässen abnimmt. Der Netzwerkaufbau wird beschleunigt und so werden die Chancen für den Erfolg des jeweiligen Netzwerkes erhöht.

Der Wunsch nach einem gemeinsamen Netzwerkaufbau dürfte sich bei den Anbietern physischer Basiskomponenten eines Komponentennetzwerkes noch verstärken, da hier neben Nachfrageerwartungen noch die Erwartungen der Anbieter von Komplementärgütern eine Rolle spielen.[173]

2.3 *Anstieg der Stückkosten bei Produktionsausweitung*

Neben der zu geringen Ausbreitungsgeschwindigkeit kann auch der Kostenverlauf die Neigung der Unternehmen zum gemeinsamen Netzwerkaufbau er-

---

[171] Deshalb ist bei physischen Netzwerkgütern häufig zu beobachten, dass Kompatibilität zwischen den Netzwerkgütern konkurrierender Anbieter besteht. Beispiele hierfür sind Personalcomputer sowie Video-, CD- und DVD-Systeme.

[172] Vgl. Diese Mindestmenge wird auch als „kritische Masse" bezeichnet. Der Begriff kritische Masse und die Bedeutung dieser für die Anbieter von Netzwerkgütern sind in Kapitel B im Dritten Teil der Arbeit vertieft erörtert und die Auswirkungen des Erreichens der kritischen Masse sind analysiert.

[173] Vgl. hierzu Ausführungen in Kapitel A 2.2.

höhen. Dieser Fall tritt ein, wenn die Stückkosten im relevanten Bereich der Nachfrage wieder ansteigen. Die Aussage lässt sich am Beispiel einer normal verlaufenden Kostenstruktur verdeutlichen, die bei dem überwiegenden Teil der physischen Güter vorliegen dürfte.

Abbildung 4: Technisch effiziente Betriebsgrößen

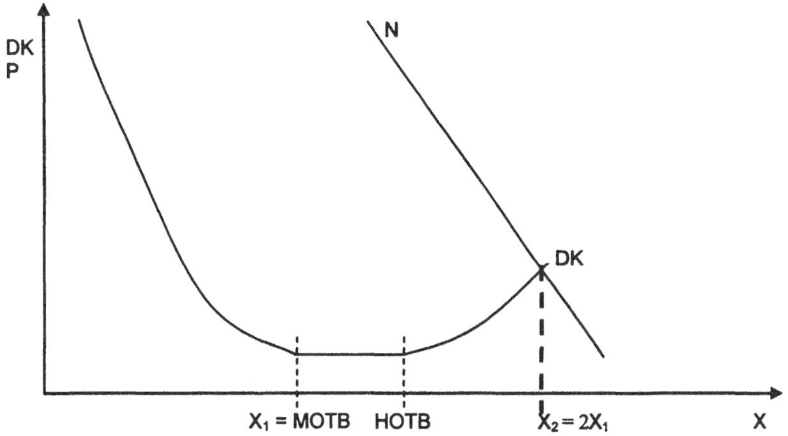

Quelle: Eigene Darstellung in Anlehnung an FRITSCH, WEIN, EWERS [2005], S. 184.

Die Grafik zeigt vereinfacht, dass die Durchschnittskosten (DK) bei der Ausweitung der Produktion bis zum Erreichen des langfristigen Stückkostenminimums sinken.[174] Mit dem langfristigen Stückkostenminimum ist gleichzeitig die kleinste, zur Ausschöpfung der Kostendegression notwendige Größe vorgegeben, die als effiziente oder auch mindestoptimale technische Betriebs- und Unternehmensgröße (MOTB) bezeichnet wird. Für die Anbieter ist das Erreichen des langfristigen Stückkostenminimums von großer Bedeutung. Gelingt ihm die Produktion zu minimalen Stückkosten nicht, so besteht die Gefahr, von einem anderen Anbieter, der im Stückkostenminimum produziert, in der Preissetzung

---

[174] Aus Illustrationszwecken wird hierbei eine primär statische Betrachtung vorgenommen. Im Zeitverlauf werden die Unternehmen versuchen, den gesamten Verlauf ihrer Kostenfunktion so zu beeinflussen, dass die Stückkosten bei jeder gegebenen Ausbringungsmenge gesenkt werden (Verschiebung der Kostenfunktion nach unten).

unterboten zu werden. Er wird demnach mittel- bis langfristig für sein Produkt keine Nachfrager mehr finden und sein Angebot vom Markt zurückziehen.[175]

Nach dem Erreichen der MOTB bleiben die Durchschnittskosten (DK) bei einer weiteren Ausweitung der Produktionsmenge in der Regel zunächst konstant und können schließlich wieder ansteigen.[176] Mögliche Ursachen hierfür sind z. B. die Erhöhung unternehmensinterner Transaktionskosten oder die fehlende Motivation bei Mitarbeitern. Der Wendepunkt, nach dem es zu einem Anstieg der Stückkosten kommt, wird auch als höchstoptimale technische Betriebsgröße (HOTB) bezeichnet.

Aus betriebswirtschaftlicher Sicht ist es für ein Unternehmen nicht sinnvoll, die eigene Menge über die HOTB auszuweiten, um so keine Stückkostennachteile hinnehmen zu müssen. Hierdurch bestünde die Gefahr, von einem anderen Unternehmen mit geringeren Stückkosten vom Markt verdrängt zu werden. Vor diesem Hintergrund ist anzunehmen, dass das Interesse eines Anbieters zur Herstellung von externer Kompatibilität wächst, wenn er befürchtet, bei externer Inkompatibilität die HOTB deutlich zu überschreiten. In Abbildung 4 schneidet die Nachfragekurve die Duschschnittskostenkurve bei der Menge X_2. In diesem Fall kann die nachgefragte Menge – unter der Voraussetzung einer identischen Kostenfunktion – am kostengünstigsten von zwei Anbietern bereitgestellt werden.[177] Jeder der Anbieter produziert im skizzierten Fall im Kostenminimum, da die MOTB gerade erreicht wird.[178]

3 Argumente für den alleinigen Netzwerkaufbau

3.1 Vorbemerkungen

Das Streben nach Gewinnmaximierung kann bei einem Anbieter den Wunsch nach einem alleinigen Netzwerkaufbau hervorrufen. Obwohl er sich bewusst ist, dass die Zahlungsbereitschaft und das Vertrauen der Nachfrager in ein Netzwerk auf Basis eines Ex-ante-Standards am größten sind, wird er befürchten, die hohe Zahlungsbereitschaft bei einem Wettbewerb innerhalb des Standards nicht abschöpfen zu können. Da ein gemeinsamer Netzwerkaufbau zu der bereits erörter-

---

175 Bei dem skizzierten Prozess wird das Vorliegen von weitestgehend homogenen Gütern vorausgesetzt.

176 Vgl. FRITSCH, WEIN, EWERS [2005], S. 183 f. Dort wird jedoch der Begriff mindestoptimale Größe oder Produktionsmenge verwendet.

177 Aus Illustrationszwecken sei angenommen: $X_2 = 2X_1$.

178 Vgl. FRITSCH, WEIN, EWERS [2005], S. 184.

ten Homogenisierung der betroffenen Netzwerkgüter führt, konkurrieren alle Anbieter innerhalb des Netzwerkes um den Absatz dieser vergleichsweise homogenen Güter. Als Folge des verstärkten Wettbewerbdrucks wird es zwischen den Anbietern zu einem verstärkten Preiskampf kommen.[179] Demnach ist der erzielbare Preis auf einem Wettbewerbsmarkt in der Regel niedriger als bei einer monopolistischen Marktstruktur. Da der Anbieter bei höheren Preisen auch höhere Gewinne erwarten kann, wird dies c. p. seinen Wunsch nach dem alleinigen Angebot von Netzwerkgütern positiv beeinflussen.[180]

Darüber hinaus erwartet der Anbieter, dass seine individuell abgesetzte Menge an Netzwerkgütern als Monopolist höher ist, als dies in einer Konkurrenzsituation der Fall wäre. Zwar ist das Marktpotenzial im Fall eines Ex-ante-Standards am größten. Jedoch wird sich die Nachfrage – bei einem Wettbewerb innerhalb des Standards – auf mehrere Unternehmen aufteilen, so dass die individuelle Absatzmenge des Anbieters geringer sein wird, als dies bei einem alleinigen Netzwerkaufbau der Fall wäre. Dies lässt sich ebenfalls auf die zunehmende Homogenisierung der Güter zurückführen. Würde die Standardisierung zu einer vollkommenen Homogenisierung der Güter führen, so hätte dies eine Tendenz zur gleichmäßigen Verteilung der am Markt nachgefragten Menge auf die aktiven Anbieter zur Folge.[181] Beide Aspekte lassen einen Anbieter befürchten, dass die zukünftigen Erlöse im Fall eines gemeinsamen Netzwerkaufbaues geringer ausfallen als bei einem alleinigen Netzwerkaufbau, wodurch sein Wunsch nach einem alleinigen Netzwerkaufbau verstärkt wird.

Neben den oben erörterten Gewinneinbußen muss ein Anbieter mit Standardisierungskosten rechnen, die im Fall eines gemeinsamen Netzwerkaufbaus auf ihn zukommen können. Auch dieser Aspekt spricht gegen einen Ex-ante-Standard. Die Problematik ließe sich jedoch umgehen, wenn die „anderen Anbieter“ mit dem Wunsch nach einem Netzwerkzusammenschluss zumindest einen Teil der Standardisierungskosten tragen würden. Darüber hinaus bliebe noch die bereits erwähnte Möglichkeit, den eigenen Standard zu etablieren und eine Lizenzgebühr zu erheben. Durch sie wäre es dem Lizenzgeber zumindest möglich, die Standardisierungs- und Entwicklungskosten für seine Netzwerktechnik teilweise auf die Lizenznehmer zu überwälzen.[182]

---

179 Vgl. ECONOMIDES, SKRZYPACZ [2003], S. 2 f.

180 Neben dem Streben nach höheren Gewinnen kann der Wunsch nach einer Monopolisierung auch durch andere Faktoren wie dem Streben nach Macht beeinflusst werden. Vgl. ZOHLNHÖFER [1968], S. 27.

181 Vgl. KATZ, SHAPIRO [1985], S. 429.

182 Vgl. KATZ, SHAPIRO [1985], S. 434.

Die Befürchtung eines Anbieters, bei einer Kooperation mit konkurrierenden Anbietern nicht mehr die individuellen Vorstellungen zur Gestaltung des Netzwerkgutes durchsetzen zu können, wird sich ebenfalls positiv auf den Wunsch nach dem alleinigen Netzwerkaufbau auswirken. Der Wunsch kann durch eine genaue Kenntnis der Nachfragepräferenzen weiter bestärkt werden. In diesem Fall ist sich der Anbieter bewusst, dass ein monopolistisches Angebot den Nutzen der Nachfrager im „zweitbesten Sinne" maximieren würde.

Nachfolgend sind die zwei wichtigsten angebotsseitigen Bedingungen charakterisiert, die für die erfolgreiche Realisierung eines alleinigen Netzwerkaufbaus maßgeblich sind. Die Bedingungen lassen sich unmittelbar aus den netzwerkspezifischen Besonderheiten und den daraus resultierenden Nachfragepräferenzen ableiten: Zum einen müssen die produktionstechnischen und logistischen Voraussetzungen einen beliebig schnellen Netzwerkaufbau gewährleisten. Zum anderen muss der Innovator über eine Kostenstruktur verfügen, die das alleinige Angebot fördert.

3.2 Instant Scalability

Die Voraussetzungen für einen schnellen Netzwerkaufbau sind insbesondere bei der Bereitstellung virtueller Güter gegeben, da hier in der Regel keine produktionstechnischen oder logistischen Restriktionen vorliegen. Bei einer Vielzahl physischer Güter müssen hingegen mit dem Erreichen der Kapazitätsgrenze neue Investitionen getätigt werden, um die Produktionskapazitäten anzupassen. Diese Anpassung ist in der Regel mit nicht unerheblichen zusätzlichen Kosten verbunden und kann darüber hinaus eine lange Zeit beanspruchen. Ist ein virtuelles Netzwerkgut einmal kreiert, so kann es beliebig oft und in jeder gewünschten Geschwindigkeit vervielfältigt werden. Im Extremfall ist es sogar möglich, dass ein Unternehmen die gesamte relevante Marktnachfrage ohne Zeitverzögerung versorgt. Liebowitz und Margolis bezeichnen diese produktionstechnische Besonderheit, in der die Anpassung an eine Nachfrageänderung quasi zeitgleich erfolgen kann, als „instant scalability".[183] Liegen diese produktionstechnischen und logistischen Bedingungen vor, wird hierdurch der Wunsch eines Anbieters nach einem alleinigen Netzwerkaufbau verstärkt.

---

183 Vgl. LIEBOWITZ, MARGOLIS [2001a], S. 137.

3.3 *Subadditive Kostenfunktion*

Sollte der Innovator vor der Produkteinführung annehmen, dass seine Kostenfunktion im Bereich der relevanten Marktnachfrage subadditiv ist, so wird dies seinen Wunsch nach einem alleinigen Netzwerkaufbau erhöhen. Der Gruppe der subadditiven Kostenfunktionen kommt sowohl in der wohlfahrtsökonomischen Literatur als auch in der wirtschaftspolitischen Literatur und Praxis eine besondere Bedeutung zu.

Eine subadditive Kostenfunktion lässt sich bei gegebener Produktionsmenge für den Einproduktfall formal wie folgt darstellen: Die Kostenfunktion für die Menge aller am Markt produzierten Güter (M) sei K(M). Die gesamte Produktionsmenge setzt sich aus der Summe der Teilmengen M_n (n = 1, 2,...N) zusammen, die N Unternehmen produzieren. Demnach ist eine Kostenfunktion strikt subadditiv, wenn die Bedingung

$$K(M) < K(M_1) + K(M_2) +\ldots+ K(M_n)$$

erfüllt ist.

Die Gleichung besagt, dass ein Unternehmen bei gegebener Technik die relevante Marktnachfrage kostengünstiger versorgt als jede denkbare Kombination mehrerer Unternehmen.[184]

Liegt bei der Produktion eines Gutes eine subadditive Kostenfunktion vor, so bedingt diese langfristig das alleinige Angebot eines Anbieters auf einem Markt. Der Anbieter, der zuerst und möglichst weitgehend die Kostendegression realisiert hat, besitzt einen Wettbewerbsvorsprung vor den Konkurrenten. Diesen wird es in der Regel nicht mehr gelingen, die Kostendegression voll auszuschöpfen. Als Folge werden sie zum gleichen Preis nicht kostendeckend anbieten können und so vom Markt gedrängt. Der dynamische Wettbewerbsprozess führt zur Verengung der Marktstruktur, die erst bei dem Angebot durch einen Anbieter zum Stillstand kommt.[185] Dieses Angebot stellt das gesamtwirtschaftliche Stückkostenminimum dar. Ein Monopol, das durch die charakterisierten, strukturellen

---

[184] Liegt allerdings eine strikte Subadditivität über alle Outputniveaus vor, so wird der Sektor als „global subadditiv" bezeichnet. Vgl. KRUSE [1985], S. 22. Eine Funktion ist schwach subadditiv, wenn folgende Beziehung gilt: K(M) ≤ K(M1) + K(M2) +...+ K(Mn). Die Gruppe der subadditiven Kostenfunktionen kann neben den sinkenden Durchschnittskosten auch Kostenfunktionen enthalten, die eine Sprungstelle aufweisen, falls dennoch die Produktion durch einen Anbieter am kostengünstigsten ist. Vgl. zur Erörterung der Zusammenhänge zwischen sinkenden Durchschnittskosten, steigenden Skalenerträgen und Subadditivität FRITSCH, WEIN, EWERS [2005], S. 184 ff.

[185] Vgl. BARTLING [1992], S. 10.

Besonderheiten auf der Angebotsseite entsteht, wird traditionell als *natürliches Monopol* bezeichnet.[186]

In der wissenschaftlichen Literatur werden die Begriffe Subadditivität, sinkende Durchschnittskosten, Größenvorteile und steigende Skalenerträge häufig synonym verwendet, um das Auftreten eines natürlichen Monopols zu charakterisieren. Das Konzept der Subadditivität ist das umfassendste Konzept und schließt die anderen Konzepte mit ein.

Abbildung 5: Sinkende Durchschnittskosten im Bereich der relevanten Nachfrage

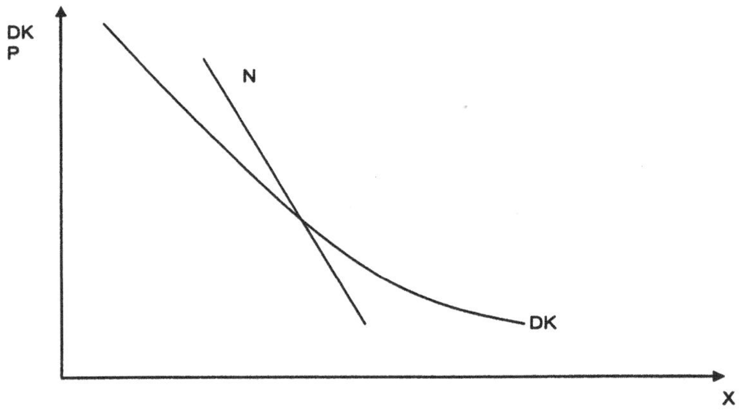

Quelle: Eigene Darstellung

Sinkende Durchschnittskosten entstehen in der Regel durch Größenvorteile bei der Bereitstellung eines Gutes. Die prominenteste Ursache des Auftretens von Größenvorteilen stellen so genannte „Mindesteinsatzmengen bei Produktionsfaktoren" dar. So führt z. B. eine Erhöhung des Auslastungsgrades von Maschinen dazu, dass sich die hohen Fixkosten der Maschine auf eine größere Outputmenge verteilen (Fixkostendegression). Treten darüber hinaus noch geringe variable Kosten auf, werden die Größenvorteile weiter verstärkt.

---

[186] Vgl. BORRMANN, FINSINGER [1999], S. 122.

Weitere Ursachen von Größenvorteilen können die „ingenieurwissenschaftliche Zwei-Drittel-Regel“[187], „stochastische Größenersparnisse“, das „Prinzip des kleinsten gemeinsamen Vielfachen“ und „Lernkurveneffekte“ sein.[188]

Im Einproduktfall umfassen sinkende Durchschnittskosten zum einen steigende Skalenerträge („economies of scale“).[189] Steigende Skalenerträge beschreiben eine Situation, in der eine proportionale Erhöhung aller Inputfaktoren zu einer überproportionalen Erhöhung des Outputs führt. Dies impliziert ein Absinken der Durchschnittskosten.[190] Zum anderen können die Durchschnittskosten – neben der proportionalen Variation der Einsatzfaktoren – auch bei einer partiellen Variation der Inputfaktoren sinken.

In seltenen Fällen kann die relevante Marktnachfrage von einem einzigen Anbieter auch dann am kostengünstigsten bedient werden, wenn die Durchschnittskosten nicht stetig sinken. Die Kostenfunktion weist in diesen Fällen mindestens eine Sprungstelle auf. Nach einem partiellen Anstieg der Durchschnittskosten hat die Durchschnittskostenfunktion wieder einen fallenden Verlauf.[191] Während das Konzept der sinkenden Durchschnittskosten diese Fälle nicht berücksichtigt, schließt das Konzept der Subadditivität diese Sprungstellen mit ein. Jedoch lassen sich in der Mehrzahl aller praktisch relevanten Fälle natürliche Monopole auf sinkende Durchschnittskosten im Bereich der relevanten Nachfrage zurückführen.[192]

Auch für den Mehrproduktfall lässt sich zeigen, dass das alleinige Angebot eines Unternehmens im statischen Sinne effizient sein kann. Jedoch ist das alleinige Auftreten sinkender Durchschnittskosten nicht hinreichend für den Nachweis eines natürlichen Monopols. Eine subadditive Kostenfunktion muss im Mehrgüterfall neben Größenvorteilen auch Verbundvorteile aufweisen. Bei dem Vorliegen von Verbundvorteilen ist es kostengünstiger, Güter gemeinsam statt

---

187 Die Kapazität von Kapitalgütern wie Kabeln kann durch eine Vergrößerung des Umfangs erhöht werden. Hierbei wurde nachgewiesen, dass eine Verdopplung der Kapazität im Durchschnitt nur zu einer Erhöhung der Materialkosten um zwei Drittel führt. Deshalb wird in diesem Zusammenhang von der „ingenieurwissenschaftlichen Zwei-Drittel-Regel“ gesprochen. Vgl. FRITSCH, WEIN, EWERS [2005], S. 181.

188 Zur Erläuterung der einzelnen Ursachen vgl. FRITSCH, WEIN, EWERS [2005], S. 180 ff.

189 Dies muss im Mehrproduktfall nicht so sein.

190 Steigende Skalenerträge liegen nur bei einem relativ kleinen Teilbereich der natürlichen Monopole vor. Vgl. FRITSCH, WEIN, EWERS [2005], S.188.

191 Vgl. hierzu FRITSCH, WEIN, EWERS [2005], S. 187 f.

192 Vgl. hierzu CHRISTMANN [2004], S. 7.

jeweils getrennt zu produzieren.[193] Verbundvorteile können z. B. durch „Kuppelproduktion", „nicht voll ausgelastete Anlagen oder Kapazitäten" und durch „Portfolioeffekte bei Forschung und Entwicklung" auftreten.[194]

Die charakterisierten marktstrukturellen Besonderheiten führen zu dem Ergebnis, dass die alleinige Bereitstellung durch einen Anbieter minimale volkswirtschaftliche Kosten verursacht. Jedoch handelt es sich hierbei nur um eine statische Effizienzanalyse, die ausschließlich die Kostenseite berücksichtigt. Darüber hinaus ist es unsicher, ob der Monopolist eventuell zu realisierende Stückkostenvorteile über niedrigere Preise an die Nachfrager weitergibt.

Nicht in allen Fällen führt eine subadditive Kostenfunktion zu einem natürlichen Monopol. Zum einen ist es möglich, dass Größenvorteile durch Nachteile wie ein Verlust an Anpassungsflexibilität oder steigende Transportkosten überkompensiert werden.[195] Zum anderen können Größenvorteile vernachlässigbar gering sein.[196] Ein Beispiel sind virtuelle Netzwerkgüter. In der Regel treten hier Größenvorteile im relevanten Bereich der Nachfrage auf. Diese lassen sich auf hohe Entwicklungskosten und geringe Kosten der Vervielfältigung (variable Kosten) zurückführen. Die Stückkostenvorteile sind jedoch nach dem Erreichen einer gewissen Mindestmenge gering, so dass die angebotsseitigen Voraussetzungen alleine nicht das Auftreten eines natürlichen Monopols begründen.[197] Allerdings werden sie den Wunsch des Innovators nach einem alleinigen Netzwerkaufbau mit dem langfristigen Ziel der Erlangung einer Monopolstellung deutlich verstärken.[198]

Selbst wenn Größenvorteile bedeutend sind, müssen sie nicht von Dauer sein. Produktionsseitige Voraussetzungen unterliegen im Wettbewerbsprozess ständi-

---

193 Für eine formale und ausführlichere Analyse vgl. BAUMOL, PANZAR, WILLIG [1988], Kap. 6 und 7, insbesondere S. 172 ff., SHARKEY [1982], Kap. 4.

194 Die einzelnen Aspekte sind in FRITSCH, WEIN, EWERS [2005], S. 189 f. detailliert erläutert.

195 Vgl. SCHMIDT [2001], S. 90.

196 Vgl. MONOPOLKOMMISSION (Hrsg.) [1984], Tz. 589 ff.

197 Vgl. FICHERT [2002], S. 3. Liebowitz und Margolis sehen es als erwiesen an, dass die Größenvorteile relativ schnell ausgeschöpft sind. Vgl. LIEBOWITZ, MARGOLIS [2001a], S. 80 ff.

198 Die Autoren Liebowitz und Margolis zeigen diese Bedeutung, indem sie den Monopolisierungswunsch eines Anbieters von Netzwerkgütern als Summe aus nachfrage- und angebotsseitigen Größenvorteilen quantifizieren. Liebowitz und Margolis sprechen in diesem Fall davon, dass sich die angebotsseitigen Skalenerträge zu den nachfrageseitigen Skalenerträgen noch hinzuaddieren und somit der Wunsch zu Monopolisierung des Marktes weiter verstärkt wird. Vgl. LIEBOWITZ, MARGOLIS [1998]. S. 671 ff. Detaillierte Ausführungen zu der Wirkung von angebotsseitigen Größenvorteilen bei dem virtuellen Netzwerkgut Software folgen im Vierten Teil dieser Studie am Beispiel des Softwaremarktes.

gen Veränderungen, die schließlich ein Nebeneinander mehrerer Wettbewerber auf dem Markt zulassen können. So könnte z. B. durch eine Verfahrensinnovation das Stückkostenminimum bereits bei einer geringeren Produktionsmenge als zuvor erreicht werden. Hierdurch würde ein Nebeneinander mehrerer konkurrierender Unternehmen auf dem Markt möglich. Auch Faktoren, die zu einer Verschiebung der Nachfragefunktion führen, können dazu beitragen, dass im Bereich der neuen Nachfrage die Größenvorteile erschöpft sind und so das Angebot mehrerer Anbieter auf einem Markt volkswirtschaftlich effizient ist.

Obwohl natürliche Monopole selten sind, wurden in den wesentlichen Industrieländern bedeutende Wirtschaftssektoren als natürliche Monopole angesehen.[199] Bis Ende der 1990er Jahre befanden sich einige dieser Sektoren in staatlicher Hand, um die negativen Folgen der Monopolisierung zu vermeiden. Insbesondere für leitungsgebundene Industrien wie die Strom-, Gas-, Wasser- und Telekommunikationsindustrie lassen sich auch heute noch in Teilbereichen sinkende Durchschnittskosten im relevanten Bereich der Nachfrage nachweisen.[200]

4 Kompatibilitätsentscheidung unter Berücksichtigung der Marktstellung

Katz und Shapiro haben anhand eines einfachen asymmetrischen Duopolmodells gezeigt, dass die Neigung zur Herstellung von Kompatibilität zwischen den Netzwerkgütern konkurrierender Anbieter auch nachhaltig von der Stellung der Anbieter auf dem Markt beeinflusst wird.[201] In ihrem Modell, das zunächst einen Zustand industrieweiter Inkompatibilität beschreibt, ist ein Unternehmen relativ marktstark, während das andere deutlich geringere Marktanteile besitzt. Die Autoren weisen darauf hin, dass eine einvernehmliche industrieweite Standardisierung nur dann zustande kommt, wenn für jedes Unternehmen gilt, dass der individuelle Gewinnzuwachs als Resultat einer Standardisierung ($\Delta\pi_i$) die individuellen Standardisierungskosten (K_i) überschreiten:

$$\Delta\pi_i > K_i$$

---

199 Vgl. unter vielen BICKENBACH, KUMKAR, SOLTWEDEL [2002], S. 250.

200 Detaillierte Ausführungen hierzu bei CHRISTMANN [2004].

201 Katz und Shapiro gehen davon aus, dass die Anbieter die Ist-Situation kennen. Es ist aber auch möglich, dass die Anbieter in Abhängigkeit von ihrer „gefühlten“ oder erwarteten Marktstellung entscheiden. Vgl. KATZ, SHAPIRO [1985], S. 427 ff.

Dies ist bei der oben skizzierten Aufteilung der Marktanteile jedoch nicht zwingend der Fall. Eine Herstellung von Kompatibilität zwischen den Netzwerkgütern der beiden Duopolisten hätte zur Folge, dass das kleine Unternehmen dem großen Unternehmen Marktanteile abnimmt. Bei der von Katz und Shapiro modellierten industrieweiten Standardisierung ist das einzige Cournot-Gleichgewicht symmetrisch. Dies hat einen größeren individuellen Gewinnzuwachs des kleinen im Vergleich zum großen Unternehmen zur Folge.

Unter der Annahme gleich hoher Standardisierungskosten ($K_1 = K_2 = K$) wird das kleine Unternehmen immer dann die Standardisierung befürworten, wenn das Unternehmen mit dem größeren Netzwerk diese bevorzugt. Für das große Unternehmen ist eine Standardisierung hingegen nicht immer dann zu befürworten, wenn das kleine Unternehmen eine Standardisierung wünscht. So ist es möglich, dass der Gewinn des großen Unternehmens aufgrund des Marktanteilverlustes sogar abnimmt oder der individuelle Gewinnzuwachs hinter den Standardisierungskosten zurückbleibt. Demzufolge besitzt das Unternehmen mit dem großen Netzwerk – falls es nicht zu Ausgleichszahlungen (z. B. in Form von Lizenzzahlungen) kommt – einen vergleichsweise größeren Anreiz, die Standardisierung zu blockieren.[202]

Sollte der marktstarke Anbieter kein Interesse an der Herstellung einer einvernehmlichen Kompatibilität besitzen, so kann das Unternehmen mit dem geringen Marktanteil versuchen, Kompatibilität zu dem Netzwerk des marktstarken Anbieters durch die einseitige Bereitstellung eines Adapters herzustellen (so genannte Adapterkompatibilität).

5 Zwischenfazit

Die Analyse der Nachfragepräferenzen lässt den Schluss zu, dass die potenziellen Netzwerkteilnehmer bei Vorliegen relativ homogener Präferenzen ihrerseits einen industrieweiten Ex-ante-Standard auf Basis einer Komiteelösung gegenüber allen anderen Möglichkeiten zur Herstellung von Kompatibilität be-

---

202 Katz und Shapiro zeigen in diesem Modell, dass Ausgleichszahlungen dazu beitragen können, die sozial erwünschten Kompatibilitätsanreize zu steigern. Eine Voraussetzung für die Steigerung der Wohlfahrt ist jedoch, dass eine industrieweite Kompatibilität vorliegt. Allerdings ist das Ausbeutungsproblem so nicht zwingend gelöst. Durch Lizenzeinnahmen könnte das zuvor marktstarke Unternehmen die Konsumentenrente auch weiterhin abschöpfen. Da es häufig nicht zu Ausgleichszahlungen kommt und die Nutzensteigerungen der Nachfrager in der Regel nicht voll internalisiert werden, ist der private Standardisierungsanreiz nach Katz und Shapiro zu gering. Vgl. KATZ, SHAPIRO [1985], S. 435 ff.

vorzugen.[203] Diese Form der Standardisierung erfüllt jedoch nur dann die Wünsche der Nachfrager, wenn die Kooperation der Anbieter ausschließlich auf der vormarktlichen Ebene stattfindet. Die Zusammenarbeit sollte mit dem Ziel eingegangen werden, ein möglichst großes Netzwerk aufzubauen und die Qualität dieses Netzwerkes zu sichern. Darüber hinaus muss das Ziel dieser Kooperation sein, die Voraussetzung für einen langfristigen Wettbewerb auf den Absatzmärkten zu schaffen.[204] Erfolgt die Zusammenarbeit unter diesen Voraussetzungen, so kann, wie in den vorangegangenen Abschnitten gezeigt, die maximale Netzwerkgröße erreicht werden. Hieraus resultiert für die Nachfrager der Netzwerkgüter der größte Netznutzen. Die horizontale Kooperation auf der vorgelagerten Ebene trägt in diesem Fall maßgeblich zu der Internalisierung der Netzwerkeffekte bei.[205]

Die Analyse der Anbieterpräferenzen lässt hingegen erkennen, dass sich die von den Nachfragern gewünschte Standardisierungsform nicht auf allen Märkten einstellen wird. Die Kompatibilitätspräferenzen konkurrierender Anbieter werden neben den Wünschen der Nachfrager maßgeblich von den eigenen produktionstechnischen und logistischen Voraussetzungen beeinflusst. Bei diesen Voraussetzungen handelt es sich zum einen um die Kostenstruktur des jeweiligen Unternehmens, zum anderen um die Geschwindigkeit, mit der dieses die relevante Marktnachfrage versorgen kann. Abgesehen von diesen Bedingungen hat die Stellung eines Anbieters am Markt auch einen bedeutenden Einfluss auf dessen Kompatibilitätspräferenzen. Aus den vorangegangenen Ausführungen lässt sich schließen, dass die Chance für einen industrieweiten Ex-ante-Standard als Ergebnis einer Komiteelösung vergleichsweise groß ist, wenn

- das jeweilige Netzwerkgut noch nicht am Markt eingeführt wurde,
- alle Anbieter befürchten, dass auf Seiten der Nachfrager große Unsicherheit über das zukünftige Marktpotenzial besteht,
- bei den Nachfragern die Angst vor einer monopolistischen Ausbeutung so groß ist, dass sie nur einem Netzwerk beitreten, dessen Netzwerkgüter von mehreren konkurrierenden Anbietern angeboten werden,

---

203 Dies gilt unter der Voraussetzung, dass die erwarteten Kosten der Standardisierung niedriger sind als der erwartete Nutzenzuwachs.

204 Wey hält Standardisierungsverbände prinzipiell mit der Konkurrenz auf der Produktmarktebene für vereinbar. Er interpretiert industrieweite Verbände als hybride Organisationsformen, die kooperatives Verhalten auf der Standardisierungsstufe induzieren, ohne die Konkurrenz auf der Produktmarktstufe auszuhöhlen. Vgl. WEY [1999], S. 256.

205 Vgl. WEY [1999], S. 256.

- die Standardisierungskosten gering sind,
- eine Möglichkeit besteht, die Standardisierungskosten auf die Anbieter aufzuteilen,
- es in Folge einer Nachfrageausweitung zu Produktionsengpässen kommen kann,
- die Kostenverläufe aller Unternehmen im Bereich der relevanten Marktnachfrage das Angebot mehrerer Anbieter zulassen bzw. fördern.

Hingegen wird die Chance für einen industrieweiten Standard als Ergebnis einer Komiteelösung vergleichsweise gering sein, wenn

- ein Markt für das Netzwerkprodukt bereits besteht,
- die Standardisierungskosten vergleichsweise hoch sind,
- mindestens ein Anbieter im Anschluss an die Standardisierung individuelle Gewinnrückgänge erwartet,
- mindestens ein Anbieter eine große Reputation besitzt und vor diesem Hintergrund glaubt, die gesamte Nachfrage auf sich ziehen zu können,
- sich bereits asymmetrische Machtverhältnisse zwischen den Anbietern herausgebildet haben,
- die produktionstechnischen und logistischen Voraussetzungen eine Versorgung der Nachfrage in jeder gewünschten Geschwindigkeit zulassen (instant scalability),
- die Kostenfunktion der Anbieter im Bereich der relevanten Nachfrage subadditiv ist.

Die Chance für eine Komiteelösung ist dann besonders groß, wenn die Anbieter hohe Investitionen für den Aufbau des Netzwerkes tätigen müssen und diese Investitionen im Fall einer „zu geringen Nachfrageakzeptanz aufgrund zu geringer Netzwerkgröße“ unwiederbringlich verloren wären. Dies ist insbesondere bei physischen Gütern der Fall. Jedoch bleibt erneut darauf hinzuweisen, dass eine Komiteelösung nicht in allen Fällen zu einer industrieweiten Kompatibilität führen muss.

Neben der Komiteelösung kann eine einvernehmliche Kompatibilität zwischen konkurrierenden Anbietern auch hergestellt werden, indem ein Anbieter seine Konkurrenten in das eigene Netzwerk einlädt (so genannte Second-sourcing-Strategie). Diese freiwillige Öffnung eines proprietären Netzwerkes z. B. in Form einer Lizenzlösung erfolgt in der Regel nach der Markteinführung eines

Produktes. Wie bereits erörtert, führt sie nicht in allen Fällen zur gewünschten Netzwerkgröße. Ein Anbieter wird sich tendenziell dann für eine Öffnung des eigenen Netzwerkes entscheiden, wenn er feststellt, dass er die relevante Nachfrage nicht (mehr) alleine befriedigen kann. Zuvor wird er jedoch bestrebt sein, eine marktstarke Stellung zu erreichen. Zum einen steigt hierdurch seine Chance, von konkurrierenden, den Zugang begehrenden Anbietern ein Entgelt zu erhalten. Zum anderen wird es ihm vergleichsweise leichter fallen, seine dominante Marktstellung zu behaupten. Empirische Studien zeigen, dass der Lizenz gebende Anbieter eine zuvor erlangte marktstarke Stellung in der Regel verteidigt.[206]

Bei Anbietern virtueller Netzwerkgüter ist es im Vergleich zu den Anbietern physischer Netzwerkgüter häufiger zu beobachten, dass sie einen alleinigen Netzwerkaufbau bevorzugen. Die Entscheidung der Anbieter für den alleinigen Netzwerkaufbau lässt sich maßgeblich darauf zurückführen, dass sowohl die produktionstechnischen als auch die logistischen Voraussetzungen den alleinigen Netzwerkaufbau begünstigen. Das prominenteste Beispiel eines Anbieters von virtuellen Netzwerkgütern, der sich gegen die Herstellung von Kompatibilität zu den Netzwerkgütern direkter Konkurrenten entschieden hat, stellt das Unternehmen Microsoft dar. Microsoft ist es – wie im Vierten Teil dieser Studie genauer analysiert – insbesondere auf den Märkten für PC-Betriebssysteme und Office-Suites gelungen, eine Quasi-Monopolstellung zu erlangen.

Die Adapterlösung ist für den Fall konfliktärer Präferenzen zwischen dem Anbieter, der den Zugang begehrt, und dem Anbieter, der den Zugang verweigert, die einzige Möglichkeit zur Herstellung von Kompatibilität. Für die Konstruktion werden allerdings Informationen benötigt, die den Konkurrenten bestenfalls nach der Markteinführung eines Netzwerkgutes zur Verfügung stehen dürften. Demnach wird diese Kompatibilität nicht, wie von den Nachfragern gewünscht, ex ante vorliegen.

Durch einen Adapter wird in der Regel nicht das gewünschte Ausmaß an Kompatibilität erreicht. In vielen Fällen kann nur eine „One-Way-Kompatibilität" hergestellt werden. Darüber hinaus stehen den konkurrierenden Unternehmen auch nach der Einführung eines neuen Produktes am Markt in den meisten Fällen nicht alle benötigten Informationen zur Verfügung, um vollkommene Kompatibilität zu realisieren. Eine Adapter-Kompatibilität kann jedoch ausgehend von einer Ausgangssituation, in der Inkompatibilität zwischen den konkurrierenden Anbietern herrscht, den Nutzen der Nachfrager und somit die Effizienz erhöhen.

---

[206] Vgl. FERGUSON, MORRIS [2003], S. 3 ff.

Dritter Teil: Differenzierung der Wettbewerbsanalyse unter Berücksichtigung der Marktphasen

A Grundlagen des Marktphasenkonzeptes

1 Vorbemerkungen

Um die Gefahren für den Wettbewerb auf Märkten für Netzwerkgüter identifizieren und wettbewerbspolitische Empfehlungen formulieren zu können, erscheint es hilfreich, die vorliegenden marktstrukturellen Voraussetzungen, die Verhaltensweisen der Marktakteure und die Marktergebnisse in dem Kontext der jeweiligen Phase zu analysieren, in der sich der betrachtete Markt befindet, denn die genannten Faktoren beeinflussen sich im Zeitverlauf gegenseitig.[207]

Als Hilfskonzept zur gedanklichen Durchdringung dieser Interdependenzen soll das Marktphasenkonzept von Heuß dienen. Das Konzept eignet sich vergleichsweise gut, um die Entwicklungen auf Märkten für Netzwerkgüter in Abhängigkeit von den Kompatibilitätsentscheidungen der Anbieter aufzuzeigen.[208]

In einem ersten Schritt wird das Konzept erörtert, das Heuß 1965 im Rahmen der „Allgemeine[n] Markttheorie" entwickelt hat.[209] In den einzelnen und zwischen den einzelnen Marktphasen sind die Wechselwirkungen von Marktstruktur, -verhalten und -ergebnis skizziert. Im Rahmen der Erörterung des Heußschen Konzeptes werden auch Erkenntnisse aus der neuen Institutionenökonomik einbezogen.[210] In einem zweiten Schritt wird das Marktphasenkonzept auf Märkte für Netzwerkgüter übertragen. Im Rahmen der Analyse der generellen Voraussetzungen für Wettbewerb auf Märkten für Netzwerkgüter wird danach differenziert, ob eine industrieweite Ex-ante-Kompatibilität vorliegt oder nicht. Für den Fall von Inkompatibilität von mindestens zwei konkurrierenden Netzwerken lassen sich die Monopolisierungstendenzen und eventuelle Auswirkungen anschaulich im Rahmen der Marktphasenbetrachtung charakterisieren.

Die „Allgemeine Markttheorie" von Heuß beschreibt den Entwicklungsprozess, den alle Industrien und die untergeordneten Märkte durchlaufen. Das Ziel des Autors ist es, aufbauend auf der klassischen Preistheorie, eine „umfassend dynamisch-evolutorisch ausgerichtete Theorie unvollkommener, wettbe-

---

207 Vgl. BARTLING [1980], S. 26.

208 Eine ausführliche kritische Würdigung des Marktphasenkonzeptes findet sich bei ERLEI [1998].

209 Vgl. HEUß [1965].

210 Hierbei dient die Arbeit von Erlei als Grundlage. Das Übertragen der Heußschen Erkenntnisse in die neue Institutionenökonomik stellt das zentrale Ziel von Erleis Arbeit dar. Vgl. ERLEI [1998].

werblicher Partialmärkte"[211] zu formen. Der Substitutionswettbewerb, der im Markphasenkonzept Berücksichtigung findet, ermöglicht es Heuß, seine partialanalytische Betrachtung zumindest teilweise auf andere Märkte auszuweiten.[212]

Heuß geht davon aus, dass ein Markt – wie jeder biologische Organismus – durch Entwicklungs- und Lebensphasen gekennzeichnet ist. Die Lebensphasen des Organismus beginnen mit der „Konzeptionsphase", dann leitet die Geburt die Phase des Heranwachsens ein, bis der Organismus gereift ist, alt wird und schließlich unvermeidlich abstirbt. Dieser Zyklus kann variieren, d. h. die Phasen können bei unterschiedlichen Organismen unterschiedlich lange verlaufen, jedoch stellen die Geburt und der Tod unabdingbare Ereignisse dar. Bei einer Übertragung dieser Erkenntnisse auf reale Märkte lässt sich für eine Vielzahl realer Märkte ein Grundschema aus Entwicklungsphasen ableiten.

Das Grundschema besteht aus vier Marktphasen, die Heuß als Experimentierungs-, Expansions-, Ausreifungs- und Stagnationsphase bezeichnet.[213] Für den Fall einer späteren Substitutionskonkurrenz durch innovative Produkte fügt er mit der Rückbildungsphase eine fünfte Phase an den Produktionsverlauf an.[214] Heuß ist sich bewusst, dass der Phasenverlauf und die Phasenlänge der verschiedenen Märkte differieren können, jedoch fasst er diese Unterschiede als „Oszillation um den allgemeinen Entwicklungstrend"[215] auf.[216]

In der nachfolgenden Grafik sind die Marktphasen im Zeitverlauf und in Abhängigkeit vom Produktionsvolumen dargestellt. Das Produktionsvolumen eignet sich vergleichsweise gut zur Abgrenzung der unterschiedlichen Marktphasen.[217] Zum Zweck der besseren Illustration unterstellt Heuß, dass die Anbieter auf dem Markt Einproduktunternehmen sind.[218]

---

211 ERLEI [1998], S. 2. Unter unvollkommenen Märkten sind Märkte zu verstehen, die nicht die klassischen Modellprämissen aufweisen. Die klassischen Wettbewerbsvorstellungen und ihre „Weiterentwicklungen" finden sich detailliert bei BARTLING [1981], S. 9 ff.

212 Durch die Einbeziehung des Substitutionswettbewerbs versucht Heuß das Problem einzudämmen, das sich durch die Frage der „richtigen" Marktabgrenzung ergibt.

213 Vgl. HEUß [1965], S. 15 ff.

214 Vgl. HEUß [1965], S. 15 ff.

215 Vgl. HEUß [1965], S. 15.

216 Gleiche Produkte können in regional abgegrenzten Märkten unterschiedlich lange Entwicklungsphasen durchlaufen. Vgl. HEUß [1965], S. 20.

217 Vgl. ERLEI [1998], S. 19.

218 Diese Annahme wird in der neueren Institutionenökonomik wegen des geringen Realitätsbezugs häufig kritisiert. Sie macht jedoch die nachfolgend erarbeiteten Zusammenhänge leichter verständlich. Viele dieser Zusammenhänge werden nicht davon beeinflusst, ob ein Unternehmen ein

Abbildung 6: Entwicklungsphasen eines Marktes

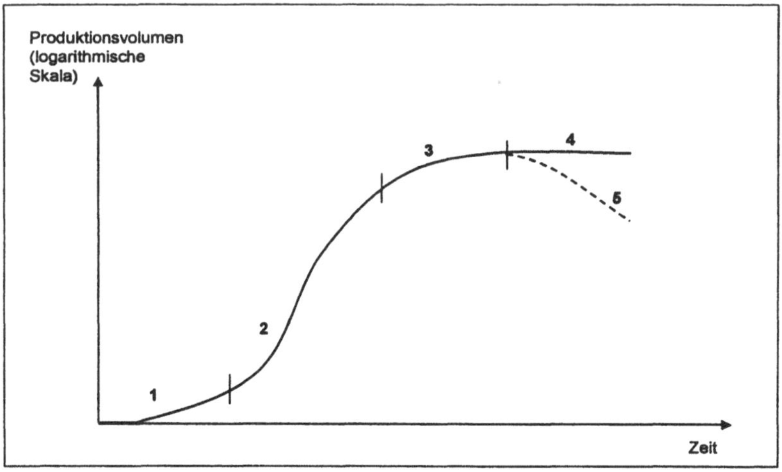

Quelle: In Anlehnung an HEUß [1965], S. 15.

2 Frühe Marktphasen

Den frühen Marktphasen lassen sich die **Experimentierungs-** bzw. **Einführungsphase** und die **Expansions- bzw. Wachstumsphase** zuordnen.

Die **Experimentierungs-** bzw. **Einführungsphase** ist zunächst durch eine grundlegend neue Erfindung (Invention) gekennzeichnet.[219] Mit einer Invention ist nicht zwingend ein ökonomischer Wert verbunden. Dieser entsteht erst, wenn ein Pionierunternehmer[220] seine Erfindung weiterentwickelt und als Gut oder

Produkt oder mehrere Produkte anbietet. Dennoch kann nicht bestritten werden, dass ein finanzstarkes Mehrproduktunternehmen verlustbringende Produktlinien in der Wachstums- oder auch Rückbildungsphase unterstützen kann. Darüber hinaus ist es möglich, dass ein Anbieter, der auf komplementären Märkten aktiv ist, den Wettbewerb auf dem jeweils anderen Markt beeinflussen kann. Vgl. hierzu die Ausführungen in Kapitel D im Vierten Teil dieser Arbeit.

219 Unter einer grundlegenden Erfindung wird im Folgenden „die Erkenntnis eines zuvor nicht wahrgenommenen technischen oder ökonomischen Zusammenhangs oder einer ebensolchen Handlungsmöglichkeit verstanden." ERLEI [1998], S. 155. Inventionen sind nicht planbar, sondern das Ergebnis eines Suchprozesses. Auch Heuß differenziert zwischen Kreation und Markteinführung. Vgl. HEUß [1965], S. 27.

220 Heuß unterscheidet in seinem Konzept in Anlehnung an SCHUMPETER [1952] zwei Unternehmertypen. Zum einen benennt er die „initiativen" Unternehmer. Dieser Gruppe gehören der „Pionierunternehmer" und der „spontan imitierende" Unternehmer an. Beide Unternehmertypen

Dienstleistung zur Marktreife führt (Innovation[221]).[222] Im Vorfeld der Markteinführung wird sich der Innovator vergewissern, ob für sein Produkt eine hinreichend große potenzielle Nachfrage vorhanden ist und inwiefern er diese Nachfrage aktivieren kann.[223] Von besonderem Interesse ist dabei, ob die Zahlungsbereitschaft so hoch ist, dass seine Kosten mittel- bis langfristig gedeckt werden können. Darüber hinaus wird der Innovator seine Produkteigenschaften mit den Wünschen der potenziellen Nachfrager abstimmen, falls es ihm – z. B. mit Hilfe der Marktforschung – gelingt, diese Wünsche zu erfahren.[224] Beginnt der Innovator mit der kommerziellen Produktion und findet er für sein Produkt erste Käufer (Konsum-Innovatoren), so entsteht ein neuer Markt.[225] Der nachfolgend charakterisierte vollständige Marktzyklus wird jedoch nur bei einer gelungenen Innovation durchlaufen.[226]

Kurz nach der Produkteinführung steigt das Produktionsvolumen noch relativ langsam an. Der Innovator bedient den Markt zumeist alleine. Das Monopol ist die typische Marktform.[227] Dennoch erwirtschaftet der Monopolist aufgrund

---

zeichnen sich durch Spontaneität, Initiative und hohe Risikobereitschaft aus. Von diesen unterscheidet Heuß die „konservativen" Unternehmen. Dieser Gruppe gehören „unter Druck reagierende Unternehmer" und „immobile Unternehmer" an. Bei den „unter Druck reagierenden Unternehmen" ist die Akzeptanz des Neuen als ein „Akt der Notwehr" anzusehen. Der konservative Unternehmer ist hingegen zu einer Reaktion nicht fähig und somit nur in einer statischen Wirtschaft überlebensfähig. Sein Bestreben ist es, eine stationäre Wirtschaft zu erhalten und er greift dabei auch auf staatliche Unterstützungen zurück. Vgl. HEUß [1965], S. 9 f. Mit Ausnahme der **Experimentier- oder Einführungsphase**, in der ausschließlich das Pionierunternehmen agiert, lassen sich die Unternehmertypen nicht eindeutig den einzelnen Marktphasen zuordnen. Nach Heuß ist es häufig der Fall, dass in späteren Marktphasen die Unternehmertypen nebeneinander auftreten. Vgl. HEUß [1965], S. 109.

221 Für SCHUMPETER [1952] handelt es sich nur dann um eine Innovation, wenn Bedürfnisse auf eine revolutionär neue Art und Weise befriedigt werden.

222 Nicht jede Invention wird zu einer Innovation. Erlei vergleicht den Prozess von Invention über Innovation zur Markteinführung mit einem evolutorischen Prozess. Hierbei stellt für ihn die Invention eine Mutation dar. Den anschließenden wettbewerblichen Verwertungsprozess dieser Invention (Innovation und Vermarktung) sieht Erlei als Selektionsverfahren. Nur ein geringer Anteil der Inventionen wird als Innovation am Markt eingeführt. Ein noch geringerer Anteil der Innovationen ist am Markt erfolgreich. Eine Weiterentwicklung erfordert darüber hinaus in der Regel so genannte Komplementärinnovationen, um das neu entdeckte Prinzip mit altbekannten Techniken verbinden zu können. Vgl. ERLEI [1998], S. 161.

223 Heuß spricht in diesem Zusammenhang von einer Phase der Nachfragekreierung. Vgl. HEUß [1965], S. 30 ff.

224 Vgl. HEUß [1965], S. 25 ff.

225 Eine Käuferschaft findet er in vielen Fällen nur durch eine aktive Kreierung der Nachfrage, z. B. in Form von kostenintensiven Marketingmaßnahmen.

226 In vielen Fällen überlebt ein Markt aufgrund zu geringer Nachfrage die Einführungsphase nicht.

227 Vgl WEY, BAAKE, KAMECKE [2004], S. 7.

hoher Kosten für Forschung, Entwicklung und Produkteinführung in dieser Phase zumeist noch keine Gewinne. Auch nach der Einführung wird er bestrebt sein, das Produkt weiter zu verbessern. Diese Folgeinnovationen betreffen insbesondere technische Neuerungen des Produktes und sind daher vergleichsweise kostenintensiv.[228] Um die Situation zu seinen Gunsten zu ändern, ist der Pionierunternehmer um schnelle Umsatzsteigerung bemüht, die er z. B. durch verstärkte Marketingaufwendungen und/oder niedrige Einführungspreise erreichen kann.

In der **Expansions- bzw. Wachstumsphase** erfolgt die Durchsetzung des Produktes am Markt. Wird die Innovation von den (potenziellen) Kunden angenommen, so kommt es in dieser Phase zu einer „Selbstentzündung der Nachfrage"[229]. Die Produktion, der Absatz und der Umsatz nehmen deutlich zu. Durch ergänzende absatzpolitische Maßnahmen wird der Anbieter versuchen, den Nachfrageanstieg weiter zu forcieren, da in der Expansionsphase noch kein „fester" Stamm an Nachfragern vorliegt. Die Nachfrage setzt sich insbesondere aus Neukunden zusammen.

In der frühen Wachstumsphase treten in der Regel die *imitierenden Unternehmen*[230] als Mitwettbewerber auf den Markt und beschleunigen die Verbreitung der Innovation.[231] Für die Newcomer ist ein erfolgreicher Markteintritt vergleichsweise leicht, da sich der Markt erst im Aufbau befindet. Der größte Teil der potenziellen Erstkäufer hat sich in dieser Phase noch nicht für das Gut bzw. die Dienstleitung eines bestimmten Anbieters entschieden. Die Marktzutrittsschranken sind in der Expansionsphase, insbesondere wegen der großen Zahl an bisher unentschiedenen potenziellen Erstkäufern, vergleichsweise niedrig.[232]

Mit dem Auftreten der neuen, konkurrierenden Anbieter setzt in der Expansionsphase der Wettbewerb auf dem jeweiligen Markt ein. In der frühen Expansionsphase sind die Anbieter bemüht, die eigenen Produkte qualitativ zu verbes-

---

228 Vgl. ERLEI [1998], S. 161.

229 Zu Beginn der Expansionsphase liegt nur eine relativ geringe Zahl an aktiven Nachfragern im Vergleich zu dem potenziellen Marktvolumen vor. Heuß spricht in diesem Zusammenhang davon, dass der eigentliche „Markt nur angezapft" ist. Vgl. HEUß [1965], S. 41 f.

230 Für Heuß bildet „die Expansionsphase die eigentliche Domäne" der Beschäftigung eines imitierenden Unternehmers. Vgl. HEUß [1965], S. 113.

231 Vgl. HEUß [1965], S. 114.

232 Jedoch könnten in dieser Phase bereits institutionelle Marktzutrittsschranken in Form von Patenten oder Copyrightrechten vorliegen. Diese institutionellen Schranken erschweren imitierenden Unternehmen den Markteintritt. Hierauf ist in Kapitel C 2.2.1.5 im Vierten Teil der Studie vertieft eingegangen. Vgl. auch ERLEI [1998], S. 201.

sern, um sich von der Konkurrenz abzusetzen.[233] Auch Newcomer streben in dieser Phase Produkt- und Verfahrensverbesserungen an. Nicht selten hat dies zu Folge, dass auch das Pionierunternehmen in der Expansionsphase Neuerungen eines findigen Newcomers imitiert.[234] Der verstärkte Wettbewerbsdruck, der typischerweise zum Ende der Expansionsphase einsetzt, zwingt die Anbieter, die Preise zu senken. Aus dem zunehmenden Preisdruck resultiert ein Kostensenkungsdruck, weil die Anbieter in der Regel bestrebt sind, ihre Gewinnmargen konstant zu halten bzw. zu erhöhen. Der charakterisierte Prozess führt in der fortschreitenden Expansionsphase dazu, dass es zu Marktaustritten der Unternehmen kommt, die sich nicht im Wettbewerb behaupten können (Wettbewerb als Selektionsmechanismus).

3 Späte Marktphasen

Die späten Marktphasen beginnen mit der **Ausreifungs-** bzw. **Reifephase.** Es folgt die **Stagnationsphase** und sie enden mit der **Rückbildungsphase.**

Nachdem die wichtigsten Absatzgebiete für ein Gut oder eine Dienstleistung erschlossen sind, schwächt sich das Wachstum des Produktionsvolumens in der **Ausreifungs-** bzw. **Reifephase** deutlich ab und nähert sich schließlich am Ende dieser Phase der gesamtwirtschaftlichen Wachstumsrate bzw. einem Nullwachstum an. Hierdurch werden die Grenzen des potenziellen Marktvolumens sichtbar.[235]

Den Unternehmen sind die Konsumentenpräferenzen weitestgehend bekannt und sie haben ihre Produkte bereits an die Wünsche der Nachfrager angepasst. Auch die Unsicherheiten auf Kunden- und Anbieterseite über den zukünftigen Erfolg des Produktes haben sich deutlich verringert.

---

233 Zu Beginn der Expansionsphase sind die Produkte noch nicht präzise auf die Konsumentenpräferenzen abgestimmt. Dem Unternehmen gelingt es erst nach einiger Zeit, die Wünsche der Kunden genau zu identifizieren und die Produkte an die Kundenwünsche anzupassen. Diese Produktveränderung verursacht erneute Kosten. Auch die Produktionskosten sind zu Beginn der Wachstumsphase noch relativ hoch, was sich auf die Preise auswirkt. Darüber hinaus weisen die Produkte noch häufig technische Mängel auf („Kinderkrankheiten").

234 Vgl. ERLEI [1998], S. 201. Auch in der Expansionsphase kommt es – wie aus den Erörterungen im Text deutlich wird – nicht selten zu Innovationen. Hierbei handelt es sich jedoch in der Regel nicht um „grundlegende" Innovationen, die ein völlig neues Produkt oder Verfahren hervorbringen. Eine Innovation in dieser frühen Marktphase stellt vielmehr eine Verbesserung eines bereits existierenden Produktes dar. Vor diesem Hintergrund werden die Verbesserungen eines bestehenden Produktes im Folgenden als „kleine" Innovationen bzw. Inkrementalinnovationen bezeichnet.

235 Vgl. ERLEI [1998], S. 225.

In der Reifephase drängen in der Regel nur noch selten neue Anbieter auf den Markt. Ein Grund hierfür ist, dass sich die Anzahl an potenziellen Erstkäufern, um die die Newcomer mit den etablierten Anbietern konkurrieren, deutlich verringert hat. Neben den verbleibenden Erstkäufen kommt es bei physischen Produkten, die dem Verschleiß unterliegen, Ersatzkäufen.[236] Ein weiterer Grund für das Fernbleiben von Newcomern besteht darin, dass die Marktzutrittsschranken, im Vergleich zur Wachstumsphase, wesentlich höher sind. So ist es möglich, dass im Fall von Ersatzkäufen bereits deutliche Präferenzen der Kunden zugunsten der etablierten Anbieter vorliegen.

Der wettbewerbliche Selektionsprozess, der bereits zu den ersten Marktaustritten von „erfolglosen" Anbietern in der Expansionsphase geführt hat, schreitet weiter fort. Er wird insbesondere dadurch forciert, dass sich am Ende der Expansionsphase dominante Designs für ein Produkt durchgesetzt haben. Die Nachfrager konzentrieren sich auf die in ihren Augen überlegenen Produkte. Die Anbieter dieser Produkte haben mittlerweile hinreichend große Kapazitäten aufgebaut, um die moderat wachsende Nachfrage nach ihren Produkten selbstständig zu befriedigen. Die „ineffizienten" Anbieter werden den Markt verlassen, was zu einer Anbieterkonzentration führt.[237]

Technische Innovationen haben in der Ausreifungsphase eine nachrangige Bedeutung.[238] Wesentlich wichtiger sind so genannte Routineinnovationen, durch die z. B. eine Verbesserung von Produktionsverfahren zur Kostensenkung angestrebt wird. In vielen Fällen versuchen die Anbieter auch, durch diverse Modifikationen ihres erfolgreichen Produktes die Nachfrage am Markt zu beleben. Diese minimalen Änderungen bergen ein geringes Risiko.

Die Einführungs- und insbesondere die Expansionsphase sind durch das Auftreten „kleiner" und „großer" Innovationen gekennzeichnet. Für die Anbieter ist eine schnelle Anpassungsfähigkeit von besonderer Bedeutung, um in diesen Phasen am Markt bestehen zu können. In der späten Reifephase sind Innovationen und somit auch eine schnelle Anpassungsfähigkeit der Unternehmen an

---

[236] Bei virtuellen bzw. digitalen Gütern treten diese Verschleißerscheinungen nicht auf. Infolgedessen wird es nicht zu Ersatzkäufen kommen, was sich wiederum auf den Marktphaseverlauf auswirkt. Diese Besonderheiten sind im nachfolgenden Kapitel analysiert.

[237] In dieser vergleichsweise späten Marktphase kann die Anbieterkonzentration auch durch Verhaltensweisen der Unternehmen wie das Umsetzen von Kooperations- und Konzentrationsstrategien hervorgerufen werden.

[238] Die Forschungs- und Entwicklungsabteilungen verlieren in dieser Phase im Vergleich zu Produktionsabteilungen an Bedeutung. Vgl. ERLEI [1998], S. 225.

neuartige Produkte vergleichsweise unbedeutend.[239] Die zukünftige Marktentwicklung ist für die Anbieter absehbar. Die skizzierte Entwicklung kann dazu führen, dass die Anbieter „träge“ werden.

Die **Stagnationsphase** ist durch ein Nullwachstum bzw. durch Wachstumsraten äquivalent zum gesamtwirtschaftlichen Wachstum gekennzeichnet.[240] Eine zentrale Ursache hierfür ist, dass das Produkt mittlerweile von der Mehrheit der potenziellen Nachfrager erworben wurde. Bis auf wenige „Nachzügler“, die sich in dieser späten Marktphase noch für einen Erstkauf entscheiden, werden fast nur noch Ersatzkäufe getätigt.

Marktaustritte von „ineffizienten“ Anbietern finden in der Stagnationsphase nur noch selten statt. Für einen bestimmten Zeitraum werden sich nahezu die gleichen Anbieter auf dem Markt befinden. Auch die Produkte und Produktionsverfahren sind in dieser Marktphase ausdifferenziert, in weiten Teilen standardisiert und bleiben unverändert. Technische Innovationen finden in dieser Marktphase nicht mehr statt. Die Anbieter investieren ihr spezifisches Kapital vornehmlich in die Produktion.[241]

Als Folge dieser Konstanten nimmt die Markttransparenz deutlich zu. Für einen Newcomer ist der Markteintritt in der Stagnationsphase im Vergleich zur Expansions- oder frühen Reifephase erheblich schwerer. Zum einen bietet sich der Markteintritt für neue Anbieter aufgrund der stagnierenden Nachfrage nicht mehr an. Zum anderen haben sich in dieser Phase auf vielen Märkten bereits erhebliche Marktzutrittsschranken herausgebildet. In Kapitel C 2 im Vierten Teil dieser Arbeit sind die Marktzutrittsschranken und ihre Auswirkungen auf den Wettbewerb genauer analysiert.

---

239 Unter Innovationen werden in diesem Fall Inkrementalinnovationen verstanden, nicht etwa „radikale“ Innovationen, die sich nicht direkt in das Marktphasenkonzept von Heuß integreren lassen. Radikalen Innovationen liegt ein Bruch in der technischen Entwicklung zugrunde. Sie lassen ein neues Innovationsparadigma entstehen. Inkrementelle Innovationen verbessern hingegen bestehende Produkte und Prozesse zur Entwicklung dieser Produkte. „Radikale Innovationen wirken nachfrage- oder angebotsbegründend.“ COENEN [2006], S. 117. Vgl. darüber hinaus grundlegend NELSON, WINTER [1977], S. 52 ff.

240 Märkte, die sich in der Stagnationsphase befinden, werden in einer Volkswirtschaft bzw. Weltwirtschaft mit steigenden Wachstumsraten „zurückgedrängt“. Sie verlieren bei einem Nullwachstum im Vergleich zu wachsenden Industrien an relativer Bedeutung. Vgl. HEUß [1965], S. 85 ff.

241 Darüber hinaus sind die Unternehmen an einer Ausdehnung der Unternehmensgröße in Form von vertikaler Integration interessiert, um so die Transaktionskosten zu senken. Die Unternehmensgröße erreicht in der Regel in dieser Phase ihr Maximum. Vgl. ERLEI [1998], S. 245.

Die skizzierten strukturellen Bedingungen stellen einen Nährboden für wettbewerbsbeschränkende Verhaltensabstimmungen bei den am Markt verbliebenen Anbietern dar.[242]

In der **Rückbildungsphase** nimmt die Nachfrage nach dem gealterten Produkt deutlich ab. Dieser Nachfragerückgang kann mehrere Ursachen haben. Eine vergleichsweise häufige Ursache ist die verstärkte Substitutionskonkurrenz. So tritt in dieser Marktphase nicht selten eine Situation ein, in der die Nachfrager ihre Bedürfnisse besser durch qualitativ hochwertigere oder kostengünstigere oder völlig neue Produkte befriedigt sehen (innovative Substitute).[243] Der Rückgang der Nachfrage kann auch durch eine Änderung der Präferenzen der Nachfrager hervorgerufen werden.

Der Nachfragerückgang impliziert, dass die Markteintritte von imitierenden Unternehmen ausbleiben. Das Fernbleiben der imitierenden Newcomer wird neben dem Nachfragerückgang auch durch die bereits erwähnten Marktzutritts- bzw. Marktaustrittsschranken[244] hervorgerufen, die in dieser Phase von herausragender Bedeutung sind. Ein Newcomer wird, bei gegebenen strukturellen Bedingungen und Verhaltensweisen der etablierten Anbieter, nur durch eine „grundlegende" Innovation eine Chance auf einen erfolgreichen Markteintritt haben (verstärkte Substitutionskonkurrenz). Auf Seiten der etablierten Anbieter finden in der Rückbildungsphase keine inkrementalen Produkt- und Verfahrensinnovationen mehr statt.

---

242 Häufig bilden sich in diesen späteren Marktphasen oligopolistische Marktstrukturen heraus. Die Oligopolisten sind sich bei hoher Markttransparenz bewusst, dass ihr Verhalten unmittelbaren Einfluss auf das Verhalten der anderen Anbieter am Markt hat (Bewusstsein der unternehmerischen Interdependenz). Da der Konkurrenzdruck bei stagnierendem bzw. sinkendem Marktvolumen sehr hoch ist, werden die Oligopolisten versuchen, durch die Anwendung wettbewerbsbeeinträchtigender Verhaltensweisen diesem Konkurrenzdruck zu entfliehen. Zohlnhöfer unterscheidet bei diesen Verhaltensweisen „Strategien der Monopolisierung", „Strategien der Kooperation" und „Strategien der Integration". Vgl. ZOHLNHÖFER [1968], S. 26 ff. Vertiefende Ausführungen zu Verhaltensabstimmungen in späten Marktphasen finden sich auch bei ERLEI [1998], S. 246 ff.

243 Heuß weist darauf hin, dass die Marktabgrenzung bei der Anwendung des Marktphasenkonzepts eine besondere Rolle spielt. Er nutzt als Hilfskonzept zur Marktabgrenzung das Kriterium der Preisinterdependenz. „Preisinterdependenzen bestehen, wenn sich Preisänderungen von einer Unternehmung zu einer anderen fortsetzen." HEUß [1965], S. 23. Bei dieser relativ engen Marktabgrenzung kommt er zu dem Schluss: „Man kann die Substitutionskonkurrenz als einen Faktor betrachten, der zwar die Struktur des alten Marktes tiefgreifend verändert, aber nicht selber zum Teilnehmer in diesem Markt wird." HEUß [1965], S. 24. Eine relativ weite Marktabgrenzung, die die Konkurrenz durch innovative Substitute umfasst, hätte zur Folge, dass sich ein alter Markt nicht in der Rückbildungs-, sondern lediglich in einer Umstrukturierungsphase befindet.

244 So sind Investitionen der etablierten Anbieter in spezifisches Kapital bereits „versunken" und für diese nicht mehr entscheidungsrelevant (vgl. Kapitel C 2.2.1.1, Vierter Teil).

Einige der etablierten Anbieter werden versuchen, die Nachfrage durch weitere Produktvariationen anzuregen. Zusätzlich werden sie aufgrund gestiegener Qualitätsansprüche der Nachfrager zu Produktverbesserungen gezwungen sein. Hierdurch entstehen den Anbietern zusätzliche Kosten.

Trotz eines möglichen Kostenanstiegs sehen sich die Anbieter insbesondere für den Fall fortschreitenden Nachfragerückgangs einem starken Preisdruck ausgesetzt. Falls sie nicht anstreben, sich z. B. durch Absprachen dem gestiegenen Wettbewerbsdruck zu entziehen, werden die Anbieter bemüht sein, ihre Marktanteile gegenüber der Konkurrenz auch bei sinkender Nachfrage zu behaupten oder sogar weiter auszubauen.[245] Die Preisnachlässe haben zur Folge, dass die Anbieter mit den höchsten Bereitstellungskosten zuerst aus dem Markt gedrängt werden. Bei ähnlicher Kostenstruktur werden die Anbieter aus dem Markt gedrängt, die ihre Kapazitäten und Produkte nicht an die veränderten Nachfragebedürfnisse anpassen können.[246] Die Anbieterzahl wird in der Rückbildungsphase weiter abnehmen. Hieraus resultiert in der frühen Rückbildungsphase jedoch nicht zwingend eine weiter zunehmende Konzentration.[247] In der späten Rückbildungsphase kann der Verfall schließlich soweit fortschreiten, dass alle Anbieter ausscheiden, da für das alte Produkt keine Nachfrage mehr existiert.

Das Marktphasenkonzept vermittelt ein erstes Verständnis dafür, in welchen Marktphasen eine besondere Gefahr für das Auftreten verhaltensbedingter und/oder struktureller Beschränkungen des Wettbewerbes besteht.

So wird deutlich, dass die Gefahr für das Auftreten verhaltensbedingter und/oder struktureller Beschränkungen des Wettbewerbes in frühen Marktphasen vergleichsweise gering ist. Einen Grund hierfür stellen die niedrigen Marktzutrittsschranken dar. Darüber hinaus ist die Marktstruktur in ständiger Bewegung,

---

[245] In der Rückbildungsphase spielen wettbewerbsbeschränkende Verhaltensweisen häufig eine besondere Rolle. Ein bekanntes Beispiel für derartige Verhaltensweisen sind so genannte Krisenkartelle. Darüber hinaus versuchen die Anbieter auf schrumpfenden Märkten nicht selten Einfluss auf den Staat zu nehmen, um von diesem eine Unterstützung zu erhalten. Vgl. ERLEI [1998], S. 260.

[246] Ein Nachfragerückgang hat für die meisten Unternehmen zur Folge, dass sie ihre Kapazitäten abbauen müssen. Hierbei werden sich c. p. die Unternehmen am Markt behaupten können, die ihre Kapazitäten am flexibelsten anpassen können. Sie können Kosten einsparen und sind somit konkurrenzfähiger. Vgl. ERLEI [1998], S. 259.

[247] Falls größere Unternehmen, z. B. wegen einer langsameren Kapazitätsanpassung, zuerst vom Markt verdrängt werden, kann die Anbieterkonzentration sogar abnehmen. Dies muss jedoch nicht zwingend der Fall sein, wenn größere Unternehmen aufgrund von Kostenvorteilen entstanden sind oder die Größe eines Unternehmens zu Kostenvorteilen führt. Vgl. ERLEI [1998], S. 268.

wodurch das Zustandekommen bzw. der Erfolg wettbewerbsbeschränkender Verhaltensweisen verhindert wird.[248]

Zusätzlich ermöglicht das Marktphasenkonzept einen ersten Einblick, welche Bedeutung Substitutions- bzw. Innovationswettbewerb zuteil werden kann. Insbesondere bei den im nachfolgenden analysierten Märkten für virtuelle Netzwerkgüter wird der Innovationswettbewerb eine zentrale Rolle einnehmen.[249]

Bereits in der Experimentierphase wird die Weiche gestellt, von welchen Unternehmen ein Netzwerkprodukt angeboten wird und welches Ausmaß an Kompatibilität am Markt herrscht. Wird ein Netzwerkprodukt auf Basis eines industrieweiten Standards von verschiedenen Unternehmen hergestellt, so sind die Voraussetzungen für einen Wettbewerb im Markt geschaffen. In der Einführungsphase ist es denkbar, dass mehrere Anbieter gleichzeitig das standardisierte Netzwerkprodukt anbieten und schon in dieser frühen Marktphase eine Konkurrenzsituation auf dem Absatzmarkt entsteht. Falls hingegen mindestens ein Anbieter in frühen Marktphasen ein proprietäres Netzwerk für den Verkauf der eigenen Güter aufbauen möchte, so wird die Wettbewerbsform in späteren Marktphasen von der Wettbewerbsform bei „normalen" Gütern abweichen.

B Wettbewerb bei Netzwerkgütern

1 Industrieweite Ex-ante-Kompatibilität

1.1 Kaufentscheidung der Nachfrager

Die Entscheidung, ob ein potenzieller Nachfrager von Netzwerkgütern durch den Kauf eines Netzwerkgutes einem Netzwerk beitritt, ist insbesondere vom Netznutzen beeinflusst.

Der Zeitpunkt des Netzwerkbeitrittes ist das Resultat eines Kosten-Nutzen-Kalküls. Das Wirtschaftssubjekt vergleicht die aus dem aktuellen Gesamtnutzen (Summe aus Basisnutzen und Netznutzen) resultierende Zahlungsbereitschaft mit dem aktuellen Preis. Entspricht der Preis der aktuellen Zahlungsbereitschaft oder ist er geringer als diese, so wird der potenzielle Nachfrager, z. B. durch den Kauf einer Basiskomponente, einem Komponentennetzwerk beitreten. Liegt der Preis

---

[248] Auch hier gibt es Ausnahmen. So kann durch eine Zugangsdiskriminierung zu Rohstoffmärkten der Wettbewerb auf einem davon abhängigen Markt bereits in einer frühen Marktphase beschränkt werden.

[249] Vgl. WISSENSCHAFTLICHER BEIRAT BEIM BUNDESMINISTERIUM FÜR WIRTSCHAFT UND TECHNOLOGIE (Hrsg.) [2001], S. 16 f., S. 29.

für das Netzwerkprodukt über der aktuellen Zahlungsbereitschaft, so wird der potenzielle Nachfrager warten, bis es zu eventuellen Preissenkungen kommt und/oder die erwartete Netzwerkgröße und der daraus resultierende Netznutzen so weit gestiegen ist, dass seine Zahlungsbereitschaft dem Angebotspreis entspricht.

Es ist bekannt, dass der Netznutzen maßgeblich von der erwarteten Netzwerkgröße bestimmt wird. Ein Wirtschaftssubjekt wird bei gegebenen qualitativen Eigenschaften nur dann einem Netzwerk beitreten, wenn es erwartet, dass sich dieses Netzwerk am Markt behaupten kann.[250] Vor dem Beitritt in ein Kommunikationsnetz bilden die potenziellen Nachfrager ihre Erwartungen über die zukünftige Größe des jeweiligen Netzwerkes. Die erwartete Netzwerkgröße resultiert in Kommunikationsnetzen aus der erwarteten Anzahl aller Teilnehmer („erwartete installierte Basis").[251] Vor dem Beitritt in ein Komponentennetzwerk bilden die Individuen ihre Erwartungen über die zukünftige Vielfalt und die zukünftigen Preise der Komplementärgüter. Diese Erwartungsbildung ist wiederum durch die angenommene Anzahl der Nutzer der Basiskomponente beeinflusst. Für die Nachfrager von Basiskomponenten eines Komponentennetzwerkes stellt die erwartete Anzahl der Nutzer der Basiskomponente die erwartete installierte Basis dar.[252]

Die Erwartungsbildung wird von zwei Faktoren aus der Vergangenheit bzw. Gegenwart maßgeblich beeinflusst.[253] Zum einen ist für die potenziellen Nachfrager relevant, ***wie viele*** Teilnehmer (**Größe der installierten Basis**) und ***welche*** Teilnehmer (**Qualität der installierten Basis**) ein Netzwerk zum gegenwärtigen Zeitpunkt besitzt. Zum anderen wird der potenzielle Teilnehmer ein besonderes Augenmerk darauf legen, ***zu welchem*** Zeitpunkt ***wie viele*** der aktuellen Teilnehmer beigetreten sind (**Beitrittshistorie**).

---

250 Vgl. KATZ, SHAPIRO [1985], S. 426 ff. sowie SAILER [2001], S. 352.

251 Vgl. WEY [1999], S. 35. Die Anzahl aller Teilnehmer eines Netzwerkes wird auch als installierte Basis (installed base) bezeichnet. Demnach wird die erwartete Anzahl aller Teilnehmer als erwartete installierte Basis bezeichnen. Die installierte Basis kann für Newcomer eine Marktzutrittsschranke darstellen, wenn es diesen nicht gelingt, Kompatibilität zu den Netzwerkgütern des Etablierten herzustellen. Diese Problematik ist in Kapitel C 2.2.2.1 im Vierten Teil der Studie analysiert.

252 Die (potenziellen) Nachfrager eines Komponentennetzwerkes nehmen an, dass ein neuer Nachfrager durch den Kauf einer vergleichsweise teuren Basiskomponente zumindest mittelfristig in das Komponentennetzwerk eingeschlossen ist. Darüber hinaus wissen sie, dass dieser Nachfrager auch als zukünftiger Nachfrager von Komplementärgütern auftreten wird, weil die Basiskomponente für sich genommen keinen bzw. nur einen geringen Nutzen stiftet.

253 In dem Moment in dem die Erwartungsbildung erfolgt, wird die gegenwärtige Größe des Netzwerkes zur historischen Größe.

Die Beitrittshistorie stellt eine Hilfestellung für einen potenziellen Nachfrager dar, um die Zukunftschancen eines Netzwerkes besser einschätzen zu können. Sollten vor der Beitrittsentscheidung eines potenziellen Nachfragers noch vergleichsweise viele Beitritte erfolgt sein, so könnte er annehmen, dass die installierte Basis und der daraus resultierende Netznutzen weiter steigen. Die vorangegangenen Ausführungen charakterisieren die Einflussfaktoren auf die Erwartungsbildung für die Fälle, in denen sich Nachfrager für den Beitritt zu einem Netzwerk entscheiden, für welches bereits eine installierte Basis existiert. Dies ist typischerweise auf Märkten der Fall, die sich bereits in der Wachstumsphase oder in späteren Marktphasen befinden.

In der Einführungsphase können die Nachfrager bei der Erwartungsbildung jedoch nicht auf diese Größen zurückgreifen, da für die Netzwerke in der Regel noch keine installierte Basis existiert und die Nachfrager demnach auch keine Rückschlüsse aus der Beitrittshistorie ziehen können. In dieser Marktphase kommt dem Basisnutzen der Netzwerkprodukte bei der Kaufentscheidung von Konsuminnovatoren und Frühadaptoren eine vergleichsweise hohe Bedeutung zu. Weitere Einflussfaktoren auf die Kaufentscheidung können z. B. der Preis des Netzwerkgutes, die Reputation der Anbieter und zusätzliche absatzpolitische Maßnahmen darstellen.

Das Ausmaß an Kompatibilität hat maßgeblichen Einfluss auf die relative Größe des Netzwerkes im Vergleich zum gesamten Marktvolumen (alle Nachfrager dieses oder vergleichbarer Produkte) und beeinflusst in der Regel auch das Marktpotenzial (Summe der möglichen Teilnehmer aus allen Netzwerken).[254] Liegt eine industrieweite Kompatibilität vor, setzt sich ein Netzwerk aus ***allen aktuell genutzten Gütern einer Industrie*** zusammen. Der Anteil des einzelnen Anbieters an den verkauften Netzwerkprodukten ist für die Größe des Netzwerkeffektes nicht relevant. Jeder Teilnehmer eines industrieweit standardisierten Kommunikationsnetzes oder Komponentennetzes kann somit – unabhängig davon, von welchem Anbieter er ein Netzwerkprodukt gekauft hat – in gleichem Ausmaß von allen aktuellen Nutzern des Netzwerkzusammenschlusses (d. h. der *installierte Basis*) profitieren. Die installierte Basis entspricht z. B. bei einem Kommunikationsnetzwerk der Anzahl aller Teilnehmer des industrieweiten Netzwerkes zum jeweiligen Zeitpunkt. Bei gegebener industrieweiter Kompatibilität hat die Größe der ***installierten Basis des Netzwerkes*** und das ***Ausmaß des hieraus resultierenden Netzwerkeffektes*** über den Einfluss auf die Erwartungs-

---

[254] Auch Katz und Shapiro weisen darauf hin, dass die aggregierte Ausbringungsmenge und demnach das Netzwerk bei vollständiger Kompatibilität am größten ist. Vgl. KATZ, SHAPIRO [1985], S. 434.

bildung auch weiterhin einen Einfluss auf die Kaufentscheidung der potenziellen Nachfrager. In der Regel beeinflusst eine industrieweite Kompatibilität die Kaufentscheidung positiv, da die Nachfrager einen schnellen Netzwerkaufbau und einen wirksamen Wettbewerb innerhalb des Netzwerkes erwarten. So unterliegt der alleinige Aufbau eines Netzwerkes (externe Inkompatibilität), das sich primär aus physischen Komponenten zusammensetzt, zumeist produktionstechnischen und logistischen Restriktionen. Bieten hingegen mehrere Anbieter ihre Netzwerkgüter auf Basis eines industrieweiten Ex-ante-Standards an, so kann die gewünschte Netzwerkgröße schneller erreicht werden.

Die installierte Basis hat bei industrieweiter Ex-ante-Kompatibilität keinen Einfluss darauf, von welchem Anbieter ein potenzieller Nachfrager ein Netzwerkgut erwerben möchte. Ist eine industrieweite Kompatibilität gegeben, so wird die Entscheidung für das Netzwerkprodukt ***eines bestimmten Anbieters*** nur noch ***von der Höhe des Basisnutzens in Relation*** zum jeweiligen Produktpreis beeinflusst.

1.2 Gemeinsames Ziel der Anbieter in frühen Marktphasen

Alle Anbieter werden in der Einführungs- und Expansionsphase neben den individuellen Zielen das gemeinsame Ziel haben, schnell ein großes Netzwerk aufzubauen. Nur wenn die angebotenen Netzwerkgüter von einer großen Zahl zahlungswilliger Individuen nachgefragt werden, ist das Überleben des Marktes gesichert.

Die Überlebenschancen des gesamten Marktes hängen davon ab, ob das industrieweite Netzwerk eine so genannte ***kritische Masse*** an Teilnehmern generieren kann. Die kritische Masse bezeichnet einen Punkt, an dem gerade so viele Individuen eine Innovation adaptiert haben, dass die weitere Adaption der Netzwerkgüter quasi von selbst erfolgt.[255] Für einige Netzwerkindustrien wurde die Größe der Population untersucht, ab der die kritische Masse erreicht ist. So liegt nach Rogers die kritische Masse an Nachfragern, die ein Telekommunikationsanbieter gewinnen muss, zwischen 10 % und 25 % einer Population.[256] Die kritische Masse auf dem deutschen Telefaxmarkt wurde von der Unternehmensberatung Booz, Allen & Hamilton in einer Studie aus dem Jahr 1994 auf etwa 30 % des potenziellen Marktvolumens geschätzt.[257] Den Anbietern ist die kritische

---

255 Vgl. ROGERS [1986], S. 25 ff.

256 Vgl. ROGERS [1986], S. 118.

257 Vgl. BOOZ, ALLEN & HAMILTON (Hrsg.) [1994], S. 46 f.

Masse ex ante nicht bekannt, sie lässt sich erst im Nachhinein (ex post) bestimmen. Die Anbieter bilden sich demzufolge ihre Erwartungen über die Größe des Netzwerkes bzw. die Menge an abgesetzten Netzwerkgütern, bei dem/der die kritische Masse erreicht wird.

Um auf das Erreichen der kritischen Masse hinzuwirken, werden die Anbieter versuchen, die Erwartungsbildung der potenziellen Nachfrager positiv zu beeinflussen. Dies kann zum einen durch eine gemeinsame Informationspolitik erfolgen, die das Vertrauen der Nachfrager in den industrieweiten Standard stärkt. Zum anderen können auch individuelle Absatzstrategien die Anbieter dem gemeinsamen Ziel näher bringen, denn mit jedem zusätzlichen Netzwerkgut, das einer der Anbieter am Markt verkauft, steigt die Netzwerkgröße. Von der gestiegenen Netzwerkgröße profitieren wiederum alle anderen Anbieter auf dem Markt, weil die verbleibenden potenziellen Nachfrager ihre Erwartungen insbesondere unter Beachtung der installierten Basis des industrieweiten Netzwerkes bilden. Das einzelne Netzwerkprodukt gewinnt für die potenziellen Nachfrager mit zunehmender Netzwerkgröße an Nutzen, ganz gleich von welchem Anbieter sie das Produkt erworben haben. Der Netznutzen der Nachfrager und die daraus resultierende Zahlungsbereitschaft steigen an. Die Erhöhung der Zahlungsbereitschaft bzw. die zunehmenden Netzwerkbeitritte potenzieller Nachfrager wirken sich positiv auf die Gewinnerwartungen aller Anbieter am Markt aus. Allerdings entsteht hierdurch auch die nachfolgend charakterisierte Konfliktsituation.

1.3 Individuelle Ziele in frühen Marktphasen

Ein industrieweiter Ex-ante-Standard führt bereits in frühen Marktphasen zu einem verstärkten Konkurrenzdruck zwischen den Anbietern. Ähnlich wie auf Märkten für „normale" Güter treten in frühen Marktphasen imitierende Unternehmen auf, die zur Verbreitung der Innovation und somit zu einer Vergrößerung des Netzwerkes beitragen. Neben dem Wunsch der Maximierung der gesamten Netzwerkgröße besteht auf Anbieterseite auch der Wunsch, den individuellen Gewinn zu maximieren. Um dieses Ziel verfolgen zu können, werden die Anbieter versuchen, den Umsatz zu erhöhen und die Kosten zu senken, da ihnen bei der Preissetzung aufgrund der vergleichsweise homogenen Güter und des hieraus resultierenden starken Wettbewerbsdruckes innerhalb des Standards enge Grenzen gesetzt sein dürften.

Die Umsatzsteigerung können sie prinzipiell mit zwei Strategien erreichen. Eine Möglichkeit besteht darin, die Produktqualität zu erhöhen. Hierbei sind jedoch nur die qualitativen Eigenschaften zu beeinflussen, die einen Basisnutzen stiften und nicht bereits durch die Standardisierung festgelegt wurden (so genannte Basisqualität). Wie im vorangegangenen Abschnitt erörtert, ist die Höhe des Netznutzens, die einen Großteil der Güterqualität für den Nachfrager ausmacht, bei einem standardisierten Netzwerkgut von der Wahl des Anbieters unabhängig.

Gelingt es einem Anbieter nicht, sich von den Konkurrenten durch eine „höhere" Qualität abzugrenzen, so wird der Wettbewerb zwischen den vergleichsweise homogenen Produkten vornehmlich auf preislicher Ebene stattfinden. Eine industrieweite Ex-ante-Kompatibilität, die das Ergebnis einer Kooperation auf vormarktlicher Ebene ist, kann somit bereits in frühen Marktphasen zu einem verstärkten Preisdruck führen. Bei einer normal verlaufenden Kostenfunktion werden die Unternehmen für den Fall einer Mengenausweitung in der Lage sein, trotz eventueller Preisnachlässe, Gewinne zu erzielen. Liegt diese Kostenstruktur vor, so führt eine Ausweitung der Produktion zunächst zu sinkenden Stückkosten bis zum Erreichen des Stückkostenminimums. Durch den Preissenkungsdruck innerhalb des standardisierten Netzwerkes können zusätzliche Nachfrager für die Netzwerkgüter eines Anbieters und damit einhergehend auch zusätzliche Teilnehmer für das gesamte Netzwerk gewonnen werden. Neben dem „normalen" Kostendegressionseffekt werden die Anbieter auch versuchen, durch eine Verbesserung von Produktionsverfahren die Kosten weiter zu verringern.

Sowohl in Kommunikationsnetzwerken als auch in Komponentennetzwerken tragen die niedrigeren Preise der Netzwerkgüter ihrer Verbreitung und somit zum Wachstum des Netzwerkes bei. In Komponentennetzwerken wird der Effekt v. a. durch die niedrigeren Preise der Basiskomponenten ausgelöst. Potenzielle Nachfrager einer Basiskomponente können sich aufgrund des gesunkenen Preises für den Kauf und somit den Netzwerkbeitritt entscheiden. Ein Netzwerkbeitritt hat über den bereits erörterten indirekten Netzwerkeffekt hinaus wiederum Auswirkungen auf das Angebot an Komplementärgütern und schließlich, über einen verstärkten Wettbewerb auf diesem Markt, Auswirkungen auf die Vielfalt und die Preise der Komplementärgüter.

1.4 Kritische Masse und positive Rückkopplung

Mit dem Erreichen der kritischen Masse setzt ein sich selbst verstärkender Effekt auf der Nachfrageseite ein, der zu einem expansiven Wachstum des Netzwerkes führt. In der netzwerkökonomischen Literatur wird dieser Effekt auch als ***positive Rückkopplung*** (*positive feedback mechanism*) bezeichnet.[258]

[258] Positive Rückkopplungsprozesse können auch dadurch entstehen, dass die (potenziellen) Nach-

Abbildung 7: Schematische Darstellung der positiven Rückkopplung

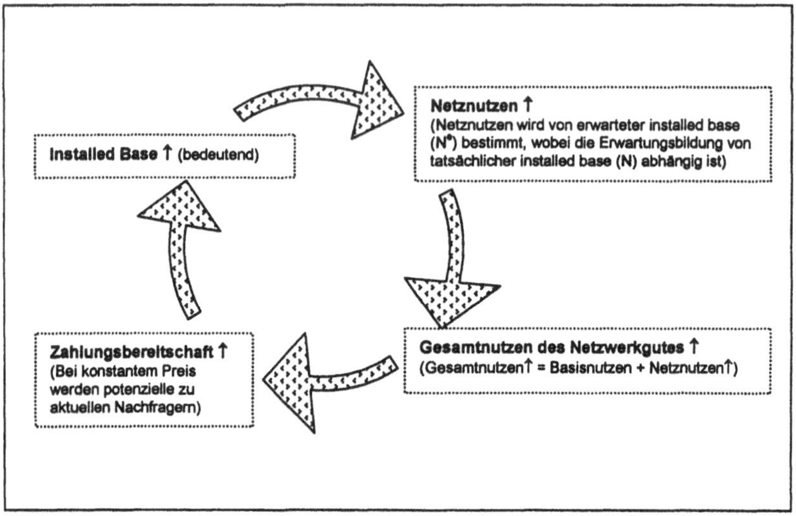

Quelle: Eigene Darstellung in Anlehnung an ZERDICK u. a. [1999], S. 158.

Der Gesamtnutzen, den ein Nachfrager aus einem Netzwerkgut generiert, wird nun nahezu ausschließlich von der Größe des Netznutzens bestimmt (Abbildung 7). Die Nachfrager erwarten aufgrund der vergangenen Entwicklung und der Ausweitung der installierten Basis, dass sich dieser Trend in Zukunft fortsetzen wird und die Netzwerkgröße immer weiter ansteigt. Mit der erwarteten Netzwerkgröße nimmt der Netznutzen deutlich zu. Da der Netznutzen mittlerweile einen dominanten Anteil am Gesamtnutzen besitzt, nimmt auch dieser spürbar zu. Der Anstieg des Gesamtnutzens führt zu einer höheren Zahlungsbereitschaft und somit zu einer Änderung dieser Variablen im Kosten-Nutzen-Kalkül der potenziellen Nachfrager. Die verbleibenden potenziellen Nachfrager vergleichen ihre höhere Zahlungsbereitschaft mit dem aktuellen Preis der Netzwerkgüter und

---

frager den Nutzen einer vergleichsweise weit verbreiteten Technik systematisch höher einschätzen. Eine positive Rückkopplung findet typischerweise in dynamischen Spielen, d. h. bei aufeinander folgenden Kaufentscheidungen, statt. Mehr Teilnehmer in einem Netz erhöhen den Netznutzen und ziehen somit erneut Nachfrager an. Vgl. SHAPIRO, VARIAN [1999], S. 28 ff. sowie S. 232 ff. In der Literatur haben zahlreiche Autoren das Phänomen der positiven Rückkopplung untersucht. Vgl. unter vielen ARTHUR [1989], DAVID [1990], CHURCH, GANDAL [1992], ECONOMIDES [1996a]. Der in Abschnitt 1.4 charakterisierte angebotsseitige Kostendegressionseffekt, der diesen nachfrageseitigen Effekt weiter verstärkt, wird in der Literatur auch als ***positive Rückkopplung auf der Angebotsseite*** bezeichnet. Vgl. SHAPIRO, VARIAN [1999], S. 229 ff.

werden nach und nach dem Netzwerk beitreten. In der Regel tritt dieser skizzierte Effekt fast zeitgleich mit dem zuvor erörterten Kostendegressionseffekt auf, der bei Wettbewerb innerhalb des Standards zu niedrigeren Angebotspreisen führt. Beide Effekte verstärken sich gegenseitig.

Mit jedem Käufer des Netzwerkproduktes steigen die Netzwerkgröße und der daraus resultierende Netznutzen weiter an. Die Erwartungen der (potenziellen) Nachfrager werden bestätigt (*self-fulfilling expectations*).[259] Schließlich nimmt der Netznutzen eine derart hohe Bedeutung ein, dass sich auch alle verbleibenden potenziellen Nachfrager für den Beitritt zu dem Netzwerk entscheiden und die Ausbreitung des Netzwerkes nahezu automatisch bis zur Sättigungsgrenze erfolgt.

Während in einem Kommunikationsnetzwerk der nachfrageseitige Effekt direkt auftritt, wird in Komponentennetzwerken der Nutzen der Nachfrage indirekt – durch das erweiterte Angebot, die Vielfalt und die gesunkenen Preise von Komplementärgütern – beeinflusst.[260] Mit dem Überschreiten der kritischen Masse wird auch hier durch den indirekten Netzwerkeffekt der eben skizzierte sich selbst verstärkende Effekt in Gang gesetzt. Bei Komponentennetzwerken bilden sowohl die Nachfrager von Basiskomponenten und Komplementärgütern als auch die Anbieter der Komplementärgüter Erwartungen über die zukünftige Netzwerkgröße. Die Erwartungsbildung der Anbieter von Komplementärgütern wird ebenfalls durch die aktuellen Nutzer der jeweiligen Basiskomponente (aktuelle installierte Basis) und der Beitrittshistorie beeinflusst. Die Wechselwirkungen zwischen Käufererwartungen und den Erwartungen der Komplementärgüterhersteller können dazu führen, dass der Effekt der positiven Rückkopplung in Komponentennetzwerken weiter verstärkt wird.

In der Literatur wird der Wachstumsverlauf nach dem Erreichen der kritischen Masse kontrovers diskutiert. Die Vertreter der „Theorie der kritischen Masse" unterstellen nach dem Erreichen der kritischen Masse – aufgrund der positiven Rückkopplung – ein akzelleratives Wachstum, das mit dem Erreichen der Sättigungsgrenze abrupt abbricht.[261] Andere Autoren sehen diese Annahmen als widerlegt an, da sich der Verlauf in der Praxis nicht nachweisen ließe.[262]

---

[259] Vgl. KATZ, SHAPIRO [1985], S. 427 f.

[260] Die Erweiterung des Angebotes und der Vielfalt sowie die Preissenkung sind das Resultat des bereits beschriebenen Kostendegressionseffektes, der bei den Herstellern von Komplementärgütern auftritt, wenn sich die Nachfrage nach Basiskomponenten und demzufolge die Nachfrage nach den eigenen Komplementärgütern erhöht.

[261] Vgl. KUBICEK, REIMERS [1996], S. 64.

[262] Vgl. u. a. PATTAY [1994] sowie WEIGAND [1993].

Abbildung 8: Logistisches und akzelleratives Wachstum – schemenhafte Darstellung

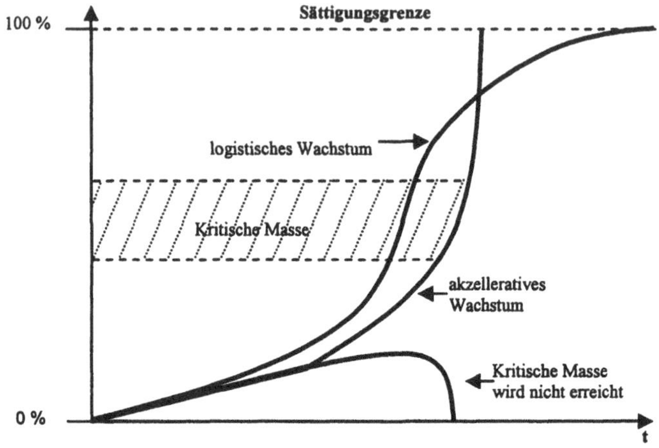

Quelle: Eigene Darstellung in Anlehnung KUBICEK, REIMERS [1996], S. 64.

Empirische Beobachtungen deuten bei Netzwerktechniken wie der Telekommunikation auf den typischen Diffusionsverlauf für Innovationen hin (logistisches Wachstum).[263] Einen Wendepunkt, wie in der Diffusionskurve in Abbildung 8 zu erkennen, soll es jedoch nach dem Erreichen der kritischen Masse nicht geben.[264]

---

[263] Die zentralen Untersuchungsgegenstände der Diffusionsforschung sind der Prozess und die Kanäle, die eine Innovation nach der Markteinführung durchläuft, bis sie schließlich von dem Großteil der Mitglieder einer Gesellschaft angenommen wird. Hierzu werden die Nachfragegruppen in die fünf idealtypischen Gruppen mit unterschiedlicher Neigung zum Erstkonsum (Adaptorenkategorien) eingeteilt: (Konsum-)Innovatoren, Frühadaptoren, frühe Mehrheit, späte Mehrheit und Nachzügler. Bei Annahme einer Normalverteilung der Nachfrager auf diese Kategorien ergibt sich ein S-förmiger Diffusionsverlauf der produzierten und abgesetzten kurzlebigen Konsumgüter. Der Kurvenverlauf lässt sich darauf zurückführen, dass die Diffusionsdynamik der Dynamik bei der Ausbreitung von Epidemien gleicht. Zunächst ist es die Aufgabe des Innovators, erste potentielle Nachfrager zum Kauf des „neuen" Gutes zu bewegen. Das Gut verbreitet sich schließlich durch Informations-Erfahrungsaustausch. Mit der Zunahme der Verbreitung nimmt die Chance, einen Erstkäufer zu generieren, ab. Hierdurch lässt sich der Wendepunkt in der Diffusionskurve erklären. Bei langlebigen Konsumgütern wird der Kurvenverlauf maßgeblich von der Lebensdauer der Produkte beeinflusst. Vgl. ERLEI [1998], S. 21. Vgl. grundlegend zum Diffusionsverlauf von Innovationen ROGERS [1983] und ROGERS [1995]. WENDT, VON WESTARP, KÖNIG [2000b] haben die Diffusionsprozesse bei Netzwerkgütern untersucht.

[264] Vgl. hierzu PATTAY [1994] sowie WEIGAND [1993].

1.5 Spätere Marktphasen

Der Phasenverlauf auf Märkten für physische Netzwerkgüter wird im Falle eines industrieweiten Standards dem Verlauf „normaler" Güter gleichen. Insbesondere in der Reife- und Stagnationsphase ist zu erwarten, dass erfolglose Anbieter aus dem Markt austreten. In späten Marktphasen steigt die ohnehin vergleichsweise hohe Markttransparenz weiter an. Vor diesem Hintergrund besteht eine erhöhte Gefahr, dass wettbewerbsbeschränkende Verhaltensweisen auftreten. Hier ist die Wettbewerbspolitik gefordert, diese Verhaltensweisen durch ursachenadäquate Verhaltensverbote frühzeitig zu unterbinden.[265]

Für den Fall eines umfassenden staatlich vorgeschriebnen Standards (De-jure-Standard) lässt sich bei Märkten für physische Netzwerkgüter davon ausgehen, dass dem Innovationswettbewerb in späteren Marktphasen nur eine geringe Bedeutung zukommt. So wird der Innovationsdrang der Unternehmen eingeschränkt, wenn der verstärkte Wettbewerbsdruck innerhalb des industrieweiten Standards das Erzielen eines Vorsprunggewinnes nahezu unmöglich macht. Solange jedoch der industrieweite Standard auf Basis einer freiwilligen Kooperation realisiert wurde, besteht für jedes einzelne Unternehmen prinzipiell die Möglichkeit, aus dem Standardisierungsgremium auszutreten und mit einem neuen, innovativen Produkt die Nachfrage auf sich zu ziehen.

Bei virtuellen Gütern ist – wie bereits erörtert – zu erwarten, dass die Nachfrage mit dem Erreichen der Sättigungsgrenze ausbleibt. Vor diesem Hintergrund werden die Anbieter gezwungen sein, durch deutliche Produktverbesserungen die Nachfrage neu zu entfachen. Dies ist insbesondere dann der Fall, wenn die Unternehmen Einproduktunternehmen im „Heußschen" Sinne darstellen. Bei einem Einproduktunternehmen wäre der Unternehmenserfolg ausschließlich durch den Erfolg auf dem standardisierten Markt bestimmt. Auch bei Mehrproduktunternehmen kann der Erfolg auf dem standardisierten Markt einen großen Einfluss auf den Unternehmenserfolg haben.

In der wettbewerbspolitischen Praxis kann es bei der Identifikation von Marktmacht von Bedeutung sein, ob es sich bei der Produktverbesserung um eine ***radikale*** Innovation oder nur eine geringfügige Veränderung handelt.[266] Eine radikale Innovation würde einen neuen Markt begründen, auf dem ein Monopol die typische Marktform der frühen Marktphasen ist. In diesem Fall wäre jedoch nicht von einer stabilen Marktmacht auszugehen, da in der Regel in der Wachstumsphase die ersten Imitatoren auftreten. Falls nur eine ***Produktmodifi-***

---

[265] Vgl. Kapitel C 1 und Kapitel E 4 im Fünften Teil der Studie.

[266] Vgl. hierzu die Ausführungen in Kapitel E im Fünften Teil der Studie.

kation vorliegt, so befindet sich der relevante Markt weiterhin in einer späten Marktphase. Für einen monopolistischen Markt bestünde hier die Gefahr der Verfestigung. Eine Beurteilung der Höhe des Innovationsgrades erfordert ein hohes Maß an Sachkenntnis. Selbst wenn diese vorliegt, wird sich zum Zeitpunkt der Markteinführung ein gewisses Maß an Unsicherheit bei der Einschätzung des Innovationsgrades nicht verhindern lassen.[267]

1.6 Zwischenfazit

Im Gegensatz zu einem Wettbewerb mehrerer inkompatibler Techniken ermöglicht eine vollständige, industrieweite Ex-ante-Kompatibilität auch mittel- bis langfristig einen Wettbewerb innerhalb des festgelegten Standards. Diese Form der vormarktlichen Koordination kann ähnlich wie auf Märken für „Nicht-Netzwerkgüter" prinzipiell zu statischer Effizienz führen. Im Jahr 1968 wurden die Effizienzargumente horizontaler Kooperationen erstmals von Williamson herausgearbeitet.[268] Im Anschluss daran wiesen auch weitere Autoren auf die Effizienz fördernde Wirkung von Kooperationen auf vormarktlicher Ebene hin.[269]

Die dynamische Effizienz eines Ex-ante-Standards wird dagegen in der Literatur – aufgrund des fehlenden Wettbewerbes um die „beste" Technik – angezweifelt.[270] Sollten sich alle Unternehmen einer Industrie gemeinsam auf einen Ex-ante-Standard geeinigt haben, so besteht die Gefahr, dass sie sich langfristig mit dem Status quo zufrieden geben und eine „Schlafmützenkonkurrenz" entsteht. Falls die Anbieter ein ruhiges Leben bevorzugen, wird keines der Unternehmen ein Interesse daran haben, hohe Kosten für Forschung und Entwicklung neuer Produkte auf sich zu nehmen.

Neben dieser Gefahr, die ein Ex-ante-Standard in dynamischer Hinsicht birgt, kann er auch zu Effizienzverlusten durch Wettbewerbsbeschränkungen führen. Falls nicht alle Unternehmen einer Industrie einem Standardisierungsverband beitreten, ist es möglich, dass sich Allianzen bilden, die einen gemeinsamen Schutz vor Wettbewerbern zur Sicherung ihrer Monopolrenten anstreben. Die charakterisierten Allianzen hätten den Charakter von Kartellen. Zwischen Alli-

---

[267] In vielen Fällen lässt sich der „Mehrwert" eines neuen Produktes erst bei oder nach dem kontinuierlichen Gebrauch des Produktes einschätzen.

[268] Vgl. WILLIAMSON [1968].

[269] Vgl. JORDE, TEECE [1990], S. 75ff.

[270] Vgl. hierzu grundlegend SWANN [2000].

anzen bzw. zwischen Allianz und einzelnen Wettbewerbern würde ein Wettbewerb um die dominante Marktstellung entstehen. Aus dieser Allianz resultieren für die Nachfrager ähnliche Gefahren, wie sie auch bei einem Wettbewerb einzelner Unternehmen um die dominante Marktstellung auftreten können. In der Regel würde auch in diesem Fall die maximale Netzwerkgröße nicht erreicht.

2 Teil- bzw. Inkompatibilität konkurrierender Netzwerke

2.1 Kaufentscheidung der Nachfrager

Liegt unvollkommene Kompatibilität oder gar Inkompatibilität zwischen konkurrierenden Netzwerken vor, so entscheiden sich die Nachfrager mit dem Kauf eines Netzwerkgutes gezielt für den Beitritt zu dem Netzwerk eines Anbieters oder einer Anbietergruppe. Die potenziellen Nachfrager werden sich zunächst nur für den Kauf eines Netzwerkgutes entscheiden, wenn sie annehmen, dass der Markt mittel- bis langfristig existiert. Ist dies der Fall, so können die potenziellen Nachfrager dennoch generell vom Kauf des Netzwerkgutes eines bestimmten Anbieters abgehalten werden, weil sie diesem Anbieter den alleinigen Netzwerkaufbau nicht zutrauen und sie daher erwarten, dass sein Netzwerk die „kritische Masse" an Teilnehmern nicht erreichen wird. Falls sie das Szenario bei inkompatiblen Netzwerkgütern kennen, das unweigerlich zu der Monopolisierung des Marktes führen wird, könnte dies zur Entscheidung gegen den Kauf eines Netzwerkgutes führen. In Kapitel C im Zweiten Teil dieser Studie wurde bereits darauf hingewiesen, dass insbesondere die potenziellen Nachfrager der Basiskomponente eines Komponentennetzwerkes befürchten werden, mit dem Kauf in einem Netzwerk eingeschlossen zu sein. Sollte ein Anbieter bzw. eine Anbietergruppe zukünftig eine marktmächtige Stellung erlangen, so besteht die Gefahr, dass die Teilnehmer seines Netzwerkes direkt oder indirekt über das Angebot teurer Komplementärgüter ausgebeutet werden.[271]

Ist für die Nachfrager die Aktivität auf dem Markt trotz der zuvor erwähnten Gefahren reizvoll, so werden sie sich mit dem Kauf des Netzwerkgutes eines Anbieters oder einer Anbietergruppe gezielt für den Beitritt zu dem Netzwerk entscheiden, von dem sie erwarten, dass es sich im Wettbewerb konkurrierender

[271] Zum einen besteht die Möglichkeit, dass der Anbieter der Basiskomponente die Komplementärgüter selbst anbietet. Zum anderen ist es möglich, dass der Anbieter der Basiskomponente einen nicht-wettbewerblichen Preis von den Anbietern der Komplementärgüter für die Bereitstellung wichtiger Zugangsinformationen zu seiner Basiskomponente verlangt. Gelingt es den Anbietern von Komplementärgütern, die überhöhten Kosten für die Zugangsinformationen an die Nachfrager weiterzugeben, so werden sie ebenfalls ausgebeutet.

Netzwerktechniken durchsetzt. Bei Kommunikationsnetzwerken legen sie sich in der Regel für das Netzwerk fest, bei dem sie zukünftig die ***meisten Teilnehmer*** erwarten (erwartete installierte Basis).[272] Wie zu Beginn dieser Studie erörtert (vgl. Kapitel A 2, Zweiten Teil), beeinflusst auch die ***Qualität der Teilnehmer*** die Erwartungsbildung der potenziellen Nachfrager.

Inkompatibilität bzw. eingeschränkte Kompatibilität zwischen konkurrierenden Komponentennetzwerken wird in der Regel durch die Inkompatibilität der Basiskomponenten (unterschiedliche Schnittstellen für die Komplementärgüter) hervorgerufen. Bei den Ausführungen zu den netzwerkökonomischen Grundlagen (vgl. Kapitel A 2.2, Zweiter Teil) wurde bereits erörtert, dass die Anbieter von Komplementärgütern ihre Güter prioritär oder sogar ausschließlich für die größte Plattform herstellen. Demzufolge sind nicht alle Komplementärgüter auf jeder der konkurrierenden Plattformen einzusetzen. Die potenziellen Nachfrager werden sich für die Basiskomponente entscheiden, bei der sie zukünftig die ***größte Anzahl*** an Nachfragern annehmen. Erwartet ein potenzieller Nachfrager für eine Basiskomponente zukünftig die größte installierte Basis, so impliziert dies gleichzeitig zwei weitere Annahmen.[273] Der potenzielle Nachfrager nimmt für die jeweilige Basiskomponente die größte Vielfalt an Komplementärgütern sowie vergleichsweise niedrige Preise[274] für die Komplementärgüter an.[275] Beides führt schließlich zu dem bereits erörterten indirekten Netzwerkeffekt.

Die Entscheidung für den Kauf einer Basiskomponente in einem Komponentennetzwerk wird – wie auch der Kauf von Netzwerkgütern eines Kommunikationsnetzwerkes – von der Anzahl der bisherigen Nachfrager des Netzwerkgutes (der installierten Basis) beeinflusst.[276] Im Gegensatz zu einem Netzwerkgut eines Kommunikationsnetzes spielt die ***Qualität der Teilnehmer*** eine nachrangige

---

272 Vgl. KATZ, SHAPIRO [1985], KATZ, SHAPIRO [1986a] sowie FARRELL, SALONER [1985], [1986a].

273 Der Netznutzen wird in diesem Fall durch den indirekten Netzwerkeffekt erzeugt.

274 Hierbei wirken zwei Faktoren auf die Preise von Komplementärgütern. Zum einen die angebotsseitigen Größenvorteile, die auf Seiten des Herstellers von Komplementärgütern entstehen, wenn dieser seine Produkte für die größte Basisplattform herstellt. Diese führen tendenziell zu einer Preissenkung. Zum anderen die Gefahr der Preiserhöhung, die von einem mittel- bis langfristig ausbleibenden Wettbewerb auf dem Markt der Basiskomponenten oder gar auf dem Markt der Komplementärgüter ausgeht.

275 Hierbei sind für die Nachfrager insbesondere die Komplementärgüter von Bedeutung, von denen sie annehmen, dass sie diese zukünftig nachfragen werden.

276 Wie im vorangegangenen Abschnitt wird unterstellt, dass die Nachfrager bei der Erwartungsbildung vergangene Entwicklungen einbeziehen.

Rolle.[277] Jedoch ist auch für den Kauf einer Basiskomponente von Bedeutung, ***wie viele*** der aktuellen Netzwerkteilnehmer zu dem **jeweiligen *Zeitpunkt*** beigetreten sind (Beitrittshistorie).

Die Wirtschaftssubjekte, die sich bereits in der Einführungsphase eines Produktes für den Kauf entscheiden (Konsuminnovatoren und Frühadaptoren), können bei ihrer Erwartungsbildung nicht auf die installierte Basis zurückgreifen. Es liegt noch keine Beitrittshistorie vor. Ähnlich wie im charakterisierten Fall der industrieweiten Kompatibilität kommt dem Preis und der Basisqualität des Netzwerkgutes sowie den absatzpolitischen Maßnahmen der Anbieter bei der Erwartungsbildung der potenziellen Nachfrager eine vergleichsweise große Bedeutung zu.[278]

Bei Inkompatibilität zwischen den Netzwerkgütern konkurrierender Anbieter werden auch die erwarteten Kosten, die bei einem eventuellen Wechsel zu einem konkurrierenden Netzwerk entstehen können, die Kaufentscheidung der potenziellen Nachfrager beeinflussen (so genannte Wechselkosten). Diese Kosten würden beispielsweise entstehen, wenn sich ein Nachfrager durch den Kauf einer Basiskomponente zum heutigen Zeitpunkt für den Beitritt in ein Komponentennetzwerk entscheidet und er in Zukunft feststellen muss, dass sich dieses Netzwerk nicht am Markt durchsetzt. Wird für ihn dann ein Wechsel zu einem konkurrierenden Netzwerk unumgänglich, so entstehen ihm u. a. Kosten für den Erwerb des neuen Netzwerkgutes und für den Erwerb von Komplementärgütern. Inwieweit der Nachfrager diese Kosten bei seiner Kaufentscheidung berücksichtigt, hängt zum einen von der Qualität und Quantität der Informationen ab, die ihm in dieser frühen Marktphase zur Verfügung stehen, zum anderen von der erwarteten Höhe der Wechselkosten.[279]

---

[277] Die direkte Qualität eines Teilnehmers lässt sich in Komponentennetwerken im Gegensatz zu Teilnehmern eines Kommunikationsnetzwerkes zumeist nicht feststellen, da die anderen (potenziellen) Teilnehmer in der Regel keine Informationen über dessen Absichten zum Kauf von Komplementärgütern haben. Hierbei ist angenommen, dass der Nachfrager einer Basiskomponente, der zukünftig viele Komplementärgüter kaufen wird, eine höhere Qualität aufweist, als der Nachfrager einer Basiskomponente, der in Zukunft nur eine geringe Anzahl an Komplementärgüter kaufen wird.

[278] Vgl. FARRELL, SALONER [1985], S. 75 ff. sowie FARRELL, SALONER [1986b], S. 948 ff.

[279] Wechselkosten können für neue Anbieter auf einem Markt eine Marktzutrittsschranke darstellen. Dies ist insbesondere dann der Fall, wenn ein Teil der Ausgaben, die ein Nachfrager mit der Teilnahme am „alten" Netzwerk bereits getätigt hat, im Fall eines Wechsels zu dem „neuen" Netzwerk unwiederbringlich verloren wäre. Vgl. hierzu die Ausführungen in Kapitel C 2.2.2.2 des Vierten Teils dieser Studie.

2.2 Ziele der Anbieter

Falls im Vorfeld der Markteinführung eines neuen Netzwerkgutes keine industrieweite Standardisierung erfolgt ist, müssen sich die Anbieter entscheiden, wie sie einen erfolgreichen Netzwerkaufbau realisieren wollen. Die individuellen Ziele der Anbieter lassen sich in der Einführungs- und frühen Wachstumsphase vergleichsweise gut am Beispiel eines Innovators charakterisieren.

Ein Anbieter, der den Marktprozess auf einem Markt mit mehreren inkompatiblen Netzwerken kennt, wird für das eigene Netzwerk eine Monopolstellung (einen De-facto-Standard) anstreben. Vor diesem Hintergrund wird es für den Innovator – ähnlich wie im Fall industrieweiter Ex-ante-Kompatibilität – von zentraler Bedeutung sein, möglichst schnell die kritische Masse an Teilnehmern zu erreichen. Im Gegensatz zu den Anbietern, die auf der Basis eines industrieweiten Standards agieren, handelt es sich hierbei jedoch um ein individuelles Interesse. Der Innovator strebt das Erreichen der kritischen Masse mit dem eigenen Netzwerk an.[280] Sein Streben wird zum einen durch das Wissen hervorgerufen, dass mit zunehmender Netzwerkgröße die Zahlungsbereitschaft der Nachfrager steigt und so ein Mehrerlös zu erwarten ist. Zum anderen ist das mittel- bis langfristige „Überleben" seines Netzwerkes nur dann gesichert, wenn es schneller als alle anderen Netzwerke die kritische Masse erreicht.

Vor dem charakterisierten Hintergrund ist es für den Innovator – unabhängig davon, ob er physische oder virtuelle Netzwerkgüter anbietet – von zentraler Bedeutung, dass die Nachfrager den zukünftigen Erfolg seines Netzwerkes erwarten und sich vor diesem Hintergrund mit dem Kauf eines Netzwerkgutes für den Beitritt entscheiden.[281] Deshalb wird er verstärkt darauf hinwirken, über die Erwartungsbildung der Nachfrager die Kaufentscheidung zu seinen Gunsten zu beeinflussen.[282] Durch die im nachfolgenden Abschnitt charakterisierten Verhaltensweisen kann der Anbieter in der Einführungs- und Wachstumsphase positiv auf die Erwartungsbildung einwirken.

---

280 Hierbei ist es irrelevant, ob es sich um konkurrierende Techniken handelt, die sich aus Anbietergruppen oder einzelnen Anbietern zusammensetzen. Bedeutend ist, dass kein industrieweiter Standard vorliegt.

281 Vgl. WISSENSCHAFTLICHER BEIRAT BEIM BUNDESMINISTERIUM FÜR WIRTSCHAFT UND TECHNOLOGIE (Hrsg.) [2001], Tz. 40.

282 Vgl. SAILER [2001], S. 352 f.

2.3 Wettbewerb vor dem Erreichen der kritischen Masse

2.3.1 Strategien zum Netzwerkaufbau

Mit bzw. vor der Einführung eines neuartigen Netzwerkgutes wird der Innovator zunächst die Entscheidung darüber fällen, in welcher Form er den Netzwerkaufbau betreiben möchte, um möglichst schnell die kritische Masse zu erreichen.[283] Hierbei stehen ihm prinzipiell zwei Möglichkeiten zur Verfügung:

Erstens kann er sich für einen gemeinsamen Netzwerkaufbau mit Konkurrenten entscheiden. In diesem Fall wird er die (potenziellen) Konkurrenten in sein Netzwerk „einladen“. Mit der Einladung (second sourcing) verzichtet er auf die alleinigen Einkommens- und Gebrauchsrechte an der Technik.[284]

Aus Kapitel D im Zweiten Teil dieser Arbeit ist bekannt, dass sich ein Anbieter tendenziell dann für einen gemeinsamen Netzwerkaufbau entscheidet, wenn die angebotsseitigen Bedingungen den alleinigen Aufbau gefährden. Solche Bedingungen sind Engpässe im Bereich Absatz und Produktion sowie der erwartete Anstieg der Stückkosten bei einem alleinigen Angebot.[285] Ein weiterer Grund für die Öffnung des eigenen Netzwerkes stellt das Vertrauen der Nachfrager in einen wirksamen Wettbewerb dar. Erwarten die Nachfrager einem Netzwerk beizutreten, innerhalb dessen mittel- bis langfristig Wettbewerb möglich ist, so wird ihr Vertrauen in das Netzwerk erhöht. Hierdurch könnte der Innovator insbesondere die Kaufentscheidung der Nachfrager von Basiskomponenten eines Komponentennetzwerkes positiv beeinflussen, denn mit dem Kauf einer langlebigen, relativ teuren Basiskomponente binden sich die Nachfrager bewusst für einen längeren Zeitraum an eine bestimmte Technik. Deshalb ist ihre Angst vergleichsweise groß, durch den Kauf der Basiskomponente in ein Netzwerk eingeschlossen zu sein, das zukünftig von einem Monopolisten beherrscht wird. Öffnet ein Anbieter sein Netzwerk für Konkurrenten, so sehen die Nachfrager auch mittel- bis langfristig die Chance für einen Wettbewerb im Markt. Die Angst vor einer monopolistischen Ausbeutung in der Zukunft wird folglich

---

283 Diese Entscheidung erfolgt unter der Voraussetzung, dass verfügbare Eigentumsrechte existieren.

284 Einige Autoren haben die Vorteile untersucht, die Unternehmen im Wettbewerb um den dominanten Standard durch die Anwendung einer Second-sourcing-Strategie erlangen können. Vgl. unter vielen FARRELL, GALLINI [1988], FARRELL, SALONER [1987], FARRELL, SALONER [1992], ECONOMIDES [1996b] sowie SHEPARD [1987].

285 Die skizzierten angebotsseitigen Voraussetzungen liegen insbesondere für die Anbieter physischer Güter vor.

erheblich geringer sein.[286] Sieht der Innovator in der abschreckenden Wirkung eines zukünftigen Monopols eine generelle Gefahr für den Absatz seiner Netzwerkgüter, so wird er sich in diesem Extremfall bereits in der Einführungsphase für die Öffnung seines Netzwerkes entscheiden.

Es wurde bereits erläutert, dass sich die Anbieter vor einer eventuellen Öffnung ihrer Netzwerke zumeist erst etablieren wollen (vgl. Kapitel B 1.2, Zweiter Teil). Ist ein Anbieter auf einem Markt etabliert, so steigen seine Chancen, bei den konkurrierenden Unternehmen ein Entgelt für den Zugang zu seinem Netzwerk durchsetzen zu können (z. B. in Form einer Lizenzgebühr). Aus diesem Grund wird die Second-sourcing-Strategie in der Einführungsphase nur sehr vereinzelt Anwendung finden.

Zweitens: Sieht der Innovator den Absatz seiner Netzwerkgüter nicht durch eine „abschreckende Wirkung eines zukünftigen Monopols" bedroht und lassen die ihm vorliegenden angebotsseitigen Voraussetzungen generell einen alleinigen Netzwerkaufbau zu, so wird er sich tendenziell gegen eine Second-sourcing-Strategie entscheiden. Aus Kapitel D 3 im Zweiten Abschnitt dieser Studie ist bekannt, dass diese Voraussetzungen – gleichzeitiges Auftreten von Subadditivität und instant scalability – insbesondere bei virtuellen Netzwerkgütern vorliegen.

2.3.2 Absatzstrategien

Der Innovator kann die Erwartungen der Nachfrager insbesondere in der Einführungsphase dadurch positiv beeinflussen, dass er eine vergleichsweise hohe primäre Güterqualität bereitstellt. Hohe qualitative Grundeigenschaften sind für Konsuminnovatoren bzw. Frühadaptoren zumeist ein Signal der Leistungsfähigkeit eines Unternehmens.

Darüber hinaus besitzt der Anbieter die Möglichkeit, durch gezielte preispolitische Maßnahmen die Erwartungen über die zukünftige Netzwerkgröße positiv zu beeinflussen. Ein Preissystem, das typischerweise bei Netzwerkgütern in frühen Marktphasen eingesetzt wird, ist das Penetrationspreissystem.[287] Der Innovator setzt den Preis sehr niedrig, z. T. nicht kostendeckend an, um möglichst viele

---

[286] Die Öffnung der eigenen Technik kann zum Schutz nutzerspezifischer Investitionen eingesetzt werden. Vgl. WEY [1999], S. 249.

[287] Vgl. BUXMANN [2001], S. 556 f., BUXMANN [2003], S. 16, WENDT, VON WESTARP, KÖNIG [2000a] S. 1, sowie PEITZ [2006], S. 331. Peitz weist darauf hin, dass Netzwerkeffekte nicht die einzige Ursache für Penetrationspreise darstellen.

potenzielle Kunden zum Kauf eines Netzwerkproduktes zu bewegen. Virtuelle Netzwerkgüter werden in der „Netzaufbauphase“ häufig sogar verschenkt, um eine schnelle Marktdurchdringung zu erreichen.[288] In vielen Fällen wird der Anbieter darauf vertrauen, dass er das Verlustgeschäft aus der Einführungsphase durch eine vergleichsweise freie Preissetzung – nach dem Erlangen einer dominanten Marktstellung – ausgleichen kann oder die Erlöse mit komplementären Produkten bzw. den Vollversionen des jeweiligen Produktes erzielt.[289] Für ein Unternehmen kann bei der Anwendung dieser Preisstrategie ein erfolgreiches Engagement auf anderen Märkten hilfreich sein. So könnte es die niedrigen Einführungspreise durch Gewinne auf anderen Märkten „quersubventionieren“.[290]

Neben der Preisgestaltung besteht die Möglichkeit, die Nachfrage durch weitere absatzpolitische Maßnahmen wie Informationspolitik (z. B. Produktvorankündigungen), Werbung und ein zusätzliches Serviceangebot positiv zu beeinflussen.[291]

Wie in den vorangegangenen Abschnitten erwähnt, werden sich die potenziellen Nachfrager in der Regel für das Netzwerk entscheiden, von dem sie annehmen, dass es sich zukünftig am Markt durchsetzen wird. Als Bestätigung der Leistungsfähigkeit eines Anbieters kann auch ein erfolgreiches Engagement auf anderen Märkten dienen. Hat ein Anbieter sich hierdurch eine gute Reputation erarbeitet, beeinflusst dies die Erwartungen der Nachfrager in der Regel zu seinen Gunsten.[292]

---

288 Diese Strategie ist insbesondere auf den Märkten rational, auf denen die Erlöse primär durch den Verkauf komplementärer Produkte erzielt werden. So stellt z. B. das Unternehmen Adobe den Adobe Reader, ein Programm zum Betrachten und Ausdrucken so genannter PDF-Dokumente (Viewer), unentgeltlich zur Verfügung. Die Software zum Erstellen dieser Dokumente (der Adobe Writer) muss jedoch erworben werden und wird von Informationsanbietern stärker nachgefragt, wenn der Reader weit verbreitet ist. Vgl. FICHERT [2002], S. 5.

289 Vgl. UNITED STATES DISTRICT COURT FOR THE DISTRICT OF COLUMBIA (Hrsg.) [1999a], Tz. 120 ff.

290 Bei nicht-perfekt funktionierenden Kapitalmärkten stellt dies einen Startchancenvorteil dar.

291 Farrell und Saloner haben die Auswirkungen von Produktvorankündigungen auf den Wettbewerb auf Märkten für Netzwerkgüter vertieft analysiert. Vgl. FARRELL, SALONER [1986b]. Shurmer und Swann zeigen, dass Produktvorankündigungen auf Softwaremärkten einen signifikant positiven Einfluss auf die zukünftige Netzwerkgröße haben können. SHURMER, SWANN [1994]. Ein Serviceangebot kann die Erwartungen in zweierlei Hinsicht positiv beeinflussen. Zum einen wird hierdurch die primäre Güterqualität erhöht, zum anderen zeigt es, dass auch der Anbieter – hier der Innovator – in den zukünftigen Erfolg seines Netzwerkes vertraut.

292 Die potenziellen Nachfrager werden Produktvorankündigungen einen größeren Glauben schenken, wenn das betreffende Unternehmen eine gute Reputation besitzt. Vgl. GRAUMANN, M. [1993], S. 1337 f.

Besitzt der Anbieter eine dominante Marktstellung auf einem vor- oder nachgelagerten Markt, so erhält er hierdurch weitere Möglichkeiten, um das schnelle Erreichen der kritischen Masse zu forcieren. Denkbar sind Verhaltensweisen wie das Abschließen von Kopplungs- und Ausschließlichkeitsverträgen sowie die Kopplung des hier betrachteten Netzwerkgutes mit einem Produkt auf dem vor- oder nachgelagerten Markt. Ist der Zugang zu dem vor- oder nachgelagerten Markt darüber hinaus auch noch für den Wettbewerb auf dem betrachteten Markt von wesentlicher Bedeutung, so kann er sich durch eine Zugangsdiskriminierung der Konkurrenten einen wesentlichen Startchancenvorteil verschaffen bzw. die Konkurrenten durch eine Verweigerung des Zugangs ganz vom Wettbewerb ausschließen.

Gelingt es dem Innovator nicht, potenzielle Nachfrager in den frühen Marktphasen zum Kauf des eigenen Netzwerkproduktes zu bewegen, so wird sein Produkt und unter Umständen auch der gesamte Markt die Einführungsphase nicht überstehen. Kann der Innovator hingegen die ersten Nachfrager gewinnen, so werden in der Regel bereits nach kurzer Zeit die ersten imitierenden Unternehmen am Markt auftreten.

2.3.3 Verhalten der Imitatoren

Die imitierenden Unternehmen könnten ein Interesse daran haben, Kompatibilität zu dem Netzwerk des Innovators herzustellen, um von seiner installierten Basis zu profitieren. Nehmen die imitierenden Unternehmen an, dass sich ihr Netzwerk bzw. ihre Technik gegenüber konkurrierenden Netzwerken am Markt durchsetzen wird, ist es auch denkbar, dass sie sich für den Aufbau eines eigenen, inkompatiblen Netzwerkes entscheiden.

Falls die Imitatoren den Wunsch nach der Herstellung von Kompatibilität zu dem Netzwerk des Innovators besitzen, wird die Realisierung entscheidend davon abhängen, ob der Innovator ebenfalls an der Weitergabe seines technischen Know-hows interessiert ist. Eine einvernehmliche Lösung zur Herstellung von Kompatibilität zwischen dem Innovator und den Imitatoren wird es geben, wenn sich der Innovator entscheidet, die kompatibilitätssuchenden Anbieter bereits in dieser frühen Marktphase in sein Netzwerk einzuladen.

Hat sich der Innovator jedoch für den alleinigen Netzwerkaufbau und somit gegen die Herstellung von externer Kompatibilität auf horizontaler Ebene entschieden, so könnten die Newcomer versuchen, einseitige Kompatibilität durch die Konstruktion eines Adapters herzustellen. Der Erfolg der Konstruktion ist von Faktoren wie den Möglichkeiten der Informationsgewinnung und der Durchsetzbarkeit der Eigentumsrechte abhängig. Der Innovator wird in der Regel versuchen, die Herstellung von Kompatibilität in dieser frühen Marktphase zu verhindern.[293] Gelingt es einem Newcomer dennoch, eine einseitige Kompatibilität herzustellen, so können die Nachfrager seiner Netzwerkprodukte – wie bereits erörtert – ebenfalls von der bereits vorhandenen installierten Basis des Innovators profitieren.[294]

Falls in der Folgezeit alle Newcomer ein Interesse an der Herstellung von Kompatibilität zu dem Netzwerk des Innovators haben sollten und es ihnen darüber hinaus auf die eine oder andere Weise gelingen würde, die gewünschte Kompatibilität herzustellen, wäre prinzipiell eine vergleichbare Entwicklung des Marktes wie bei dem zuvor charakterisierten Fall der industrieweiten Ex-ante-Kompatibilität möglich. Die Chance hierfür ist jedoch vergleichsweise gering, da der Innovator versuchen wird, die Herstellung von Kompatibilität zu seinem Netzwerk zu verhindern.

Einigen sich nicht alle Anbieter einer Industrie auf einen Ex-ante-Standard, so besteht – bevor ein Netzwerk die kritische Masse erreicht hat – die Möglichkeit, dass weitere Anbieter/-gruppen mit konkurrierenden, inkompatiblen Techniken auf den Markt treten und hiermit selbst das Erreichen einer Monopolstellung anstreben. Deshalb ist in frühen Marktphasen ein Wettbewerb von mindestens zwei konkurrierenden, teil- bzw. inkompatiblen Netzwerken um die dominante Marktstellung häufig zu beobachten. Diese Wettbewerbsform wird in der Regel dann ihr Ende finden, wenn eines der konkurrierenden Netzwerke als erstes die kritische Masse erreicht hat. Neben dem Innovator werden auch die imitierenden Unternehmen einige der zuvor charakterisierten Strategien zum Netzwerkaufbau wählen und entsprechende absatzpolitische Maßnahmen ergreifen, um sich gegenüber der Konkurrenz behaupten zu können.

2.4 Wettbewerb nach dem Erreichen der kritischen Masse

2.4.1 Fortgeschrittene Wachstumsphase

Bei bedeutenden Netzwerkeffekten setzt, sobald ein Netzwerk die kritische Masse erreicht hat, der bereits charakterisierte *positive Rückkopplungseffekt*

---

293 Farrell und Saloner zeigen, dass marktstarke Anbieter generell an der Verhinderung von Kompatibilität durch einen Adapter bzw. Converter interessiert sind. Vgl. FARRELL, SALONER [1992], S. 33.

294 Bei proprietären Techniken ist Inkompatibilität in der Regel nicht durch Schaffung eines Adapters überwindbar. In den meisten Fällen wird es daher nicht gelingen, die von den Nachfragern gewünschte Kompatibilität herzustellen. Vgl. DAVID, GREENSTEIN [1990], S. 9 ff.

ein.[295] Der Netznutzen besitzt mit Überschreiten der kritischen Masse einen dominanten Anteil am Gesamtnutzen. Die Kaufentscheidung der verbleibenden potenziellen Nachfrager wird nun primär von der erwarteten Netzwerkgröße beeinflusst, wobei die Erwartungsbildung wiederum von der bereits vorhandenen, vergleichsweise großen, installierten Basis beeinflusst wird. Die verbleibenden potenziellen Nachfrager erwarten, dass das Netzwerk, welches zuerst die kritische Masse an Teilnehmern überschritten hat, weiter wächst und sie treten nach und nach diesem Netzwerk bei. Mit ihrem Beitritt steigt die Netzwerkgröße an, wodurch die Erwartungen bestätigt werden *(self-fulfilling expectations)*. Dieser Prozess entwickelt sich so lange weiter, bis sich schließlich alle verbleibenden potenziellen Nachfrager für den Beitritt zu dem Netzwerk entschieden haben.[296] Die Entscheidung ist nahe liegend, weil das Netzwerk aufgrund der nun herausragenden Bedeutung des Netzwerkeffekts allen anderen konkurrierenden Netzwerken überlegen ist. Der sich selbst verstärkende Prozess (*positive Rückkopplung*) führt zu dem Ergebnis, dass das Netzwerk, welches zuerst die kritische Masse erreicht, in der Folge (nahezu) die gesamte Marktnachfrage auf sich vereinigen wird (winner takes all/winner takes most[297]).[298]

In Komponentennetzwerken wird der charakterisierte Prozess – wie im vorangegangenen Abschnitt erörtert – zumeist durch das Wechselspiel zwischen Käufererwartungen und den Erwartungen der Anbieter von Komplementärgütern zusätzlich verstärkt.

Dieser primär nachfrageseitige Effekt kann durch den angebotsseitigen Kostendegressionseffekt eine weitere Verstärkung erfahren, wenn die sinkenden Kosten in Form von Preissenkungen weitergegeben werden (positive Rückkopplung auf der Angebotsseite). Es bleibt darauf hinzuweisen, dass die Anbieter konkurrierender Netzwerkgüter in der Einführungsphase häufig die Penetrationspreisstrategie wählen, um durch das Setzen „nicht-kostendeckender" Preise die ersten Nachfrager anzulocken. Auch in der Wachstumsphase werden die Preise – um den Wachstumsprozess zu unterstützen – vergleichsweise niedrig

---

295 Vgl. die Ausführungen in Kapitel B 1.4.

296 Dies lässt sich mit dem Prozess bei industrieweiter Kompatibilität vergleichen. Es bleibt darauf hinzuweisen, dass sich die Nachfrager zunächst für den Beitritt zu einem von mehreren konkurrierenden Netzwerken entscheiden müssen, somit zumindest bis zum Erreichen der kritischen Masse (in frühen Marktphasen) alternative Techniken existieren und keine industrieweite Kompatibilität besteht.

297 GILBERT, KATZ [2001], S. 29 sowie LIEBOWITZ, MARGOLIS [2001b], S. 163 f.

298 ECONOMIDES und HIMMELBERG zeigen, dass nach dem Überschreiten der kritischen Masse das Nebeneinander von inkompatiblen Netzwerkprodukten kein stabiles Gleichgewicht darstellt. Vgl. ECONOMIDES, HIMMELBERG. [1995], S. 5.

sein. Jedoch ist es durchaus möglich, dass die Anbieter nicht die gesamte Kostensenkung über die Preise weitergeben, wenn sie sich hierdurch erhoffen, eventuelle Verluste aus der Einführungsphase zu kompensieren. Sollte das Netzwerk nur aus den Netzwerkgütern eines Anbieters bestehen, so existiert selbst bei einer „Teilüberwälzung" der Kosten eine hohe Wahrscheinlichkeit dafür, dass der Anbieter niedrigere Preise als die verbleibenden Konkurrenten verlangen wird. Die Ursache hierfür ist eine vergleichsweise fortgeschrittene Kostendegression, die sich aufgrund der größeren Produktionsmenge pro Zeiteinheit ergibt. Auch der größere Netznutzen, den die Nachfrager durch die Teilnahme an dem größten Netzwerk erfahren, macht eine Preissenkung nicht zwingend notwendig.[299]

Die konkurrierenden Netzwerke, die nicht die kritische Masse erreichen konnten, werden – im Fall der Inkompatibilität zu dem Netzwerk des dominanten Anbieters – keine weiteren Teilnehmer finden. Die potenziellen Nachfrager erwarten, dass das jeweilige Netzwerk nicht weiter wächst und entscheiden sich somit gegen den Kauf des Netzwerkgutes. Das Netzwerk wächst nicht, weil der aus der Netzwerkgröße resultierende Netzwerkeffekt zu gering ist und so keine weiteren Kunden angezogen werden („*Henne-Ei-Paradoxon*").[300] Demzufolge werden auch hier die Erwartungen erfüllt. Tritt diese Situation ein, so ist es möglich, dass sich die „unterlegenen" Netzwerke zu einem Nischenmarkt entwickeln. Im Extremfall schätzen auch die aktuellen Teilnehmer des unterlegenen Netzwerkes den Nutzenentgang so hoch ein, dass sie sich zu einem Wechsel in das Netzwerk des dominanten Anbieters entscheiden.[301] Die unweigerliche Folge wäre ein Marktaustritt der Betreiber dieser „unterlegenen Netzwerke".[302]

In der netzwerkökonomischen Literatur wird für den dargestellten negativen Effekt auch der Begriff *negative Rückkopplung* verwendet.[303] In Komponentennetzwerken kann die negative Rückkopplung durch die Wechselwirkungen zwischen der Erwartungsbildung der Nachfrager der Basiskomponente und der Erwartungsbildung der Anbieter von Komplementärgütern verstärkt werden. Zu-

---

[299] Netzwerkeffekte und angebotsseitige Größenvorteile haben eine konträre Wirkung auf die Preise. Die Netzwerkeffekte führen über den erhöhten Netznutzen c. p. zu einer steigenden Zahlungsbereitschaft. Sie haben somit eine preiserhöhende Wirkung. Größenvorteile führen hingegen zu einer Kostensenkung und haben demnach c. p. eine preissenkende Wirkung. Der Preis selbst wird schließlich durch diese beiden Faktoren beeinflusst. Vgl. LIEBOWITZ, MARGOLIS [2001a], S. 139.

[300] Vgl. ECONOMIDES, HIMMELBERG [1995], S. 5.

[301] Vgl. BESEN, FARRELL [1994], S. 126 ff.

[302] Vgl. MARKUS [1987], S. 499 f.

[303] Vgl. ACKERMANN [1999], S. 13.

sätzlich bleiben aufgrund der stagnierenden oder gar rückläufigen Nachfrageentwicklung die zuvor erörterten angebotsseitigen Kostendegressionseffekte aus.

Märkte, auf denen der in diesem Abschnitt charakterisierte Prozess nach dem Überschreiten der kritischen Masse eintritt, werden in der netzwerkökonomischen Literatur auch als „wackelige" Märkte oder „tippy markets" bezeichnet.[304] Dieser Begriff nimmt auf die oben beschriebene Entwicklung Bezug, in der mit dem Überschreiten der kritischen Masse der Marktanteil zu Gunsten einer Technik kippt, während die unterlegenen Techniken vom Markt gedrängt werden. In Kapitel B 1.4 wurde bereits erörtert, dass die Anhänger der Theorie der kritischen Masse ein akzelleratives Wachstum bis zum Erreichen der Sättigungsgrenze annehmen.

Aus wettbewerbspolitischer Sicht ist die Form des Kurvenverlaufs, ob akzellerativ oder logistisch, zunächst von nachrangiger Bedeutung. Im Vordergrund steht die Erkenntnis, dass Netzwerkeffekte bei konkurrierenden und zugleich inkompatiblen Netzwerktechniken die zentrale Ursache für die Dominanz einer Technik bzw. die Entstehung eines De-facto-Standards darstellen. Bietet auf Basis dieses De-facto-Standards nur ein Anbieter seine Netzwerkgüter an, so wird hieraus die Monopolisierung des Marktes resultieren. Ein akzellerativer oder logistischer Wachstumsverlauf kann jedoch die Dauerhaftigkeit der Monopolstellung beeinflussen. So wird ein Anbieter auf einem Markt mit akzellerativem Wachstumsverlauf, der nach dem Erreichen der Sättigungsgrenze ein abruptes Ende nimmt, vergleichsweise innovativer sein müssen, um eine dauerhafte Monopolstellung zu behaupten.

2.4.2 Spätere Marktphasen

Mit dem Erreichen der kritischen Masse ist der Wettbewerb konkurrierender Techniken ***um den De-facto-Standard*** beendet.[305]

Dennoch ist der ***Wettbewerb auf dem Markt*** auch weiterhin möglich, falls sich eine Technik als De-facto-Standard durchgesetzt haben sollte, auf deren Basis mehrere konkurrierende Anbieter ihre Netzwerkgüter herstellen (*Wettbewerb innerhalb des De-facto-Standards*). Diese Situation kann aufgrund der Second-sourcing-Lösung und/oder durch den erfolgreichen Einsatz von (einem) Adapter(n) zustande gekommen sein. Wie effektiv der Wettbewerb ist, hängt hierbei

---

304 Vgl. HAUCAP [2001], S. 5, KATZ, SHAPIRO [1994], S. 105 ff., 111 f., LIEBOWITZ, MARGOLIS [2001a], S. 138 sowie NOAM [1991], S. 43 ff.

305 Vgl. WEY [1999], S. 31.

von dem Ausmaß an Kompatibilität und bei second sourcing von der Höhe eines eventuell zu zahlenden Entgeltes ab. Da der Eigentümer des dominanten Standards sowohl das Ausmaß an Kompatibilität als auch die Höhe des Entgeltes maßgeblich beeinflussen kann, nimmt er hierdurch auch starken Einfluss auf die Chancen für den Wettbewerb auf dem Markt.

Es ist auch denkbar, dass sich ein Anbieter erst nach dem Erreichen der kritischen Masse für die Öffnung seines Netzwerkes entscheidet (second sourcing). Ein Grund hierfür wäre die Befürchtung, die stark ansteigende Nachfrage nach dem Überschreiten der kritischen Masse nicht mehr alleine befriedigen zu können. Dieser Zeitpunkt für die Second-sourcing-Strategie ist aufgrund der marktstarken Stellung besonders günstig. Die dominante Marktstellung macht es dem Eigentümer des Standards relativ einfach, die von ihm gewünschten Zugangsentgelte und –modalitäten durchzusetzen.

Falls der Fall eintritt, dass durch die Öffnung des Standards auch langfristig die Möglichkeit für einen echten Wettbewerb zwischen den Anbietern von Netzwerkgütern gegeben ist, sind die Nachfrager im Vergleich zu einer Monopolstellung besser gestellt.[306] In vielen Fällen besteht jedoch für die kompatibilitätssuchenden Unternehmen, aufgrund der von ihnen zu zahlenden Zugangsentgelte, ein Kostennachteil. Gelingt es ihnen, diesen Nachteil durch Kostenvorteile wie geringere Forschungs- und Entwicklungsaufwendungen auszugleichen und/oder eine bessere Basisqualität anzubieten, so bestehen auch weiterhin vergleichsweise gute Chancen für einen langfristigen Wettbewerb auf dem Markt.

Häufig wird jedoch der marktstarke Anbieter die dominante Marktstellung nach der Öffnung seines Netzwerkes behaupten können. Für die Nachfrager gibt es auch weiterhin prinzipiell die Möglichkeit, sich zwischen den Netzwerkprodukten mehrerer Anbieter zu entscheiden. Falls der Eigentümer des Netzwerkes von den konkurrierenden Unternehmen nicht-wettbewerbliche Zugangsentgelte verlangt und diese auf die Nachfrager überwälzt würden, wären die Nachfrager im Extremfall nicht besser gestellt als im Fall eines monopolistischen Angebotes.

Ist das Netzwerk, das die kritische Masse erreichen konnte, in den Händen ***eines*** Anbieters und entscheidet sich dieser, die Nachfrager auch weiterhin alleine (ohne die Herstellung von externer Kompatibilität auf horizontaler Ebene) zu

---

306 FARRELL, GALLINI [1988] zeigen, dass durch Freigabe seiner Technik eines marktstarken Anbieters ein wettbewerblicher Markt geschaffen werden kann. SHEPARD [1987] zeigt in seiner Studie, dass eine durch das Second-sourcing hervorgerufene Wettbewerbsbelebung auch zur Überwindung einer ex-post-opportunistischen Qualitätsverschlechterung beitragen kann. ECONOMIDES [1996b] weist darauf hin, dass ein so entstandener Wettbewerb die Netzwerkgröße und somit den Netznutzen der Nachfrager erhöht.

versorgen, so führt der charakterisierte sich selbst verstärkende Prozess – ***neben*** der Dominanz der Technik (De-facto-Standard) selbst – zu der ***(Quasi-)Monopolstellung***[307] ***ihres Eigentümers.***

Gelingt es den unterlegenen Anbietern auch in den späteren Marktphasen nicht, Kompatibilität zu dem De-facto-Standard herzustellen, werden sie nicht oder nur als Nischenanbieter überleben. Sollte ihnen die Herstellung von Kompatibilität in späteren Marktphasen gelingen, so wird dies ihre Erfolgschancen am Markt nicht zwingend verbessern, falls ihre Produkte keinen Zusatznutzen für die Nachfrager bieten (so genannte Me-too-Produkte[308]). Die Erfolgschancen der Anbieter von Me-too-Produkten sind am Beispiel von Newcomern in Kapitel C 2.3 im Vierten Teil dieser Arbeit analysiert. Kann der dominante Anbieter dauerhaft die „unerwünschte" Herstellung von Kompatibilität zu seinem Netzwerk verhindern, so wird er in späteren Marktphasen keiner Konkurrenz innerhalb des Marktes ausgesetzt sein.[309]

2.4.3 Fallbeispiel: Wettbewerb um den De-facto-Standard bei Videosystemen

Die vorangegangenen theoretischen Ausführungen werden in diesem Abschnitt anhand des Fallbeispieles „Wettbewerb um den De-facto-Standard bei Videogeräten" konkretisiert, um so die praktische Relevanz der Aussagen aufzuzeigen.

Sony führte im Jahr 1975 mit Betamax das erste kommerziell vertriebene Videosystem am Markt ein. Der Videorecorder sollte ursprünglich dem Nachfrager ermöglichen, mit dem Aufnehmen von TV-Sendungen den Zeitpunkt des Konsums selbst zu bestimmen.[310] Die komplementären Videokassetten zu dem Betamax-Videorecorder hatten eine Spieldauer von einer Stunde.[311] Sony entschied sich zunächst dafür, die Videogeräte alleine herzustellen und verzichtete

---

307 Der Begriff Quasi-Monopolstellung beschreibt eine Situation, in welcher der Anbieter noch nicht die gesamte Marktnachfrage auf sich vereint, aber bereits einen Marktanteil von mehr als 75 % besitzt, so dass er die übrigen Anbieter auf dem Markt dominiert.

308 Ein Me-too-Produkt ist in den Augen der Nachfrager dem Produkt des Etablierten sehr ähnlich. Vgl. FICHERT [2002], S. 7.

309 Der dominante Anbieter könnte z. B. versuchen, das Produkt so zu gestalten, dass die Herstellung eines Adapters zu teuer würde oder die Adapter nicht die von den Nutzern gewünschte Qualität bieten. Vgl. FARRELL, SALONER [1992], S. 33.

310 Vgl. ECONOMIDES [2003], S. 16 f.

311 Dieses ergab für die Nutzer insofern Unannehmlichkeiten, als beim Aufnehmen eines Spielfilmes von ca. 90 Minuten Laufzeit eine Videokassette nicht ausreichte.

in der Anfangsphase auf eine Lizenzierung an potenzielle Konkurrenten.[312] Der Netzwerkaufbau von Betamax ging in den ersten Jahren nur schleppend voran.[313]

Im Jahr 1977 wurde das erste Gerät der Konkurrenztechnik VHS, die von Matsushita und JVC[314] entwickelt worden war, auf dem US-amerikanischen Markt angeboten. Die Videokassetten zu dem VHS-Videorecorder hatten eine Laufzeit von vier Stunden. Sony hatte mittlerweile die zweite Generation an Betamax-Systemen mit einer Kassettenlaufzeit von zwei Stunden auf den Markt gebracht. Der Preis der Basiskomponenten (Videorecorder) der konkurrierenden Techniken war zum Zeitpunkt der Markteinführung der VHS-Geräte in etwa gleich hoch.

Matsushita und JVC hatten noch ein Jahr zuvor mit Sony gemeinsam an einem Videostandard gearbeitet. Diese Zusammenarbeit wurde jedoch aufgrund aufkommender Differenzen im Jahr 1976 endgültig beendet. Zu dem Zeitpunkt als VHS auf den Markt kam, hatte Betamax die kritische Masse an Teilnehmern noch nicht erreicht. Matsushita und JVC entschieden bereits mit der Markteinführung, die eigene Technik für Konkurrenten wie Hitachi, Sharp und Mitsubishi zu lizenzieren.[315] Hierdurch sollte ein schneller Netzwerkaufbau unterstützt werden. Sony reagierte darauf und lizenzierte Betamax für Sanyo und Toshiba.[316]

Im Jahr 1980 wurde von den Herstellern Grundig und Philips mit Video 2000 eine weitere konkurrierende Videotechnik vornehmlich auf dem europäischen Markt eingeführt. Grundig und Philips vergaben nach der Produkteinführung nur wenige Lizenzen an europäische Wettbewerber. Die Lizenzierungsgesuche konkurrierender Anbieter aus Japan wurden abgewiesen.[317] Mittlerweile hatten sich neben der originären Aufnahmefunktion zwei bedeutende Komplementärmärkte entwickelt. Zunächst entstand der Markt für Kaufvideos und kurze Zeit später

---

[312] Sony hatte zuvor an der Entwicklung eines Home-Video-Standards mit mehreren Unternehmen – u. a. mit Matsushita-JVC – zusammengearbeitet. Vgl. LIEBOWITZ, MARGOLIS [2001a], S. 122.

[313] Nach einiger Zeit öffnete Sony die Technik Betamax auch für einige konkurrierende Hardwarehersteller. Jedoch wollte das Unternehmen die Hardwareproduktion weitgehend in den eigenen Händen behalten.

[314] Eine unabhängige Tochtergesellschaft von Matsushita. Vgl. LIEBOWITZ, MARGOLIS [2001a], S. 123.

[315] Vgl. LIEBOWITZ, MARGOLIS [2001a], S. 123.

[316] Vgl. LIEBOWITZ, MARGOLIS [2001a], S. 123. In der Literatur wird von anderen Autoren darauf hingewiesen, dass das Unternehmen Sony die eigene Technik in seinen Händen behalten wollte. Economides gibt sogar an, dass Sony keine Betamax-Lizenz vergeben habe. Vgl. ECONOMIDES [2003], S. 16.

[317] Vgl. GERWIN, HÖCHERL [1995], S. 28.

der Markt für den Videoverleih.[318] Während bei Leerkassetten die Vielfalt vergleichsweise unbedeutend war, weil sie ausschließlich zur Aufnahme von Filmen dienten, kam der Vielfalt der Inhalte bei den Kauf- und Leihvideos eine herausragende Rolle zu. Mit der zunehmenden Bedeutung des Kauf- und Verleihgeschäfts nahm auch die Bedeutung des Preises zu, den die Nachfrager für Kaufvideos bzw. Leihvideos zu zahlen hatten. Der Markt für Videosysteme war demzufolge mittlerweile durch bedeutende indirekte Netzwerkeffekte gekennzeichnet.

Kurze Zeit nach der Einführung von Video 2000 gelang es VHS, die kritische Masse an Teilnehmern zu erreichen. Im Jahr 1982 hatte das Videosystem VHS in den USA einen Marktanteil von 60 % und in Deutschland einen Marktanteil von 42 %. Betamax besaß zur gleichen Zeit einen Marktanteil von 40 % in den USA und von 16 % in Deutschland. Video 2000 wurde in den USA nicht verkauft und hatte in Deutschland einen Marktanteil von 27 %. Während im Jahr 1982 9,3 Millionen VHS-Geräte produziert wurden, belief sich die Produktion von Video 2000-Geräten im gleichen Jahr auf unter eine Million.[319]

Mit dem Erreichen der kritischen Masse stieg die Nachfrage nach VHS-Geräten durch die eintretende positive Rückkopplung noch stärker an. Die verbleibenden potenziellen Teilnehmer erwarteten, dass sich VHS in Zukunft durchsetzen würde und entschieden sich für den Kauf eines VHS-Videorecorders und somit zum Beitritt in das VHS-Netzwerk. Die Anbieter von Inhalten für die komplementären Videokassetten boten demzufolge ihre Filme etc. vornehmlich für das VHS-System an. Auch das Verleihgeschäft spezialisierte sich immer mehr auf den Verleih von VHS-Videokassetten.[320] Durch die Wechselwirkung von Konsumentenerwartungen und -handlungen mit den Erwartungen und Handlungen der Hersteller und Anbieter von Komplementärgütern wurde der positive Rückkopplungseffekt weiter verstärkt. Während sich VHS bereits zu Beginn der 1980er Jahre als De-facto-Standard am Markt etablieren konnte, nahm die Nachfrage nach den beiden im Wettbewerb unterlegenen Techniken bis zur Bedeutungslosigkeit ab (negative Rückkopplung). Auch die damaligen Teilnehmer der „Verlierer-Netzwerke“ entschieden sich nach und nach für den Wechsel zu VHS. Das Unternehmen Grundig verstärkte die negative Erwartungsbildung der Nachfrager in Bezug auf Video 2000 zusätzlich dadurch, dass es nur drei Jahre nach der Einführung des eigenen Systems ankündigte, zukünftig auch Geräte auf Basis der VHS-Technik produzieren zu wollen. Im Jahr 1984 boten weltweit

---

[318] Vgl. ECONOMIDES [2003], S. 17.

[319] Vgl. GERWIN, HÖCHERL [1995], S. 17 ff.

[320] Vgl. SCHODER [1995], S. 18 ff.

nahezu alle Hersteller von Videorecordern, mit Ausnahme von Sony, ihre Systeme auf Basis des VHS–Standards an. Die aufgezeigte Entwicklung lässt sich anschaulich anhand einer Grafik darstellen, die den Wettbewerb um den dominanten Videostandard zeigt.

Abbildung 9: Wettbewerb um den dominanten Videostandard

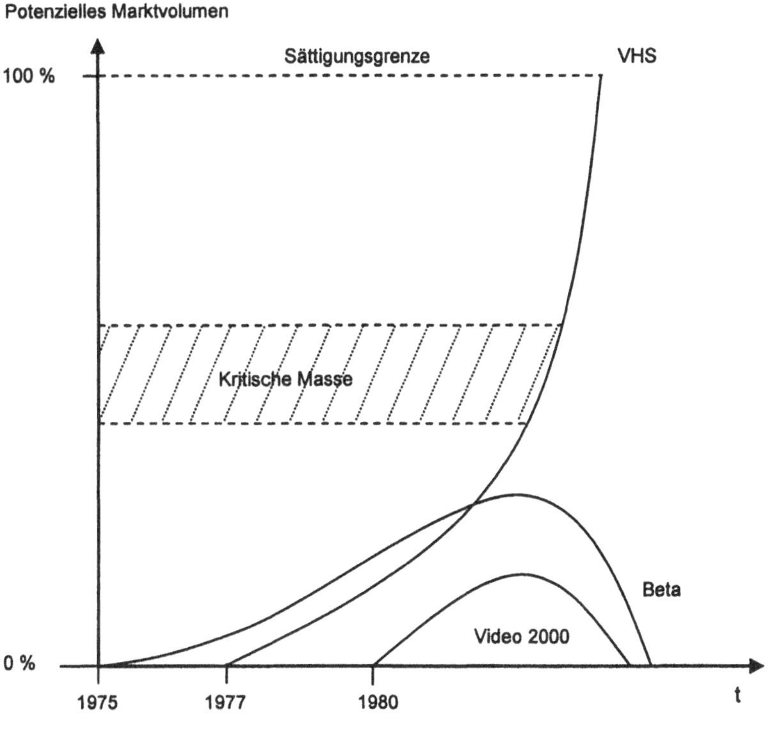

Quelle: Eigene Darstellung

3 Auswirkungen der Kompatibilitätsentscheidung auf den Wettbewerb bei Netzwerkgütern

3.1 Chancen für den Wettbewerb

In der nachfolgenden Grafik sind die Ergebnisse der vorangegangenen Analyse zusammengefasst. Die Abbildung 10 macht deutlich, dass Wettbewerb auf dem Markt nach dem Erreichen der kritischen Masse nur möglich ist, wenn sich die

Netzwerkgüter mehrerer konkurrierender Unternehmen zu einem Netzwerk zusammenfügen lassen (kompatibel sind). Diese Kompatibilität kann durch einen Ex-ante-Standard (vgl. in Abb. 10 die Fälle A und B), durch die freiwillige Öffnung des De-facto-Standards oder durch einen Adapter geschaffen werden (vgl. in Abb. 10 die Fälle C und D).

Die Chancen für einen langfristigen Wettbewerb innerhalb eines industrieweiten Standards sind bei einem Ex-ante-Standard (vgl. in Abb. 10 den Fall A) vergleichsweise gut, da allen Anbietern die gleichen Informationen und Bedingungen für die Herstellung von Kompatibilität zur Verfügung stehen. Liegt eine industrieweite Kompatibilität auf vormarktlicher Ebene vor, so kann der Marktphasenverlauf dem der Nicht-Netzwerkgüter entsprechen. Industrieweit vordefinierte Schnittstellen ermöglichen z. B. die Zusammenführung diverser „Telefonnetze" zu einem globalen Netzwerk.[321] Läge dieser globale Standard von Schnittstellen nicht vor, so würden von den in dieser Studie untersuchten Netzwerkeffekten bedeutende Konzentrationstendenzen zu Gunsten einer Telefontechnik – bis hin zum De-facto-Standard – ausgehen. Falls dieser Standard im Besitz eines privaten Anbieters wäre, hätten die Konzentrationstendenzen auch eine globale Monopolstellung eines Anbieters zur Folge. Im skizzierten Fall würden, neben den vielfach diskutierten angebotsseitigen Größenvorteilen, Netzwerkeffekte die zentrale Ursache für die strukturellen Monopolisierungstendenzen auf dem Telekommunikationsmarkt darstellen.[322]

Neben dem industrieweiten Ex-ante-Standard besteht eine vergleichsweise gute Chance für den langfristigen Wettbewerb im Markt, wenn ein Anbieter seine Technik bereits in der Einführungsphase für alle Konkurrenten öffnet (vgl. in Abb. 10 den Fall C). Entscheiden sich die (potenziellen) Konkurrenten bereits von Beginn an dafür, ihre Netzwerkgüter auf Basis der „geöffneten" Technik herzustellen, so wird diese bereits in der Einführungsphase als De-facto-Standard akzeptiert. Ein Beispiel hierfür stellt das von Matsushita und Philips gemeinsam entwickelte Audio-CD-System dar, das bereits in den Anfängen nahezu industrieweit lizenziert wurde.

Konkurrieren jedoch mehrere proprietäre Systeme um das Erreichen einer kritischen Masse, so ist die langfristige Chance für den Wettbewerb auf dem Markt

---

321 Der hier skizzierte Standard ist unter maßgeblicher Beeinflussung staatlicher Institutionen entstanden und weist daher die Charakteristika eines De-jure-Standards auf.

322 Hierbei bleibt darauf zu achten, dass die angebotsseitigen Größenvorteile lediglich zu einer lokalen Monopolstellung führen, da sie insbesondere im Ortsnetzbereich wirken. Netzwerkeffekte hätten hingegen im Falle eines proprietären Netzes die globale Monopolstellung eines Anbieters zur Folge.

davon abhängig, ob auch nach dem Erreichen der kritischen Masse mehrere konkurrierende Anbieter ihre Netzwerkgüter auf Basis des De-facto-Standards herstellen.[323] Ein konkurrierendes Angebot auf Basis des De-facto-Standards kann zum einen dadurch zustande gekommen sein, dass sich bereits in der Einführungsphase mehrere Anbieter auf diesen Standard geeinigt haben (Komiteelösung, vgl. in Abb. 10 den Fall B). Ein Beispiel hierfür stellt der DVD-Standard dar.[324]

Zum anderen ist Wettbewerb auf dem Markt weiterhin möglich, wenn sich der Eigentümer der dominanten Technik nach der Einführungsphase für die Öffnung seines De-facto-Standards entschiedet (vgl. in Abb. 11 den Fall D). In diesem Fall ist das Wettbewerbspotenzial maßgeblich von den Zugangsentgelten und sonstigen -modalitäten für die kompatibilitätssuchenden Unternehmen abhängig. Prinzipiell kann der Besitzer des De-facto-Standards auch über die Lizenzgebühr Monopolrenten abschöpfen, jedoch wird er dies nicht immer bzw. nicht in vollem Ausmaß tun. Bei einer freiwilligen Einladung in frühen Marktphasen lässt sich jedoch davon ausgehen, dass die Bedingungen für einen wirksamen Wettbewerb innerhalb des De-facto-Standards vergleichsweise gut sind. Ein Beispiel für einen möglichen Wettbewerb innerhalb eines am Markt entstandenen De-facto-Standards stellt das charakterisierte VHS-Videosystem dar. Auf dieser Basis kann heute noch jeder Hardwareanbieter Videorecorder gegen eine Lizenzgebühr herstellen und verkaufen.[325]

Eine dritte Möglichkeit für den Wettbewerb innerhalb des De-facto-Standards ist durch die Schaffung einseitiger Kompatibilität mit Hilfe eines Adapters gegeben (vgl. in Abb. 11 den Fall D). Bei durchsetzbaren Eigentumsrechten dürfte jedoch, wie bereits erwähnt, die Herstellung des „gewünschten Maßes an Kompatibilität" schwer zu realisieren sein. Im zweiten Kapitel wurde bereits am Beispiel von Office-Programmen auf Probleme hingewiesen, die durch Teilkompatibilität entstehen können. Vor diesem Hintergrund ist anzunehmen, dass bei den am Markt befindlichen Produkten (in der Regel Me-too-Produkte) nur ein vergleichsweise geringer Wettbewerbsdruck von Adaptern ausgehen wird.

---

323 Die zugrunde liegende Technik des Netzwerkes, das zuerst die kritische Masse erreicht, stellt den De-facto-Standard dar.

324 Vgl. CHOI, KRISTIANSEN, NAHM [2005], S. 307 f.

325 Der Markt befindet sich jedoch in der Rückbildungsphase und erfährt verstärkten Substitutionswettbewerb durch DVD-Systeme.

Abbildung 10: Zusammenhang zwischen Kompatibilität und den Möglichkeiten eines marktinternen Wettbewerbs

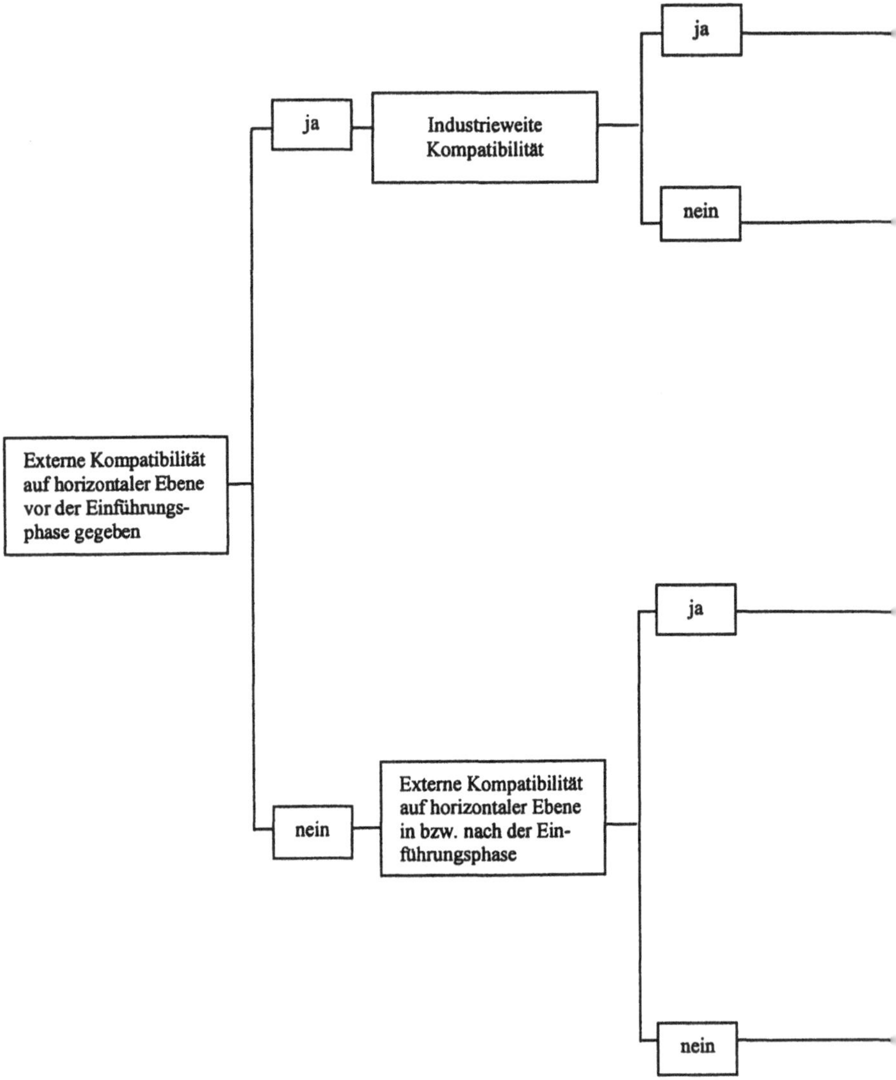

Quelle: Eigene Darstellung

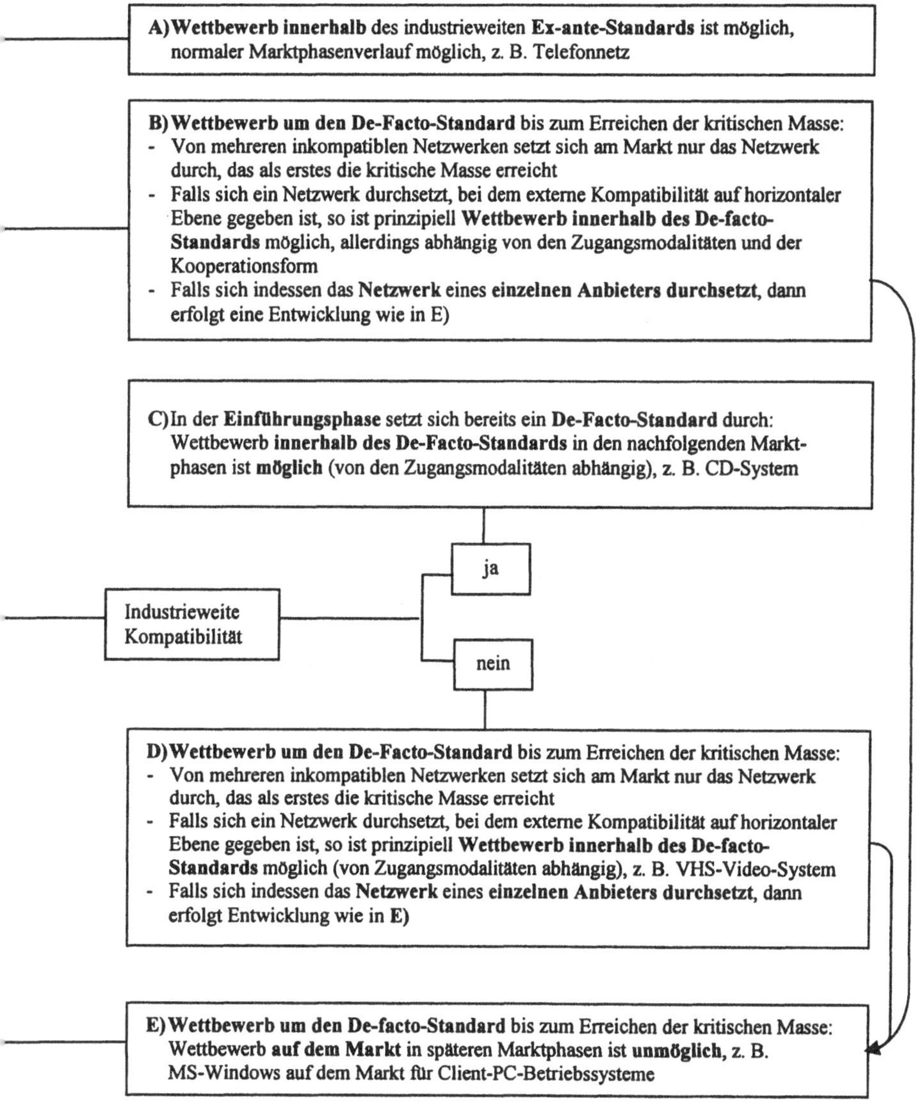
A) Wettbewerb innerhalb des industrieweiten Ex-ante-Standards ist möglich, normaler Marktphasenverlauf möglich, z. B. Telefonnetz
B) Wettbewerb um den De-Facto-Standard bis zum Erreichen der kritischen Masse:
- Von mehreren inkompatiblen Netzwerken setzt sich am Markt nur das Netzwerk durch, das als erstes die kritische Masse erreicht
- Falls sich ein Netzwerk durchsetzt, bei dem externe Kompatibilität auf horizontaler Ebene gegeben ist, so ist prinzipiell Wettbewerb innerhalb des De-facto-Standards möglich, allerdings abhängig von den Zugangsmodalitäten und der Kooperationsform
- Falls sich indessen das Netzwerk eines einzelnen Anbieters durchsetzt, dann erfolgt eine Entwicklung wie in E)
C) In der Einführungsphase setzt sich bereits ein De-Facto-Standard durch: Wettbewerb innerhalb des De-Facto-Standards in den nachfolgenden Marktphasen ist möglich (von den Zugangsmodalitäten abhängig), z. B. CD-System
ja
Industrieweite Kompatibilität
nein
D) Wettbewerb um den De-Facto-Standard bis zum Erreichen der kritischen Masse:
- Von mehreren inkompatiblen Netzwerken setzt sich am Markt nur das Netzwerk durch, das als erstes die kritische Masse erreicht
- Falls sich ein Netzwerk durchsetzt, bei dem externe Kompatibilität auf horizontaler Ebene gegeben ist, so ist prinzipiell Wettbewerb innerhalb des De-facto-Standards möglich (von Zugangsmodalitäten abhängig), z. B. VHS-Video-System
- Falls sich indessen das Netzwerk eines einzelnen Anbieters durchsetzt, dann erfolgt Entwicklung wie in E)
E) Wettbewerb um den De-facto-Standard bis zum Erreichen der kritischen Masse: Wettbewerb auf dem Markt in späteren Marktphasen ist unmöglich, z. B. MS-Windows auf dem Markt für Client-PC-Betriebssysteme

Setzt sich jedoch im Wettbewerbsprozess ein De-facto-Standard durch, der nur von einem Anbieter oder einer Anbietergruppe bereitgestellt wird, so hat die Dominanz dieser Technik gleichzeitig eine (Kollektiv-)Monopolstellung zur Folge (vgl. in Abb. 11 den Fall E). Gelingt es dem Anbieter/der Anbietergruppe, die Herstellung von Kompatibilität auch in späteren Marktphasen zu verhindern, so wird/werden er/sie in späteren Marktphasen keiner Konkurrenz auf dem Markt ausgesetzt sein.

Die Entstehung der (Kollektiv-)Monopolstellung lässt sich – bei Vorliegen von privaten Eigentumsrechten – vornehmlich auf das Auftreten bedeutender Netzwerkeffekte zurückführen, die durch das Erreichen einer kritischen Masse massiv zugunsten eines Anbieters/einer Anbietergruppe wirken. Die Wirkung der Netzwerkeffekte wird durch angebotsseitige Voraussetzungen wie „Subadditivität" und „instant scalability" weiter verstärkt.

3.2 *Wettbewerbspolitische Beurteilung der Verhaltensweisen von Anbietern für Netzwerkgüter*

Um die kritische Masse zu erreichen, wenden die Anbieter von Netzwerkgütern mitunter Verhaltensweisen an, die auf Märkten für „Nicht"-Netzwerkgüter die **Ursache für Monopolisierungstendenzen** darstellen.[326] Die vorangegangenen Ausführungen haben gezeigt, dass Monopolisierungstendenzen auf Märkten für Netzwerkgüter primär durch Netzwerkeffekte hervorgerufen werden. Somit sind diese strukturellen Vorraussetzungen die Ursache einer Monopolstellung. Die Verhaltensweisen zum Erreichen der kritischen Massen sind hingegen dafür verantwortlich, **welches Unternehmen** die Monopolstellung einnimmt.

Einige dieser Verhaltensweisen sind aus wettbewerbspolitischer Sicht allerdings grundsätzlich problematisch, da sie die wettbewerbliche Ausgangssituation verzerren. Ziel der Wettbewerbspolitik sollte sein, diese Verhaltensweisen zu identifizieren und frühzeitig zu untersagen, um so bei den Anbietern die gleichen Startchancen für einen wirksamen Wettbewerb um den dominanten Standard zu schaffen („levelling the playing field"). Die nachfolgende Abbildung lässt

---

[326] Zohlnhöfer hat Absatzstrategien untersucht, die auf Oligopolmärkten mit dem Ziel eingesetzt werden, den Markt zu monopolisieren. Vgl. ZOHLNHÖFER [1968], S. 26-28. Unter diese „kampfstrategischen Verhaltensweisen" fallen u. a. Boykotte, systematische Preisdiskriminierungen und Kopplungsverträge. „Im übrigen beschränkt jedoch nur die Phantasie des einzelnen Unternehmens die Wahl der Mittel, die der Verwirklichung einer beabsichtigten Monopolisierung dienstbar gemacht werden können." ZOHLNHÖFER [1968], S. 26.

gleichwohl erkennen, dass die eindeutige Identifizierung wettbewerbsbeschränkender Verhaltensweisen in einigen Fällen nur schwer möglich ist.

Abbildung 11: Wettbewerbspolitische Beurteilung der Verhaltensweisen von Anbietern für Netzwerkgüter zum Erreichen der kritischen Masse

wünschenswert oder zumindest unproblematisch	**Grauzone**	**eindeutig wettbewerbsbeschränkend** (Übertragung von Marktmacht auf vor- oder nachgelagerte Märkte)
hohe Basisqualität	Penetrationspreise vs. Kampfpreise	Ausschließlichkeitsbindungen
gute Reputation	Innovation vs. Produktkopplung	Zugangsdiskriminierung zu einer Essential Facility[327]
umfangreiches Serviceangebot	Produktvorankündigung vs. Vaporware[328]	Kopplungsbindungen

Quelle: Eigene Darstellung

Falls ein Anbieter die qualitativen Grundeigenschaften seines Netzwerkgutes verbessert, ist dies aus wettbewerbspolitsicher Sicht nicht nur unproblematisch, sondern sogar erwünscht. Gelingt es ihm hierdurch, sein Güterangebot besser an

327 Als „Essential Facility“ bzw. „wesentlichen Einrichtung“ wird eine Einrichtung bezeichnet, deren Duplizierung von potenziellen und tatsächlichen Wettbewerbern aus tatsächlichen oder rechtlichen Gründen nicht möglich ist, ohne deren Nutzung der Wettbewerb auf den vor- oder nachgelagerten Märkten jedoch nicht entstehen kann. Grundlegend zur Problematik der Essential Facility vgl. Dreher [1999]. Holznagel, Koenig [2001] haben den Zugang zu Essential Facilities am Beispiel der Telekommunikation untersucht. Detaillierte Analysen zum Umgang mit Essential Facilities im deutschen und europäischen Wettbewerbsrecht finden sich bei Haus [2002] und Hohmann [2001].

328 Vaporware wird auch als Dunstware bezeichnet, weil es sich hierbei um ein Produkt handelt, das zu einem gewissen Zeitpunkt am Markt erscheinen soll. Tatsächlich ist das Produkt zum angekündigten Zeitpunkt jedoch nicht verfügbar. Der Hintergrund dieser Strategie wird in diesem Abschnitt erläutert.

die Präferenzen der Nachfrager anzupassen, so trägt dies zur Erfüllung der Wettbewerbsfunktionen bei. Auch eine gute Reputation, die durch eine erfolgreiche Tätigkeit auf anderen Märkten erlangt wurde, ist aus wettbewerbspolitischer Sicht unproblematisch. Sie kann – sofern sie nicht von einem Anbieter missbraucht wird – für einen potenziellen Nachfrager eine Signaling-Funktion darstellen, die ihm eine Kaufentscheidung bei Unsicherheit erleichtert.[329] Ein umfangreiches Serviceangebot erhöht in der Regel ebenfalls die Qualität eines Netzwerkgutes. Wird dies von den potenziellen Nachfragern nicht als eine qualitative Verbesserung empfunden, so werden sie sich trotz des Serviceangebotes nicht für den Kauf des betreffenden Netzwerkgutes entscheiden. Ein umfangreiches Serviceangebot stellt jedoch keine wettbewerbsbeschränkende Verhaltensweise dar.

Die Grauzone umfasst Verhaltensweisen, die sich vergleichsweise schwer als wettbewerbsbeschränkend identifizieren lassen. Wie bereits in Abschnitt 2.3.2 erörtert, ist das Penetrationspreissystem ein typisches Preissystem, das von Anbietern in frühen Marktphasen eingesetzt wird, um einen schnellen Netzwerkaufbau zu fördern. Die Preissetzung ist rational, da in der Einführungsphase noch kein Netzwerk vorhanden ist und der Netznutzen demzufolge nicht existiert. Teilnehmer in späteren Marktphasen treten hingegen einem relativ großen Netzwerk bei, wodurch der Netznutzen vergleichsweise groß ist. Indem der Anbieter den Preis in der Einführungsphase sehr niedrig ansetzt, trägt er zu einer Internalisierung der Netzwerkeffekte bei. Die Nachfrager zahlen einen Preis gemäß dem Nutzen, den sie zu dem jeweiligen Zeitpunkt erfahren. Insbesondere bei virtuellen Netzwerkgütern wird die wettbewerbspolitische Beurteilung niedriger Einführungspreise auch dadurch erschwert, dass die Grenzkosten vernachlässigbar gering sind.[330] Vor dem skizzierten Hintergrund entsprechen niedrige Einführungspreise – und unter Umständen sogar ein Preis von/nahe Null – der „Preis-gleich-Grenzkosten-Regel“. Demzufolge besteht für die Wettbewerbspolitik in der Praxis kaum eine Möglichkeit, einen geeigneten Maßstab zur Identifizierung wettbewerbsbeschränkender Kampfpreisstrategien festzulegen.

Trotz der Identifizierungsprobleme können „Niedrigpreisstrategien“ den Charakter von Kampfpreisstrategien besitzen. Unternehmen bieten in der Regel Güter auf einem Markt an, um zumindest mittel- bis langfristig mit dem Verkauf dieser Güter einen Gewinn zu erzielen. Bieten sie ihre Netzwerkgüter dauerhaft – d. h. auch in späteren Marktphasen – zu nicht kostendeckenden Preisen an, so

---

329 Vgl. MÖRSCH [2005], S. 50 ff.

330 Besonders deutlich wird dies am Beispiel von Software. Vgl. hierzu Kapitel A 2.2 im Vierten Teil der Studie.

könnten sie als Einproduktunternehmen am Markt nicht überleben. Nur einem Unternehmen, das auf einem anderen Markt hohe Gewinne erwirtschaftet (Mehrproduktunternehmen), ist es möglich, dauerhaft Güter zu nicht kostendeckenden Preisen anzubieten. Das Engagement auf dem „verlustbringenden" Markt könnte z. B. strategische Gründe besitzen. So ist denkbar, dass sich der Anbieter vor potenzieller Konkurrenz auf einem angrenzenden Markt schützen möchte.

Der Anbieter könnte auch auf dieser langen „Durststrecke" in der Hoffnung ausharren, durch die charakterisierte „deep pocket"-Strategie alle anderen Anbieter vom Markt zu verdrängen. Sollte ihm eine erfolgreiche Verdrängung gelingen, so könnte er im Anschluss daran die Preise vergleichsweise frei setzen und eventuell sogar den Stückkostenverlust aus den frühen Marktphasen ausgleichen bzw. überkompensieren.

Einen Spezialfall der wettbwerbsbeschränkenden Einflussnahme stellt die Produktkopplung dar. Diese liegt z. B. vor, wenn ein Unternehmen neben dem hier betrachteten Markt auch auf dem vor- bzw. nachgelagerten Markt tätig ist und das Produkt des hier betrachteten Marktes in das Produkt des vor- bzw. nachgelagerten Marktes integriert. Die Integration könnte auch hier mit dem Ziel erfolgen, die Marktmacht von dem vor- bzw. nachgelagerten Markt auf den hier betrachteten, jungen Markt zu übertragen. Der Nachweis einer wettbewerbsbeschränkenden Verhaltensweise ist im Vergleich zu einem Kopplungsvertrag besonders schwierig, da gerade Unternehmen auf einem dynamischen Markt angeben werden, dass die Produktintegration eine Produktinnovation darstellt. Die Probleme bei der Identifizierung der Marktmachtübertragung und die Auswirkungen auf den Wettbewerb auf Märkten für Netzwerkgüter sind in Kapitel D im Vierten Teil dieser Studie analysiert.

Ähnliche Probleme treten bei der Beurteilung von Produktvorankündigungen auf. In der netzwerkökonomischen Literatur finden sich Autoren, die nachweisen, dass wahrheitsgemäße Produktvorankündigungen als zusätzliche Informationen bei der Kaufentscheidung zur Erhöhung der Effizienz beitragen können.[331] Stellt die Produktvorankündigung für den Anbieter hingegen nur ein strategisches Instrument dar, um die Nachfrager von dem Kauf eines aktuell besseren Produktes abzuhalten, so verzerrt sie die wettbewerbliche Ausgangssituation.

---

[331] Sie können Newcomern helfen, ihre Produkte im Vorfeld bekannt zu machen und haben somit eine wettbewerbsfördernde Wirkung. Vgl. WEY [2005], S. 321. Nimmt der etablierte Anbieter in späteren Marktphasen diese Ankündigungen vor, so kann er hierdurch eventuell einen überhasteten Wechsel der Nachfrager zu einem neuen Netzwerk verhindern, der zu einem Effizienzverlust führen würde (excess momentum).

Produkte, die aus strategischen Gründen angekündigt werden, ohne jemals in der angekündigten Form oder Zeit auf dem Markt zu erscheinen, werden auch als „Vaporware" (Dunstware) bezeichnet.[332] Auch diese Verhaltensweise lässt sich nur schwer nachweisen. Der Anbieter, der zu dieser strategischen Maßnahme greift, kann jederzeit vorgeben, er habe zum Zeitpunkt der Vorankündigung die Einführung des neuen Produktes mit der angegebenen Qualität im angegebenen Zeitraum beabsichtigt.[333]

Es bleibt darauf hinzuweisen, dass auch die (potenziellen) Käufer sanktionierend auf die Unternehmen einwirken können, die die Vaporware-Strategie anwenden. Rational handelnde Nachfrager werden versuchen, den Wahrheitsgehalt von Produktvorankündigungen in ihre Kaufentscheidung einzubeziehen. Sollte sich die Produktvorankündigung eines Unternehmens in der Vergangenheit als falsch herausgestellt haben, so werden sie in der Zukunft die Ankündigungen dieses Unternehmens kritisch hinterfragen oder sogar ignorieren.[334] Vor diesem Hintergrund werden Firmen, die auf eine gute Reputation achten, sich mit falschen Vorankündigungen zurückhalten.[335] Das dargestellte Szenario mit positiven Auswirkungen auf den Wettbewerb ist allerdings in der Realität kaum anzutreffen. Zum einem können die falschen Ankündigungen – ähnlich wie bei Wahlversprechen – in Vergessenheit geraten. Zum andern fehlen gerade auf Märkten für Netzwerkgüter häufig die Alternativen, um das Fehlverhalten durch den Wechsel zu einem konkurrierenden Netzwerk zu bestrafen.[336]

Gegenüber den zuvor untersuchten Verhaltensweisen lassen sich Verhaltensweisen wie der Abschluss von Ausschließlichkeitsverträgen, die Diskriminierung beim Zugang zu einer Essential Facility und der Abschluss von Kopplungsverträgen vergleichsweise eindeutig als wettbewerbsbeschränkend identifizieren. Alle drei Verhaltensweisen können nur dann erfolgreich angewendet werden, wenn der betreffende Anbieter auf dem vor- oder nachgelagerten Markt tätig ist (vertikal integriert) und dort eine dominante Marktstellung einnimmt. Die Ausführungen machen deutlich, dass auch diese Verhaltensweisen mit dem Ziel angewendet werden können, die Marktmacht von dem vor- bzw. nachgelagerten Markt auf den hier betrachteten Markt zu übertragen. Um die praktische Relevanz dieser Gefahr aufzuzeigen, werden die Strategien zur Marktmachtüber-

---

[332] Vgl. hierzu ausführlich LEVY [1997], S. 33 ff.

[333] Vgl. CHOI, KRISTIANSEN, NAHM [2005], S. 315 f.

[334] Vgl. CHOI, KRISTIANSEN, NAHM [2005], S. 315 f.

[335] Vgl. CHOI, KRISTIANSEN, NAHM [2005], S. 315 f.

[336] Falls die Möglichkeit des Wechsels besteht, bleibt dieser häufig aufgrund hoher benutzerseitiger Wechselkosten aus.

tragung und ihre Auswirkungen in Kapitel D 2 im Vierten Teil dieser Studie detailliert erörtert.

3.3 Effizienzanalyse von marktlichen Standarisierungsprozessen

In der Literatur ist in zahlreichen Studien kontrovers diskutiert, ob es bei marktlichen Standardisierungsprozessen durch Zufall oder Beeinflussung eines Anbieters dazu kommen kann, dass eine minderwertige Technik den Markt dominiert. Die Ineffizienzen, die durch die Dominanz eines inferioren Standards auftreten, sind in überwiegend formaltheoretischen Modellen untersucht worden.[337]

Der richtungweisende Artikel zu diesem Thema wurde von David im Jahr 1985 veröffentlicht. In seiner Studie „Clio and the Economics of QWERTY" kommt er zu dem Schluss, dass sich bei dem Wettbewerb zweier konkurrierender Designs für Schreibmaschinentastaturen das inferiore Design durchgesetzt habe. Bei Schreibmaschinentastaturen treten durch die Gleichheit des Wissens und der Erfahrungen über die Belegung der Tasten bedeutende direkte Netzwerkeffekte auf. QWERTY, die heutige Anordnung der US-amerikanischen Schreibmaschinen- und Computertastatur, wurde durch die Besonderheiten der mechanischen Schreibmaschine beeinflusst. Christopher Latham Sholes, der Erfinder dieser Tastatur, erhoffte sich, durch die Anordnung das Verhaken der mechanischen Buchstaben zu vermeiden und so die Anwendung der Schreibmaschine zu erleichtern. Die Anordnung setzte sich schließlich als De-facto-Standard bei den mechanischen Schreibmaschinen durch. Nachdem die mechanische Schreibmaschine durch Typenrad- und Kugelkopfschreibmaschinen und später durch Computer abgelöst wurde, bestand die Gefahr des Verhakens nicht mehr. Hiermit entfiel gleichzeitig der Rechtfertigungsgrund für die Tastenanordnung. Dennoch setzte sich QWERTY auch bei den Nachfolgemodellen der mechanischen Schreibmaschine als De-facto-Standard durch. Im Jahr 1946 führte die US-amerikanische Navy einen Effizienzvergleich der Tastenanordnungen QWERTY und DVORAK durch. In diesem stellte sich DVORAK als die effizientere Tastenanordnung heraus.

---

337 Einige dieser Modelle sind einfache statische Preistheoriemodelle, andere Studien untersuchen das „Problem" anhand spieltheoretischer Modelle mit sequenziellen Beitrittsentscheidungen. Darüber hinaus gibt es neuere ökonometrische Studien, in denen Ineffizienzen bei ausgewählten Märkten für Netzwerkgüter untersucht werden. Vgl. ARTHUR [1989], ARTHUR [1994], DAVID [1985], DAVID [1986], DAVID [1990], DAVID [1993], DAVID [1997], LIEBOWITZ, MARGOLIS [1990] sowie Liebowitz, Margolis [1995b].

In der Literatur erfahren die Arbeiten von David und Arthur vermehrt Kritik, z. B. durch Liebowitz und Margolis.[338] Für sie stellt das QWERTY-Paradigma eine Marktversagensfabel dar, in der David die QWERTY-Historie unvollständig wiedergegeben habe.[339] So ließ David unbeachtet, dass die Studie der US-Navy unter maßgeblicher Einflussnahme von Dr. Dvorak – dem Erfinder der Tastenanordnung DVORAK – durchgeführt wurde. Liebowitz und Margolis weisen darauf hin, dass nach dieser Studie weitere vergleichende Effizienzstudien zu beiden Tastaturen durchgeführt wurden. Bei den nachfolgenden Studien sei von einer Umschulung der Schreibkräfte abgeraten worden, da diese Effizienzverluste zur Folge hätte, die sich nicht durch die Vorteile der „neuen" Tastenanordnung ausgleichen ließen.

Darüber hinaus weisen Liebowitz und Margolis auf den Umstand hin, dass es sich bei dem betrachteten Netzwerkgut um ein öffentliches Gut handelt. Das Fehlen der Eigentumsrechte lasse keine Möglichkeit zur Bildung vertraglicher Arrangements zu, wodurch die Internalisierung der auftretenden „Netzwerkexternalitäten" ausbliebe. In der Realität seien – wie bereits in den netzwerkökonomischen Grundlagen (vgl. Kapitel A 3, Zweiter Teil) erörtert – jedoch zahlreiche Netzwerke anzutreffen, für die sich private Eigentumsrechte zu vertretbaren Kosten durchsetzen ließen.

Weitere, häufig genannte Kritikpunkte an den Modellen von David und Arthur sind die fehlende Modellierung der Erwartungsbildung bei der Kaufentscheidung der potenziellen Nachfrager sowie die fehlende Beachtung strategischer Verhaltensweisen auf Seiten der Unternehmer.[340]

Diese berechtigten Kritikpunkte lassen erkennen, dass derartige Modelle – unabhängig von der formalen Komplexität – aufgrund ihrer unrealistischen Annahmen und ihrer stark normativen Elemente für die praktische Wettbewerbspolitik wenig hilfreich sind. So dürfte sich die Qualität eines Netzwerkgutes in vielen Fällen nur schwer objektiv feststellen lassen. Insbesondere in frühen Markphasen ist die Beurteilung der Qualität besonders schwierig, da Netzwerkgüter primär die Charakteristika eines Erfahrungsgutes aufweisen.

Bei Vertrauen in wettbewerbliche Selbststeuerung ist anzunehmen, dass im Wettbewerb stehende Unternehmen die Qualität ihrer angebotenen Güter hinreichend zuverlässig beurteilen können. Sie werden nur dann ihre Güter am Markt anbieten, wenn sie von dem eigenen Preis-Leistungs-Verhältnis überzeugt sind.

---

338 Vgl. LIEBOWITZ, MARGOLIS [2004a] sowie LIEBOWITZ, MARGOLIS [2004b].

339 Vgl. LIEBOWITZ, MARGOLIS [1990].

340 Vgl. FICHERT [2002], S. 6.

Daher kann davon ausgegangen werden, dass ein wirksamer Wettbewerb – bei gegebener Startchancengleichheit – eine hinreichend gute Qualität hervorbringt.[341] Das dargestellte Problem könnte lediglich dann auftreten, wenn in frühen Marktphasen keine Startchancengleichheit, z. B. aufgrund von Marktmachtübertragung durch einen dominanten Anbieter, vorliegt. Hierdurch könnte sich auch eine unterlegene Technik am Markt durchsetzen. Aus wettbewerbspolitischer Sicht besteht die Gefahr, dass ein Anbieter aus dem Wettbewerb um den dominanten Standard als (Quasi-)Monopolist hervorgeht. Falls dieser durch hohe Marktzutrittsschranken vor potenziellen Konkurrenten geschützt ist, würde ein Innovationswettbewerb in späteren Marktphasen unter Umständen verhindert.

Die prägnantesten Beispiele für die Erlangung einer dominanten Marktstellung eines Anbieters liefert das Unternehmen Microsoft gleich auf diversen Märkten für Standardanwendungssoftware. Mit dem Markt für Client-Betriebssysteme wird in Kapitel B des Vierten Teils dieser Arbeit das Paradebeispiel dafür erörtert, dass die Dominanz einer Technik gleichzeitig die Dominanz eines Anbieters auf diesem Markt bedingen kann. Um ein grundlegendes Verständnis für die Gesetzmäßigkeiten des Softwaremarktes zu entwickeln, ist vorab der Softwaremarkt analysiert. Bei dieser Analyse werden insbesondere die netzwerkspezifischen Besonderheiten auf den einzelnen Teilmärkten beleuchtet.

---

341 Diese Ansicht vertreten auch Liebowitz und Margolis. Vgl. LIEBOWITZ, MARGOLIS [2001a], S. 236.

Vierter Teil: Analyse der Monopolstellung von Microsoft

A Charakteristika von Märkten für Software

1 Volkswirtschaftliche Bedeutung

Der Begriff Software ist im engeren Sinne der Sammelbegriff für alle Programme, die in einer Programmiersprache formuliert sind und zur Lösung von Aufgaben dienen.[342] Diese Programme stellen eine Liste von Hardwareanweisungen dar, „die logische Schleifen enthält und von einem Computer abgearbeitet wird."[343] Unter dem Begriff Hardware wird der materielle Teil eines Computers verstanden. Heute ist es üblich, die Begriffe Hardware und Computer synonym zu verwenden.[344] Ohne die Software-Anweisungen wäre ein Computer nicht in der Lage, Individuen bei der Erfüllung ihrer Aufgaben zu unterstützen. Software wird von Unternehmen[345] unterschiedlicher Branchen nachgefragt. So ist es mittlerweile undenkbar, dass Banken, Industrieunternehmen, Krankenhäuser oder die öffentliche Verwaltung ohne die Verwendung von Software arbeiten.[346] Nach Angaben des Statistischen Bundesamtes wurden im Jahr 2004 in 84 % aller deutschen Unternehmen Computer eingesetzt.[347] Der Einsatz von Computern und Software ist positiv mit der Unternehmensgröße korreliert. Während Computer in deutschen Großunternehmen nahezu flächendeckend eingesetzt werden, finden sie nur in 82 % aller kleineren Unternehmen mit weniger als 20 Mitarbeitern Anwendung.[348] Im Durchschnitt haben 55 % aller Beschäftigten die Möglichkeit, einen Computer am Arbeitsplatz zu nutzen, wobei 75 % dieser Beschäftigten auch einen Internetzugang haben.[349]

---

342 Unter dem Begriff „Software im weiteren Sinne" lassen sich auch alle ergänzenden Serviceleistungen subsumieren, die zur Nutzung des Programms notwendig sind. Diese beinhalten z. B. Installationsanweisungen, Handbücher und Telefonservice. Vgl. WIMMER, BITTNER [1993], S. 13 sowie HANSEN, NEUMANN [2001], S. 29. Für den Begriff Rechner wird in dieser Studie der Begriff Computer synonym verwendet, da dieser mittlerweile in den deutschen Sprachgebrauch übernommen wurde.

343 GRÖHN [1999], S. 1.

344 Dieser üblichen Verwendung des Begriffes wird in der vorliegenden Studie gefolgt.

345 Der Begriff „Unternehmen" umfasst sowohl private als auch öffentliche Unternehmen.

346 Vgl. MEYERS LEXIKON REDAKTION (Hrsg.) [2001], S. 603.

347 Vgl. FOCUS (Hrsg.) [2005], S. 37.

348 Vgl. FOCUS (Hrsg.) [2005], S. 37.

349 Eigene Berechnungen auf Basis von FOCUS (Hrsg.) [2005], S. 37.

Tabelle 1: Anteil der Mitarbeiter mit Computer- bzw. Internetzugang

	Anteil der Mitarbeiter an Computern		Anteil der Mitarbeiter mit Internetzugang	
	2003	2004	2003	2004
Insgesamt	46	55	33	41
Verarbeitende Gewerbe	46	40	31	29
Baugewerbe	29	39	20	30
Handel	49	60	30	42
Gastgewerbe	25	24	16	17
Verkehr	39	47	26	40
Kredit- und Versicherungsgewerbe	k. A.	96	k. A.	79
Grundstücks- und Wohnungswesen	61	69	43	55
Wirtschaftliche Dienst-leistungen	53	84	39	63
Kultur, Sport, Unterhaltung	k. A.	64	k. A.	53
Sonstige Dienstleistungen	k. A.	32	k. A.	17

Quelle: FOCUS (Hrsg.) [2005], S. 37.

Software ist neben dem herkömmlichen Computer auch in elektronischen Geräten vorzufinden, die der Nachfrager nicht direkt mit einem Rechner assoziiert.[350] Diese so genannten eingebetteten Systeme werden u. a. im Bankenbereich (z. B. Bankautomaten), in der Automobilindustrie (z. B. Kfz-Elektronik), im Flug- und Bahnverkehr sowie in der Telekommunikation verwendet.

Auch im privaten Bereich ist Software allgegenwärtig. Sie wird z. B. in Mobiltelefonen, in der modernen Hauselektronik und in dem privat genutzten Personalcomputer (PC) eingesetzt. Im Jahr 2004 besaßen 72 % aller Haushalte in

350 Diese Art von Software in Verbindung mit Hardware wird als Firmware bezeichnet.

Deutschland ein Mobiltelefon.[351] Im gleichen Jahr war in 64 % aller Haushalte in Deutschland ein Computer vorzufinden. Der private PC-Besitz ist in dem Zeitraum von 2000 bis 2004 um 17 % angestiegen. Jeder zweite Haushalt in Deutschland ist in der Lage, mit dem eigenen PC ins Internet zu gehen.[352]

Der Softwaremarkt wird in den Statistiken als Teilmarkt des Marktes für Informations- und Kommunikationstechnik (IuK) aufgeführt.

Abbildung 12: Teilmärkte des Marktes für Informations- und Kommunikationstechnik

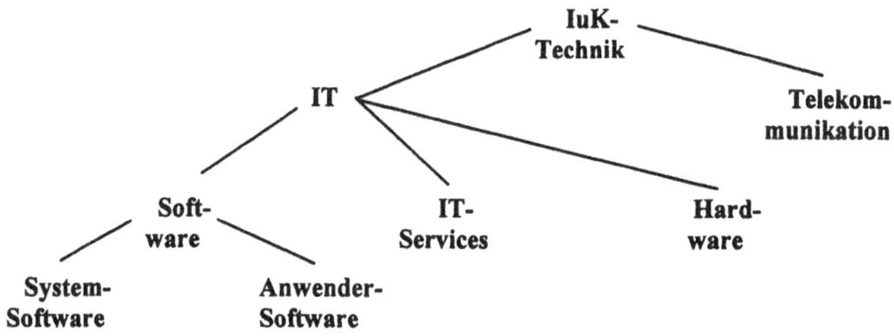

Quelle: HENG [2005], S. 2.

Die Abgrenzung zwischen den einzelnen Teilmärkten kann jedoch nicht präzise vorgenommen werden, da Software – wie bereits erwähnt – häufig in elektronische Geräte eingebettet ist.[353] Das weltweite Marktvolumen des IuK-Marktes lag im Jahr 2004 bei 2,044 Billionen Euro. Das weltweite Marktvolumen des Softwaremarktes entsprach in diesem Jahr mit 190 Mrd. Euro etwa 9,3 % des gesamten IuK-Marktes.[354]

Mit dem Siegeszug des Personal Computers (PCs), der in den 1980er Jahren begann, stieg auch die gesamtwirtschaftliche Bedeutung des Softwaremarktes deutlich an. In dem Zeitraum von 1985 bis 1995 wuchs der Markt für Standard-

---

351 Das Panel umfasst Haushalte mit Haushaltsmitgliedern zwischen 14 und 69 Jahren. Vgl. FOCUS (Hrsg.) [2005], S. 31.

352 Die Basis der Erhebung war die deutsche Bevölkerung zwischen 16 und 69 Jahren. Vgl. FOCUS (Hrsg.) [2005], S. 31.

353 Auch bei den einfachen Mobiltelefonen ist es vergleichsweise schwer, einen Preis für die eingebettete Software zu identifizieren.

354 Vgl. HENG [2005], S. 7.

software[355] von 21 Milliarden USD auf über 97 Milliarden USD, damit insgesamt um 355 %.[356] Dies entspricht einem durchschnittlichen Jahreswachstum von 16,35 %. Im Zeitraum von 1995 bis 2004 ist der Markt um 135 % auf 228 Milliarden USD gewachsen ist. Dieser Zeitraum lässt sich in zwei Wachstumsperioden unterteilen.[357] Bis zum Jahr 2000 war der Markt für Standardsoftware durch zweistellige Wachstumsraten von durchschnittlich 12,4 % p. a. gekennzeichnet.[358] Hierbei stellten u. a. die Y2K-Investitionen der Unternehmen einen Wachstumsmotor dieser Periode dar („Jahrtausend-Problem").[359] In den Jahren 2001 bis 2003 blieb der Softwaremarkt von den Folgen des 11. Septembers und des stagnierenden Wachstums in den westlichen Industriestaaten nicht unbeeinflusst.[360] Für die Teilperiode zwischen 2001 und 2004 ergibt sich ein Umsatzzuwachs von 32 Milliarden USD, was einer durchschnittlichen Jahreswachstumsrate von 5,2 % entspricht. Somit liegt das durchschnittliche Wachstum p. a. über 4 % unter dem Gesamtperiodenschnitt von 1995 bis 2004, der sich auf 9,9 % belief.[361]

Die Statistiken umfassen in der Regel nicht das ganze Marktvolumen des Softwaremarktes. Ein Grund hierfür stellt die eingebettete Software dar, für die sich Umsätze in der Regel schwer erfassen lassen. Ein weiterer Grund ist, dass auch heute noch ein großer Teil der kommerziell genutzten Software von den Unternehmen entwickelt wird, in denen sie auch Anwendung finden soll. Da für diese so genannte Inhouse-Software keine Marktpreise vorliegen, lässt sich ihr Wert schwer erfassen. In den 1990er Jahren gab es Schätzungen, „dass die wirtschaftliche Bedeutung von Inhouse-Entwicklungen größer ist als die der Standardanwendungssoftware."[362] Große IT-Investitionen im Zuge der Euro-Umstellung und des Jahrtausend-Problems haben jedoch dazu geführt, dass in den Unternehmen immer mehr standardisierte Softwareprodukte eingesetzt wer-

---

355 Standardsoftware beinhaltet Software, die für einen anonymen Massenmarkt bestimmt ist. Das Gegenteil von Standardsoftware stellt die Individualsoftware dar. Zu der Gruppe der Standardsoftware wird Systemsoftware und Standardanwendungssoftware gezählt.

356 Eigene Berechnungen auf Basis von OECD [1997], S. 223.

357 Vgl. HENG [2005], S. 7.

358 Im Jahr 2001 lag das weltweite Marktvolumen für Standardsoftware bei 196 Milliarden USD. Vgl. OECD [2002], S. 5.

359 Vgl. OECD [2002], S. 5.

360 BOSTON.INTERNET.COM (Hrsg.) [2001] sowie ENDRES [2005].

361 Eigene Berechnung auf Basis von OECD [2000], S. 61, OECD [2002], S. 5 sowie HENG [2005], S. 7.

362 GRÖHN [1999], S. 17.

den.[363] Darüber hinaus verursacht auch der Einsatz von Software-Raubkopien Erfassungsprobleme, da auch hier keine Marktpreise vorliegen. Auf diese Problematik wird u. a. im nachfolgenden Kapitel eingegangen.

2 Besonderheiten von Software

2.1 Grundlegendes

Software dient als immaterielles Informationsgut nicht nur zur Digitalisierung von Daten, sondern liegt selbst in digitaler Form vor. Die Immaterialität erlaubt es, Software im Gegensatz zu physischen Gütern über einen virtuellen Markt wie beispielsweise das Internet zu verkaufen.[364] Ein bedeutender Teil der Softwareprodukte wird aber immer noch auf „realen Märkten" verkauft, wobei die Marktbeziehungen etwa in der Produktinformations-, Entscheidungs-, Vereinbarungs- oder Abwicklungsphase elektronisch unterstützt werden.[365] Gleichwohl steigt die Bedeutung virtueller Märkte als Distributionskanäle für Softwaregüter, da durch sie zeitliche und räumliche Restriktionen obsolet werden und die hierdurch hervorgerufenen Transaktionskosten erheblich sinken.

Bei Software treten bedingt durch die Immaterialität keine Verschleißerscheinungen auf.[366] Sie kann beliebig oft vervielfältigt und demnach von beliebig vielen Nachfragern zu jeder Zeit verwendet werden. „Insofern zeichnet sich Software durch Nichtrivalität im Konsum aus, und zwar sowohl zu einem Zeitpunkt als auch über die Zeit."[367] Obwohl Software keine physischen Verschleißerscheinungen aufweist, kann sie dennoch altern. Falls Software nicht an eine sich verändernde Betriebsumgebung angepasst wird, verliert sie an Leistungsfähigkeit. Im Extremfall ist es möglich, dass sie auf einer neuen Hardware nicht mehr lauffähig ist und daher nicht mehr zur Bewältigung anstehender Aufgaben eingesetzt werden kann.[368] Viele Nachfrager umgehen dieses Problem, indem sie „veraltete" Software mit „veralteter" Hardware nutzen, also die Betriebsumge-

---

363 Vgl. HENG [2005], S. 3.

364 Software kann als Ware direkt aus dem Internet heruntergeladen werden. Auch physische Güter sind im Internet zu erwerben. Jedoch müssen sie auf physischem Weg – in der Regel durch ein Logistikunternehmen wie z. B. die DHL – zum Käufer transportiert werden.

365 Vgl. ZERDICK u. a. [1999], S. 148.

366 Vgl. UNITED STATES DISTRICT COURT FOR THE DISTRICT OF COLUMBIA (Hrsg.) [1999a], Tz. 123.

367 Vgl. GRÖHN [1999], S. 6.

368 Vgl. BALZERT [1996], S. 96 ff.

bung nicht verändern.[369] Auf Seiten der Anbieter von Software besteht hierdurch die Gefahr, dass sie für Softwareprodukte nachfolgender Generationen zu wenig Nachfrager finden. Die Anbieter begegnen dieser Gefahr u. a. mit zeitlich begrenzten Lizenzverträgen (Leasingverträgen), einer Aufkündigung der Support-Leistungen für ältere Programme oder einer Beschränkung der Intergenerationskompatibilität.[370] Hierbei kann zum einen der Austausch von Daten zwischen Programmen beschränkt werden, die der gleichen Produktfamilie, aber unterschiedlichen Produktgenerationen angehören. Andererseits besteht für ein Unternehmen, das sowohl Betriebssysteme als auch Anwendungsprogramme anbietet, die Möglichkeit, dass z. B. neue Anwendungsprogramme nicht auf älteren Betriebssystemen der gleichen Herstellerfamilie lauffähig sind oder umgekehrt.[371]

Abbildung 13: Anteil der Raubkopien in den einzelnen Regionen

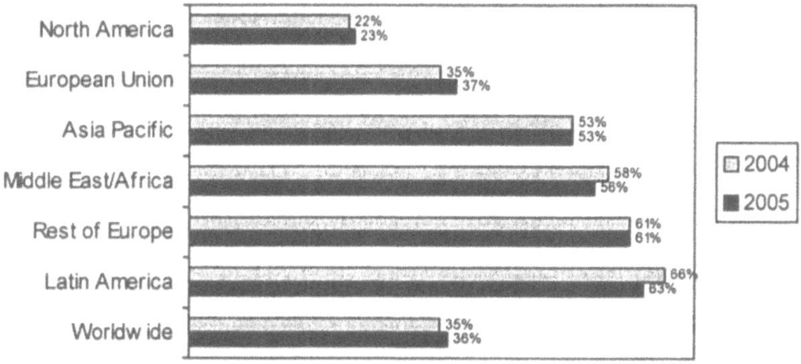

Quelle: BUSINESS SOFTWARE ALLIANCE (Hrsg.) [2005].

Bei proprietärer Software ist der Ausschluss von potenziellen Konsumenten zwar theoretisch möglich, aber nur begrenzt technisch durchsetzbar. Seit Ende der 1990er Jahre besteht auf Seiten der Softwarehersteller ein verstärktes Engagement darin, ihre Software durch einen Kopierschutz vor unerwünschter Vervielfältigung zu schützen.[372] Dennoch gibt es eine Vielzahl von teilweise illegalen Softwareprogrammen, die eine Umgehung des Kopierschutzes ermöglichen.

---

369 Da die Betriebsumgebung jedoch physischen Verschleißerscheinungen unterliegt, ist diese Strategie zeitlich limitiert.

370 Vgl. TEPESC [2002], S. 168 ff. sowie VAHLDIEK [2002].

371 Vgl. SCHÜLER [2002].

372 Vgl. BUSINESS SOFTWARE ALLIANCE (Hrsg.) [2003].

Die direkten Kosten für eine Raubkopie sind vernachlässigbar gering. In vielen Fällen können Softwareprogramme von Dritten direkt auf eine CD gebrannt werden. Darüber hinaus ist eine Vielzahl an Raubkopien unentgeltlich im Internet erhältlich. Das Marktforschungsunternehmen IDC schätzt, dass 35 % der Software auf Personalcomputern (PC) im Jahr 2004 Raubkopien waren.[373] Abbildung 13 zeigt den geschätzten Anteil der installierten Raubkopien auf Client-PCs in 2004 und 2005 in den einzelnen Regionen.

Der weltweite Schaden (indirekte Kosten), der den Softwareanbietern durch Raubkopien entsteht, ist nach Schätzungen von IDC von 29 Mrd. USD in 2003 auf 33 Mrd. USD in 2004 angestiegen.[374] IDC erwartet, dass der Einsatz von Raubkopien bis zum Jahr 2010 deutlich zunehmen wird.[375] Raubkopien dürften vorwiegend im privaten Bereich Anwendung finden, da hier die Aufdeckungswahrscheinlichkeit sehr gering ist. So gab das Softwareunternehmen Microsoft für das Jahr 2003 an, dass weltweit 300 Millionen Kopien von MSOffice Paketen[376] Anwendung fanden. Hiervon wurden jedoch nur 175 bis 200 Millionen Kopien bezahlt. Von den zahlenden Kunden waren etwa 80 % Firmenkunden und 20 % Privatkunden.[377]

2.2 Primär angebotsseitige Besonderheiten[378]

Software weist als virtuelles Netzwerkgut angebotsseitige Größenvorteile im Bereich der relevanten Nachfrage auf. In der Regel fallen bei der Entwicklung von Software hohe Entwicklungskosten (Fixkosten) an, die im Fall eines Marktaustritts versunken sind.[379] Die Kosten werden auch als *first-copy costs* bezeich-

---

373 Vgl. IDC (Hrsg.) [2005].

374 Vgl. IDC (Hrsg.) [2005].

375 Vgl. BUSINESS SOFTWARE ALLIANCE (Hrsg.) [2005].

376 In so genannten Office Paketen sind die Anwendungsprogramme aus dem Bereich Bürosoftware zusammengefasst, die am häufigsten nachgefragt werden. Hierzu gehören u. a. ein Textverarbeitungsprogramm und ein Tabellenkalkulationsprogramm.

377 Vgl. BEAR STEARNS (Hrsg.) [2003], S.41 f.

378 Vgl. hierzu grundlegend SHY [2001], S. 53 ff.

379 Vgl. OECD (Hrsg.) [2002], S. 105. Hierbei wird vorausgesetzt, dass es sich um die Entwicklung größerer Software handelt. Die Entwicklung von so genannter Klein-Software ist vergleichsweise leicht und verursacht nur sehr geringe Kosten. Als Klein-Software werden Programme bezeichnet, die aus einer Länge von bis zu 100 Zeilen bestehen. Diese Programme werden in der Regel von einer Person entwickelt, wodurch der Kommunikationsaufwand vergleichsweise gering gehalten werden kann. Das Programm kann schnell getestet und eventuell auftretende Fehler können zügig behoben werden. In der Regel sind weder Dokumentation noch Planung und Projektorganisation für das Arbeiten mit dem Programm erforderlich. Bei Standardsoftware, die den

net.[380] Entwicklungskosten entstehen zum überwiegenden Teil durch den Programmentwurf, das Schreiben des Quellcodes (source code)[381], das Testen des Programms und die anschließende Fehlerbehebung.[382] Demgegenüber sind die variablen Kosten der Vervielfältigung von Software sehr gering.[383]

Bei der Produktion von Software treten häufig Verbundvorteile auf, da Programmteile eines bereits existierenden Programms auch für neue Programme verwendet werden können.[384] Die Wiederverwendung der Programmteile wird durch die Sequenzialität des Quellcodes vereinfacht.[385]

Eine einmal kreierte Software ist fast beliebig schnell zu vervielfältigen, wodurch die Anbieter ihre Produktionsmenge quasi zeitgleich an Nachfrageänderungen anpassen können (instant scalability).[386] Auch bei der Verbreitung von Software wird es in der Regel nicht zu Engpässen kommen. Zum einen kann Software – wie bereits erörtert – virtuell über das Internet erworben werden. Zum andern besteht die Möglichkeit, Software in Form externer Speichermedien zu verbreiten. Da diese externen Speichermedien (z. B. CD-ROMs) von mehreren Unternehmen hergestellt werden, ist es unwahrscheinlich, dass es hierbei zu Produktionsengpässen kommt.

---

zentralen Untersuchungsgegenstand der nachfolgenden Kapitel darstellt, treten hingegen sehr hohe Entwicklungskosten auf. Vgl. GLINZ [2004], S. 6.

380 Vgl. SHAPIRO [1999], S. 4.

381 Der Quellcode stellt die Anweisungen eines Programms dar, die in einer Programmiersprache geschrieben wurden. Vgl. MERTENS [2000], S. 25.

382 Vgl. EVANS, HAGIU, SCHMALENSEE [2005], S. 193. Die Entwicklungskosten lassen sich verschiedenen Phasen zuordnen. Zunächst werden die Anforderungen definiert und ein Fachkonzept erstellt. Hierdurch entstehen etwa 25 % der Entwicklungskosten. Im Anschluss daran wird der Quellcode für das eigentliche Programm geschrieben (Entwicklungsphase I). Auf diese Phase entfallen etwa 20 % der Entwicklungskosten. Nach der Entwicklung wird Software ausgiebig getestet und identifizierte Fehler werden behoben. Diese Tests und Retests verursachen mindestens 40 % der Entwicklungskosten (Entwicklungsphase II). Schließlich erfolgen die Abnahme und das Rollout, worauf etwa 15 % der Entwicklungskosten entfallen. Die Ausführungen basieren auf einem Experteninterview mit Ingo Schmall, DekaBank, Bereich OI vom 23.09.2005.

383 Vgl. OECD (Hrsg.) [2002], S. 105, GRÖHN [1999], S. 4 f., CAMPBELL-KELLY [2003], S. 209 ff., UNITED STATES DISTRICT COURT FOR THE DISTRICT OF COLUMBIA (Hrsg.) [1999a], Tz. 12 f. sowie SHAPIRO [1999], S. 4.

384 Vgl. GRÖHN [1999], S. 5, ELZINGA, MILLS [1998], S. 31 sowie EVANS, HAGIU, SCHMALENSEE [2005], S. 195 und Ausführungen in Abschnitt 3.2.

385 Hierdurch ist ein Entwicklungsfortschritt schwer feststellbar. Vgl. BLIND [2003], S. 55.

386 Vgl. LIEBOWITZ, MARGOLIS [2001a], S. 137.

2.3 *Primär nachfrageseitige Besonderheiten*

Die Immaterialität von Software macht es nahezu unmöglich, einen Entwicklungsfortschritt objektiv zu messen, wodurch ein Qualitätsvergleich verschiedener Produkte schwer definierbar und quantifizierbar wird.[387] Aufgrund der Virtualität und dem Fehlen einer haptischen Komponente wird eine Begutachtung von Software, wie sie bei physischen Gütern üblich ist, unmöglich.[388] Diese Eigenschaft erschwert einem potenziellen Kunden die Informationsbeschaffung vor dem Kauf der jeweiligen Software. Unter der Voraussetzung, dass der Begriff Software sowohl die Programme als auch ergänzende Serviceleistungen umfasst (Software im weiteren Sinne), besitzt Software die Eigenschaften eines Such-, Erfahrungs- und Vertrauensgutes.[389] Der Preis für eine Software und für die erwarteten Anschlusskäufe dürfte sich recht schnell herausfinden lassen und kann daher als Sucheigenschaft der Software bezeichnet werden.[390] Das Programm selbst weist nahezu ausschließlich die Eigenschaften eines Erfahrungsgutes auf.[391] Die Qualität lässt sich vor dem Gebrauch nur schwer feststellen, kann aber nach dem Gebrauch weitgehend beurteilt werden.[392] Qualitätsmerkmale können z. B. die Stabilität und Funktionalität eines Softwareprogramms sowie die erwartete Dauer der Einarbeitungsphase sein. Objektive Qualitätsmerkmale, wie Sicherheit und Leistungsfähigkeit einer Standardsoftware, werden zwar häufig in einschlägigen Fachzeitschriften beschrieben, jedoch lassen sich diese Unsicherheiten vor dem Kauf kaum beseitigen, wenn es sich um subjektive Qualitätsmerkmale handelt. Bei dem Kauf einer Individualsoftware liegen keine Angaben über die objektiven Qualitätsmerkmale vor, da Vergleichsmöglichkeiten und entsprechende öffentlich zugängliche Informationen gänzlich fehlen.[393]

---

387 Vgl. KOOTHS, LANGENFURTH, KALWEY [2003b], S. 21.

388 Vgl. MEYERS LEXIKON REDAKTION (Hrsg.) [2001], S. 603.

389 Vgl. NELSON [1970], S. 318 ff.

390 Sucheigenschaften sind die Produkteigenschaften, die sich von einem Konsumenten relativ leicht durch direkte Beobachtung in Frage kommender Objekte feststellen lassen.

391 Vgl. SHAPIRO, VARIAN [1999], S. 16 f.

392 Mittlerweile bieten zwar Unternehmen wie IBM die Abbildung der IT-Infrastruktur zu Testzwecken an, so dass die Qualität zumindest teilweise ex ante beurteilt werden kann. Jedoch ist das Entwickeln dieser Infrastruktur aufwendig und führt zu erheblichen Kosten, die der Kunde tragen muss. Deshalb wird diese Möglichkeit nur selten und tendenziell von größeren Unternehmen als Nachfrager genutzt. Experteninterview S. Beck, IBM Unternehmensberatung am 07.06.2006.

393 Hierbei ist Individualsoftware von Standardsoftware zu unterscheiden, die teilweise auf die Wünsche des Kunden zugeschnitten werden kann (so genanntes Customizing). „Das Customizing beginnt bei länderspezifischen Einstellungen wie beispielsweise die Sprache oder Währung und führt über die Abbildung der betrieblichen Organisations- und Datenstrukturen bis zu Verarbeitungsvorgaben auf Funktionsebene (zum Beispiel Abschreibungsverfahren und deren Berechnung, Festlegung von Liefer- und Zahlungsbedingungen)." HANSEN, NEUMANN [2005], S. 534.

Nelson zufolge handelt es sich bei diesen Produkteigenschaften um Erfahrungsguteigenschaften.[394]

Darüber hinaus stellt der Netznutzen, der – wie im nachfolgenden Abschnitt gezeigt – in weiten Teilen des Softwaremarktes auftritt, ein zentrales Qualitätsmerkmal dar. Auch die Unsicherheit über die zukünftige Netzwerkgröße und den daraus resultierenden Netznutzen lässt sich vor dem Kauf kaum reduzieren. Aus diesem Grund können diese Eigenschaften, die durch den Netzwerkeffekt hervorgerufen werden, auch zu den Erfahrungseigenschaften gezählt werden.

Auch Serviceleistungen und Datensicherheit stellen Vertrauenseigenschaften dar, für die Kunden lässt sich die Qualität dieser Leistungen in vielen Fällen nicht einmal während der Nutzung eines Programms feststellen.[395] So kann z. B. ein privater Nutzer mit eingeschränkten IT-Kenntnissen nicht immer feststellen, ob Dritte auf die eigenen Daten über das Internet Zugriff haben.

3 Softwarekategorien

3.1 Überblick

Traditionell wird Software in Systemsoftware[396] und Anwendungssoftware[397] untergliedert. Diese Untergliederung lässt sich heute allerdings nicht mehr eindeutig vornehmen, da Personalcomputer, Client-Server-Systeme[398], Internet und Firmenzusammenschlüsse zu einer grundlegenden Veränderung der Softwarelandschaft beigetragen haben.

In den vergangenen zwei Jahrzehnten wurden in Unternehmen die monolithischen[399], von Großrechnern dominierten Systemlandschaften durch komponen-

---

394 Vgl. NELSON [1970], S. 311 ff. Zu Software als Erfahrungsgut vgl. SHAPIRO, VARIAN [1999], S. 16 f.

395 Vgl. zu Vertrauensgütern HAUSER [1979], S. 739 ff.

396 Detaillierte Ausführungen zu Systemsoftware finden sich in den Abschnitt 3.2 und 3.3.

397 Detailliere Ausführungen zu Anwendungssoftware finden sich in den Abschnitten 3.4 und 3.5.

398 Die Client-Server-Architektur wird in Abschnitt 3.2.2 charakterisiert.

399 Ein monolithisches System ist ein ganzheitliches abgeschlossenes System, das nicht auf Komponenten aufgebaut ist. Dieses System wird konkret zu einer bestimmten Problemlösung entwickelt, und es steht zur Wiederverwertung nicht zur Verfügung. Monolithische Systeme sind nur schwer wartbar. Haben sich die Anforderungen an das Datenverarbeitungssystem (DV-System) geändert, so müssen monolithische Systeme entweder komplett ausgetauscht werden oder als Altsysteme in neue Umgebungen eingebunden werden. Vgl. HANSEN, NEUMANN [2005], S. 227 f.

tenorientierte[400] Systemlandschaften ersetzt. Die zunehmende Komplexität der zu bewältigenden Teilaufgaben erfordert eine schnelle und flexible Anpassung der Software. Da die Schaffung eines gänzlich neuen Systems zur jeweiligen Problembewältigung sowohl zeit- als auch kostenintensiv ist, besteht bei der Softwareentwicklung zunehmend die Tendenz, wieder verwertbare Bausteine zu entwickeln, die sich in unterschiedlichen Konstellationen zur Lösung der verschiedenen Teilprobleme zusammensetzen lassen. Das Zusammenfügen der Komponenten zu einem Softwarepaket hat zur Folge, dass ein Betriebssystem Anwendungskomponenten und eine Anwendung Entwicklungs- oder Middleware-Komponenten enthält.[401] Bei der nachfolgend vorgenommenen Kategorisierung wird die jeweilige Software der Kategorie zugeordnet, der die meisten ihrer Komponenten angehören.

Abbildung 14: Klassifikationen von Software

Software			
Systemsoftware		Anwendungssoftware	
Betriebssystem	Systemnahe Software	Standard-anwendungs-software	Individual-software

Quelle: Eigene Darstellung

Grundlegend lässt sich Software in Systemsoftware (anwendungsneutrale Programme) und Anwendungssoftware unterscheiden. Der Kategorie Systemsoftware lassen sich Betriebssysteme und systemnahe Software zuordnen.[402]

Die Anwendungssoftware setzt direkt auf der Systemsoftware – in vielen Fällen auf dem Betriebssystem – auf, steht somit mit dieser in einer Komplementärbeziehung. Sie dient dazu, dem Anwender die Erfüllung seiner Aufgaben mit Hilfe des Computersystems zu ermöglichen.[403] Anwendungssoftware lässt sich

---

400 Hierunter ist ein Softwaresystem zu verstehen, dessen Funktionalität auf klar abgegrenzte Komponenten verteilt wird, die jeweils eine bestimmte Teilfunktionalität zur Verfügung stellen. Die Komponenten sind erneut verwertbare Bausteine, die durch kompatible Komponenten ersetzt werden können. Vgl. HANSEN, NEUMANN [2005], S. 227 f.

401 Vgl. HANSEN, NEUMANN [2005], S. 163 f.

402 In Anlehnung an STAHLKNECHT, HASENKAMP [2002], S. 67 ff.

403 Vgl. HEINRICH, HEINZL, ROITHMAYR [2004], S. 63.

darin unterscheiden, ob sie für einen anonymen Massenmarkt bestimmt ist (Standardanwendungssoftware) oder auf die individuellen Bedürfnisse eines Unternehmens „zugeschnitten“ wurde (Individualsoftware). Während bei privaten Wirtschaftssubjekten überwiegend Standardanwendungssoftware zu Erfüllung der Aufgaben eingesetzt wird, finden bei der Unterstützung betrieblicher Aufgaben sowohl Standardanwendungssoftware als auch Individualsoftware Anwendung.

3.2 Betriebssystem

3.2.1 Grundlagen

Das Betriebssystem (operating system) ist eine „zusammenfassende Bezeichnung für alle Programme, die die Ausführung, das Zusammenwirken und den Schutz der Benutzerprogramme, die Verteilung der Betriebsmittel auf die einzelnen Benutzerprogramme und die Aufrechterhaltung der Betriebsart steuern und überwachen.“[404] Das Betriebssystem stellt den wichtigsten Bestandteil der Systemsoftware dar und ist für das Arbeiten mit einem Computer unverzichtbar. Es fungiert als Mittler zwischen der Anwendungssoftware, mit der ein Benutzer direkt arbeitet, und der Hardware.[405] Diese Mittlerfunktion nimmt das Betriebssystem mit Hilfe so genannter Hardware- und Softwareschnittstellen wahr. Die Schnittstellen ermöglichen es, Kompatibilität zwischen den verschiedenen Systemebenen herzustellen.[406]

Betriebssysteme lassen sich in Steuerprogramme und Dienstprogramme untergliedern. Steuerprogramme übernehmen die Ablaufsteuerung. Diese umfasst etwa die Verwaltung von Geräten, Speichermedien und Benutzeraufträgen.[407] Dienstprogramme sind anwendungsneutrale Hilfsprogramme zur Abwicklung sich wiederholender systemorientierter Aufgaben. Sie sind eng mit den Programmen der Ablaufsteuerung verbunden. Der Kategorie Dienstprogramme gehören u. a. Programme zur Datensicherung und Bibliotheksverwaltung an. Mit

---

404 MEYERS LEXIKON REDAKTION (Hrsg.) [2001], S. 94.

405 Vgl. STAHLKNECHT, HASENKAMP [2005], S. 73.

406 Neben diesen Schnittstellen werden auch die Schnittsstellen für die Hardwarehersteller bereitgestellt, um die Hardware und die Software aufeinander anzupassen. Vgl. EVANS, HAGIU, SCHMALENSEE [2005], S. 193.

407 Vgl. TU WIEN (Hrsg.) [2005].

ihrer Hilfe ist es möglich, umgewandelte Programmteile zusammenzubinden[408] sowie Fehler zu kontrollieren[409] und die Programme lauffähig zu machen.[410]

Wie alle anderen Programme, mit denen der Benutzer in direktem Kontakt steht, besitzt ein Betriebssystem eine so genannte Benutzerschnittstelle. „Unter einer Benutzerschnittstelle versteht man die Benutzerführung, die dem Benutzer am Bildschirm für den Dialog mit dem Computer zur Verfügung gestellt wird."[411] Die Benutzerschnittstelle ermöglicht es, z. B. Datenverzeichnisse einzusehen und Programmfunktionen zu starten. Moderne Betriebssysteme stellen dem Benutzer eine so genannte grafische Benutzeroberfläche (GUI[412]) als Benutzerschnittstelle zur Verfügung.

Ein Betriebssystem unterscheidet sich je nach Benutzerzielgruppe und Generation in seinen Fähigkeiten, insbesondere im Bereich Ein- (single-user)[413] vs. Mehrbenutzung (multi-user)[414], Ein- (single-tasking)[415] vs. Mehrprogrammbetrieb (multi-tasking)[416] und Ein- (single-processoring)[417] vs. Mehrprozessorbetrieb (multi-processoring)[418].[419] Die bekanntesten Betriebssystemfamilien, die heute auf Computern eingesetzt werden, sind die Windows-Familie von Microsoft, die Mac OS-Familie von Apple, die Linux-Familie und die Unix-Familie als

---

408 Dies erfolgt mit Hilfe so genannter „Binder". Sie „binden" übersetzte Programmteile „zusammen" und erweitern diese gegebenenfalls um Ein- und Ausgabesteuerungen.

409 Die Fehlerkontrolle wird durch so genannte Debugger unterstützt. Sie helfen bei der Fehleridentifikation und Fehlerbeseitigung eines zu testenden Programms.

410 Vgl. TU WIEN (Hrsg.) [2005].

411 STAHLKNECHT, HASENKAMP [2005], S. 80.

412 Graphical User Interface.

413 Zum jeweiligen Zeitpunkt hat nur ein Benutzer auf das Betriebssystem Zugriff.

414 Mehrere Benutzer teilen sich die Computerleistung. So sind z. B. Netzwerkverbindungen mit dem Computer und dem Betriebssystem verbunden.

415 Nur eine Aufgabe kann zu einem Zeitpunkt bearbeitet werden.

416 Der Mehrprogrammbetrieb ermöglicht die Bearbeitung mehrerer Aufgaben. Ein Mehrbenutzer-Mehrprogrammbetrieb ermöglicht die gleichzeitige Bearbeitung mehrerer Aufgaben durch mehrere Benutzer.

417 Ein Großteil der verwendeten Rechner besitzt eine von-Neumann-Architektur und arbeitet im Einprozessorbetrieb, d. h. der Rechner verfügt nur über einen Zentralprozessor. Vgl. STAHLKNECHT, HASENKAMP [2002], S. 34 ff.

418 Der Mehrprozessorbetrieb erlaubt die Verteilung der Aufträge auf mehrere physische Zentralprozessoren. Dadurch wird der Durchsatz erhöht. Nachteilig ist der deutlich höhere Aufwand für das Betriebssystem durch die Verwaltung zusätzlicher Prozessoren. Insofern ist bei mehrprozessorfähigen Betriebsystemen darauf zu achten, wie viel Prozent der zusätzlichen Kapazität von weiteren Prozessoren tatsächlich für die Anwendungen genutzt werden können.

419 Vgl. HANSEN, NEUMANN [2005], S. 50 f.

Open-source-Betriebssysteme.[420] Darüber hinaus gibt es diverse Großrechnerbetriebssysteme u. a. von IBM, HP und Fujitsu Siemens. Diese Betriebssysteme sind an die herstellerspezifischen Plattformen angepasst.

Generell lassen sich Betriebssysteme danach unterscheiden, ob sie auf Arbeitsplatzrechnern (Clients) oder Servern zum Einsatz kommen, demnach Client- oder Server-Betriebssysteme sind. Um ein grundlegendes Verständnis hierfür zu vermitteln, ist die Client-Server-Architektur im nachfolgenden Abschnitt in ihren Grundzügen charakterisiert.

3.2.2 Client-Server-Architektur[421]

In den 1980er Jahren lösten die ersten Client-Server-Architekturen die altgedienten Großrechnersysteme (Mainframe-Systeme)[422] in den Unternehmen ab und wurden zu Beginn der 1990er Jahre zum essentiellen Bestandteil der Bürokommunikation. Zunächst bezogen sich die Begriffe Client und Server allein auf die Software. So stellt die Server-Software für die Client-Software diverse Dienste bereit. Inzwischen wird üblicherweise auch der Rechner, auf dem die jeweilige Software installiert ist, als Client bzw. Server bezeichnet. In dieser Studie wird unter den Begriffen Client und Server nur die jeweilige Hardware verstanden.[423]

Eine Client-Server-Architektur ermöglicht es, Aufgaben auf mehrere parallel arbeitende Client-Anwender aufzuteilen. Zu einem Client oder Server wird der entsprechende Computer jedoch erst durch die Installation eines spezifischen Client- oder Server-Betriebssystems, in dem die grundlegenden Dienste enthalten sind.[424] Moderne Client-Betriebssysteme können in der Regel ein bis zwei

---

420 Unter „Open-Source-Software" wird Software verstanden, deren Quellcode z. B. im Internet kostenlos zur Verfügung gestellt wird. Hierdurch haben Wirtschaftssubjekte die Möglichkeit, Programme weiterzuentwickeln und an die eigene Bedürfnisse anzupassen. Vgl. BLIND [2003], S. 5.

421 Vgl. FICHERT, SOHNS [2004], S. 907 f.

422 Ein Mainfraime-System ist ein Rechnersystem, das in der Regel nur einen Großrechner bzw. Zentralrechner besitzt. An diesen Zentralrechner sind diverse Endgeräte wie Bildschirme, Drucker, Lesegeräte etc. angeschlossen. Die Datenverarbeitung findet ausschließlich auf dem Zentralrechner statt. Vgl. MEYERS LEXIKON REDAKTION (Hrsg.) [2001], S. 130.

423 Software wird hingegen durch die Begriffe Client- oder Server-Software bzw. Betriebssysteme, Anwendungssoftware oder konkrete Namen kenntlich gemacht.

424 Es ist durchaus möglich, dass auf einem Rechner mehrere Server- und auch Client-Programme installiert sind, dieser somit je nach Einsatzzweck und installierter Software in Client- oder Serverfunktion auftritt.

Prozessoren steuern. Sie sind für mobile Kleingeräte wie PDAs[425] oder als Einzelplatzbetriebssysteme für Schreibtisch-, Notebook-PCs[426] und Workstations[427] vorgesehen. Client-Betriebssysteme werden sowohl von Privat- als auch von Geschäftskunden nachgefragt. Server-Betriebssysteme sind in der Regel durch Mehrprozessorbetrieb, Mehrprogrammbetrieb und Mehrplatzfähigkeit gekennzeichnet. Sie sind für leistungsfähige PCs oder traditionelle RISC-Rechner vorgesehen.[428] Server-Betriebssysteme werden vor allem von Geschäftskunden nachgefragt.[429]

Abbildung 15: Client-Server-Architektur

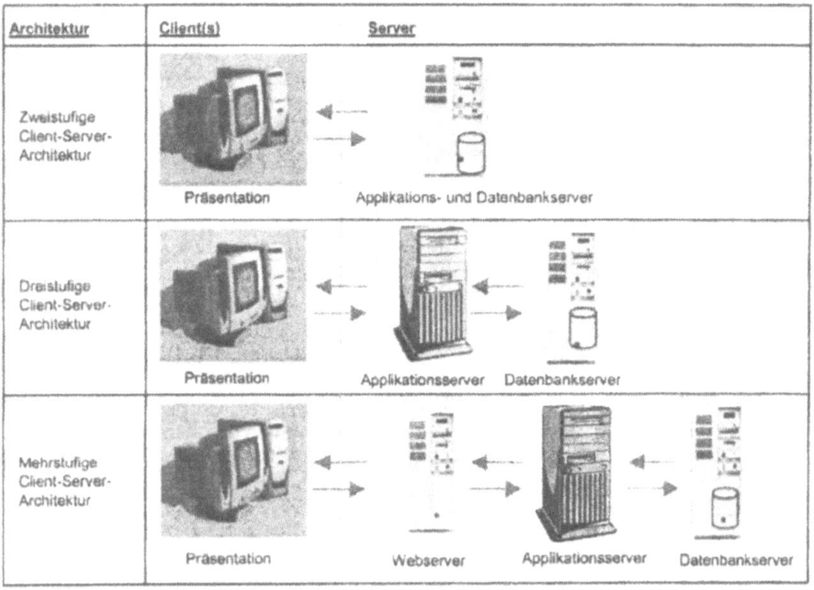

QUELLE: MERTENS [2000], S. 43.

---

425 Vgl. Ausführungen in Kapitel B 1.

426 Vgl. Ausführungen in den Kapiteln B 1 und B 2.

427 Vgl. Ausführungen in Kapitel B 1.

428 Vgl. Ausführungen in Kapitel D 2.2.

429 Vgl. HANSEN, NEUMANN [2005], S. 51.

Eine Vernetzung in Form einer Client-Server-Architektur kann innerhalb eines Unternehmens (LAN[430], Intranet[431]), zwischen verschiedenen Unternehmen (Extranet[432]) oder als offenes weltweit vernetztes System (Internet) erfolgen. Auch die Rechner, die sich im privaten Gebrauch befinden, werden als Clients in ein Client-Server-System eingebunden, wenn sie an das Internet angeschlossen sind. Abbildung 15 zeigt unterschiedliche Client-Server-Architekturen.

Erste Client-Server-Systeme bestanden in der Regel aus so genannten „Fat-Clients"[433] und passiven Servern. In dieser zweistufigen Client-Server-Architektur diente der Client nicht mehr als reine Repräsentationsoberfläche, auf ihm liefen auch die Anwendungsprogramme (Anwendungslogik) ab.[434] Dem Server hingegen kam ausschließlich die Funktion der zentralen Datenhaltung zu. In den 1990er Jahren wurden in den Unternehmen die zweistufigen Client-Server-Systeme nach und nach von der dreistufigen Client-Server-Architektur abgelöst.[435] Wie Abbildung 15 verdeutlicht, können in drei- oder mehrstufigen Client-Server-Architekturen Rechner innerhalb eines Netzwerkes sowohl als Clients als auch als Server agieren. Ein Beispiel dafür ist der Webserver, der, wie bereits sein Name erkennen lässt, gegenüber einem Webbrowser[436] die Server-

---

430 LAN ist die Abkürzung Local Area Network. Hierbei handelt es sich um lokale Netzwerke innerhalb eines Gebäudes oder Betriebsgeländes. Im Gegensatz zu Weitverkehrsnetzen darf der Betreiber das Netzwerk ohne öffentliche Genehmigung selbst verlegen. Vgl. STAHLKNECHT, HASENKAMP [2005], S. 114.

431 Das Intranet ist ein geschlossenes Rechnernetz, das sich in der Regel innerhalb eines Unternehmens befindet. Es gleicht in seinem Aufbau dem Internet, weil es z. B. die gleichen Übertragungsprotokolle und Dienste verwendet. Vgl. MEYERS LEXIKON REDAKTION (Hrsg.) [2001], S. 311.

432 Der Begriff Extranet wird für ein geschlossenes Netzwerk verwendet, in dem Unternehmen über das Internet miteinander verbunden sind. Ein Beispiel für ein Extranet mit exklusiven Zugriffsrechten für die teilnehmenden Unternehmen ist die Automobil Einkaufsplattform Covisint. Vgl. MERTENS [2000], S. 50.

433 Ein Fat-Client ist ein vollwertig ausgestatteter, leistungsfähiger Computer, auf dem in einer Client-Server Architektur die eigentliche Verarbeitung der Daten stattfindet. Um diese Verarbeitung durchführen zu können, sind auf dem Fat-Client alle relevanten Anwendungsprogramme installiert. Vgl. DATACOM BUCHVERLAG GMBH (Hrsg.), URL: http://www.itwissen.info/definition/lexikon//_fat%20client_fat-client.html [Stand 16.01.2007].

434 Anwendungsprogramme bzw. Anwendungssoftware unterstützen den Nutzer dieser Programme bei der Lösung fachlicher Probleme. Vgl. HANSEN, NEUMANN [2005], S. 163 ff.

435 Gründe hierfür waren hohe Kosten für die auf jedem Rechner zu installierenden Anwendungen, die schwere Skalierbarkeit, die fehlende Unterstützung verteilter Transaktionen und die aufwändige Systemadministration. Vgl. SNEED [1996].

436 „Als Browser werden allgemein (Hilfs-)Programme bezeichnet, die eine Recherche von Dateien und deren Platzierung in der Verzeichnishierarchie eröffnen." MERTENS [2000], S. 30. Die Darstellungsform ist in der Regel eine Baumstruktur. Ein Webbrowser dient darüber hinaus zur audiovisuellen Darstellung von Internetseiten.

funktion übernimmt. Er hält jedoch nur einen geringen Teil der nachgefragten Daten (z. B. Grafiken) selbst vor, den überwiegenden Teil der Daten bezieht er von Anwendungs- oder Datenbankservern. Gegenüber diesen Servern tritt der Webserver nun als Client auf. Dreistufige Client-Server-Architekturen sind bis heute die Standardarchitekturen der „verteilten Systeme".[437] Bei dieser Architektur sind Präsentation und Datenhaltung durch physische Systemgrenzen vom Anwendungskern[438] strikt getrennt. Auf der mittleren Stufe der dreistufigen Client-Server-Architektur befinden sich - wie in Abbildung 15 dargestellt - Anwendungslogik[439] und die Middleware.

3.2.3 Netzwerkeffekte bei Betriebssystemen

Bei Client- und Server-Betriebssystemen treten sowohl direkte als auch indirekte Netzwerkeffekte auf. Der direkte Netzwerkeffekt entsteht, indem ein Anwender ein einmal erworbenes Wissen über die Funktionsweise des Betriebssystems an jedem Computer einsetzen kann, auf dem das Betriebssystem installiert ist. In der Regel beschränkt sich dieser Netzwerkeffekt nicht auf Betriebssysteme, die derselben Generation angehören. In vielen Fällen kann das Wissen auf Betriebssysteme der gleichen „Familie" auch dann übertragen werden, wenn sie einer anderen Generation angehören oder für eine andere Zielgruppe (z. B. Geschäftskunden) konzipiert wurden.[440] Der Grund hierfür ist, dass grafische Benutzeroberflächen von Programmfamilien in vielen Fällen große Ähnlichkeiten aufweisen (gleiches „look-and-feel"). Private Nachfrager werden sich tendenziell für ein Betriebssystem entscheiden, wenn sie bereits Kenntnisse über dieses Betriebssystem oder ein Betriebssystem der gleichen Betriebssystemfamilie bei der privaten Nutzung oder am Arbeitsplatz erwerben konnten. Mit zunehmender Nutzerzahl können sie auch von den Erfahrungen anderer Nutzer profitieren, die ihr Wissen z. B. im Fall einer Fehlerbehebung, Installation weiterer Software oder bei der Bedienung zur Verfügung stellen. Unternehmen als Nachfrager werden einen direkten Netznutzen daraus generieren, dass sowohl innerhalb als auch außerhalb eines Unternehmens relativ viele qualifizierte Ar-

---

[437] Ein Verteiltes System ist ein Zusammenschluss unabhängiger Rechner zu einem zusammenhängenden System. Vgl. HEINRICH, HEINZL, ROITHMAYR [2004], S. 693.

[438] Der Anwendungskern setzt die eigentlichen Funktionen einer Anwendung um und stellt sie anderen Programmteilen über Schnittstellen zur Verfügung. Vgl. SIEDERSLEBEN [2002], S. 108.

[439] Anwendungslogik ist ein allgemeiner Begriff für den Teil der Anwendungsprogramme, der die anwendungsrelevanten Daten bearbeitet. Vgl. SAP (Hrsg.) [2007].

[440] Es ist üblich, dass die Hersteller von Betriebssystemen verschiedene Betriebssystemversionen für Privatanwender und Geschäftskunden anbieten.

beitskräfte mit Kenntnissen über die am weitesten verbreitete Software zur Verfügung stehen.[441]

Von erheblich größerer Bedeutung als der erörterte direkte Netzwerkeffekt dürfte jedoch der indirekte Netzwerkeffekt sein, der sowohl bei Client- als auch bei Server-Betriebssystemen auftritt. Der indirekte Netzwerkeffekt wird dadurch verursacht, dass die potenziellen Nachfrager von einem Betriebssystem erwarten, jeder neue Nachfrager beabsichtige mit dem Kauf eines Betriebssystems zukünftig den Kauf von komplementären Anwendungsprogrammen. Im Fall einer Nachfrageerhöhung bei Anwendungssoftware erwarten die potenziellen Nutzer zusätzlich eine Ausweitung des Angebotes an diversen Anwendungsprogrammen. Dies impliziert wiederum zwei weitere Erwartungen: zum einen, dass sich die Produktvielfalt bei den Anwendungsprogrammen erhöht, zum anderen, dass es durch einen verstärkten Wettbewerbsdruck zu Preissenkungen bei Anwendungsprogrammen kommt.

Da Anwendungsprogramme nur ihren Zweck erfüllen können, wenn sie durch ein Betriebsystem mit der Hardware kommunizieren, ist es notwendig, Kompatibilität zu dem jeweiligen Betriebssystem herzustellen. Die Herstellung der Kompatibilität erfolgt über die Nutzung der bereits erörterten Schnittstellen. In der Fachliteratur werden Software-Schnittstellen als Applications Programming Interface (API) bezeichnet.[442] In der Regel stellt das Betriebssystem die APIs zur Verfügung. Die Hersteller von Anwendungssoftware können ihre Programme an diese vordefinierten Schnittstellen anpassen. Nach dieser Anpassung kann das Anwendungsprogramm so an das Betriebssystem angeschlossen werden, dass es über die Nutzung der Schnittstellen auf die Funktionen des Betriebssystems zugreift. Sind die Betriebssysteme konkurrierender Hersteller inkompatibel, so unterscheiden sich ihre vordefinierten Schnittstellen, die zur Herstellung von Kompatibilität zwischen Anwendungsprogrammen und Betriebssystemen benötigt werden. Falls der Anbieter von Anwendungssoftware seine Programme auf mehrere Betriebssysteme anpassen möchte, ist er gezwungen, Teile des Quellcodes des entsprechenden Programms für die unterschiedlichen Schnittstellen umzuschreiben. Die vorzunehmenden Änderungen können einen erheblichen Arbeitsaufwand und somit erhebliche Kosten verursachen. Das Unternehmen Microsoft gibt für die eigenen Office-Anwendungen (Anwendungsprogramme),

---

441 Vgl. zu diesem Argument auch die von der Kommission angeführten Befragungsergebnisse, COMMISSION OF THE EUROPEAN COMMUNITIES (Hrsg.) [2004a], Tz. 519 ff.

442 Vgl. MEYERS LEXIKON REDAKTION (Hrsg.) [2001], S. 51. Für das Betriebssystem Windows existieren z. B. mehrere APIs, etwa für den Grafik- und Fensteraufbau, für Bildschirm-Meldungen (Dialogboxen), Dateisystem-Zugriffe, Registry-Funktionen, Netzwerk-Funktionen, Drucker-Installation und Ausdruck.

die sowohl für das Betriebssystem Windows als auch für das Betriebssystem Mac[443] OS konzipiert wurden, an, dass sich der Quellcode dieser äußerlich gleichen Anwendungsprogramme zu 10 %-15 % unterscheidet.[444]

Da ein Teil des Quellcodes neu geschrieben werden muss, können die Kosten für die Schaffung von Kompatibilität zu mehreren inkompatiblen Betriebssystemen konkurrierender Hersteller (so genanntes porting) einen erheblichen Anteil der Fixkosten des Anbieters von Anwendungsprogrammen ausmachen.[445] Im Extremfall ist es denkbar, dass der Hersteller eines Anwendungsprogramms große Teile des Quellcodes umschreiben muss. Vor dem skizzierten Hintergrund könnten sich die Fixkosten bei einem porting zu zwei weiteren Betriebssystemen nahezu verdoppeln. Die Reichweite würde sich, falls die Anwendungen bereits für das Betriebssystem des Marktführers entwickelt wären, nur unterproportional erhöhen. Für den Anbieter von Anwendungsprogrammen kann es effizient sein, Kompatibilität ausschließlich zu dem Betriebssystem/der Betriebssystemfamilie des erwarteten Marktführers herzustellen, da er mit relativ geringen Kompatibilitätskosten nahezu alle potenziellen Nachfrager erreicht.[446]

Da Betriebssysteme primär durch das Auftreten bedeutender indirekter Netzwerkeffekte gekennzeichnet sind, stellen sie typische Beispiele für Komponentennetzwerke dar. Die Ausführungen machen deutlich, dass bei den einzelnen Betriebssystemkategorien der nachfrageseitige Wunsch nach einem industrieweiten Standard sehr groß sein dürfte. Die angebotsseitigen Voraussetzungen fördern den alleinigen Netzwerkaufbau eines Anbieters, so dass Konzentrationstendenzen auf dem jeweiligen Markt die Folge sind.

---

443 Vgl. Ausführungen in Kapitel B 3.2.

444 Vgl. CUSUMANO, SMITH [1997], S. 391 sowie GRÖHN [1999], S. 12.

445 Vgl. SOMMERGUT [2005]. Diese Fixkosten für die Entwicklung wären im Fall eines Marktaustrittes versunken.

446 In den Ausführungen in Kapitel B 2 im dritten Teil dieser Arbeit wurde bereits erörtert, dass ein Markt mit mehreren inkompatiblen Netzwerken Monopolisierungstendenzen zugunsten eines Netzwerkes bzw. einer Technik aufweist. Stellt der Anbieter für Anwendungssoftware seine Programme für ein Betriebssystem mit einer (Quasi-)Monopolstellung bereit, so erreicht er fast alle potenziellen Kunden.

3.3 Systemnahe Software

3.3.1 Überblick

Der Begriff *systemnahe Software* beinhaltet Programmsysteme, „die komplexe Verwaltungs-, Entwicklungs- und Überwachungsaufgaben unterstützen."[447] Der Gruppe der systemnahen Software lassen sich Accountingroutinen[448], Virenscanner[449], Firewalls[450], Datenbankmanagementsysteme[451], Dokumentenmanagementsysteme[452], Data-Warehouse-Systeme[453], Software-Entwicklungswerkzeuge

---

[447] STAHLKNECHT, HASENKAMP [2002], S. 69.

[448] Accountingroutinen sind Programme zur Messung und Bewertung der Inanspruchnahme einzelner Hardwarekomponenten. Durch sie kann eine Verbesserung der Anlagenauslastung erreicht werden. Darüber hinaus können mit ihrer Hilfe die IT-Kosten den tatsächlichen Verursachern zugerechnet werden. Vgl. STAHLKNECHT, HASENKAMP [2002], S. 69.

[449] Ein Virenscanner ist ein Programm, das Computerviren, Computerwürmer und Trojanische Pferde auffinden, blockieren und gegebenenfalls beseitigen soll. Vgl. DATACOM BUCHVERLAG GMBH (Hrsg.), URL: http://www.itwissen.info/definition/lexikon//_virus%scanner_virenscanner .html [Stand 16.01.2007].

[450] Eine Firewall ist ein Sicherheitskonzept für Computersysteme. Sie ermöglicht es, in Rechnernetzen einen ungewollten Datenverkehr zu unterbinden. Vgl. DATACOM BUCHVERLAG GMBH (Hrsg.), URL: http://www.itwissen.info/definition/lexikon//_firewall_firewall.html [Stand 16.01. 2007].

[451] Ein Datenbankmanagementsystem (deutsch Datenbankverwaltungssystem abgk. DBMS) ist eine Software, die die anwendungsunabhängige, dauerhafte Speicherung von Daten in einer Datenbank ermöglicht und die damit verbundene Verwaltung übernimmt. Vgl. DATACOM BUCHVERLAG GMBH (Hrsg.), URL: http://www.itwissen.info/definition/lexikon//_dbmsdbms_dbms database%20management%20system%20dbms_dbmsdatenbank-managementsystem.html [Stand 16.01.2007].

[452] Dokumentenmanagementsysteme dienen dazu, Dokumente elektronisch zu speichern, zu verwalten und bei Bedarf abzurufen. Durch verkürzte Recherchezeiten können Arbeitsprozesse beschleunigt und somit der Kundenservice verbessert werden. Vgl. DATACOM BUCHVERLAG GMBH (Hrsg.), URL: http://www.itwissen.info/definition/lexikon//_dmsdms_dmsdocument%20 management%20systemdms_dmsdokumenten-managementsystem.html [Stand 16.01.2007].

[453] Ein Kunde benötigt oftmals Daten aus verschiedenen Datenquellen und möglicherweise sogar von heterogenen Datenbanken. Das Data-Warehouse-System ist ein Informationssystem für die Client-Rechner. Es beschafft die unterschiedlichen Informationen, kopiert sie in einer vorverarbeiteten Form in das Data Warehouse und stellt sie anschließend den Client-Rechnern zur Verfügung. Die Daten aus ursprünglich heterogenen Datenquellen werden so vereinheitlicht, dass die relevanten Daten für die Anfragen des Clients in homogener Form zur Verfügung stehen. Hierdurch können die Anfragen und Analysen schneller verarbeitet werden. Diese Datenbereitstellung ursprünglich heterogener Daten ist auch der Grund dafür, dass Data Warehousing in der Literatur häufig den Middleware-Techniken zugeordnet wird. Die Vorteile von Data Warehousing werden insbesondere dann ersichtlich, wenn Real-time-Anfragen nicht mehr möglich sind, weil Datenquellen nicht ständig zur Verfügung stehen oder es sich um sehr große und stark wachsende Datenquellen handelt. Mit Hilfe von Data Warehousing kann die Verfügbarkeit von Datenquellen innerhalb eines gewissen Zeitlimits garantiert werden. Vgl. hierzu TRESCH [1996], S. 253.

und Middleware zuordnen. Software-Entwicklungswerkzeuge enthalten spezielle Komponenten zur Erstellung, Ausführung und Fehlerkorrektur von Programmen. In der Literatur werden zu der Gruppe der Software-Entwicklungswerkzeuge unter anderem auch Übersetzungsprogramme wie Assembler[454], Compiler[455] und Interpreter[456] gezählt.[457] „Der Umfang dieser Komponenten ist je nach angestrebtem Verwendungszweck sehr unterschiedlich und reicht von universell einsetzbaren Einzelkomponenten (beispielsweise Editoren) bis hin zu hoch integrierten Entwicklungsumgebungen, die speziell für bestimmte Programmiersprachen entworfen wurden."[458] Entwicklungsumgebungen umfassen bereits vorgefertigte Bausteine, aus denen bei Bedarf eine neue Anwendung kreiert werden kann. Der Übergang von Entwicklungsumgebungen zu Middleware ist fließend. In neueren Middleware-Komponeten sind Entwicklungsumgebungen häufig integriert.

Middleware ist eine ergänzende Softwareschicht, die zwischen dem Betriebssystem und der Anwendungssoftware eingesetzt wird. Sie findet insbesondere in Client-Server-Systemen Anwendung, in denen verschiedene heterogene Komponenten (z. B. Hardware und Betriebssysteme unterschiedlicher Anbieter bzw. verschiedener Generationen) zusammenarbeiten sollen.[459] Sie dient dazu, ursprünglich inkompatible Komponenten kompatibel zu machen. Ziel des Einsatzes von Middleware ist es, dass der Endanwender eine einheitliche Benutzeroberfläche z. B. von Anwendungsprogrammen vorfindet, unabhängig davon, welche Hardware bzw. welches Betriebssystem der Anwendung zugrunde liegt.[460]

---

454 Der Begriff „Assembler" ist die Bezeichnung für eine maschinenorientierte Programmiersprache. Der Begriff Assembler wird auch für Programme benutzt, die die Umwandlung in die Maschinensprache übernehmen. Vgl. MEYERS LEXIKON REDAKTION (Hrsg.) [2001], S. 53 ff.

455 Ein Compiler ist ein Übersetzungsprogramm für Programme, die in höheren Programmiersprachen wie Pascal und C++ geschrieben sind. Vgl. STAHLKNECHT, HASENKAMP [2005], S. 83.

456 Ein Interpreter überprüft die einzelnen Anweisungen eines Programms nacheinander auf ihre syntaktische Korrektheit und führt sie dann sofort aus. Vgl. STAHLKNECHT, HASENKAMP [2005], S. 83.

457 Genauere Ausführungen zu Übersetzungsprogrammen in STAHLKNECHT, HASENKAMP [2005], S. 83 f.

458 HANSEN, NEUMANN [2001], S. 935.

459 Da Middleware zwischen den unterschiedlichen Systemen und Anwendungen einer Generation sowie zwischen Systemen und Anwendungen verschiedener Generationen vermittelt, ist sie sowohl im statischen als auch im dynamischen Sinne plattformunabhängig. Vgl. MEYERS LEXIKON REDAKTION (Hrsg.) [2001], S. 393.

460 Vgl. STAHLKNECHT, HASENKAMP [2005], S. 76.

Zu der klassischen Middleware-Architektur werden Modellierungsstandards wie CORBA (Common Object Request Broker Architecture)[461] und DCOM (Distributed Component Object Modell)[462] gezählt. Darüber hinaus werden auch Transaktionsmonitore zu der traditionellen Middleware gezählt.[463] Der modernen Middleware gehören so genannte Framework-Architekturen[464] an, die neben einem API (Application Programming Interface) bereits Anwendungen und Tools enthalten.[465] Die zwei am weitesten verbreiteten Framework Architekturen

---

461 Die "Common Object Request Broker Architecture" (CORBA) ist ebenfalls eine technische Spezifikation für die Erstellung, Verbreitung und Verwaltung verteilter Programm-Objekte in einem Computer-Netz. Sie ermöglicht, dass Programme, die auf verschiedenen Rechnern ablaufen und von unterschiedlichen Anbietern hergestellt wurden, in einem Client-Server-Netz kommunizieren. CORBA bildet also die Middleware für die Kommunikation zwischen verteilten Objekten in einem Client-Server-System. CORBA ist die Sammelbezeichnung für die Schnittstellen-Definitionen der "Object Management Group" (OMG) für komponentenbasierte Software (Verteilte Objekte werden auch als Komponenten bezeichnet). Vgl. TRESCH [1996], S. 251 f.

462 Microsoft hat mit DCOM eine eigene Architektur für verteilte Objekte entwickelt. Microsoft und die Förderer von CORBA haben sich jedoch auf einen Gateway-Ansatz geeinigt, so dass die Softwarekomponenten, die mit den unterschiedlichen Architekturen entwickelt wurden, zumindest teilweise kompatibel sind. Vgl. SCHMITT [2003].

463 Transaktionsmonitore dienen dem Online-Datenaustausch in Echtzeit und der Stapelverarbeitung. Zu den Funktionen eines Transaktionsmonitors zählen ein effizientes Management der vorhandenen Ressourcen, die Vergabe von Prioritäten für Abrufe und Aufträge, die Überwachung der Transaktionen und der Schutz vor unberechtigten Zugriffen auf die Daten. Transaktionsmonitore gibt es schon länger als "Message-Oriented Middleware" (MOM); sie wurden für Mainframe-Terminal-Systeme entwickelt. Transaktionsmonitore befinden sich zwischen dem Anwendungsprogramm (Front end) und der Datenbank (Back end). Sie steuern das Schreiben und Lesen transaktionaler Daten. Sie sorgen für zusätzliche Datensicherheit und höhere Datenintegrität. Sie werden vor allem in Computer-Netzen mit hohem Transaktionsaufkommen (starkem Datenverkehr) eingesetzt. Transaktionsmonitore sind insbesondere dort nützlich, wo zahlreiche verschiedene Anwendungen Grundfunktionen wie Datensicherung und Zugriff auf Verzeichnisse gemeinsam benötigen. Sie bieten den Vorteil, dass weitere Anwendungen hinzugefügt werden können, ohne Änderungen an den Grundfunktionen des Systems vornehmen zu müssen. Objekt-Transaktions-Monitore (OTMs) sind Monitore, die für objekt-orientierte Umgebungen weiterentwickelt wurden. Weit verbreit sind die Transaktionsmonitore Tuxedo vom Unternehmen BEA, CICS von IBM und der Transaction Server von Microsoft. Darüber hinaus werden Transaktionsmonitore häufig in Business Software wie SAP integriert und von den jeweiligen Softwarefirmen angeboten. Vgl. FUCHS [2001].

464 Ein Framework definiert eine Architektur für eine Familie von Sub-Systemen und stellt die Grundbausteine zu ihrer Einstellung bereit. Es legt auch fest, welche Bausteine angepasst werden müssen, um eine bestimmte Funktionalität zu erzielen. In einer objektorientierten Umgebung besteht ein Framework aus abstrakten und konkreten Klassen. Vgl. BUSCHMANN u. a [1996].

465 Hierbei sind nur die Softwareprogramme der Middleware zugeordnet, die überwiegend als Diensterbringer fungieren. Software, die hauptsächlich als Anwendungssoftware dient, fällt gemäß der gewählten Definition nicht unter den Begriff Middleware.

sind die Java 2 Enterprise Edition (J2EE) von Sun Microsystems[466] und .NET von Microsoft.[467]

3.3.2 *Netzwerkeffekte bei systemnaher Software*

Netzwerkeffekte können auch bei systemnaher Software auftreten. Für die privaten Nachfrager von Computersystemen sind die auftretenden Netzwerkeffekte jedoch kaum wahrnehmbar, da sie in der Regel nicht direkt mit systemnaher Software – z. B. einer Middleware – konfrontiert werden. Privatkunden erwerben in der Regel einen Computer, der in den meisten Fällen bereits ein Betriebssystem enthält, und kaufen nach und nach die gewünschten Anwendungsprogramme, die direkt auf dem Betriebssystem installiert werden.[468] Nur wenige Programme aus dem Bereich der systemnahen Software wie Virenscanner und Firewalls werden separat nachgefragt. Da es sich hierbei jedoch nur um reine Schutzprogramme handelt, die keine Kommunikationsfunktion oder Plattformfunktion für nachgelagerte Komplementärgüter besitzen, sind diese Programme nicht durch das Auftreten von indirekten Netzwerkeffekten gekennzeichnet. Prinzipiell kann die grafische Benutzeroberfläche der Programme – ähnlich wie

---

466 Im Jahr 1998 brachte Sun Microsystems mit Java 2 Enterprise Edition (J2EE) erstmals eine serverseitige Architektur zur Entwicklung und Verteilung von Internetapplikationen auf den Markt. Der Vorteil von Java 2 Enterprise Edition-basierten Lösungen ist ihr modularer Aufbau. Die im Vergleich mit üblichen Softwarekomponenten besonders leistungsfähigen Enterprise Java Beans erlauben ein schnelles Erstellen von speziell auf die Unternehmensbedürfnisse angepassten Anwendungen. Das J2EE-Modell ist Web-basiert, d. h. Clients sprechen Anwendungen über das Protokoll HTTP an. J2EE wird zwar von Sun Microsystems als Herstellerstandard lizenziert, das integrierte Komponentenmodell EJB ist aber plattformunabhängig und stellt somit einen offenen Standard dar. An der Entwicklung der EJB sind neben Sun Unternehmen wie IBM, Bea Systems, Oracle und Netscape (AOL) beteiligt. Auf der Basis von J2EE entwickeln zahlreiche Unternehmen Applikationsserver. Vgl. JAVAWORLD (Hrsg.) [1999].

467 Microsoft bietet seit Beginn 2002 mit dem .NET Framework eine Entwicklungsplattform an, die ein Konkurrenzprodukt zu J2EE darstellt. Zusammen mit dem Entwicklungstool Visual Studio .NET stellt das .NET Framework ein vollständiges komponentenbasiertes Architekturmodell mit integrierter Laufzeitumgebung dar, das vornehmlich zur Entwicklung von verteilten internetbasierten Anwendungen dient. Darüber hinaus vereinfachen Visual Studio .NET und das .NET Framework auch Anwendungsentwicklungen auf Basis des Windows-Betriebssystems. Die Programmierung wird wie auch bei J2EE durch eine so genannte Virtual Maschine erleichtert, die ein integrativer Bestandteil des Frameworks ist. Vgl. KAMALI, WUNDERLICH [2002]. .NET ist jedoch nicht vollständig plattformunabhängig, da sich die Bibliotheken von .NET nicht ohne das zugrunde liegende Betriebssystem Windows implementieren lassen. Vgl. FLEISCHER, KÖRBER [2001], S. 627.

468 Einige Programme aus der Kategorie systemnaher Software werden von den Herstellern der Betriebssysteme bereits in das Betriebssystem integriert, so dass sie nicht als Stand-alone-Programme zu erwerben sind. Vgl. FRITSCH [2002].

bei Betriebssystemen – durch das erworbene Wissen zum Auftreten des charakterisierten direkten Netzwerkeffektes führen. Die Bedeutung dieses Effektes ist jedoch aufgrund der einfachen Bedienung dieser Programme vergleichsweise gering. Vor den erörterten Hintergründen sind Netzwerkeffekte, die bei systemnaher Software auftreten können, für die Kaufentscheidung des privaten Nachfragers nahezu unbedeutend.

Untenehmen fragen hingegen bewusst systemnahe Software nach. Für sie gilt bei Programmen, die der Sicherheit der Datenverarbeitung dienen, ähnliches wie bei den privaten Nachfragern. Falls die nachgefragten systemnahen Programme jedoch innerhalb eines Client-Server-Systems mit anderen Client- und/oder Server-Anwendungen kommunizieren sollen, können indirekte Netzwerkeffekte auftreten. So wird sich ein Unternehmen tendenziell für das Datenbankmanagementsystem entscheiden, welches eine reibungsfreie Kommunikation mit möglichst vielen unterschiedlichen Anwendungen gewährleistet. Die erwartete Vielfalt und die erwarteten Preissenkungen der komplementären Anwendungsprogramme führen zu einem Netznutzen der Nachfrager von systemnaher Software. Vor dem skizzierten Hintergrund lassen sich die Netzwerke dieser systemnahen Programme der Gruppe der Komponentennetzwerke zuordnen.

Middleware kann darüber hinaus die besondere Funktion eines Adapters zukommen. Wie im vorangegangen Abschnitt erörtert, dient Middleware primär dazu, heterogene Systemlandschaften anzugleichen. Sie setzt auf dem Betriebssystem auf und stellt den Herstellern von Anwendungsprogrammen – unabhängig vom zugrunde liegenden Betriebssystem – einheitliche Schnittstellen zur Verfügung.

Falls sich die Hersteller der Anwendungsprogramme entscheiden, die Anwendungen direkt für die APIs der Middleware zu schreiben, könnte sich ein potenzieller Nachfrager ein Betriebssystem unabhängig von der erwarteten Angebotsvielfalt bei Anwendungsprogrammen aussuchen. Eine Möglichkeit des Einsatzes von Middleware besteht darin, diese direkt auf den Rechner zu installieren, auf dem auch die Anwendungsprogramme installiert werden sollen. Hierbei kann es sich sowohl um einen Client als auch um einen Server handeln. Eine weitere Möglichkeit des Einsatzes von Middleware besteht prinzipiell darin, Anwendungskern und Anwendungslogik auf den Servern ablaufen zu lassen, während auf den Client-PCs nur ein Anwendungsfenster durch eine Middleware geöffnet wird.[469] Dieses Anwendungsfenster kann z. B. ein Browser-Fenster sein. Der

---

[469] Im Extremfall könnte der Client ausschließlich die Funktion eines so genannten Netzwerkcomputers wahrnehmen. Ein Netzwerkcomputer (NC) dient in der Regel als reine Repräsentationsoberfläche. Er verfügt meist nur über die Komponenten und Funktionen, die für die Kom-

Nutzer hat die Möglichkeit, über den Browser die Programme auf dem Server aufzurufen. Sie werden im Navigationsfenster des Browsers angezeigt, wodurch die verschiedenen Nutzer der Client-PCs innerhalb des Netzwerkes gleichzeitig mit diesen Programmen arbeiten können. In diesem Fall würde ein vom Betriebssystem unabhängiger Browser auf der Seite der betroffenen Client-PCs eine Middleware-Funktion übernehmen. Durch ihn wäre es für die Anwender möglich, eine gemeinsame Bearbeitung von Aufgaben unabhängig vom zugrunde liegenden Betriebssystem vorzunehmen.

Die Adapterfunktion der Middleware kann jedoch zu neuen Gefahren für den Wettbewerb führen. Zum einen treten auch bei der Middleware indirekte Netzwerkeffekte auf, da die Anwendungsprogramme an die Schnittstellen der Middleware angepasst werden müssen. Falls diese Schnittstellen nicht auf einem industrieweiten Ex-ante-Standard basieren, wird es zu einem Wettbewerb um den De-facto-Standard kommen, der im Extremfall eine Monopolisierung des Marktes für Middleware-Techniken zur Folge hat. Zum anderen ist es in der Regel nicht möglich, vollständige Kompatibilität zu den Anwendungen bzw. Betriebssystemen herzustellen. Der Grund dafür ist, dass dem Hersteller der Middleware in vielen Fällen nicht die relevanten Schnittstelleninformationen zur Verfügung stehen, um eine perfekte Kompatibilität zu gewährleisten.[470]

Ein weiteres Problem entsteht durch den Einsatz von Middleware in der Praxis. In der Regel sind Middleware-Lösungen vergleichsweise teuer. Darüber hinaus sind sie sehr komplex und erfordern einen hohen Installations- und Service-Aufwand, so dass sie in kleinen und mittelständischen Unternehmen kaum Anwendung finden.[471]

3.4 Individualsoftware und Netzwerkeffekte

Der Begriff *Individualsoftware* umfasst Software, die speziell für die Anforderungen eines bestimmten Benutzers/einer bestimmten Benutzergruppe entwickelt wurde. Sie wird ausschließlich von kommerziellen Nachfragern eingesetzt. Individualsoftware kann sowohl innerhalb des Unternehmens selbst (Inhouse-Lösungen) als auch von einem beauftragten Softwarehaus entwickelt werden.[472]

---

munikation innerhalb eines Netzwerkes unumgänglich sind. Vgl. STAHLKNECHT, HASENKAMP [2005], S. 62.

470 Vgl. FICHERT, SOHNS [2004], S. 913.

471 Vgl. FICHERT, SOHNS [2004], S. 913.

472 Vgl. MERTENS [2000], S. 33.

Es ist in der Regel nicht möglich, Individualsoftware ohne zuvor vorgenommene Anpassungen in anderen Unternehmen einzusetzen.[473] Die Unternehmen fragen diese spezifische Software insbesondere dann nach, wenn das Funktionsspektrum der Standardanwendungssoftware nicht ihren individuellen Anforderungen entspricht. In den vergangenen Jahren ist bei den Unternehmen eine Abkehr von der Individualsoftware hin zur Standardsoftware zu beobachten. Die Gründe für die Nachfrageverschiebung sind u. a. hohe Entwicklungskosten, aufwendige Wartungsarbeiten und eine vergleichsweise schlechte Anpassungsfähigkeit an standardisierte Umgebungen.[474]

Der Einsatz von Individualsoftware führt zu direkten Netzwerkeffekten innerhalb des Unternehmens, in dem die Individualsoftware zum Einsatz kommt. So wird der Nutzen eines Mitarbeiters in einem Unternehmen direkt erhöht, wenn er durch die Anwendung derselben Individualsoftware mit anderen Mitarbeitern des Unternehmens an einer Aufgabe arbeiten kann. Es handelt sich hierbei um ein typisches Inselnetz.

Über die Grenzen des Unternehmens hinaus tritt kein zusätzlicher Netzwerkeffekt auf, da die eingesetzte Individualsoftware aufgrund der Produktdifferenzierungswünsche mit Software anderer Unternehmen in der Regel nicht kompatibel ist. Für die Kaufentscheidung eines Geschäftskunden wird die Basisqualität im Verhältnis zum Preis von herausragender Bedeutung sein. Vor dem skizzierten Hintergrund spielen auch Erwartungen über die zukünftige Netzwerkgröße keine Rolle. Darüber hinaus treten keine Größenvorteile bei der Produktion von Individualsoftware auf, wenn sie für die spezifischen Anforderungen der jeweiligen Kunden hergestellt wird. Demzufolge sind auch auf der Anbieterseite nicht die strukturellen Voraussetzungen für Monopolisierungstendenzen gegeben.

Die Ausführungen machen deutlich, dass Individualsoftware nicht den Kriterien für ein Netzwerkgut entspricht. Der Markt für Individualsoftware lässt von der marktstrukturellen Ausgangssituation prinzipiell einen Wettbewerb innerhalb des Marktes zu. Die Annahme wird auch dadurch bestätigt, dass dieser Markt neben Inhouse-Lösungen durch eine polypolistische Anbieterstruktur gekennzeichnet ist.[475]

---

473 Vgl. MERTENS [2000], S. 25.

474 Vgl. MERTENS [2000], S. 33, HENG [2005], S. 3, sowie KOOTHS, LANGENFURTH, KALWEY [2003a], S. 17.

475 Detaillierte Informationen zu den Anbietern für Individualsoftware in Deutschland stellt der IT-Markt-Katalog zur Verfügung. Vgl. HEISE (Hrsg.) [2005a].

3.5 Standardanwendungssoftware

3.5.1 Überblick

Standardanwendungssoftware umfasst Anwendungssoftware, die für einen anonymen Markt bestimmt ist. Die Anpassung an betriebliche Gegebenheiten ist teilweise möglich (so genanntes customizing).[476] Standardanwendungssoftware kann in der Regel vom jeweiligen Hersteller in mehreren Versionen als lauffähiges Produkt bezogen werden. Standardanwendungssoftware lässt sich, wie in Abbildung 16 ersichtlich, in Branchensoftware, Büroanwendungen und sonstige Standardanwendungssoftware sowie Business Software untergliedern.

3.5.2 Branchensoftware und Netzwerkeffekte

Branchensoftware dient zur Bearbeitung bestimmter Aufgaben, die innerhalb einer Branche anfallen, und ist somit auf die branchenspezifischen Anforderungen zugeschnitten. Der effektive Einsatz von Branchensoftware erfordert ein spezielles Fachwissen.[477] Branchenspezifische Standardanwendungssoftware gibt es u. a. für Ärzte, Architekten, Rechtsanwälte, Banken, Versicherungen, Steuerberatungen und Krankenhäuser. Sie ist nahezu in jeder Branche vorzufinden und wird innerhalb der Branchen bevorzugt in kleineren Unternehmen als PC-Standardanwendungssoftware eingesetzt. Branchensoftware ist im Vergleich zu Individualsoftware wesentlich kostengünstiger.

Auf Märkten für Branchensoftware treten direkte Netzwerkeffekte auf. Sie können innerhalb eines Unternehmens entstehen. So steigt der Nutzen der Mitarbeiter eines Unternehmens mit der Zahl der Mitarbeiter, die gemeinsam an Aufgaben arbeiten können, weil sie die gleiche Finanzsoftware verwenden. Jedoch treten diese Mitarbeiter, wie auch im Fall der zuvor erörterten Individualsoftware, nicht als Käufer auf. Für das Unternehmen als Nachfrager der Branchensoftware wird diese Datenaustauschmöglichkeit eine Grundvoraussetzung für den Kauf von Branchensoftware eines Herstellers sein. Wie auch bei Betriebssystemen und anderer Standardsoftware erfahren die Unternehmen als Nachfrager von Branchensoftware einen direkten Nutzen dadurch, dass mit einer weiten Verbreitung einer Branchensoftware die Anzahl der qualifizierten Mitarbeiter am Markt steigt, die mit dieser Branchensoftware bzw. mit der Branchensoftware der gleichen Produktfamilie arbeiten können.

---

476 Vgl. SCHRÖTER [2001], S. 30.

477 Vgl. MERTENS [2000], S. 32.

Abbildung 16: Kategorisierung von Standardanwendungssoftware

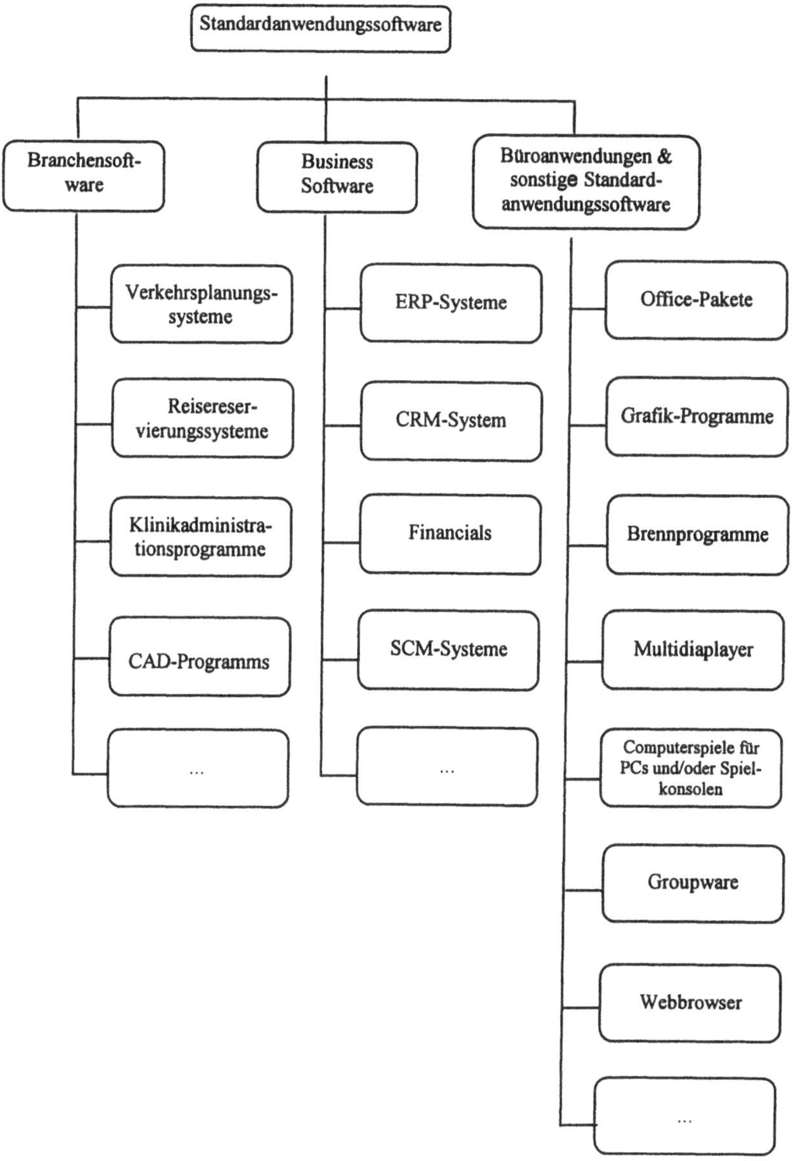

Quelle: Eigene Darstellung

Ein direkter Netzwerkeffekt von wesentlich größerer Bedeutung tritt auf, wenn andere Unternehmen derselben Branche die gleiche Software verwenden und eine unternehmensübergreifende Kommunikation stattfinden soll. Hierdurch wird es z. B. möglich, Dokumente zwischen einer Rechtsanwaltskanzlei und der Staatsanwaltschaft auszutauschen. Der Nutzen der Unternehmen als geschäftliche Nachfrager von Branchensoftware steigt mit der Anzahl zusätzlicher Nachfrager aus einer Branche. Die obigen Ausführungen machen deutlich, dass sich das Netzwerk der Anwender von Branchensoftware der Gruppe der Kommunikationsnetzwerke zuordnen lässt. Vor diesem Hintergrund beeinflusst die Erwartungsbildung über die zukünftige Netzwerkgröße die Kaufentscheidung der Unternehmen als Nachfrager von Branchensoftware erheblich. Aus Nachfragersicht dürfte der Wunsch nach einem branchenweiten Ex-ante-Standard für eine bestimmte Software (z. B. Finanzsoftware) vorliegen. Durch die angebotsseitigen Voraussetzungen wird der alleinige Aufbau von Netzwerken für Software der jeweiligen Branche begünstigt.[478]

Diese theoretischen Überlegungen werden durch die Praxis bestätigt. Auf dem Markt für Branchensoftware bieten diverse kleine und mittelständische Unternehmen Branchensoftware an.[479] Innerhalb der verschiedenen Branchen gibt es vergleichsweise wenige konkurrierende Anbieter auf einem Markt. Die Teilmärkte für Branchensoftware sind jedoch aufgrund der Produktdifferenzierungswünsche der unterschiedlichen Nachfragergruppen (Unternehmen innerhalb einer Branche) gemessen am Gesamtumsatz der Softwarebranche vergleichsweise klein, so dass sie Nischenmärkte darstellen. Darüber hinaus besteht ein vergleichsweise hoher Wettbewerbsdruck durch Anbieter von Software für andere Branchen (potenzielle Konkurrenz).

3.5.3 Business Software und Netzwerkeffekte

Business Software ermöglicht die Bearbeitung von Aufgaben aus einem spezifischen betrieblichen Funktionsbereich, ist aber branchenübergreifend einsetzbar. Bis vor wenigen Jahren war Business Software überwiegend im Bereich von leistungsfähigeren Rechnern wie Abteilungs- und Unternehmensservern anzutreffen. Mittlerweile hält sie auch in reine PC-Umgebungen Einzug. Dies hat zur Folge, dass Business Software heute neben Großunternehmen auch von klein- und mittelständischen Unternehmen nachgefragt wird. Der größte Teil der Business Software ist auf einem Server als Serveranwendung installiert. Ein Teil der

---

478 Vgl. HANSEN, NEUMANN [2005], S. 629.

479 Einen Überblick über die Anbieter von Branchensoftware liefert SOFTGUIDE (Hrsg.) [2005].

Anwendung befindet sich in vielen Fällen auch auf den Clients, die über das Netzwerk miteinander kommunizieren.[480]

Typischerweise ist Business Software großer Softwarehersteller modular aufgebaut und in Softwarefamilien eingebunden. Der Nutzer hat die Möglichkeit, aus dem Komplettangebot eines Softwareanbieters einzelne Softwaremodule auszuwählen. Einige Softwareunternehmen bieten einzelne Module auch als Stand-alone-Programme an. Die Module einer Business Software bedienen sich generell einer Datenbank, indem sie die dort angebotenen Rohdaten mit einer integrierten Business-Logik zu den gewünschten Zieldaten formen. Typische Module für Business Anwendungen auf Basis von Datenbanken sind Customer-Relationship-Management-Systeme (CRM-Systeme)[481], Enterprise-Resource-Planning-Systeme (ERP-System)[482], Financials[483] und Supply Chain-Management-Systeme (SCM-Systeme)[484]. Zwei bedeutende neue Trends im Bereich Business Software sind E-Procurement- und Knowledge-Management-Systeme.[485]

---

480 Vgl. SCHRÖTER [2001], S. 18.

481 *CRM-Systeme* sind Anwendungsprogramme zur Verwaltung von Kundendaten. Zunächst werden zahlreiche Daten gesammelt und detailliert ausgewertet. Hierdurch soll den Unternehmen, die ein CRM-System nachfragen, eine personalisierte Kundenbetreuung ermöglicht werden. Vgl. FOCUS (Hrsg.) [2003], S. 26.

482 *ERP-Systeme* stellten ursprünglich eine Unternehmenssoftware für Finanzbuchhaltung und Personalsoftware dar. Über diese zentralen betriebswirtschaftlichen Funktionen hinaus dienen ERP-Systeme heute dazu, Geschäftsprozesse zu optimieren und unternehmensübergreifend zu organisieren. ERP-Systeme schaffen somit eine Grundlage für neuere Business Software wie CRM-Systeme, SCM-Systeme und E-Procurement. Vgl. DATACOM BUCHVERLAG GMBH (Hrsg.), URL: http://www.itwissen.info/definition/lexikon//_erperp_erpenterprise%20resource%20planningerp_erp..html [Stand 16.01.2007].

483 Financials sind Finanzplanungs- und Controllingsysteme. Vgl. HEINRICH, HEINZL, ROITHMAYR [2004], S. 258.

484 *SCM-Systeme* sind logistische Netzwerksysteme, in deren Zentrum die Steuerung der gesamten Unternehmensabläufe – vom Einkauf über die Produktion bis hin zum Absatz – steht. Ziel ist es, die Durchlaufzeiten zu minimieren und so die Lagerhaltungskosten zu senken. Diese logistische Optimierung soll im Idealfall ohne Verzögerungen erfolgen. Das System, das die Realisierung erleichtern soll, wird „Realtime Enterprise-System" genannt. Vgl. DATACOM BUCHVERLAG GMBH (Hrsg.), URL: http://www.itwissen.info/definition/lexikon//_scmscm_scmsupply%20chain%20managementscm_scm.html [Stand 16.01.2007].

485 Ein komplettes *E-Procurement-System* als fertige Anwendungssoftware gibt es derzeit noch nicht. Es ist ein Begriff, der insbesondere von den etablierten Herstellern der Business Software gebraucht wird, um so der vermehrten Nachfrage nach elektronischen Marktplätzen zu begegnen. Zukünftig sollen E-Procurement-Systeme zu einer Optimierung des Beschaffungswesens beitragen. Im Idealfall existiert ein einziges System, das in allen Unternehmensbereichen Einsatz findet. Das System erkennt knapper werdende Produktionsfaktoren, die neu beschafft werden müssen. Gleichzeitig stellt es ein elektronisches Beschaffungssystem dar, das bei den Zuliefer-

Wie auch die Branchensoftware ist der Markt für Business Software primär durch das Auftreten direkter Netzwerkeffekte gekennzeichnet, wodurch sich das Netzwerk der Anwender von Business Software tendenziell der Gruppe der Kommunikationsnetzwerke zuordnen lässt. Wie bei allen Programmen tritt ein direkter Netzwerkeffekt dadurch auf, dass mit einer weiten Verbreitung einer Business Software die Anzahl der qualifizierten Mitarbeiter am Markt steigt, die mit Software der gleichen Softwarefamilie bereits gearbeitet und technisches Wissen über die Funktionsweise erworben haben. Darüber hinaus treten wie auch bei Branchensoftware direkte Netzwerkeffekte innerhalb des Unternehmens auf.

Wesentlich bedeutender für die Unternehmen als Nachfrager von Business Software sind auch hier die direkten Netzwerkeffekte, die bei einer zwischenbetrieblichen Integration hervorgerufen werden. Eine zwischenbetriebliche Integration strebt die Abstimmung der Informationsverarbeitung von mindestens zwei rechtlich selbstständigen Unternehmen an.[486] Dies ist insbesondere dann der Fall, wenn die Märkte – z. B. durch Handelsplattformen – einen hohen unternehmensübergreifenden Vernetzungsgrad aufweisen.[487] Da Business Software generell in einem Client-Server-System eingesetzt wird, treten hier auch indirekte Netzwerkeffekte bei der Verknüpfung mit komplementären Programmen sowie vor- oder nachgelagerten Rechnern auf. Falls z. B. Daten, die mit Business Software erstellt wurden, in Programme der Bürosoftware geöffnet werden sollen, steigt der Nutzen der Anwender von Business Software mit der Fülle der Anwendungsprogramme, die mit der Business Software kompatibel sind. Vor den erörterten Hintergründen kommt der Erwartungsbildung über die zukünftige Netzwerkgröße in der Regel eine bedeutende Rolle zu.

Im Vergleich zu Betriebssystemen und der nachfolgend charakterisierten Bürosoftware liegen bei Nachfragern von Business Software stärkere Produkt-

---

firmen die Preise einholt und den günstigsten Zulieferer auswählt. Ein Problem des E-Procurements ist bisher, dass vordefinierte Standards fehlen und die Unternehmen häufig über unterschiedliche Soft- und Hardwarevoraussetzungen verfügen.

Knowledge-Management-Systeme sind vorwiegend für die Verwaltung der Wissensbestände von Unternehmen zuständig. Diese Wissensbestände werden auf einer multifunktionalen Informationsplattform gesammelt, die innerhalb eines Unternehmens oder im Internet zur Verfügung steht. Microsoft bietet beispielsweise mit dem Sharepoint Portal Server in Verbindung mit dem Internet Explorer und den Office Anwendungen ein Knowlege-Management-System an, in dem Mitarbeiter ihr generiertes Wissen innerhalb eines Unternehmens oder zwischen Unternehmen zur Verfügung stellen können. Darüber hinaus bieten zahlreiche Softwarehersteller – hierunter auch Microsoft – Wissensdatenbanken online an. Vgl. FOCUS (Hrsg.) [2003], S. 26.

486 Vgl. SCHRÖTER [2001], S. 24.

487 Vgl. SCHRÖTER [2001], S. 177.

differenzierungswünsche vor. Deshalb lässt sich annehmen, dass der Wunsch nach einem industrieweiten Ex-ante-Standard bei den Nachfragern von Business Software schwächer ausgeprägt sein dürfte als auf Märkten für Betriebssysteme und Bürosoftware. Die angebotsseitigen Bedingungen, die einem Anbieter von Business Software vorliegen, werden seinen Wunsch nach dem alleinigen Netzwerkaufbau und dem Erlangen einer Monopolstellung verstärken.

Auf dem Markt für Business Software sind deutliche Konzentrationstendenzen zu erkennen. Bisher ist jedoch ein Nebeneinander mehrerer Anbieter möglich, deren Produkte teil- bzw. inkompatibel mit der Business Software der Konkurrenten sind. Im Jahr 2003 übernahm PeopleSoft, einer der sechs größten Business-Softwareanbieter, den Business Softwareanbieter JD Edwards.[488] Im Jahr 2004 wurde PeopleSoft selbst vom Unternehmen Oracle übernommen.[489] Im September 2005 übernahm Oracle darüber hinaus das Unternehmen Siebel, den Marktführer auf dem Markt für CRM-Systeme.[490] Heute dominieren die drei größten primären Softwareanbieter Microsoft, Oracle und SAP den Weltmarkt für Business Software.[491]

Es bleibt darauf hinzuweisen, dass nicht jeder Anbieter alle Module (Teilmärkte) im Bereich der Business Software abdeckt. Insbesondere kleine Anbieter sind auf bestimmte Teilmärkte spezialisiert. Darüber hinaus liegt der Fokus der einzelnen Anbieter teilweise auch auf unterschiedlichen Kundengruppen. Während z. B. die Zielgruppe von SAP mittelständische Unternehmen und Großunternehmen sind, bietet Microsoft die eigenen Business Lösungen bisher primär für kleinere Unternehmen an. Die unterschiedliche Abdeckung ist in Abbildung 17 verdeutlicht.

---

488 Vgl. HEISE (Hrsg.) [2003e].

489 Vgl. HEISE (Hrsg.) [2004c].

490 Vgl. HEISE (Hrsg.) [2005b].

491 Die drei größten Unternehmen besitzen auf den einzelnen Teilmärkten einen Marktanteil von etwa 50 %, vgl. GARTNER (Hrsg.) [2003a], GARTNER (Hrsg.) [2003b], GARTNER (Hrsg.) [2003c], FOCUS (Hrsg.) [2005], S. 10, sowie HEISE (Hrsg.) [2005c].

Abbildung 17: Modulabdeckung und Zielgruppen führender Anbieter von Business Software

	Micro-soft	**SAP**	**Oracle**	**People Soft**	**Siebel**	**JD Edwards**
CRM	✱	✱	✱	✱	✱	✱
ERP	✱	✱	✱	✱		✱
SCM	✱	✱	✱	✱		✱
Financials	✱	✱	✱	✱		✱
Zielmarkt						
Groß-unternehmen		✱	✱	✱	✱	
Mittelständler		(✱)	(✱)	✱		✱
Kleine Unternehmen	✱					
Kunden	250.000	19.300	12.000	5.000	3.600	6.500
Platform	.NET	J2EE	J2EE	J2EE	Beides	J2EE

Quelle: BEAR STEARNS (Hrsg.) [2003], S. 84.

3.5.4 *Büroanwendungen und sonstige Standardanwendungssoftware*

3.5.4.1 *Einführung*

Die Kategorie *Büroanwendungen und sonstige Standardanwendungssoftware* beinhaltet funktionsübergreifende Software, die sich keiner bestimmten Branche zuordnen lässt. In dieser Kategorie sind die Büroanwendungen besonders weit verbreitet. Dies basiert auf der Tatsache, dass sie sowohl von privaten als auch von geschäftlichen Anwendern in den verschiedensten Bereichen für die unterschiedlichsten Funktionen eingesetzt werden. Die wichtigsten Büroanwendungen werden heute in so genannten Office Paketen zusammengefasst. Bekannte Hersteller von Office-Paketen sind Microsoft, Corel, IBM und Sun Microsystems.[492] Die Office-Pakete der genannten Hersteller unterscheiden sich z. T. in ihrem Funktionsumfang. Die Standardpakete enthalten jedoch alle ein Textverarbei-

---

[492] Darüber hinaus ist im Internet bzw. über Distributoren mit Open Office ein Office Paket frei erhältlich. Vgl. OPEN OFFICE ORG. [2005].

tungsprogramm, ein Tabellenkalkulationsprogramm[493] und ein Präsentationsprogramm[494]. Komfortablere Versionen des Office-Paketes werden von Microsoft, Sun und IBM angeboten. Sie können weitere Programme wie Desktop-Datenbankprogramme,[495] Publishing-Programme, Grafikprogramme, Spracherkennungsprogramme sowie Email- und Terminprogramme enthalten.[496]

Es ist auch möglich, die in das Office-Paket integrierten Programme getrennt zu erwerben. Für Textverarbeitungs- und Tabellenkalkulationsprogramme lohnt sich ein separater Kauf nicht, da die Einzelprogramme zumeist teurer sind als das Standard-Office-Paket. Für Geschäftkunden kann es jedoch kostengünstiger sein, alle Büroarbeitsplätze mit dem Standard-Office-Paket auszustatten und von einem Programm wie einer Desktop-Datenbank, das von einer geringeren Anzahl an Anwendern genutzt wird, Zusatzlizenzen in Höhe des erwarteten Bedarfs zu kaufen.[497] Für derartige Programme gibt es in der Regel einen eigenen Markt, auf dem neben den genannten Anbietern auch weitere Hersteller ihre Stand-alone-Büroprogramme anbieten.

Das Email- und Terminprogramm Outlook ist ein bekanntes Beispiel für ein weit verbreitetes früheres Stand-alone Programm, das von Microsoft in das Office-Paket integriert wurde. Outlook ist als „Express"-Version mit eingeschränktem Funktionsumfang bereits beim Kauf neuerer Windows-Betriebssysteme enthalten. Die komfortablere Vollversion von Outlook, ein klassisches Groupware-Programm, ist Teil des Office Paketes. Unter *Groupware* werden multifunktionale Kommunikations- und Planungssysteme verstanden, die sowohl die Kommunikation der Mitarbeiter innerhalb eines Unternehmens als auch die globale Kommunikation unterstützen. Ein Konkurrenzprodukt von Outlook mit erweitertem Funktionsumfang ist Lotus Notes von dem Unternehmen IBM.

---

493 Das Tabellenkalkulationsprogramm von Microsoft ist MS-Excel. Konkurrierende Tabellenkalkulationsprogramme zu MS-Excel sind u. a. Lotus 1-2-3 von IBM und QuattroPro von Corel. Vgl. RUDY [2002], S. 19.

494 Das Präsentationsprogramm Power Point von Microsoft ist nicht in den Versionen MS-Office Basic Edition und auch nicht in der MS-Office Small Business Edition enthalten. Vgl. BEBELO [2003], S. 128 ff. Konkurrierende Präsentationsprogramme sind Freelance von IBM und Presentations von Corel. Vgl. RUDY [2002], S. 19.

495 Der Marktführer unter den PC-Datenbanken ist Microsoft mit der Datenbank MS-Access. Eine weitere bekannte Datenbank ist Approach von IBM. Vgl. Rudy [2002], S. 19.

496 Vgl. ZDF (Hrsg.) [2003] sowie BEBELO [2003], S. 128 ff. In das Microsoft Office Paket ist bereits der Email- und Terminplaner Outlook integriert. Lotus bietet mit ihrem Office Programm einen kleinen Organizer mit Adressfunktion an. Ein vollständiges Groupwareprodukt, das über die Funktionalitäten von Outlook hinausgeht, ist hingegen Lotus Notes, das von Lotus als eigenständiges Produkt angeboten wird.

497 Experteninterview mit Ingo Schmall, DekaBank, Bereich OI vom 23.09.2005.

Während Outlook auch im privaten Bereich, häufig in Form eines E-Mail Clients eingesetzt wird, findet Lotus nahezu ausschließlich in Unternehmen als Groupware Anwendung. Lotus Notes ist im Vergleich zu Outlook als reines Stand-alone-Programm zu erwerben.[498]

Neben den zuvor charakterisierten Programmen gibt es weitere, ursprünglich reine Stand-alone-Programme, die für den privaten und geschäftlichen „Bürobedarf" nachgefragt werden. Beispiele hierfür sind Media Player[499], Web-Browser, Enzyklopädien, Brennprogramme[500], PDF-Programme, Komprimierungsprogramme, Webdesign-Programme, Publikationsprogramme, Projektmanagement-Programme, Instant Messaging-Programme, Bildbearbeitungsprogramme, Visualisierungs- und Diagrammlösungsprogramme. Microsoft hat viele eigene Produkte, die in diesem Bereich angeboten werden, ebenfalls in Office Pakete oder diverse Windows-Versionen integriert. In neueren Windows-Versionen sind u. a. der Multimedia-Player MS-Media-Player, der Web-Browser MS-Internet-Explorer, das Instant Messaging-Programm MSN-Messanger und ein CD-Brennprogramm integriert. Einige MS-Office-Pakete enthalten u. a. mit MS-Frontpage ein Webdesign-Programm, mit dem MS-Publisher ein Publikationsprogramm, mit MS-InfoPath einen Formulareditor und mit dem MS-Office Picture Manager ein Bildbearbeitungsprogramm.

Der Begriff *sonstige Standardanwendungssoftware* umfasst alle übrigen Programme, die nahezu ausschließlich im privaten Bereich nachgefragt werden. Hierzu zählen z. B. Computerspiele für PCs und/oder Spielkonsolen sowie persönliche Finanzplanungsprogramme.

3.5.4.2 Netzwerkeffekte bei Bürosoftware und sonstiger Standardanwendungssoftware

Bei Bürosoftware treten insbesondere im Bereich der Office Programme bedeutende direkte Netzwerkeffekte auf, wodurch sich das Netzwerk aus Anwendern der Bürosoftware tendenziell der Gruppe der Kommunikationsnetzwerke zuordnen lässt. Wie bei jeder anderen Software tritt ein direkter Netzwerkeffekt bei den Anwendern durch das erworbene Wissen über ein Programm auf.

---

498 Vgl. LOTUS (Hrsg.) [2003].

499 Ein Media Player ist ein Programm, das den Besitzern das Abspielen von Audio- und Videodateien ermöglicht. Vgl. HANSEN, NEUMANN [2005], S. 401 ff.

500 Microsoft hat bereits ein Brennprogramm in die Windows-Betriebssysteme integriert.

Neben diesem Effekt wird ein weiterer positiver Netzwerkeffekt durch die Austauschmöglichkeit von Dateien der gleichen Bürosoftware hervorgerufen. So ist z. B. innerhalb des Netzwerkes der Anwender eines bestimmten Textverarbeitungsprogramms der Austausch von Dateien problemlos möglich, wenn sie derselben Produktgeneration angehören. Kompatibilität liegt in vielen Fällen auch zwischen den Produktgenerationen, Produktvarianten und verschiedenen Produkten eines Anbieters vor. Hingegen weist die Übertragung einer Datei von Textverarbeitungsprogrammen konkurrierender Anbieter vielfach mehr oder weniger große Kompatibilitätshemmnisse auf. Sowohl private als auch geschäftliche Nachfrager werden sich vor dem skizzierten Hintergrund für die Bürosoftware entscheiden, bei der sie zukünftig das größte Netzwerk erwarten. Für die Erwartungsbildung spielt die installierte Basis der Besitzer dieser Bürosoftware eine bedeutende Rolle.

Bei den Nachfragern von Serverbetriebssystemen sowie Betriebssystemen von mobilen Informationsmitteln kann ein weiterer indirekter Netzwerkeffekt auftreten, wenn diese Nutzer Dateien von dem Server bzw. PDA mit der Bürosoftware synchronisieren möchten, die sich auf ihrem PC befindet. Der Effekt ist in Kapitel D 2.2 am Beispiel von Server-Betriebssystemen analysiert.

Einige Programme aus dem Bereich der Standardanwendungssoftware weisen auch primär indirekte Netzwerkeffekte auf. Ein Beispiel ist der Multimediaplayer. Dieser dient zur Verwaltung diverser Audio- und Videodateien. Darüber hinaus ist er in der Lage, diese Dateien in Hardwareanweisungen umzusetzen, so dass die Inhalte durch die Hardware wiedergeben werden können.[501] Die Audio- und Videodateien können in unterschiedlichen Dateiformaten vorliegen. Zwar spielen moderne Media Player mehrere Dateiformate ab, jedoch ist in der Regel nicht jedes Dateiformat von jedem Player lesbar.[502] Dies kann dazu führen, dass sich die Anbieter von Audio- und Videoinhalten bei der Auswahl ihrer verwendeten Dateiformate u. a. an dem am weitesten verbreiteten Media Player orientieren. Die Nachfrager von Media Playern fragen den Player nach, für den sie zukünftig das vielfältigste und günstigste Angebot an Audio- und Videoinhalten erwarten. Für die Erwartungsbildung ist auch hier wieder die installierte Basis an Nutzern des Media Players eines Anbieters von besonderer Bedeutung.

---

501 So wird zum Beispiel ein Film am Bildschirm angezeigt und der Ton des Filmes über die Lautsprecher wiedergegeben.

502 Vgl. COMMISSION OF THE EUROPEAN COMMUNITIES (Hrsg.) [2004a], Tz. 60 f. Microsoft hat den Microsoft Media Player in das Betriebssystem Windows integriert. Mit dem Kauf eines Windows-Betriebssystems erwirbt der Kunde bereits eine Basisversion des Media Players. Andere Hersteller wie Real Networks (Real One Player) oder Apple (Quick Time Player) bieten Basisversionen zum Teil unentgeltlich an, umfangreichere Versionen sind hingegen kostenpflichtig.

Ähnliche Effekte treten bei Web-Browsern auf. Die Nachfrager von Web-Browsern entscheiden sich tendenziell für den Web-Browser, bei dem sie erwarten, dass zukünftig die meisten Webseiten problemlos angezeigt werden. Die Anbieter der Webseiten optimieren ihre Webseiten tendenziell für den Browser, bei dem sie zukünftig die meisten Nutzer erwarten. Auch hier spielt bei der Erwartungsbildung die installierte Basis eine besondere Rolle.

Netzwerkeffekte treten auch bei Programmen der Kategorie sonstige Standardanwendungssoftware auf. So ist die Bedeutung von direkten Netzwerkeffekten bei Spielen vergleichsweise hoch, wenn sie von mehreren Anwendern gemeinsam innerhalb eines Netzwerkes (z. B. einer Plattform im Internet) gespielt werden. Bei persönlicher Finanzplanungssoftware wird hingegen der Basisnutzen relativ hoch und der Netznutzen vergleichsweise gering sein, weil die Nutzer ihre Daten in der Regel nicht austauschen wollen.

Insgesamt sind die Netzwerkeffekte bei nahezu allen Programmen aus der Kategorie Standardanwendungssoftware signifikant. Eine besondere Bedeutung dürfte den Netzwerkeffekten im Bereich der Bürosoftware zukommen, insbesondere bei den Programmen, die zu einem Standard-Office-Paket zusammengefasst sind. Der Markt für Office Programme ist vergleichsweise groß, da sie sowohl von Geschäftskunden als auch von Privatkunden auf globaler Ebene nachgefragt werden.[503] Die Produktdifferenzierungswünsche sind bei Bürosoftware vernachlässigbar gering.[504] Dies lässt den Schluss zu, dass sich Nachfrager von Bürosoftware tendenziell einen industrieweiten Ex-ante-Standard wünschen. Demgegenüber fördern die angebotsseitigen Bedingungen den Wunsch der Anbieter nach einem alleinigen Netzwerkaufbau. Diese Annahmen werden durch empirische Daten bestätigt. Im Bereich der Office Programme stellen die Office Suites von Microsoft mit Marktanteilen von über 90 % seit Mitte der 1990er den De-facto-Standard dar.[505]

---

503 Microsoft als größtes reines Softwareunternehmen der Welt erzielte im Bilanzjahr 2006 mit Anwendungsprogrammen (Information Worker) mit 11,8 Mrd. USD ca. 27 % des Unternehmensumsatzes von 44,3 Mrd. USD. Die Office Produkte besitzen einen 95 % Umsatzanteil an der Information-Worker-Kategorie. Vgl. MICROSOFT CORP (Hrsg.) [2006c], S. 20, sowie BEAR STEARNS (Hrsg.) [2003], S. 41 f.

504 Es dürften bei den Nachfragern aus verschiedenen Sprachregionen jedoch z. B. Produktdifferenzierungswünsche in Bezug auf die Sprache vorliegen, die das Programm primär unterstützt. Allerdings lassen sich diese Wünsche durch eine kostengünstige Anpassung der Menüsprache relativ leicht erfüllen. Vgl. KOOTHS, LANGENFURTH, KALWEY [2003b], S. 21.

505 Vgl. KREMPL [2002], S. 106.

4 Zwischenfazit und Ausblick

Die vorangegangenen Ausführungen lassen erkennen, dass insbesondere die Märkte für Betriebssysteme und Standardanwendungssoftware durch bedeutende Netzwerkeffekte gekennzeichnet sind. Aufgrund dieser Netzwerkeffekte besteht aus Nachfragersicht - abgesehen von den Nachfragern von Individualsoftware - tendenziell der Wunsch nach einem industrieweiten bzw. branchenweiten Ex-ante-Standard. Dieser wird auch dadurch verstärkt, dass Software die Eigenschaften von Erfahrungs- und Vertrauensgütern aufweist.

Dieses Begehren wird jedoch nicht von allen Anbietern geteilt. Ein bedeutender Grund hierfür sind strukturelle Besonderheiten wie angebotsseitige Größenvorteile und instant scalability, die das Bestreben nach einem alleinigen Netzwerkaufbau fördern und somit die Entscheidung für externe Inkompatibilität unterstützen. Auf den meisten Softwaremärkten sind mehrere konkurrierende in- bzw. teilkompatible Softwareprogramme vorzufinden, die im Wettbewerb um die dominante Marktstellung stehen oder bei denen sich bereits ein De-facto-Standard herausgebildet hat. Den prominentesten De-facto-Standard stellt das Betriebssystem Windows auf dem Markt für Client-PC-Betriebssysteme dar. Dieser Markt und die Probleme, die sich durch Windows als De-facto-Standard ergeben, werden nachfolgend vertieft analysiert.

B Client-PC-Betriebssysteme als vertiefendes Beispiel für Märkte mit monopolistischer Marktstruktur

1 Einführung

Die Dominanz von Microsoft auf dem Markt für Client-PC-Betriebssysteme war der Ausgangspunkt der Kartellrechtsverfahren, die in den vergangenen Jahren sowohl in den USA als auch in der EU gegen Microsoft geführt wurden.[506] Client-Rechner werden sowohl innerhalb eines Unternehmens als auch in den privaten Haushalten genutzt. Der Markt für Client-Betriebssysteme lässt sich danach abgrenzen, ob das Betriebssystem auf einem persönlichen Informationsmittel, einem Schreibtisch- bzw. Notebook-PC oder einer Workstation zum Einsatz kommen soll, da mit der Hardwareausstattung auch ein bestimmtes Einsatzgebiet vorgegeben ist. So wird ein Nachfrager eines PDAs diesen vornehmlich als elektronischen Terminkalender, Adressbuch und Notizzettel verwenden, da

[506] Vgl. COMMISSION OF THE EUROPEAN COMMUNITIES (Hrsg.) [2004a], Tz. 428-472, sowie UNITED STATES DISTRICT COURT FOR THE DISTRICT OF COLUMBIA (Hrsg.) [1999b], Tz. 35.

die Hardwareausstattung im Vergleich zu einem PC limitiert ist.[507] PDAs verfügen aufgrund ihrer geringeren Rechenleistung und der begrenzten Darstellungsmöglichkeit nicht über denselben Funktionsumfang wie traditionelle PCs.[508] Die Nachfrager setzen diese mobilen Kleingeräte zusätzlich zu einem PC ein, um Daten mobil erstellen oder verändern zu können.[509] „As such, the operating system installed on such client devices cannot be regarded as competitive substitutes for client PC operating systems."[510]

Auch Betriebssysteme, die auf einer traditionellen RISC-Workstation installiert werden, stehen nicht mit den PC-Betriebssystemen in einer substitutiven Austauschbeziehung. Eine traditionelle RISC-Workstation wird ausschließlich im kommerziellen Bereich eingesetzt. Sie dient als Arbeitsplatzrechner für rechenintensive Spezialanwendungen.[511] Der Markt für PC-Betriebssysteme lässt sich anhand der Hardwareausstattung weiter segmentieren, da nicht jedes Betriebssystem auf jeder Prozessorarchitektur eingesetzt werden kann. Im nachfolgenden Abschnitt werden zunächst die jeweilige Hardwareausstattung der Clients-PCs und im Anschluss daran die relevanten Betriebssysteme vorgestellt. Die verwendeten Marktdaten beziehen sich über weite Strecken auf den Zeitraum von Mitte der 1990er Jahre bis 2005. In diesen Jahren wurde das US-amerikanische Kartellrechtsverfahren gegen Microsoft beendet und das Verfahren der Europäischen Kommission gegen Microsoft abgeschlossen.

2 Hardware

Ursprünglich wurden PCs für den privaten Gebrauch als Stand-alone-Rechner entwickelt. Heute ist es üblich, dass PCs auch als Arbeitsplatzrechner in Unternehmen in einem Client-Server- oder Peer-to-Peer-System vernetzt sind.[512] Der technische Fortschritt bei Prozessoren ermöglicht es sogar, besonders leistungsstarke PCs als Arbeitsgruppen-, Abteilungs- und Unternehmensserver einzusetzen. PCs werden in zwei unterschiedliche Prozessortypen unterschieden: zum

---

507 In der informationstechnischen Fachliteratur findet sich für den Begriff „Handhelds" oft auch die Bezeichnung „PDA", was einen historischen Ursprung hat. Inzwischen existieren aber auch andere Gerätetypen, die als PDAs eingesetzt werden. Daher erscheint es nicht sinnvoll, sie weiterhin mit dem Oberbegriff PDA, sondern entsprechend ihrer Größe als Handhelds zu bezeichnen. Die Definition für Handhelds erfolgt in Anlehnung an CANALYS (Hrsg.) [2005].

508 Vgl. COMMISSION OF THE EUROPEAN COMMUNITIES (Hrsg.) [2004a], Tz. 329.

509 Vgl. UNITED STATES DISTRICT COURT FOR THE DISTRICT OF COLUMBIA (Hrsg.) [1999b], Tz. 22.

510 COMMISSION OF THE EUROPEAN COMMUNITIES (Hrsg.) [2004a], Tz. 330.

511 Vgl. STAHLKNECHT, HASENKAMP [2005], S. 15.

512 Vgl. FISCHER u. a [2002], S. 62.

einen in IBM- bzw. Intel- kompatible Prozessoren, die einen Marktanteil von 90 % besitzen, zum anderen in die Prozessoren der Apple Macintosh Rechner.[513]

IBM prägte als einer der ersten Hersteller von PC-Prozessoren einen Industriestandard, auf dessen Basis andere Hersteller wie Intel, AMD und VIA ihre Prozessoren nachbauen.[514] Da heute in einem überwiegenden Teil der PCs Intel-Prozessoren eingesetzt werden, ist in diesem Zusammenhang auch der Begriff Intel-kompatible Prozessoren gebräuchlich.[515] Derartige Prozessoren sind in der Regel 32-Bit-CISC[516]-Prozessoren mit einer Taktung von mehr als 3 GHz.[517] Der gängige Preis für einen Schreibtisch-PC mit Bildschirm liegt zwischen 800 und 2500 Euro.[518] Das Unternehmen Apple hat für die von ihr vertriebenen PCs (Apple Macintosh) eine eigene Produktlinie entwickelt. Die Prozessoren für den Macintosh bezieht Apple heute überwiegend von dem Prozessorhersteller Motorola. Die Peripherie stellt das Unternehmen bis heute selbst her.[519] Der Preis eines Apple PCs liegt inklusive Bildschirm etwa bei 2.500 bis 4.500 Euro.[520]

Notebook-PCs unterscheiden sich von Schreibtisch-PCs in ihrer Portabilität und der etwas geringeren Leistungsfähigkeit. Da ein Notebook-PC im Vergleich zu einem Schreibtisch-PC mobil eingesetzt wird, muss er besonderen Anforderungen an Gewicht, Größe, Stromverbrauch und Wärmeabgabe genügen. Dies setzt einen größeren Forschungsaufwand voraus, um den Fortschritt in der Mikroprozessortechnik auch für den Notebook-PC nutzen zu können. Vor

---

513 Vgl. dazu umfassend FISCHER u. a [2002], S. 62.

514 Vgl. EVANS, HAGIU, SCHMALENSEE, [2005], S. 205.

515 Intel hat diesen Erfolg u. a. durch eine strategische Allianz mit Microsoft erlangt. Experteninterview mit Ingo Schmall, DekaBank, Bereich OI vom 23.09.2005.

516 Die CISC (complex instruction set computing)-Technik bedeutet, dass der Prozessor einen sehr großen Befehlssatz und Adressierungen direkt im Design des Siliziums enthält. Im Vergleich zur RISC-Technik mit reduziertem Befehlsatz sind dadurch relativ viele Funktionen direkt nutzbar. Durch die große Anzahl an verfügbaren Befehlen wird die Decodierung der Instruktionen komplexer. Einige der Anweisungen benötigen mehrere Arbeitsschritte, was viel Zeit in Anspruch nimmt. Der Mikrocode wird der Reihe nach ausgeführt. Alle anderen Anweisungen müssen solange auf die Ausführung warten. Deshalb ist der CISC-Prozessor bei der Bearbeitung anstehender Aufgaben in der Regel langsamer als ein Prozessor mit paralleler Verarbeitungsmöglichkeit. Vgl. DATACOM BUCHVERLAG GMBH (Hrsg.), URL: http://www.itwissen.info/definition/lexikon//_cisccisc_cisccomplex%20instruction%20set%20computer%20cisc_cisccisc-architektur.html [Stand 16.01.2007].

517 Am Ende des Jahres 2004 waren PCs bis zu 3,8 GHz getaktet. Vgl. HANSEN, NEUMANN [2005], S. 66.

518 Vgl. HANSEN, NEUMANN [2005], S. 66.

519 Vgl. EVANS, HAGIU, SCHMALENSEE, [2005], S. 205.

520 Vgl. APPLE [2005].

diesem Hintergrund folgt die Marktreife eines Notebook-PCs mit vergleichbarer Prozessorleistung wie die eines Schreibtisch-PCs etwa sechs bis zwölf Monate später.[521] Die Preisspanne für Notebooks reicht von unter 1000 bis zu 3500 Euro.[522] Die Preise für Apple Notebooks liegen auf einem ähnlichen Niveau.[523]

3 Client-Betriebssysteme

3.1 Windows Familie

Das Betriebssystem ***Windows*** wird von Microsoft seit dem Jahr 1985 als Nachfolger des Betriebssystems MS-DOS angeboten. Es ist wie MS-DOS als typisches PC-Betriebssystem speziell für Intel-Prozessoren entwickelt.[524] Die ersten Versionen von Windows wurden aufgrund ihrer mangelnden Netzwerkfähigkeit nahezu ausschließlich als Stand-alone-Betriebssysteme in privat genutzten PCs eingesetzt.[525] Mit dem 32-Bit-Betriebssystem MS-Windows NT 3.1 (New Technology)[526] brachte Microsoft im Jahr 1993 das erste Betriebssystem für professionelle Anwender auf den Markt, das nicht mehr auf der Entwicklungsplattform von MS-DOS basierte. Windows NT wurde speziell für den Einsatz in Netzwerken konzipiert. Microsoft begann gleichzeitig mit der Kreation zweier getrennter Produktlinien in unterschiedlichen Preissegmenten für Privat- und Firmenkunden.

Für ***Privatkunden***[527], die typischerweise einen Stand-alone-Rechner in Form eines Schreibtisch-PCs oder Notebook-PCs besitzen, der nicht an ein firmen-

---

521 Vgl. HANSEN, NEUMANN [2001], S. 70.

522 Zu detaillierten Ausführungen zu den unterschiedlichen Notebooktypen vgl. HANSEN, NEUMANN [2005], S. 70 f.

523 Vgl. APPLE [2005].

524 Vgl. STAHLKNECHT, HASENKAMP [2002], S. 81.

525 MS-Windows kam im Jahr 1985 als Nachfolger des Betriebssystems MS-DOS auf den Markt. MS-DOS hatte sich bei Betriebssystemen für 16-Bit-Prozessoren zu einem Quasistandard entwickelt. Die Funktionalität von MS-DOS wurde Bestandteil der ersten Windows-Betriebssysteme.

526 MS-Windows NT wurde ab 1993 parallel zu Windows 3.x als 32Bit-Betriebssystem für leitungsfähigere Prozessoren entwickelt. Es kann sowohl für Einzelplatzrechner als auch für Server in einem Netzwerk eingesetzt werden. Vgl. für detaillierte Informationen STAHLKNECHT, HASENKAMP [2002], S. 81.

527 Privatkunden nutzen in der Regel nur einen PC, der nicht an ein internes Netzwerk angeschlossen ist. Da aber Privatkunden vermehrt als Klienten am World Wide Web teilnehmen, ist – in Anlehnung an Microsoft selbst – die Windows-Produktlinie für Privatkunden den Client-Betriebssystemen zugeordnet. Vgl. MICROSOFT CORP (Hrsg.) [2002c].

internes Netzwerk angebunden ist, bot Microsoft im August 1995 mit dem Betriebssystem Windows 95[528] ebenfalls ein 32-Bit-Betriebssystem an, das erstmals Multimedia-Anwendungen unterstützte. Darüber hinaus war das Betriebssystem nur bedingt für den Einsatz in Netzwerken geeignet. Diese Produktlinie wurde mit den Nachfolgeversionen Windows 98[529], Windows Millennium Edition (ME)[530] bis hin zur aktuellen Version Windows XP Home Edition[531] weiterentwickelt.[532]

Für ***Firmenkunden*** bietet Microsoft eine Client-Betriebssystemserie an, die speziell für den Einsatz auf Arbeitsplatzrechnern konzipiert ist, die innerhalb einer Client-Server-Architektur eingesetzt werden sollen. Sie zeichnen sich durch eine besondere Netzwerkeignung aus. Zudem sind sie zuverlässiger und bieten mehr Sicherheit zum Schutz persönlicher Daten.[533] Das erste Client-Betriebssystem von Microsoft Windows NT 3.1 wurde 1993 eingeführt. Anschließend folgten die Versionen Windows NT Workstation 3.5, Windows NT Workstation 4.0, Windows 2000 Professional und Windows XP Professional. Zu Beginn des Jahres 2007 wurde der Windows XP Nachfolger Windows Vista am Markt eingeführt.

Abbildung 18 verdeutlicht, dass die beiden Produktlinien für Privat- und Geschäftskunden von zwei unterschiedlichen Betriebssystemplattformen abstammen. Diese Unterschiede in der Entwicklung waren bis zu den Betriebssystemen Windows ME und Windows 2000 deutlich erkennbar. Mit dem aktuellen Betriebssystem Windows XP wurden die beiden unterschiedlichen Entwicklungslinien zusammengeführt und basieren nun auf einer gemeinsamen, von MS-DOS unabhängigen Entwicklungsplattform. Auch die Namensgebung Windows XP

---

528 Das Betriebssystem MS-Windows 95 ist ebenfalls netzwerkfähig, eignet sich aber nicht für den Server Betrieb.

529 Windows 98 ist die Weiterentwicklung von Windows 95. Es besaß wie spätere Versionen von Windows 95 bereits eine integrierte Internet-Benutzeroberfläche.

530 Windows ME ist das private Pendant zu Windows 2000. Es enthält viele Multimediafunktionen sowie den Microsoft Internet Explorer 5.5 und bietet dem privaten Anwender die Möglichkeit, ein „häusliches Netzwerk“ einzurichten.

531 Windows XP ist die aktuelle Version des Windows-Betriebssystems. Für private Anwender wird es in der Home Edition angeboten.

532 Bei einigen Privatanwendern sind auch die Betriebssysteme in Gebrauch, die Microsoft für professionelle Anwender verkauft. Hierfür gibt es einige Gründe: Windows NT gilt im Vergleich zu Windows 95 bzw. 98 als sehr stabil. Darüber hinaus gibt es Privatanwender, die mehrere Rechner vernetzen wollen oder ihren mobilen PC an einem Netzwerk anschließen möchten.

533 Vgl. HANSEN, NEUMANN [2001], S. 70.

Home Edition und Windows XP Professional lassen dieselbe Abstammung erkennen.

Abbildung 18: Windows Client History

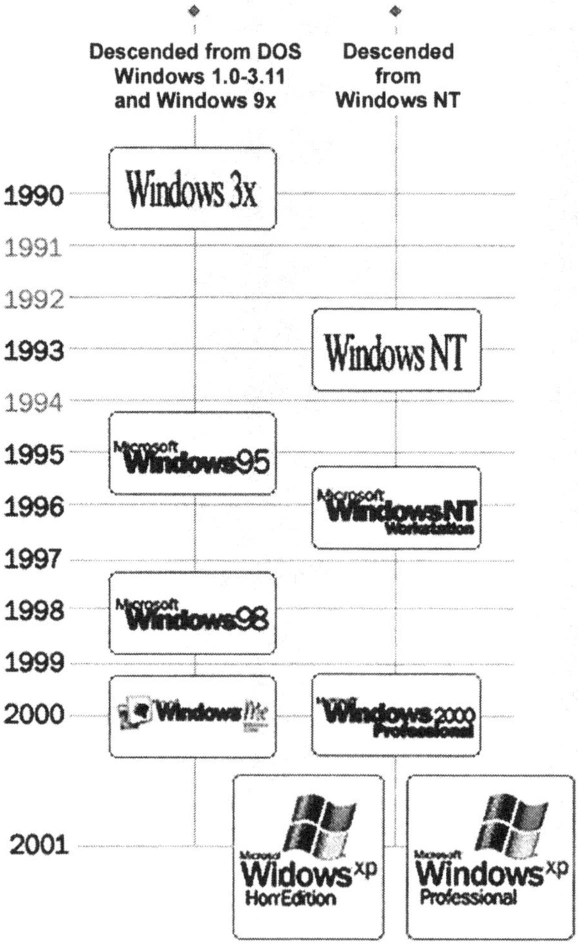

Quelle: MICROSOFT CORP (Hrsg.) [2003a]

Der aktuelle Preis für die XP Home Edition beträgt 199 USD.[534] Das Upgrade von einer Vorgängerversion kostet 99 USD.[535] Die Windows XP Professional Edition als Vollversion kostet 299 USD.[536] Der Preis für das Upgrade von einer Vorgängerversion beträgt 199 USD.[537] Die Tabelle 2 verdeutlicht, dass dieser Preis nur in seltenen Fällen gezahlt wird. Die Windows-Betriebssysteme werden über verschiedene Absatzkanäle zu stark variierenden Preisen verkauft.

Die Tabelle 2 zeigt, dass ein Kunde, der im Jahr 2002 ein neues Client-Betriebssystem erwarb, das Microsoft für den Verkauf an Privatkunden vorgesehen hatte (customer grade products), einen durchschnittlichen Preis von 52 USD für die Lizenz bezahlte. In den Jahren 1997 bis 2002 wurden 75 % aller Lizenzen im Privatkundensegment über die Hardwarehersteller als OEM[538]-Versionen verkauft. In diesem Fall ist das Betriebssystem bereits beim Kauf der Hardware installiert. Der Kunde bezahlt einen versteckten Aufpreis von 48 USD. Nur 3 % aller Betriebssysteme aus dem Privatkundensegment wurden im gleichen Zeitraum als eigenständige Versionen über den Einzelhandel verkauft. Im Jahr 2002 betrug der Durchschnittspreis 202 USD. Die verbleibenden 22 % aller verkauften Betriebssysteme aus dem Privatkundensegment wurden in diesem Zeitraum über das so genannte Volume Licence Agreement für durchschnittlich 45 USD an Geschäftskunden veräußert. Das Volume Licence Agreement ist ein Mengenrabatt für geschäftliche Nachfrager größerer Stückzahlen. Die Angebote für das Volume Licence Agreement gestalten sich im Jahr 2003 wie in der Tabelle 3 dargestellt.

---

534 Vgl. MICROSOFT CORP (Hrsg.) [2005b].

535 Hierbei ist nicht jede Vorgängerversion zu einem Upgrade befugt. Genauere Informationen unter MICROSOFT CORP (Hrsg.) [2001].

536 Vgl. MICROSOFT CORP (Hrsg.) [2002a].

537 Hierbei ist nicht jede Vorgängerversion zu einem Upgrade befugt. Genauere Informationen unter MICROSOFT CORP (Hrsg.) [2001].

538 Original Equipment Manufacturer.

Tabelle 2: Absatzkanäle für Windows-Betriebssysteme

	1997*	1998*	1999*	2000*	2001*	2002*	2003* (geschätzt)	2004* (geschätzt)
Win 3.x/95)98/Me/XP Home								
New ASP	$ 50	$ 50	$ 50	$ 50	$ 51	$ 52	$ 52	$ 53
OEM	$ 45	$ 45	$ 45	$ 46	$ 47	$ 48	$ 48	$ 50
% of total shipment	75 %	75 %	75 %	75 %	75 %	75 %	74 %	73 %
Retail	$ 200	$ 200	$ 200	$ 200	$ 209	$ 202	$ 200	$ 200
% of total shipment	3 %	3 %	3 %	3 %	3 %	3 %	3 %	3 %
VLA	$ 45	$ 45	$ 45	$ 45	$ 45	$ 45	$ 45	$ 45
% of total shipment	22 %	22 %	22 %	22 %	22 %	22 %	23 %	24 %
Upgrade ASP	$ 75	$ 75	$ 75	$ 75	$ 56	$ 77	$ 83	$ 83
Retail	$ 90	$ 90	$ 90	$ 90	$ 60	$ 90	$ 100	$ 100
% of total shipment	75 %	75 %	75 %	75 %	85 %	78 %	75 %	75 %
VLA	$ 30	$ 30	$ 30	$ 30	$ 30	$ 30	$ 30	$ 30
% of total shipment	25 %	25 %	25 %	25 %	15 %	23 %	25 %	25 %
Win NT/2000/XP Pro								
New ASP	$ 92	$ 92	$ 92	$ 93	$ 93	$ 94	$ 94	$ 94
OEM	$ 90	$ 90	$ 90	$ 92	$ 194	$ 196	$ 96	$ 100
% of total shipment	25 %	25 %	25 %	25 %	25 %	25 %	24 %	24 %
Retail	$ 300	$ 300	$ 300	$ 300	$ 300	$ 300	$ 300	$ 300
% of total shipment	1 %	1 %	1 %	1 %	1 %	1 %	1 %	1 %
VLA	$ 90	$ 90	$ 90	$ 90	$ 90	$ 90	$ 90	$ 90
% of total shipment	74 %	74 %	74 %	74 %	74 %	74 %	75 %	76 %
Upgrade ASP	$ 69	$ 69	$ 69	$ 69	$ 69	$ 69	$ 69	$ 69
OEM	$ 68	$ 68	$ 68	$ 69	$ 71	$ 72	$ 72	$ 75
% of total shipment	1 %	1 %	1 %	1 %	1 %	1 %	1 %	1 %
Retail	$ 200	$ 200	$ 200	$ 200	$ 200	$ 200	$ 200	$ 200
% of total shipment	1 %	1 %	1 %	1 %	1 %	1 %	1 %	1 %
VLA	$ 68	$ 68	$ 68	$ 68	$ 68	$ 68	$ 68	$ 68
% of total shipment	98 %	98 %	98 %	98 %	98 %	98 %	98 %	98 %

* Geschäftsjahr, ASP = Application Service Provider, OEM = Original Equipment Manufacturers, VLA = Volume License Agreement

Quelle: BEAR STEARNS (Hrsg.) [2003], S. 34.

Tabelle 3: Lizenzmodelle für Geschäftskunden

Microsoft Volume License Programs			
Program Name	**Customer Size**	**Costomer Types**	**Customer Profile**
Open License 6.0	5 or more PCs	Corporate, Academic, Charity, Government	Designed for customers who desire an easy, onetime transaction process with the flexibility of acquiring licenses from a broad reseller channel.
Select License 6.0	250 or more PCs	Corporate, Academic, Government	Designed for medium, large, and multinational organizations with mixed Microsoft license requirements, decentralized purchasing, and the ability to forecast purchase.
Enterprise Agreement 6.0	250 or more PCs	Corporate	Designed for medium, large, and multinational companies interested in standardizing their enterprise and who value the benefits of centralized purchasing
Enterprise Subcription Agreement 6.0	250 or more PCs	Corporate	Designed for same customers as Enterprise 6.0, but for organizations that wish to acquire nonperpetual licenses for one or more of the Microsoft enterprise products on a subscription basis.

Quelle: BEAR STEARNS (Hrsg.) [2003], S.104.

Neben den Erstlizenzen können Nachfrager von Betriebssystemen, die bereits einen PC mit einer älteren Windows Version besitzen, so genannte Upgrade-Lizenzen erwerben. Im Jahr 2002 betrug der durchschnittliche Preis von Upgrade-Lizenzen aus dem Privatkundensegment 77 USD. Hiervon sind 22 % in Form von Volume License Agreement für einen durchschnittlichen Preis von 30 USD an Firmenkunden veräußert worden. Die verbleibenden 78 % wurden von Kleinunternehmen und Privatkunden für einen durchschnittlichen Preis von ca. 90 USD nachgefragt.

Der Verkaufspreis einer neuen Windows Professional Version betrug im Jahr 2002 94 USD.[539] In den Jahren 1997 bis 2002 wurden 25 % der Windows Professional Lizenzen über den OEM Sektor verkauft. Der Preis betrug im Jahr 2002 96 USD. Der Einzelhandel verkaufte im gleichen Jahr 1 % aller Windows Professional Versionen zu einem Preis von 300 USD. Der größte Teil aller Windows Professional Lizenzen (74 %) wurde in den Jahren 1997 bis 2002 über das Volume License Agreement an Geschäftskunden verkauft. Der Preis lag im Jahr 2002 bei 90 USD. Der Preis einer Upgrade-Lizenz betrug im gleichen Jahr 68 USD. Sie wurde zu 98 % als Volume License Agreement an Firmenkunden verkauft. Der Einzelhandel konnte auch hier nur 1 % der Lizenzen für einen Preis von 200 USD absetzen. Darüber hinaus erwarb 1 % der Kunden eine Upgrade-Lizenz für einen Preis von 72 USD über den OEM Sektor.[540]

3.2 Alternative Betriebssysteme

Die prominentesten Alternativen zu der Windows Client-Familie sind die Betriebssysteme OS/2, Unix, Linux und Mac OS X. Nachfolgend sind diese kurz charakterisiert:

OS/2 ist ein 32-Bit PC-Betriebsystem von IBM, das heute nicht mehr weiterentwickelt wird.[541] Da es jedoch in den 1990er Jahren eine ernstzunehmende Konkurrenz von Windows darstellte und IBM auch heute noch das technische Wissen sowie die finanziellen Voraussetzungen zur Entwicklung von PC-Betriebssystemen besitzt, erscheint es sinnvoll, das Betriebssystem als potenzielle Konkurrenz von Windows vorzustellen. OS/2 wurde von IBM ursprünglich in einem Gemeinschaftsprojekt mit Microsoft als Nachfolger von MS-DOS für PCs entwickelt. Im Jahr 1987 kam die erste OS/2 Version, ein 16-Bit-Betriebssystem, auf den Markt. Nach einem endgültigen Bruch zwischen Microsoft und IBM im Jahr 1991 arbeitete IBM alleine an dem OS/2-Projekt, während sich Microsoft mit Windows auf die Entwicklung eines eigenständigen Betriebssystems konzentrierte. In den folgenden Jahren erweiterte IBM OS/2 schrittweise mit Multitaskingfähigkeiten, Multimediaeigenschaften und Netzwerkfunktionen im Client-Server- und Peer-to-Peer-Bereich. Seit 1994 trägt OS/2 zusätzlich den

---

539 Hierbei und im Folgenden handelt es sich um Durchschnittspreise.

540 Es bleibt darauf hinzuweisen, dass die Lizenzgebühren – insbesondere bei Unternehmen – nicht die einzigen Kosten für die jeweilige Software darstellen. So fallen bei den Unternehmen in vielen Fällen auch Service- und Schulungskosten bei der Nutzung von Software an. Vgl. COMPUTERWOCHE (Hrsg.) [2003] und WEISS [2003].

541 Vgl. hierzu und im Folgenden OPERATING SYSTEM DOCUMENTATION PROJECT (Hrsg.) [2007].

Beinamen *„Warp“*. Wie die Windows-Familie ist auch die OS/2-Familie zu eigenen Vorgängerversionen sowie zu MS-DOS-Versionen abwärtskompatibel.[542] Bei Großkunden wie Maschinenbauunternehmen, Versicherungen und Banken, die bereits IBM-Betriebssysteme auf größeren Servern einsetzten, konnte die OS/2 Client-Server-Lösung bedeutende Marktanteile erreichen. Im Privatkundenbereich und bei kleineren und mittelständischen Unternehmen konnten diese Erfolge hingegen nicht erreicht werden. Mit der Markteinführung der Version OS/2 Warp 4 konzentrierte sich IBM fortan nur noch auf die Arbeitsplatzrechner und Arbeitsgruppenserver von Großkunden. Doch der erhoffte Wechsel der Großkunden von der Vorgängerversion zu OS/2 Warp 4 blieb aus.[543] Im Jahr 1998 wurde mit OS/2 Workspace-on-Demand die letzte Version des Betriebssystems eingeführt. In der Folge stellte IBM die Entwicklung der OS/2 Client-Server-Betriebssysteme ein. Im März 2003 kündigte das Unternehmen an, 250 Varianten und Upgrade Lizenzen zu den Betriebssystemen OS/2 Warp sowie Warp Server für eBusiness vom Markt zu nehmen. Auch wollte IBM die Laufzeit der OS/2 Support-Verträge bis zum Ende des Jahres 2004 begrenzen.[544] Auf Druck der Großkunden wurde der Support bis Ende 2006 verlängert. IBM selbst rät jedoch den Nutzern von OS/2, zu dem Betriebssystem Linux zu wechseln. Das texanische Softwareunternehmen Serenity Systems bietet seit Ende 2001 das Client-Betriebssystem eComStation an, welches es selbst als Nachfolgeversion von OS/2 Warp 4 bezeichnet. Dieses Betriebssystem konnte bis heute keinen nennenswerten Marktanteil erreichen.[545]

Unix wurde 1969 von Bell Laboratories, einem industriellen Forschungszentrum von AT&T, entwickelt.[546] Das Unternehmen besitzt – wie bereits in Kapitel B 2.1 des Zweiten Teils dieser Arbeit erörtert – keine Eigentumsrechte an dem Unix-Quellcode. Unix eignet sich sowohl als Client- als auch als Serverbetriebssystem für Server-PCs und traditionelle 64-Bit-RISC-Server. Während Unix auf Client-PCs so gut wie nicht zum Einsatz kommt, wird es von Unternehmen als Betriebssystem für Client-Workstations und als Server-Betriebs-

---

542 Die Abwärtskompatibilität wurde in den letzten Jahren durch Microsoft selbst eingeschränkt. Sie garantieren diese nur bis zu zwei Vorgängerversionen, u. a. um die Kunden zum Kauf von Updateversionen zu bewegen.

543 Vgl. HEISE (Hrsg.) [2003f].

544 Vgl. HEISE (Hrsg.) [2003g].

545 Vgl. HEISE (Hrsg.) [2003h] sowie HEISE (Hrsg.) [2003i]. Als ein Grund hierfür wird angeführt, dass das Unternehmen bisher keine nennenswerten Verbesserungen an dem Betriebssystem vornehmen konnte, weil es keinen Zugriff auf den Quellcode des Betriebssystems besitzt.

546 Vgl. STAHLKNECHT, HASENKAMP [2002], S. 79 f.

system für alle Serverklassen nachgefragt.[547] Zum einen ist Unix als Freeware erhältlich. Zum anderen gibt es käuflich zu erwerbende Unix Distributionen wie die Version von BSD (Berkeley Software Distribution).[548] Darüber hinaus werden Client-Workstations in vielen Fällen mit herstellerspezifischen Unix-Varianten verkauft. Der Preis für diese modifizierte Unix-Client Betriebssysteme lässt sich nicht feststellen, da es sich hierbei um eine Mischkalkulation handelt und die Marktanteile der Unix-Client Betriebssysteme nicht einzeln erfasst sind.

Linux ist ein Open-source-Betriebssystem auf Unix-Basis. Das Grundgerüst dieses Betriebssystems wurde 1991 von dem Finnen Linus Torwald entwickelt.[549] Linux unterliegt seit jeher der „GNU General Public License". Das Software-Lizenzierungsschema basiert auf den Rahmenbedingungen der Free Software Foundation, einer Non-profit-Organisation. Die Organisation lizenziert den gesamten source code für den Lizenznehmer, ohne ein Entgelt dafür zu verlangen. Dieser ist anschließend dazu autorisiert, jede beliebige Veränderung an dem Quellcode vorzunehmen.[550]

Von der Free Software Foundation werden die so genannten Kern-Funktionen des Betriebssystems lizenziert (der so genannte Kernel). Sie beinhalten insbesondere die bereits erörterten Steuerprogramme. Zusätzliche Funktionen wie eine grafische Benutzeroberfläche können je nach Bedarf hinzugefügt werden (engl. additional layers). Die Europäische Kommission definiert Linux-Be-triebssysteme als „bundles of the Linux kernel with such additional software layers."[551]

Linux kann als Betriebssystem von mobilen Kleingeräten bis hin zu leistungsfähigen Servern eingesetzt werden.[552] Das Betriebssystem wird sowohl von privaten Wirtschaftssubjekten als auch von Unternehmen nachgefragt. Es gilt wie

---

[547] Vgl. FISCHER u. a. [2002], S. 93. Auch auf Großrechnern sollen UNIX-Varianten zukünftig lauffähig sein, um den Vorteil eines einheitlichen Betriebssystems auf allen Rechnerklassen – somit die Unabhängigkeit von einer bestimmten Hardware – zu ermöglichen.

[548] BSD-Unix unterstützte als eines der ersten freien Betriebssysteme Internet-Protokolle. Heute gibt es mit FreeBSD, OpenBSD, und NetBSD mehrere parallel arbeitende Entwicklungslinien von BSD. Vgl. HANSEN, NEUMANN [2001], S. 980 f.

[549] Vgl. HANSEN, NEUMANN [2001], S. 979.

[550] Vgl. COMMISSION OF THE EUROPEAN COMMUNITIES (Hrsg.) [2004a], Tz. 27.

[551] COMMISSION OF THE EUROPEAN COMMUNITIES (Hrsg.) [2004a], Tz. 87.

[552] Vgl. TELETARIF (Hrsg.) [2003]. Spezielle Linux Versionen (Embedded Linux) werden auf relativ leistungsschwachen Prozessoren in mobilen Geräten eingesetzt. Diese Linux Version ist an die kargen Hardware-Voraussetzungen angepasst, stellt somit geringere Anforderungen an Speicher und Prozessorleistung.

die meisten Unix-Varianten als sehr stabil und leistungsfähig. Im Vergleich zu Unix selbst zeichnen sich Linux Betriebssysteme durch ihre komfortablere Benutzeroberfläche aus. Aus diesem Grund werden ältere Unix-Varianten nach und nach durch Linux-Betriebssysteme ersetzt. Weltweit programmieren mittlerweile über 1.000 freie Softwareentwickler an Linux, die das Betriebssystem ständig erweitern und verbessern.

Linux ist im Internet als Freeware erhältlich.[553]. Darüber hinaus vertreiben etwa zehn Unternehmen so genannte Linux-Distributionen. „Eine Linux-Distribution ist eine Zusammenstellung von mehreren tausend Programmen, deren Zusammenspiel von dem Distributor getestet wurde und die entsprechend konfiguriert und dokumentiert sind.“[554] Linux-Distributionen werden insbesondere von Firmenkunden nachgefragt, da sie hierdurch das mühsame Herunterladen aller notwendigen Linux-Bestandteile umgehen und ein zusätzliches Support-Angebot erhalten. Führende Anbieter von Distributionen sind die Unternehmen Red Hat[555] und SuSE[556] (heute Novell)[557]. Im Zuge der Open-Source-Bewegung entwickeln auch Hersteller von proprietären Betriebssystemen wie IBM, Dell, Hewlett Packard und Sun Microsystems Linux selbst oder Linux-Anwendungen weiter, um ihre eigenen Betriebssysteme durch Linux zu ergänzen oder gar zu ersetzen. Zusätzlich bieten sie einen kommerziellen Support an.[558]

Die Preise für Linux Client-Distributionen variieren je nach Anbieter und Zielgruppe.[559] Die Professional Distributionen für die gewerbliche Anwendung war von Red Hat im Januar 2003 für 149,95 USD zu erwerben. Die SuSE-Professional-Variante kostete zur gleichen Zeit 79,95 USD.[560] Das Unternehmen SuSE (bzw. Novell) bietet darüber hinaus für Privatkunden eine „Personal“-Variante ihrer Linux-Distribution für 39,95 USD (Januar 2003) an. Auch der Konkurrenzanbieter MandrakeSoft bietet eine Linux-Distribution für den privaten Gebrauch an. Der Preis lag im Januar 2003 bei 39 USD.

---

553 Vgl. COMMISSION OF THE EUROPEAN COMMUNITIES (Hrsg.) [2004a], Tz. 89.

554 HANSEN, NEUMANN [2001], S. 980.

555 Red Hat ist im Internet präsent unter http://www.redhat.com.

556 SuSE ist im Internet präsent unter http://www.suse.de.

557 Novell ist im Internet präsent unter http://www.novell.com.

558 Vgl. HANSEN, NEUMANN [2001], S. 980. IBM engagiert und bezahlt z. B. mehrere Kern-Unix-Entwickler und trägt somit aktiv zur Linux-Entwicklung bei. Experteninterview mit Frank Förster, IT-Consultant, am 17.06.2004.

559 Alle nachfolgenden Angaben in Anlehnung an COMMISSION OF THE EUROPEAN COMMUNITIES (Hrsg.) [2004a], Tz. 90 f.

560 Im August 2005 kostet die SuSE Linux Professional Distribution für Client-PCs im Online-Warenhaus Amazon 69 Euro. Vgl. AMAZON (Hrsg.) [2005a].

Seit der Version ***Mac OS X***, dem ein klassisches Unix-Betriebssystem zugrunde liegt, ist dieses System des Unternehmens Apple als Unix-Derivat ebenfalls in die Familie der Unix-Betriebssysteme einzuordnen. Mac OS X wurde speziell für die Apple-PowerPCs G3 und G4[561] entwickelt. Betriebssysteme von Apple werden seit 1983 zunächst unter dem Namen ***System*** in den Versionen 1 bis 7 und ab 1997 als ***Mac OS*** in den Versionen 8, 9 und X entwickelt. Mac OS gilt unter den Betriebssystemen als Vorreiter für grafische Benutzeroberflächen. Bisher sind alle Apple-Betriebssysteme exklusiv auf Apple-PCs einsetzbar und die Rechner selbst sind nur mit Apple-Betriebssystemen uneingeschränkt lauffähig.[562] Inzwischen gibt es bei Apple Bemühungen, die proprietären Betriebssysteme hardwareunabhängig zu gestalten, was aber bei der neusten Version Mac OS X noch nicht gelungen ist. Mit Mac OS X wechselte Apple von der ursprünglichen Entwicklungsplattform zu der „moderneren" Technik der NeXT Software Inc., einem Unternehmen, das von Apple für die eigene Betriebssystementwicklung aufgekauft wurde.[563] Mac OS X soll es dem Apple-Nutzer ermöglichen, von der Zuverlässigkeit und Netzwerkfähigkeit des Betriebssystems Unix zu profitieren.[564] Apple Betriebssysteme werden gemeinsam mit der Hardware als Hardware-Software-Bundle verkauft. Für die sich bereits im Betrieb befindlichen Apple-PCs werden die Client-Betriebssysteme sowohl im privaten als auch im professionellen Bereich angeboten. Der Preis lag im Januar 2003 bei 129 USD.[565]

4 Wahlmöglichkeiten

Die Abbildung 19 zeigt die Optionen, die einem Nachfrager von Client-PC-Betriebssystemen in Abhängigkeit von der zugrunde liegenden Prozessorarchitektur zur Verfügung stehen.

Ein Nachfrager, der einen Schreibtisch- oder Notebook-PC von Apple kauft, ist mit dem Kauf gleichzeitig auf das aktuelle Betriebssystem von Apple festgelegt, das generell mit dem PC geliefert wird.

---

561 Apple stellt die PowerPC-Prozessoren nicht selbst her, sondern bezieht sie von Motorola und IBM. Da der PC aber aufgrund des Apple Look and Feel als Apple PC bekannt ist, wird er in der Grafik als solcher bezeichnet.

562 Vgl. COMMISSION OF THE EUROPEAN COMMUNITIES (Hrsg.) [2004a], Tz. 86.

563 Dieses Unternehmen, das ursprünglich dem Apple Gründer Steven Jobs gehörte, wurde von Apple 1997 gekauft und in das eigene Unternehmen eingegliedert. Vgl. APPLE (Hrsg.) [2003].

564 Vgl. APPLE (Hrsg.) [2003].

565 Vgl. COMMISSION OF THE EUROPEAN COMMUNITIES (Hrsg.) [2004a], Tz. 86.

Entscheidet sich der Nachfrager für den Kauf eines Intel-basierten PCs, so kann er zwischen den in Abbildung 19 aufgeführten Client-Betriebssystemen der Windows-Familie und den Linux-Varianten wählen. Unternehmen fragen in seltenen Fällen auch die Betriebssysteme Unix für ihre Client-PCs nach. Die geringe Nachfrage nach dem Betriebssystem Unix resultiert vor allem aus der im Vergleich zu Linux relativ unfreundlichen Benutzeroberfläche für den Endanwender.[566] Insofern verbleiben auch dem Geschäftskunden mit Linux und den diversen Windows-Versionen zwei „echte" Wahlmöglichkeiten.

Abbildung 19: Optionen beim Kauf eines Client-Betriebssystems

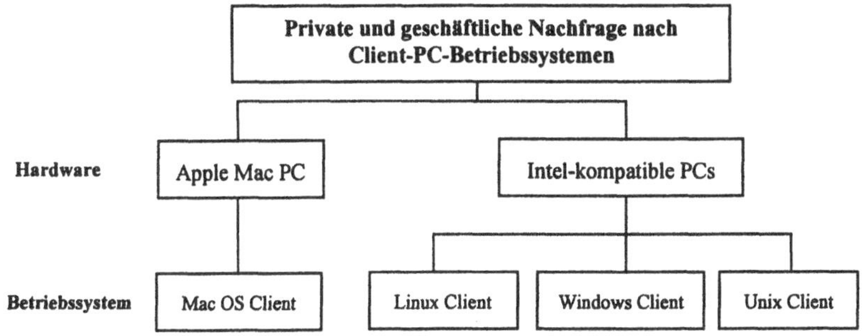

Quelle: Eigene Darstellung

Für einen Privatkunden stellen diese Wahlmöglichkeiten bei einem PC-Neukauf nur eine vermeintliche Freiheit dar. Ein Großteil der Privatkunden bezieht den Heimcomputer von Elektro- oder Computerfachhändlern, Kaufhäusern, Versandhändlern oder Discountern. Diese verkaufen üblicherweise Markengeräte mit dem aktuellen Windows-Betriebssystem als OEM-Version.[567] Das Paketangebot von Hardware und Betriebssystem schränkt die Freiheit des Kunden ein. Er kann vor dem Kauf nicht zwischen den unterschiedlichen Betriebssystemen wählen.

---

566 Experteninterview mit Susanne Beck, IBM Unternehmensberatung am 20.08.2005.

567 Die Kosten für das Betriebssystem sind anteilig im Kaufpreis für den PC enthalten. Microsoft ist daran interessiert, dass die bedeutenden PC-Hersteller (Original Equipment Manufacturer (OEMs)) ihre PCs bereits mit dem Betriebssystem Windows ausliefern. Begründet wird dieser Vertriebsweg insbesondere mit der Absicht, dadurch die Verbreitung von Raubkopien der Betriebssysteme zu unterbinden. Vgl. Microsoft Corp (Hrsg.) [2005b].

Entschließt sich der Besitzer eines sich bereits im Gebrauch befindlichen PCs hingegen für ein neues Betriebssystem, so besteht bei ihm die Wahlfreiheit zwischen den beiden Betriebssystemfamilien. Der Umsatz, den die Softwarehersteller durch das Nachrüsten der Betriebssysteme im privaten Bereich verzeichnen, ist jedoch vergleichsweise gering. Dies lässt sich zum einen auf die kurze Gesamtnutzungsdauer eines PCs, zum anderen auf die große Anzahl an Raubkopien für den privaten Gebrauch zurückführen.[568]

Für Unternehmen besteht mit zunehmendem Nachfragevolumen und der gezielten Händlerauswahl auch beim Neukauf von Client-PCs eine größere Chance, das Betriebssystem frei wählen zu können.[569] Es ist darüber hinaus durchaus üblich, dass sie auf ihrer sich bereits im Betrieb befindlichen Hardware ein neues Betriebssystem installieren, um die Softwarelandschaft aus Effizienzgründen zu homogenisieren.

5 Wettbewerb um die dominante Marktstellung

Die Erfolgsgeschichte der Windows-Betriebssysteme ist eng mit der Erfolgsgeschichte des PCs verknüpft. Als die ersten PCs gegen Ende der 1970er Jahre von Herstellern wie Commodore, Texas Instruments und Atari am Markt angeboten wurden, war in vielen Fällen ein herstellerspezifisches Betriebssystem installiert. Einige Hardwarehersteller lizenzierten auch die Betriebssysteme von Digital Research, jedoch mussten diese an die jeweilige Hardwareplattform angepasst werden. Das Unternehmen IBM begann 1981 mit der Herstellung von PCs. Diese PCs waren für den Einsatz verschiedener Betriebssysteme vorgesehen. In den frühen 1980er Jahren wurden auf den IBM-PCs vorwiegend diverse DOS-Varianten als Betriebssystem eingesetzt. Auch Microsoft bot in dieser Zeit das Betriebssystem PC-DOS, später MS-DOS für die IBM-Plattform an. Als sich der Erfolg der IBM-Plattform abzeichnete, begannen andere Hardwarehersteller die Technik zu kopieren. Nachdem IBM vergeblich versuchte, diese Kopien zu verhindern, entschieden sich die Hersteller der Betriebssysteme – u. a. Microsoft -, ihre Programme auch für die so genannten IBM-Clones herzustellen.

---

[568] So waren im Jahr 2004 über 50 % der Computer in deutschen Haushalten weniger als 2 Jahre alt. Nur 4 % der Haushalte mit Computern gaben an, ihren letzten PC vor mehr als 5 Jahren gekauft zu haben. Vgl. FOCUS (Hrsg.) [2005], S. 34.

[569] Die Ausführungen in Abschnitt 3.1 zeigen, dass die Betriebssystemlizenzen der Windows Professional Version zu 74 % (bei Erstlizenzen) bzw. zu 98 % (Upgrade Lizenzen) über das Volume License Agreement verkauft werden.

Von Anfang der 1980er Jahre bis in die frühen 1990er Jahren fand auf dem Markt für Client-PC-Betriebssysteme ein Wettbewerb um den De-facto-Standard statt. Microsoft stand zu dieser Zeit mit anderen Anbietern wie IBM (OS/2) und Apple (System, Mac OS) in Konkurrenz um die Vormachtstellung auf dem Markt für Client-Betriebssysteme. Die drei großen Konkurrenten verfolgten unterschiedliche Geschäftsmodelle.

Apple verkauft auch heute noch Hardware gemeinsam mit dem eigens dafür kreierten Betriebssystem und folgt somit dem traditionellen Geschäftmodell der Hersteller von Großrechnern. IBM stellt Hardware (von Großrechnern bis hin zu PCs) und Betriebssysteme her. In den 1980er Jahren entwickelte das Unternehmen zunächst gemeinsam mit Microsoft das PC-Betriebssystem OS/2. Dieses Betriebssystem konnte zu Beginn nur auf IBM-Rechnern, in späteren Versionen jedoch auch auf IBM-kompatiblen PCs anderer Hersteller eingesetzt werden.[570] Heute liegt der Fokus des Unternehmens ausschließlich auf Server-Betriebssystemen.[571]

Das Kerngeschäft von Microsoft stellt hingegen der Verkauf von Software dar. Hierbei kommt den Betriebssystemen auch heute noch eine zentrale Bedeutung zu.[572] Das Geschäftsmodell von MS-Windows umfasst zwei Absatzkanäle. Zum einen erhalten diverse Hardwarehersteller von IBM- bzw. Intel-kompatiblen PCs Lizenzen für die Softwareplattform. Die Hardwarehersteller verkaufen anschließend den PC mit dem installierten Betriebssystem indirekt bzw. direkt an Privatkunden.[573] Zum anderen werden Betriebssysteme über Händler an die Endkunden verkauft, die diese selbst auf ihrer Hardware installieren.[574]

Zu Beginn der 1980er Jahre war die Nachfrage nach Computern und Betriebssystemen noch sehr gering. Der Durchbruch von Personalcomputern in den privaten Haushalten begann erst gegen Ende der 1980er und in den frühen 1990er Jahren. Microsoft hatte frühzeitig die Abhängigkeit von den Hardwareherstellern

---

570 Experteninterview mit Ingo Schmall, DekaBank, Bereich OI vom 23.09.2005. Wie in Abschnitt 3.2 erwähnt, wurde die Entwicklung von OS/2 im Jahr 2002 eingestellt. Neben diesem Betriebssystem entwickelt IBM auch weiterhin Betriebssysteme wie OS/400 und z/OS für die eigenen Server. Darüber hinaus stellen IT-Dienstleitungen einen bedeutenden Geschäftsbereich von IBM dar. IBM ist im Internet präsent unter http://www.ibm.com.

571 IBM hat im Jahr 2005 die gesamte PC-Hardwaresparte an Lenovo verkauft. Insofern stellen für das Unternehmen PCs und ihre Betriebssysteme kein strategisches Geschäftsfeld mehr dar. Experteninterview mit Susanne Beck, IBM Unternehmensberatung am 03.07.2006.

572 Vgl. MURPHY [2005].

573 Die Lizenzkosten werden von den Hardwareherstellern teilweise oder sogar vollständig auf den Handel bzw. die Endkunden überwälzt. Vgl. EVANS, HAGIU, SCHMALENSEE [2005], S. 204.

574 Der Anteil der Direktkäufe ist wesentlich geringer. Vgl. hierzu Ausführungen in Abschnitt 3.1.

und Anwendungsentwicklern erkannt. Insbesondere galt es, die Entwickler von Anwendungsprogrammen zu überzeugen, ihre Software exklusiv für Windows herzustellen, da sich die Entscheidungsträger der Wirkungsweise der indirekten Netzwerkeffekte bewusst waren.[575]

Im Jahr 1995 gab das Unternehmen 65 Millionen USD aus, um Softwareentwickler zu unterstützen. Im gleichen Jahr beschäftigte das Unternehmen darüber hinaus 400 Techniker zur Unterstützung der Anwendungsentwickler. Im Jahr 1999 äußerte Paul Maritz, der Group Vice President of Plattforms and Applications, Microsoft plane 630 Millionen USD für die Unterstützung der Softwareentwickler zur Verfügung zu stellen. Darüber hinaus seien 2.000 der 27.000 Microsoft-Mitarbeiter ausschließlich mit dem Support der Softwareentwickler betraut.[576] Wie Microsoft musste auch Apple die Anwendungsentwickler dazu bewegen, die Anwendungen für die Apple Betriebssystem-Familie zu schreiben. Beide Unternehmen hatten vor diesem Hintergrund zahlreiche APIs (Microsoft bis zu 6.000) entwickelt, um den Anwendungsentwicklern die Integration in das Betriebssystem so komfortabel wie möglich zu machen.[577]

Neben der Unterstützung externer Entwickler förderte Microsoft die Anwendungen mit dem größten Marktpotenzial (Bürosoftware) für das eigene Betriebssystem. Im Jahr 2000 repräsentierten die eigenen Anwendungsprogramme 20 % des gesamten Umsatzes aller entsprechenden Programme für die Windows-Plattform. Apple hielt im gleichen Jahr einen 10 %igen Anteil am Umsatz aller Anwendungen für die eigene Plattform (Mac OS).[578]

Zusätzlich zu den Anwendungsentwicklern begann Microsoft, die Hardwarehersteller zu einem kooperativen Verhalten zu bewegen.[579] Zunächst mussten sie davon überzeugt werden, dass sich Windows zukünftig als Plattform am Markt behaupten würde. Nachdem zahlreiche Anwendungsentwickler bereits für die eigene Plattform geworben werden konnten, fiel diese Überzeugungsarbeit vergleichsweise leicht.[580] Bis heute arbeitet Microsoft eng mit den diversen Hard-

---

575 Vgl. LIEBOWITZ, MARGOLIS [2001a], S. 145.

576 Vgl. UNITED STATES DISTRICT COURT FOR THE DISTRICT OF COLUMBIA (Hrsg.) [1999a], Tz. 136.

577 Vgl. EVANS, HAGIU, SCHMALENSEE, [2005], S. 201.

578 Vgl. IDC (Hrsg.) [2000], S. 3.

579 „Microsoft fing bei den Softwareentwicklern an und fragte: 'Ihr wollt doch nicht Treiber für Hunderte von Geräten schreiben oder?' Dann machten sie sich an die Hardwarehersteller. 'Schaut euch all die Entwickler an, die wir verpflichtet haben, zukünftig ihre gesamte Software für Windows zu schreiben. Ihr solltet lieber Treiber für Windows schreiben, denn ansonsten wird keine ihrer Anwendungen auf eurer Hardware laufen.'" EDSTORM, ELLER [1999], S. 34.

580 Vgl. EDSTORM, ELLER [1999], S. 34.

wareherstellern zusammen.[581] Auf die Unterstützung der Hardwareindustrie war Apple hingegen nicht angewiesen. Jedoch ergaben sich durch die Kombination von Hardware und Software bei Apple neue Probleme. So bestand bei einer deutlichen Nachfrageerhöhung die Gefahr produktionstechnischer Restriktionen. Die Entscheidungsträger sprachen sich dennoch dagegen aus, die eigene Hardware-Technik für konkurrierende Anbieter zu lizenzieren, weil sie Umsatzeinbußen befürchteten.[582]

Neben den Kooperationsstrategien übernahm Microsoft erfolgreiche Produktmerkmale von anderen Herstellern – wie die grafische Benutzeroberfläche von Apple – für das eigene Betriebssystem.[583] Microsoft versuchte darüber hinaus, Kompatibilität zu erfolgreichen Vorgängern von Windows wie den diversen DOS-Varianten herzustellen, so dass die DOS-Anwendungen auch auf der Windows-Familie einsetzbar waren.[584]

Bereits im Jahr 1990 hatte Windows eine installierte Basis von 71 Millionen Benutzern weltweit, während Apple im gleichen Jahr eine installierte Basis von 5 Millionen Benutzern verzeichnen konnte. Als IBM nach der endgültigen Trennung von Microsoft OS/2 im Januar 1992 auf den Markt brachte, war die Entscheidung zu Gunsten von Microsoft Windows bereits gefallen.[585] Auf die Versuche von IBM, das eigene Betriebssystem mit den Anwendungen der Windows-Plattform kompatibel zu machen, reagierte Microsoft mit einer ständigen Veränderung der Schnittstellen (APIs).[586] Hierdurch wurden zum einen die hauseigenen Anwendungen unterstützt, zum anderen wurde die Vormachtstellung des Betriebssystems gesichert.[587]

---

[581] Microsoft stellt auch für die Hardwarehersteller diverse Dienste bereit. So konnten an das Betriebssystem Windows 95 bereits 800 verschiedene Drucker ohne die Installation eines entsprechenden Treibers angeschlossen werden. Vgl. EVANS, HAGIU, SCHMALENSEE [2005], S. 205.

[582] Vgl. EVANS, HAGIU, SCHMALENSEE, [2005] S. 205.

[583] Eine Klage umging Microsoft, indem das Unternehmen die grafische Benutzeroberfläche von Apple lizenzierte.

[584] Vgl. LIEBOWITZ, MARGOLIS [2001a], S. 145.

[585] Vgl. SOMMERGUT [2005].

[586] Vgl. SOMMERGUT [2005].

[587] Vgl. SOMMERGUT [2005].

6 Wettbewerb nach dem Erreichen der kritischen Masse

Der Umsatz von PC-Betriebssystemen betrug im Jahr 2003 10,4 Mrd. USD,[588] wobei es zu Beginn der 1990er Jahre zum Teil zweistellige Umsatzwachstumsraten aufwies. Gegen Ende der 1990er Jahre sank das Wachstum auf etwa 17 % und verringerte sich in dem Zeitraum von 2000 bis 2002 weiter auf durchschnittlich 13,4 %.[589] Bezogen auf die weltweiten Lizenzverkäufe waren die Wachstumsraten in den Jahren 2001 und 2002 mit durchschnittlich 6,7 % deutlich niedriger.[590] Diese Entwicklung lässt darauf schließen, dass sich der Markt für Client-PC-Betriebssysteme am Ende der Wachstumsphase befindet.[591]

Auf dem Markt für Intel-kompatible Client-PC-Betriebssysteme nehmen Microsoft-Betriebssysteme der Client-Familie bereits seit über 15 Jahren eine dominante Marktposition ein.[592] Bezogen auf den weltweiten Gesamtumsatz konnten diese von 1997 bis 1999 einen Marktanteil von über 80 % verzeichnen.[593] Seit dem Jahr 2000 liegt der Marktanteil – sowohl bezogen auf den weltweiten Gesamtumsatz als auch auf die weltweiten Lizenzverkäufe – konstant bei über 90 %.[594] Die Tabellen 4 und 5 machen die dominante Marktstellung der Windows-Familie auf dem Markt für Client-Betriebssysteme deutlich.

---

588 Vgl. Tabelle 5.

589 Vgl. IDC (Hrsg.) [2003], S. 2, sowie CIBC (Hrsg.) [2001].

590 Eigene Berechnungen in Anlehnung an IDC Report Worldwide Client and Server Operating Environments Forecast, 2002-2007: Microsoft Growth Sets Stage for SOE Dominance; Sep 2003 Doc #30159, S. 2.

591 Hier kann eingewendet werden, dass in relativ kurzen Zyklen neue Versionen eines Betriebssystems am Markt angeboten werden, die den Charakter von Produktinnovationen aufweisen. Die Neuerungen sind jedoch ähnlich wie in der Autoindustrie Inkrementalinnovationen, die nicht zu einem völlig neuen Produkt führen. Dies wird zum einen durch den Wachstumstrend des Gesamtmarktes bestätigt, der sich immer mehr abschwächt. Zum anderen werden für neuere Betriebssystemversionen große Teile des Quellcodes des alten Betriebssystems verwendet.

592 Bereits 1999 stellte Richter Jackson in der Beweisaufnahme gegen Microsoft fest, dass die Betriebssystem-Familie des Unternehmens in jedem Jahr der letzten Dekade (1990er Jahre) auf dem Markt für Intel-kompatible Client-PC-Betriebssysteme einen Marktanteil von über 90 % besaß. Jackson grenzte bewusst die Apple-Betriebssysteme von den Intel-kompatiblen Client-PC-Betriebssystemen ab und entschied sich somit für eine sehr enge Marktabgrenzung. Vgl. UNITED STATES DISTRICT COURT FOR THE DISTRICT OF COLUMBIA (Hrsg.) [1999b], Tz. 35.

593 Vgl. CIBC (Hrsg.) (2001), S. 15.

594 Vgl. COMMISSION OF THE EUROPEAN COMMUNITIES (Hrsg.) [2004a], Tz. 432 ff.

Tabelle 4: Marktanteile auf dem Markt für Client-Betriebssysteme gemessen an der Zahl der weltweit verkauften Erstlizenzen von 2000 bis 2002

	2000		2001			2002		
Betriebssysteme	**Lizenz verkäufe (in 1.000)**	**Markt anteil**	**Lizenz verkäufe (in 1.000)**	**Markt anteil**	**Wachstum (2000 – 2001)**	**Lizenz verkäufe (in 1.000)**	**Markt anteil**	**Wachstum (2001 – 2002)**
Windows COE	98.205	92,1 %	103.200	93,2 %	5,10 %	113.800	93,8 %	10,3 %
MAC OS	4.109	3,9 %	3.408	3,1 %	- 17,10 %	3.491	2,9 %	2,5 %
Linux COE (nur Distribution)	1.782	1,7 %	2.595	2,3 %	45,60 %	3.363	2,8 %	29,6 %
Andere Client-Betriebssysteme	2.560	2,4 %	1.490	1,3 %	- 41,80 %	655	0,5 %	- 56,0 %
Insgesamt	106.6546	100,0 %	110.692	100,0 %	3,80 %	121.309	100,0 %	9,6 %

Quelle: Eigene Darstellung nach Angaben von IDC [2003], S. 4.

Tabelle 5: Marktanteile auf dem Markt für Client-Betriebssysteme gemessen am weltweiten Umsatz mit Betriebssystemlizenzen (Erstkäufe und Upgrade-Lizenzen)

	2000		2001			2002		
Betriebssysteme	**Umsatz in Mio. US-$**	**Markt anteil**	**Umsatz in Mio. US-$**	**Markt anteil**	**Wachstum (2000 – 2001)**	**Umsatz in Mio. US-$**	**Markt anteil**	**Wachstum (2001 – 2002)**
Windows COE	7.494,8	92,8 %	8.709,5	95,4 %	16,2 %	9.963,3	96,1 %	14,4 %
MAC OS	266,4	3,3 %	219,6	2,4 %	- 17,6 %	224,0	2,2 %	2,0 %
Linux COE (nur Distribution)	42,4	0,5 %	38,4	0,4 %	- 9,4 %	38,1	0,4 %	- 0,8 %

Quelle: Eigene Darstellung nach Angaben von IDC [2003], S. 2

Mit 113,8 Millionen Lizenzen kamen im Jahr 2003 93,8 % aller Client-PC-Betriebssysteme aus dem Hause Microsoft. Noch deutlicher wird die Dominanz von Microsoft-Betriebssystemen bei einer Betrachtung der Umsatzmarktanteile am Lizenzmarkt. Diese lagen im gleichen Jahr bei 96,1 % des weltweiten Gesamtumsatzes (vgl. Tabelle 5). Der höhere Marktanteil lässt sich auf die vergleichsweise höheren Lizenzgebühren – insbesondere im Vergleich zu Linux – zurückführen. Auch in den Jahren 2003 und 2004 ist der Umsatz der Microsoft-Client-Betriebssysteme um 9 % – von 10,4 Mrd. USD auf 11,5 Mrd. Euro – gestiegen.[595]

Die Tabelle 4 zeigt, dass der Marktanteil von Mac OS, der in den 1990er Jahren noch bedeutend war, stetig abnimmt. So besaß das Apple-Betriebssystem im Jahr 2002 nur einen Marktanteil von 2,9 %. Die Lizenzverkäufe des Betriebssystems Linux sind mit 29,6 % deutlich angestiegen. Jedoch ist der Marktanteil mit 2,8 % noch immer auf einem sehr niedrigen Niveau. Da Linux auch frei aus dem Internet bezogen werden kann, somit nicht durchgängig käuflich zu erwerben ist, spiegeln die Zahlen nicht die exakte Zahl der nachgefragten Linux Betriebssysteme wider. Tendenziell geben sie jedoch die Entwicklungstendenzen richtig an. Ein Großteil der Privatkunden erwirbt PC-Komplettsysteme im Computer- oder Elektronikfachhandel sowie bei Discountern, Kaufhäusern und im Versandhandel mit vorinstallierten Betriebssystemen. Die Unternehmen fragen – bei einer Entscheidung für Linux – tendenziell kommerzielle Distributionen nach, die auch Supportmöglichkeiten bieten.[596] Das Marktforschungsinstitut Gartner sieht den Aufwärtstrend von Linux auf dem Markt für Client-Betriebssysteme gestoppt. In einer Unternehmensumfrage, die Gartner Ende 2004 während zweier Unternehmersymposien durchführte, gaben nur 1 % der befragten Unternehmen an, auf ihren Client-PCs Linux einzusetzen. Auch in den kommenden Jahren wird die Wechselbereitschaft von Windows zu Linux als gering eingeschätzt.[597]

Die Marktanteile anderer Betriebssysteme wie UNIX sind im Client-PC-Bereich vernachlässigbar gering. Negative Wachstumsraten – sowohl bezogen auf die Lizenzverkäufe als auch auf die Umsätze – bestätigen die in Abschnitt 4 getroffene Aussage, dass sonstige Betriebssysteme wie Unix für die klassischen Büroanwender keine Alternative darstellen.

---

595 Das Wachstum in den beiden Jahren wurde durch einen 16 % Zuwachs an OEM-Verkäufen an Privatkunden forciert. Für die kommenden Jahre erwartet Microsoft etwas niedrigere Wachstumsraten. Vgl. S. 18.

596 Experteninterview mit Susanne Beck, IBM Unternehmensberatung am 20.08.2005.

597 Vgl. GARTNER (Hrsg.) [2005].

Der sich abzeichnende Trend wird durch die Einbeziehung der installierten Basis zusätzlich bestätigt. In dem Zeitraum von 2000 bis 2003 ist die installierte Basis der Windows-Betriebssystemfamilie von 84,6 % (280 Millionen Lizenzen) auf 94 % (390 Millionen Lizenzen) gestiegen.[598] Auch die Europäische Kommission kommt in ihrer Studie zu einem ähnlichen Ergebnis: „The responses received during the Commission's 2003 market enquiry cover a total amount of approximately 1.2 to 1.3 million client PCs. More than 1.15 million (more than 87 %) of them run Windows (all versions)."[599]

7 Schlussfolgerungen

Die Marktanteilsentwicklungen und die Entwicklung der installierten Basis lassen den eindeutigen Schluss zu, dass die Windows-Familie von Microsoft bereits seit Beginn der 1990er Jahre eine (Quasi-)Monopolstellung auf dem Markt für Client-PC-Betriebssysteme einnimmt.[600] Für den Nachweis der Dominanz erscheint es – in Anlehnung an die Entscheidung der Europäischen Kommission – angebracht, die Marktanteile der Lizenzverkäufe aller Windows-Client-Betriebssysteme einzubeziehen. Die Kommission stellte in ihrer Entscheidung fest, dass 98,2 % aller Windows-Lizenzverkäufe im Jahr 2003 Windows-Lizenzen der aktuellen Generation (Windows XP) oder der Vorgängerversion (Windows 2000) gewesen sind.[601] Da die Betriebssysteme eine intergenerative Kompatibilität aufweisen, ist diese Entscheidung einsichtig. „Therefore, any argument that only the market share of individual versions of Windows to which specific allegations refer should be used must be rejected."[602]

Wie die vorangegangene Analyse gezeigt hat, liegt die Ursache für die Monopolisierung des Client-PC-Betriebssystemmarktes nicht in den Verhaltensweisen von Microsoft, sondern an dem Auftreten bedeutender Netzwerkeffekte. Microsoft konnte mit dem eigenen Verhalten lediglich einen Einfluss darauf nehmen,

---

598 Eigene Berechnungen nach Angaben von IDC (Hrsg.) [2003], S. 17 f.

599 COMMISSION OF THE EUROPEAN COMMUNITIES (Hrsg.) [2004a], Tz. 433.

600 Die Kommission weist darauf hin, dass bereits Marktanteile von über 50 % auf eine dominante Marktstellung hinweisen würden. Ein Unternehmen, das Marktanteile von über 90 % auf einem Markt einnehme, besetze nahezu den gesamten Markt und nähere sich daher einer reinen Monopolstellung an. In diesem Fall könne von einer überwältigenden Dominanz gesprochen werden. Vgl. COMMISSION OF THE EUROPEAN COMMUNITIES (Hrsg.) [2004a], Tz. 435.

601 Vgl. COMMISSION OF THE EUROPEAN COMMUNITIES (Hrsg.) [2004a], Tz. 447.

602 COMMISSION OF THE EUROPEAN COMMUNITIES (Hrsg.) [2004a], Tz. 447.

dass sich die eigene Client-PC-Betriebssystemfamilie (MS-DOS und die Windows-Familie) als De-facto-Standards etablierte.[603]

C Möglichkeiten und Grenzen des Wettbewerbs durch Newcomer

1 Konzept der Marktbestreitbarkeit

1.1 Grundlagen

Nicht in allen Fällen muss ein – unter den zuvor charakterisierten Bedingungen entstandenes – Monopol zwangsläufig zu Marktmacht und den erörterten Ineffizienzen führen. Bei einem Fehlen von Marktzutritts- und Marktaustrittsschranken steht der Monopolist unter dem latenten Druck der potenziellen Konkurrenz, die ihn zu einem quasi-wettbewerblichen Verhalten zwingt. Märkte, auf denen dem Newcomer eine Ablösung des Etablierten gelingen kann, werden als *bestreitbare Märkte* (contestable markets) bezeichnet.

Baumol, Panzer und Willig haben als erste Autoren die Bedeutung von bestreitbaren Märkten anhand eines formaltheoretischen Modells hervorgehoben.[604] Ihr Konzept resultiert aus der Kritik an den unrealistischen Annahmen des Konzeptes der „vollkommenen Konkurrenz". In der Realität sind zahlreiche Märkte durch oligopolistische oder monopolistische Marktstrukturen gekennzeichnet. Die Autoren zeigen, dass nicht zwingend ein „vollkommener Wettbewerb" vorliegen muss, um effiziente Marktergebnisse zu erzielen.

Potenzielle Konkurrenz drängt den Monopolisten tendenziell zu einer Produktion im Stückkostenminimum und den Preis nicht über die minimalen Stückkosten anzuheben.[605] Jede Abweichung von einem effizienten Angebot lockt Newcomer an, da diese sich die Erzielung von Gewinnen versprechen.[606] Sollte der Etablierte auf das Konkurrenzangebot z. B. mit einer Preissenkung reagieren, so

---

603 So auch z. B. BACKHAUS [1999], S. 612.

604 Vgl. BAUMOL, PANZAR, WILLIG [1988], Kap. 1, 2, 10, 16.

605 Die Autoren zeigen, dass die Preisbildung eines Monopolisten quasi-wohlfahrtsoptimale Ergebnisse zur Folge hat, wenn niedrige Marktzutrittsschranken vorliegen. „Quasi"-Optimalität liegt vor, wenn die Summe aus Produzenten- und Konsumentenrente unter der Nebenbedingung der Gesamtkostendeckung (Prinzip der Eigenwirtschaftlichkeit) maximiert wird. Um diese Bedingung zu erfüllen, nimmt der Monopolist eine Preisdifferenzierung entsprechend unterschiedlicher Nachfrageelastizitäten verschiedener Abnehmer vor (Prinzip der Ramsey-Optimalität). Vgl. zur Ramsey-Optimalität BROWN, SIBLEY [1986], S. 39.

606 Es wird unterstellt, dass der potenzielle Newcomer vor dem Markteintritt den Preis des Etablierten als gegeben betrachtet und hiervon seine Entscheidung abhängig macht (so genanntes Bertrand-Nash-Verhalten). Vgl. BLANKART, KNIEPS [1991], S. 4.

wird angenommen, dass sich Newcomer aufgrund fehlender Marktaustrittsschranken (-kosten) ohne Probleme wieder aus dem Markt zurückziehen können. Neben der Preis- und Mengenpolitik müsste sich der Monopolist auch beim Einsatz der anderen Aktionsparameter tendenziell an wettbewerbliche Verhältnisse anpassen. Durch den Zwang zur wettbewerblichen Gestaltung der Aktionsparameter sehen die Autoren Baumol, Panzer und Willig für *bestreitbare Märkte* sowohl die statischen als auch die dynamischen Wettbewerbsfunktionen als hinreichend erfüllt an.

1.2 Hilfskonzept zur Identifizierung verfestigt-vermachteter Marktstrukturen

Zwar erfährt das Konzept der Marktbestreitbarkeit insbesondere aufgrund der Modellprämisse „eines beliebig schnellen Markteintrittes von Newcomern (Hit-and-run-Strategie)“ in der ökonomischen Literatur berechtigte Kritik.[607] Jedoch kommt ihm als Hilfskonzept zur Identifikation wettbewerblicher Ausnahmebereiche und für spätere Handlungsempfehlungen eine große Bedeutung zu.[608]

Insbesondere bei Märkten für virtuelle Netzwerkgüter, dem maßgeblichen Untersuchungsgegenstand dieser Arbeit, trifft ein zentraler Kritikpunkt, dass „time lags“ bei der Aktivierung potenzieller Konkurrenz vorliegen würden, nicht bzw. nicht im vollen Ausmaß zu. So ist der Zeitbedarf für den Marktzutritt von Newcomern nach der Entwicklungsphase aufgrund der Virtualität als relativ gering einzuschätzen, da das Netzwerkgut beliebig schnell produziert werden kann (instant scalability). Erfahrungen zeigen, dass es unter bestimmten Voraussetzungen zu einem schnellen Wechsel von „Standards“ kommen kann.[609] Vor

---

607 Vgl. unter vielen SHEPHERD [1984], S. 572 ff., sowie DASGUPTA, STIGLITZ [1988], S. 569 ff. Schmidt verweist darauf, dass der potenziellen Konkurrenz, sei es durch Me-too-Produkte oder Innovationswettbewerb, nur eine mittel- bis langfristige Bedeutung zukommt, da der Markteintritt nicht ohne Zeitverzögerung erfolgen kann. Vgl. SCHMIDT [2001], S. 72. Auch Zohlnhöfer beurteilte den Preisdruck durch Substitutions- und potenzielle Konkurrenz kritisch: „Während Substitutions- und potenzielle Konkurrenz in konkreten Einzelfällen die unternehmerische Preispolitik sehr erheblich beschränken mögen, bleiben sie in anderen unwirksam. Sie können deshalb keinesfalls generell und ohne weiteres als vollgültiger Ersatz für das Fehlen von Anbietern im Wesentlichen gleicher Produkte angesehen werden. Wie mit ihrer preispolitischen Wirksamkeit nicht a priori gerechnet werden kann, auf sie also gleichsam kein Verlaß ist, kommt ihnen als Determinante des einen funktionsfähigen Wettbewerb kennzeichnenden Preisdruckes (nicht primäre, sondern) nur sekundäre Bedeutung zu.“ ZOHLNHÖFER [1968], S. 15.

608 Vgl. KNIEPS [2003], S. 12f.

609 Vgl. LIEBOWITZ, MARGOLIS [2001a], S. 143 ff.

diesem Hintergrund ist die potenzielle Konkurrenz bei virtuellen Netzwerkgütern von wesentlich größerer Bedeutung.

Bei einer Orientierung an dem Modell vollständiger Konkurrenz wären Märkte für virtuelle Netzwerkgüter als wettbewerbliche Ausnahmebereiche zu klassifizieren und zu behandeln. Das Konzept der bestreitbaren Märkte ist bei der Beurteilung der marktstrukturellen Umstände weniger restriktiv. Solange niedrigere Marktzutrittsschranken vorliegen, besteht kein Bedarf für staatliche Marktstruktureingriffe oder gar für die Errichtung wettbewerblicher Ausnahmebereiche.[610]

Sollten die Marktzutrittsschranken hingegen vergleichsweise hoch sein, bestünde – in Anlehnung an das Konzept der bestreitbaren Märkte – die Aufgabe der wirtschaftspolitischen Instanzen zunächst darin, die Zutrittsschranken zu senken, die einen bedeutenden Einfluss auf die Markteintrittsentscheidung von Newcomern haben . Dieses „weiche“ strukturpolitische Instrument könnte bereits zur Belebung des Wettbewerbes beitragen, ohne dabei die Marktstruktur und die Eigentumsrechte der beteiligten Unternehmen in dem Maße zu beeinflussen, wie es z. B. bei einer Entflechtung oder der Errichtung eines wettbewerblichen Ausnahmebereiches der Fall wäre.[611]

Führt dieser strukturelle Eingriff nicht zu dem gewünschten Erfolg, da sich die Marktzutrittsschranken auch mittelfristig nicht abbauen lassen, so ließe sich ein wettbewerblicher Ausnahmebereich als ultima ratio errichten.[612]

Die Abwägung der Stärken und Schwächen des Konzeptes lässt für die praktische Wettbewerbspolitik folgende Schlüsse zu:

- Das Konzept der bestreitbaren Märkte eignet sich als Hilfskonzept zur Identifizierung von wettbewerblichen Ausnahmebereichen auf Märkten für virtuelle Netzwerkgüter mit monopolistischer Marktstruktur.
- Bei der Analyse der Marktbestreitbarkeit auf Märkten für Netzwerkgüter ist die Marktphase zu betrachten. So sind die strukturellen Marktzutrittsschranken in frühen Marktphasen zumeist vergleichsweise niedrig. Darüber hinaus ist das alleinige Auftreten eines Anbieters in der Einführungs- bzw. Wachstumsphase eine typische Marktform, die bei einem jungen Markt in der Regel nicht als problematisch anzusehen ist. Die Monopolstellung kann die Folge einer herausragenden Forschungs- und Entwicklungsleistung sein. Die

---

610 Vgl. KRUSE [2001], S. 3.

611 Vgl. BARTLING [1981], S. 145 ff.

612 Eine Entflechtung wäre aufgrund der natürlichen Monopolisierungstendenzen ökonomisch nicht effizient.

Marktzutrittsschranken würden in diesem Fall zur Förderung von Innovationen beitragen.

- Zusätzlich bietet es sich an, das Konzept der bestreitbaren Märkte um den Innovationswettbewerb zu erweitern, da viele Faktoren bei virtuellen Netzwerkgütern auf ein hohes Maß an Innovationsdynamik hinweisen. Insbesondere Märkte für virtuelle Netzwerkgüter sind durch ein hohes Maß an Innovationsdynamik gekennzeichnet.[613]

Im nachfolgenden Abschnitt werden die Marktzutrittsschranken charakterisiert, die auf Märkten für Netzwerkgüter auftreten können.

2 Marktzutrittsschranken

2.1 Einführung

Die besondere Bedeutung der Marktzutrittsschranken für den Wettbewerb wurde systematisch von Bain (1956) behandelt.[614] Durch die Existenz von

---

613 Vgl. FICHERT [2002], S. 4. In einem Sondergutachten über die Chancen und Risiken des Wettbewerbes bei virtuellen Netzwerkgütern wies der Wissenschaftliche Beirat beim BMWi darauf hin, dass bei Netzwerkgütern eine realistische Chance für einem Innovationswettbewerb zwischen Gütern unterschiedlicher Generationen besteht, die in einer substitutiven Beziehung zueinander stehen. Dieser Innovationswettbewerb kann im Vergleich zu einem Wettbewerb mit Me-too-Produkten auch bei höheren Marktzutrittsschranken stattfinden. Vgl. WISSENSCHAFTLICHER BEIRAT BEIM BUNDESMINISTERIUM FÜR WIRTSCHAFT UND TECHNOLOGIE (Hrsg.) [2001], S. 16 ff.

614 Vgl. BAIN [1956]. Die Pionierstudie Bains gehört zu den Schwerpunkten der Industrial Organization Literatur. Vgl. BORRMANN, FINSINGER, ZAUNER [2003], S. 128. In seiner Untersuchung betrachtet er die langfristige Kostenstruktur eines Unternehmens und definiert die „barriers of entry" als: „The existence of a condition of entry to an industry that permits established firms to elevate price at least somewhat above minimal average costs without inducing new firms to enter obviously reflects the existence of some barrier of entry – some source of disadvantage to potential entrants as compared with established firms." BAIN [1968], S. 255.

Bains Fokus liegt darauf, dass es dem etablierten Unternehmen gelingt, Stückgewinne oberhalb des normalen Niveaus zu erzielen, ohne hierdurch die Markteintritte potenzieller Konkurrenten hervorzurufen. Diese Gewinne sieht er als Beweis für das Vorliegen von Marktzutrittsschranken. In der Folge versucht er nicht mehr, die Ursache dieser Beschränkungen zu erforschen, sondern lediglich ihre Höhe zu messen. Vgl. GILBERT [1989], S. 477. Hierzu entwickelt er ein Modell, das es ihm ermöglicht, von der Höhe der Gewinne auf die Marktzutrittsschranken zu schließen. Vgl. KNIEPS [2005], S. 15.

Das Konzept Bains gilt als wegweisend, dennoch erfährt es aufgrund seiner z. T. unrealistischen Annahmen vermehrt Kritik. Einer der zentralen Einwände ist die Vernachlässigung der Ursachenanalyse von Marktzutrittsschranken und Gewinnen. Über das Vorliegen von Marktzutrittsschranken hinaus kann es weitere Gründe für die Vorteile der Etablierten geben, z. B. eine höhere Effizienz. Vgl. KOLBE [1991], S. 65.

Marktzutrittsschranken entstehen potenziellen Konkurrenten Kosten, die ihre Erfolgsaussichten im Fall eines Markteintritts mindern. Im Extremfall können die potenziellen Newcomer aufgrund der Marktzutrittsschranken vom Markteintritt abgehalten werden.

Nachfolgend ist ein Katalog aller potenziellen Marktzutrittsschranken aufgestellt, die bei Netzwerkgütern, insbesondere bei Software als virtuellem Netzwerkgut, auftreten können. Hierdurch wird die Grundlage für die wettbewerbespolitische Handlungsempfehlungen geschaffen, die im abschließenden Kapitel der vorliegenden Studie formuliert werden.

Jede dieser Marktzutrittsschranken wird charakterisiert und daraufhin untersucht, ob sie auf dem Markt für Client-PC-Betriebssysteme auftritt. Um die Bedeutung der Marktzutrittsschranken zu erfassen, sind abschließend die Chancen des Markteintrittes für Newcomer mit Me-too-Produkten und für Newcomer mit echten Innovationen aufgezeigt. Vor dem Hintergrund, dass Märkte für virtuelle Netzwerkgüter prinzipiell ein hohes Maß an Innovationsdynamik aufweisen, sind insbesondere die Marktzutrittsschranken als bedeutend anzusehen, die den Innovationswettbewerb be- oder gar verhindern können.

Abbildung 20 zeigt alle relevanten Marktzutrittsschranken. Aus Gründen der Übersichtlichkeit erfolgt zunächst eine Aufteilung in Marktzutrittsschranken mit „primär strukturbedingten" und „primär verhaltensbedingten" Ursachen. Die strukturellen Ursachen lassen sich in traditionelle und netzwerkspezifische Marktzutrittsschranken untergliedern. Darüber hinaus können die primär strukturellen Ursachen durch gezielte Verhaltensweisen verstärkt werden.

Auch der unterstellte strikt positive Zusammenhang zwischen der Höhe der Gewinne und der Höhe der Marktzutrittsschranken entspricht nicht der Realität. Gemäß dieser Argumentation müssten Verluste oder Nullgewinne ein Indiz dafür sein, dass auf dem betrachteten Markt keine Marktzutrittsschranken vorliegen. Bain vernachlässigt, dass die Existenz solcher Barrieren nicht zwingend Unternehmensgewinne zur Folge hat. In der Realität existieren zahlreiche Wirtschaftssektoren mit Verlusten bzw. Nullgewinnen, obwohl sie erhebliche Marktzutrittsschranken im Sinne von Bains Typisierung aufweisen. Mögliche Ursachen hierfür sind z. B. die bereits erwähnten X-Ineffizienzen und Strukturkrisen. Vgl. BÖGELEIN [1990], S. 165, 199 ff. Beispiele derartiger Branchen, die insbesondere Größenvorteile aufweisen, sind die Landwirtschaft (vgl. BARTLING [1984]), der Straßengüterverkehr (vgl. SPARKASSEN-FINANZGRUPPE (Hrsg.) [2003]) und die Stahlindustrie (vgl. FRITSCH, WEIN, EWERS [2005], S. 345). Einen Überblick zu ruinösen Wettbewerbsprozessen gibt TOLKSDORF [1971].

Spiegelbildlich entstehen in einigen Sektoren Vorsprungsgewinne, ohne dass die oben erörterten Marktzutrittsschranken auffällig sind. Die Gründe hierfür können Fortschrittsprämien oder Leistungseinkommen sein. Vgl. MERK [1959], S. 51 f.

Ein weiterer bedeutender Kritikpunkt ist die willkürliche Einteilung etablierter und potenzieller Marktteilnehmer, die nicht auf unternehmensspezifischen und sektorspezifischen Charakteristika beruht.

Abbildung 20: Ursachen von Marktzutrittsschranken

A.1 Traditionelle Marktzutrittsschranken	
Marktstrukturelle Ursachen	**Verhaltensweisen, die marktstrukturelle Ursachen verstärken können**
sunk costs	⇒ Ausweitung der Werbung ⇒ Aufbau eines eigenen Vertriebsnetzes
Kundenpräferenzvorteile	⇒ verstärkte Produktdifferenzierung ⇒ gezielte Ausweitung der Werbung
Größen- und Verbundvorteile	⇒ gezielte MOTB-Anhebung (z. B. durch den Aufbau eines eigenen Vertriebsnetzes) ⇒ Überkapazitäts-Aufbau (zwecks Abschreckung von Newcomern und damit glaubhafte Drohung mit verdrängenden Preissenkungen)
Absolute Kostenvorteile	⇒ Ausweitung von Patenten durch verstärkte F&E-Aktivität ⇒ Prozessandrohung wegen angeblicher Patentverletzung ⇒ Verweigerung bzw. Diskriminierung beim Zugang zu essential facilities ⇒ Vertragliche Rückwärts- oder Vorwärtsintegration
Institutionelle Schranken	⇒ Lobbytätigkeit der begünstigten Wirtschaftssubjekte für privilegierten Schutz oder deren Ausweitung
A.2 Netzwerkspezifische Marktzutrittsschranken	
Marktstrukturelle Ursachen	**Verhaltensweisen, die marktstrukturelle Ursachen verstärken können**
Installierte Basis (installed base)	⇒ Werbung ⇒ Preissenkung ⇒ Produktvorankündigung
Wechselkosten (switching costs)	⇒ Treueprogramme ⇒ Verleiten zu produktspezifischen Schulungen
Komplementärgüterschranke (applications barrier to entry)	⇒ Eigenes Angebot von Komplementärgütern ⇒ Ausschließlichkeitsbindungen ⇒ Subvention und Kooperation mit Hardware- und Softwareherstellern

◄► = stehen in engem Zusammenhang, siehe Erörterungen zu den jeweiligen Marktzutrittsschranken

Quelle: Eigene Darstellung in Anlehnung an BARTLING [2004].

2.2 *Primär strukturelle Marktzutrittsschranken*

2.2.1 *Traditionelle Marktzutrittsschranken*

2.2.1.1 *Sunk costs*

Sunk costs[615] stellen in der neueren industrieökonomischen Literatur unbestritten die bedeutendste *traditionelle* Marktzutrittsschranke dar.[616]

Unter dem Begriff sunk costs werden die Kosten subsumiert, die bei einem Markteintritt anfallen, bei einem späteren Marktaustritt aber unwiederbringlich verloren sind. Diese Tatsache ist darauf zurückzuführen, dass einige Investitionsobjekte marktspezifisch sind und sich nicht bzw. kaum auf anderen Märkten verwenden lassen. Danach weisen sie einen signifikant geringeren Wert auf, als dies bei multifunktional einsetzbaren Investitionsobjekten der Fall wäre.[617]

Sunk costs rufen zwischen dem etablierten Unternehmen und den potenziellen Konkurrenten eine grundsätzliche Asymmetrie in der Konkurrenzsituation hervor.[618] Versunken sind die Kosten nur für das etablierte Unternehmen, weil dieses die spezifischen Investitionen bereits getätigt hat. Der potenzielle Konkurrent kann sich noch gegen den Markteintritt und die damit anfallenden spezifischen Investitionen entscheiden.

Die Bedeutung der Irreversibilitäten lässt sich anhand eines Vergleiches der kurz- bzw. mittelfristigen Entscheidungskalküle eines Etablierten und eines potenziellen Newcomers veranschaulichen. Ist die Kostenstruktur eines etablierten Unternehmens durch bedeutende sunk costs gekennzeichnet und sind die hiermit verbundenen Investitionsobjekte weiterhin nutzbar, so wird das Unternehmen in vielen Fällen erst mit Beendigung der Nutzungszeit dieser Objekte aus dem Markt austreten. Die Entscheidung lässt sich rational begründen. Sollte der Etablierte keine Stückkostendeckung erreichen können, so kann er sich dafür entscheiden, sofort aus dem Markt auszutreten und somit auf laufende Erlöse zu verzichten. Darüber hinaus wird er auch für die marktspezifischen Investitions-

---

615 Die Begriffe irreversible Kosten, Irreversibilitäten und sunk costs werden im Folgenden synonym verwendet.

616 Vgl. BLANKART, KNIEPS [1991], S. 4, FRITSCH, WEIN, EWERS [2005], S. 204, KNIEPS [2005], S. 32 ff., KNIEPS [2003], S. 11, KRUSE [1985]. S. 41 ff. sowie KRUSE [1988], S. 509 ff.

617 Entscheidet sich ein Unternehmer vor Ende der geplanten Nutzungszeit eines Investitionsobjektes für einen Marktaustritt, so wird er in seine Entscheidung den Wert einbeziehen, den das Investitionsobjekt in der besten alternativen Verwendung besitzt. Unter der besten alternativen Verwendung wird hierbei der höchstmögliche Wert verstanden, den das Investitionsobjekt außerhalb des betrachteten Marktes aufweist. Vgl. KRUSE [1988], S. 509.

618 Vgl. KRUSE [1985], S. 13.

objekte keine Erlöse mehr erzielen (sunk costs). Vor dem skizzierten Hintergrund bereinigt ein rational handelnder Unternehmer, der die Entscheidung über den Verbleib bzw. den Marktaustritt treffen möchte, seine Fixkosten um den Anteil der sunk costs.[619]

Der Etablierte wird erst dann aus dem Markt ausscheiden, wenn er mit den erzielten Erlösen seine reversiblen Kosten[620] nicht mehr decken kann.[621] Denn jeder Erlös, der größer ist als die reversiblen Kosten, kann zur Deckung der sunk costs beitragen. Für die kurz- bis mittelfristige Preiskalkulation des Etablierten sind somit ausschließlich die reversiblen Kosten relevant (post-entry-decision).[622]

Für die Preiskalkulation eines Newcomers sind vor dem Markteintritt (pre-entry-decision) hingegen die totalen Stückkosten – somit auch die versunkenen Kosten – relevant. Ein Newcomer wird nur dann seine Produkte anbieten, wenn er annimmt, zu dem geltenden Marktpreis Stückkostengewinne zu realisieren. Hierbei können zu niedrige Preise des Etablierten, die nicht seine tatsächlichen Kosten widerspiegeln, dem Newcomer signalisieren, dass sich auf dem relevanten Markt keine derartigen Gewinne realisieren lassen. Zusätzlich muss er befürchten, dass bei einem Marktaustritt ein Teil der getätigten Investitionen unwiederbringlich verloren ist. Die genannten Gründe können den Newcomer an einem Markteintritt hindern, da er den Markt bei Misserfolg nicht ohne Verlust verlassen kann.[623]

---

619 Vgl. FRITSCH, WEIN, EWERS [2005], S. 206.

620 Reversibel sind diejenigen Kosten, die bei einer Produktionseinstellung eingespart werden können. Sie setzen sich aus variablen und reversiblen fixen Kosten zusammen. Investitionsobjekte, die reversible Fixkosten darstellen – wie beispielsweise ein Drucker – können nach Geschäftsaufgabe einer anderen Nutzung zugeführt werden. In vielen Fällen lassen sich reversible und irreversible fixe Kosten nicht präzise voneinander abgrenzen. Vgl. FRITSCH, WEIN, EWERS [2005], S. 345 ff.

621 Der Marktaustritt erfolgt jedoch spätestens dann, wenn die spezifischen Investitionsobjekte unbrauchbar geworden sind.

622 Vgl. BLANKART, KNIEPS [1991], S. 4.

623 Irreversibilitäten können in gewissem Ausmaß bei allen Marktstrukturen auftreten. Eine besondere Gefahr liegt jedoch vor, wenn Irreversibilitäten gleichzeitig mit bedeutenden nicht ausgeschöpften Größenvorteilen auftreten. Die Größenvorteile zwingen den Newcomer, mit einer ähnlich großen Kapazität wie der Etablierte in den Markt einzutreten. Hierdurch wird eine Überkapazität auf dem Markt verursacht, die wiederum einen Preisverfall zur Folge hat. Überkapazitäten führen insbesondere dann zu Problemen, wenn die Nachfragekurve unelastisch ist. Hierdurch kann ein „branchenruinöser Preisverfall" verursacht werden. Derartige Beobachtungen sind beispielsweise in der Landwirtschaft gemacht worden. Vgl. FRITSCH, WEIN, EWERS [2005], S. 210 ff. Sollten die Größenvorteile hingegen relativ schnell ausgeschöpft sein, so steigt die Wahrscheinlichkeit, dass sich ein Newcomer trotz Vorliegens von sunk costs für den Markteintritt entscheidet.

Die Asymmetrien bei der Preiskalkulation zwischen Newcomer und Etabliertem, die durch die irreversiblen Kosten hervorgerufen werden, können mit dem Anteil der irreversiblen Kosten an den Gesamtkosten in ihrer Höhe variieren. Mit dem Anteil der irreversiblen Kosten variiert die Höhe der Marktzutrittsschranke.[624] Als Folge entsprechend hoher Irreversibilitäten kann der Markteintritt eines Newcomers selbst dann ausbleiben, wenn der Etablierte gravierende Ineffizienzen aufweist.[625]

Das Auftreten von sunk costs ist bei physischen Netzwerkgütern, etwa bei Telekommunikationsnetzen, allgegenwärtig. In den Ausführungen des Kapitels A 2.2 wurde bereits darauf hingewiesen, dass sunk costs auch bei virtuellen Netzwerkgütern wie Software auftreten können.[626] Hier wurde darauf hingewiesen, dass bei großen Programmen sehr hohe Forschungs- und Entwicklungskosten anfallen.[627] Heutige Client-PC-Betriebssysteme, wie das Betriebssystem Windows XP, sind sehr komplex aufgebaut.[628] An den einzelnen Programmkomponenten entwickeln zahlreiche Programmierer. Darüber hinaus entstehen erhebliche Kosten durch das Testen und die Fehlerbeseitigung von Betriebssystemen. Zusätzlich werden hohe Investitionen in die Softwaresicherheit getätigt. Nach Angaben von Microsoft lagen die Kosten für Forschung und Entwicklung ihrer kompletten Softwarepalette im Geschäftsjahr 2006 bei 6,6 Mrd. USD.[629] Ein Großteil dieser Investitionen ist bei Marktaustritt unwiederbringlich verloren.[630]

Neben den Entwicklungskosten stellen die Werbung und der Vertrieb bei den Anbietern von Standardsoftware einen hohen Kostenfaktor dar. Im Geschäftsjahr

---

624 Vgl. KRÜGER, TETENS, VOß [1995], S. 41.

625 Vgl. KRUSE [1985], S. 12.

626 Vgl. FICHERT [2002], S. 3.

627 Vgl. GLINZ [2004], S. 6.

628 Dem Argument von Gröhn (vgl. GRÖHN [1999], S.111), dass die Marktzutrittsschranken auf Softwaremärkten niedrig sind, weil sich Programme innerhalb von 10 Stunden entwickeln lassen, kann nicht gefolgt werden. Bei einem Betriebssystem handelt es sich nicht um einen rudimentären Webbrowser wie die erste Mosaik-Version. Während hierfür nur 9000 Programmzeilen geschrieben wurden, besteht Windows 2000 (die Vorgängerversion von XP) bereits aus 35 Millionen Programmzeilen. Darüber hinaus haben erhebliche Sicherheitsanforderungen zu einer Kostenexplosion beigetragen. Vgl. MÜLLER [1999].

629 Sie entsprachen somit 15 % des Umsatzes im Geschäftsjahr 2006. Vgl. MICROSOFT CORP (Hrsg.) [2006c], S, 2. In den Geschäftsjahren 2003, 2004 und 2005 lagen die Ausgaben bei 6,6 Mrd. USD, 7,78 Mrd. USD und 6,18 Mrd. USD und somit zwischen 15 % und 21 % des jeweiligen Gesamtumsatzes. Vgl. MICROSOFT CORP (Hrsg.) [2005c], S. 52.

630 Dies betrifft insbesondere die Kosten für die Test- und die Retest-Phase, auf die bis zu 60 % der Entwicklungskosten entfallen. Vgl. GEHLING [2001], S. 4.

2006 wurden von Microsoft hierfür 9,8 Mrd. USD ausgegeben.[631] Bei einem Marktaustritt wären auch diese Investitionen verloren. Im Fall einer Bedrohung der dominanten Marktstellung von Windows wird Microsoft die Fixkosten kaum berücksichtigen, weil sie zum überwiegenden Teil aus versunkenen Kosten bestehen. Da die variablen Kosten vernachlässigbar gering sind, können sie das Betriebssystem im Extremfall verschenken.

Microsoft trägt durch Verhaltensweisen, wie eine deutliche Ausweitung des Service- und Vertriebsnetzes sowie der Werbeausgaben, zu der Anhebung dieser Marktzutrittsschranken bei.[632]

2.2.1.2 Kundenpräferenzvorteile

Auf vielen Märkten ist zu beobachten, dass die Kunden das Produkt eines etablierten Anbieters gegenüber dem Produkt eines Newcomers bevorzugen.[633] Der Nachfrager eines bestimmten Produktes kann zunächst den Marktneuling ignorieren, da seinerseits Unsicherheit über die Qualität des neuen Produktes besteht. Diese Verhaltensweise ist insbesondere für Vertrauens- und Erfahrungsgüter zu erwarten. Risikoaverse Nachfrager werden ein unbekanntes Produkt nicht in ihr Entscheidungskalkül aufnehmen.[634] Demnach basieren Kundenpräferenzvorteile durchaus auf einem rationalen Entscheidungskalkül.

Ein Newcomer, der trotz der oben charakterisierten Ausgangssituation Nachfrager zum Kauf des eigenen Produktes bewegen möchte, wird einen ver-

---

[631] Der Anteil von Marketing- und Vertriebsausgaben am Gesamtumsatz lag in den Geschäftsjahren 2004, 2005 und 2006 konstant bei 22 %. Vgl. MICROSOFT CORP (Hrsg.) [2005c], S, 53.

[632] So stiegen die Kosten für „product support and consulting services" in 2004 um 504 Millionen USD. Die Ausgaben für „sales and marketing" stiegen um über 10 %. Eine Studie des Marktforschungsinstituts Nielsen zeigt, dass die Softwarehersteller im Jahr 2004 insbesondere Systemsoftware für PCs beworben haben. Die Werbeausgaben hierfür stiegen im Jahr 2004 um 403 %. Vgl. NIELSEN (Hrsg.) [2005].

[633] Kundenpräferenzvorteile gleichen den Produktdifferenzierungsvorteilen von Bain, denn durch den Aufbau eines eigenen Images (Markenimages) unterscheidet sich ein Anbieter von dem Newcomer. Dies kann für den neuen Anbieter zu erheblichen Anfangsverlusten führen, da er unter Umständen dazu gezwungen ist, seinen Preis unterhalb der durchschnittlichen Stückkosten zu setzen. Im Extremfall bewahrt er sich hierdurch die Möglichkeit, dass sein Produkt aufgrund dieser Niedrigpreisstrategie von den potenziellen Kunden wahrgenommen wird. Vgl. BAIN [1968], S. 255 ff.

[634] Empirische Befunde zeigen, dass diese Schranken durchaus existieren. Vgl. GRANT [1991], S. 118.

gleichsweise höheren Marketingaufwand als der Etablierte tätigen müssen.[635] Diese zusätzlichen Kosten können c. p. dazu führen, dass der Preis des Newcomers über dem Preis des etablierten Produktes liegt.[636] Hierdurch kann insbesondere bei einem potenziellen Anbieter von Me-too-Produkten eine marktzutrittsbehindernde Wirkung entstehen, da dieser seine Produkte vor dem dargestellten Hintergrund nicht absetzen kann.

Ein erster Blick in Anwenderforen und Beiträge von Computerzeitschriften erweckt den Eindruck, dass für das Betriebssystem Windows keine Kundenpräferenzvorteile vorliegen. Aussagen wie „Windows gilt als unsicher und teuer“[637], „Windows gilt als instabil“[638] und „Windows gilt als Einfallstor für Hacker“[639] vermitteln sogar den Eindruck, als würden aktuelle und potenzielle Kunden eine Windows-Alternative begrüßen. Hierbei handelt es sich jedoch vornehmlich um Aussagen von wenigen IT-Experten, die andere Anforderungen an das Betriebssystem stellen, als dies bei einem Durchschnittsanwender der Fall ist. Bei Durchschnittsanwendern existieren durchaus Präferenzen für Windows-Betriebssysteme. Die Anwender vertrauen auf das „Support-Angebot von Microsoft“[640]. Darüber hinaus gilt Windows als „anwenderfreundlich und weit verbreitet“[641]. Insbesondere der letzte Aspekt ist primär das Resultat der zuvor erörterten Marktdynamik bei Netzwerkgütern. Vor diesem Hintergrund wird der Aspekt unter den netzwerkspezifischen Marktzutrittsschranken genauer beleuchtet.[642] Microsoft trägt durch die zuvor erörterte Ausweitung von Werbung sowie mittels Kundenbindungsprogrammen zur weiteren Erhöhung dieser Marktzutrittsschranke bei.[643]

---

635 Die Ablösung eines Etablierten mit guter Reputation wird vergleichsweise aufwendiger sein als die Nachfragekreierung auf einem neu entstandenen Markt.

636 Der Etablierte hat die Kundenpräferenzvorteile u. a. durch gezielte Maßnahmen wie Werbung und public relation erreicht. Die hierfür entstandenen Kosten sind versunken. Er wird sie demnach nicht unter allen Umständen voll in die Preiskalkulation einbeziehen. Dies macht deutlich, dass mehrere Marktzutrittsschranken gemeinsam wirken.

637 MARKS [2004].

638 TROJANER BOARD [2005].

639 SPIEGEL ONLINE (Hrsg.) [2002].

640 Experteninterview mit Daniel Rosenberger, IT-Consultant, am 25.07.2005.

641 PC Forum, URL: http://www.pcwelt.de/forum/archive/index.php/t-33673.html sowie Windows Tweaks Forum, URL: http://www.forum.windows-tweaks.info/archive/27205/thread.html. [12.08.2005]

642 Vgl. Ausführungen in Abschnitt 2.2.2.

643 Vgl. MICROSOFT CORP (Hrsg.) [2005d].

2.2.1.3 Größen- und Verbundvorteile

Größenvorteile können mehrere Ursachen haben. Die häufigste Ursache stellen so genannte „Mindesteinsatzmengen" bei den Produktionsfaktoren dar. So werden die fixen Kosten von Maschinen bei der Erhöhung ihres Auslastungsgrades auf eine größere Outputmenge verteilt (Fixkostendegression).[644] Neben den genannten Mindesteinsatzmengen können Größenvorteile durch eine Erweiterung des Umfanges („Zwei-Drittel-Regel"), stochastische Größenersparnisse, die Koordination aufeinander aufbauender Fertigungsstufen (Prinzip des kleinsten gemeinsamen Vielfachen) und Lernkurveneffekte auftreten.[645] Insbesondere im Zusammenwirken mit sunk costs leisten Größenvorteile einen beachtlichen Beitrag zur Begründung des Fernbleibens eines Newcomers von einem Markt.

Darüber hinaus können auch Verbundvorteile als Marktzutrittsschranke wirken. Ist der Etablierte als Mehrproduktunternehmen am Markt tätig und liegen Verbundvorteile bei der Produktion der Güter vor, so kann er das Gut auf dem relevanten Markt kostengünstiger produzieren als dies bei einem Newcomer, der nur ein Produkt herstellt, der Fall ist.

Bei virtuellen Netzwerkgütern – wie Software – können sowohl Größen- als auch Verbundvorteile einen erheblichen Einfluss auf das Marktzutrittsbegehren eines potenziellen Newcomers ausüben. Aus Kapitel A 2.1 ist bekannt, dass Software keinen physischen Verschleiß aufweist. Bleiben Produktverbesserungen aus, so wird die Nachfrage bei Erreichen der Sättigungsgrenze abrupt abbrechen. Unter diesen Voraussetzungen sind für Softwaremärkte keine längeren Stagnations- und Rückbildungsphasen zu erwarten. Falls Anbieter bestrebt sind, diesen deutlichen Rückgang der Nachfrage aufzuhalten, sind sie gezwungen, Produktverbesserungen vorzunehmen.

Der dargestellte Hintergrund hat bedeutende Auswirkungen auf die Marktchancen für einen potenziellen Newcomer auf dem Markt für PC-Betriebssysteme. Die moderaten Wachstumsraten der Verkaufszahlen geben Grund zu der Annahme, dass sich der Markt für PC-Betriebssysteme am Ende der Wachstumsphase befindet.[646] Das aktuelle Client-Betriebssystem Windows XP befindet sich bereits in der Reifephase seines Produktlebenszyklusses. Sollte ein Newcomer ein qualitativ vergleichbares Produkt wie das Betriebssystem Windows XP anbieten, würde er mit Microsoft um die wenigen verbleibenden potenziellen

---

644 Einen Spezialfall der Größenvorteile aufgrund der Mindesteinsatzmengen stellen die Losgrößenvorteile dar. Vgl. hierzu detaillierte Ausführungen von FRITSCH, WEIN, EWERS [2005], S. 181.

645 Eine Übersicht zu Größenvorteilen geben FRITSCH, WEIN, EWERS [2005], S. 180 f.

646 Vgl. Tabellen 4 und 5.

Käufer konkurrieren. Selbst im Fall einer identischen Kostenfunktion wird es ihm zu keinem Zeitpunkt möglich sein, die Kostendegression in dem Maße auszuschöpfen, wie dies Microsoft gelingt. Die Wirkung der Größenvorteile wird von Microsoft durch die Verbesserung der Funktionsfähigkeit des Betriebssystems und den stetigen Ausbau des Betriebs- und Service-Netzes weiter erhöht.[647]

Die Chancen für den Newcomer würden sich jedoch erhöhen, wenn er z. B. aufgrund eines schlankeren Unternehmensapparates oder einer effizienteren Programmierung deutlich niedrigere Fixkosten hätte und so seine Stückkostendegression auf einem niedrigeren Niveau beginnen würde.[648]

Die Erfolgsaussichten für den Newcomer würden sich auch dann verbessern, wenn er ein Produkt mit einer höheren Qualität anbieten kann. In diesem Fall ließe sich die Nachfrage neu entfachen. Durch die größere Nachfrage würde die Kostendegression weiter ausgeschöpft.

Auch bei der Entwicklung, Distribution und dem Support von Software liegen erhebliche Verbundvorteile vor, die den Eintritt eines Newcomers in den betrachteten Markt erschweren können. Eine wesentlich größere Bedeutung kommt den Verbundvorteilen im Hinblick auf den Wunsch des Etablierten nach einer Marktmachtübertragung auf angrenzende Softwaremärkte zu. Diese besondere Problematik ist in Kapitel D untersucht.

2.2.1.4 Absolute Kostenvorteilsschranken

Absolute Kostenvorteile führen dazu, dass die Kosten der Produktion und Distribution eines etablierten Anbieters zu jedem vergleichbaren Produktionsniveau niedriger sind als die potenzieller Marktteilnehmer. Ursachen für derartige Niveaueffekte können etwa Patente an einzigartigen Produktionsverfahren, Eigentumsrechte an einer einmaligen und notwendigen Ressource oder der bessere Zugang zu Beschaffungs- oder Kapitalmärkten sein.[649]

Absolute Kostenvorteile sind auch auf Softwaremärkten anzutreffen. So ist die Fremd- oder Eigenkapitalbeschaffung für ein finanzstarkes Unternehmen wie Microsoft mit einer Marktkapitalisierung von etwa 280 Milliarden USD leichter

---

647 So hat Microsoft das Windows-Betriebssystem von Windows 98 auf Windows 2000 um 20 Millionen Programmzeilen erweitert. MÜLLER [1999].

648 Dies würde einer Verfahrensinnovation gleichkommen.

649 Vgl. BAIN [1968], S. 260 f.

als dies bei einem Newcomer der Fall wäre.[650] Dagegen ließe sich das Argument anführen, dass innovative Newcomer in einer Welt perfekter Kapitalmärkte jederzeit eine gute Finanzierungsmöglichkeit besitzen. Gerade die Entwicklungen in den vergangenen fünf Jahren haben jedoch gezeigt, dass diese idealtypischen Bedingungen in der Realität nicht vorliegen.[651]

Auch der Zugang zu qualifizierten Arbeitnehmern dürfte für ein renommiertes Unternehmen wie Microsoft vergleichsweise leichter sein, als dies für ein Start-up-Unternehmen der Fall ist.[652] Entscheidet sich hingegen ein finanzstarkes Unternehmen aus angrenzenden Märkten für den Markteintritt auf dem Betriebssystemmarkt, muss dieses Argument nicht zwingend gelten.

Darüber hinaus kann auch eine Behinderung beim Zugang zu einer notwendigen Ressource bzw. zu technischem Wissen eine erhebliche Marktzutrittsschranke darstellen. Sollte der Zugang nicht möglich sein, so wird dies den Markteintritt des Newcomers verhindern. Da der Hardwaremarkt, der dem Betriebssystemmarkt vorgelagert ist, eine wettbewerbliche Marktstruktur aufweist, bestehen hierdurch prinzipiell keine Zugangsrestriktionen.

Ein Zugangsproblem ergibt sich allerdings durch den bereits erörterten indirekten Netzwerkeffekt, der zur Folge haben wird, dass zu wenige Anwendungsprogramme für das Betriebssystem des Newcomers geschrieben werden. Dieses Problem wird im Rahmen der netzwerkspezifischen Marktzutrittsschranken beleuchtet.

Eine weitere Schwierigkeit kann dadurch entstehen, dass Microsoft als Eigentümer von Windows zwischen den verschiedenen Generationen von Windows Kompatibilität herstellen kann (Intergenerationskompatibilität). Somit besteht

---

[650] Die Aussage gilt unter der Voraussetzung, dass der Newcomer nicht bereits auf einem anderen Markt etabliert und selbst finanzstark ist. Jedoch dürfte es schwer sein, die Finanzstärke von Microsoft zu erreichen. Microsoft ist – gemessen an der Marktkapitalisierung – im Januar 2007 das drittgrößte Unternehmen der Welt. Vgl. FORBES (Hrsg.) [2007].

[651] Vgl. BUNDESMINISTERIUM FÜR WIRTSCHAFT UND ARBEIT (Hrsg.) [2004], S. 46.

[652] Zwar ließen sich die Argumente anführen, dass Mitarbeiter in einem jungen Unternehmen mehr Verantwortung und bessere Aufstiegschancen haben und sie leichter Unternehmensanteile erwerben können. Dieser Chance stehen jedoch erhebliche Risiken gegenüber. Bei dem jungen Unternehmen besteht eine größere Gefahr der Insolvenz. Darüber hinaus stellt es in der Regel keine besonderen Sozialleistungen zur Verfügung. Es besteht die Gefahr, dass vereinbarte Urlaubs- und Arbeitszeiten nicht eingehalten werden. Microsoft ist hingegen für die guten Arbeitsbedingungen bekannt. Die Microsoft Deutschland GmbH ist im Jahr 2005 zum dritten Mal hintereinander zu Deutschlands beliebtestem Arbeitgeber gekürt worden. Vgl. FINANZNACHRICHTEN (Hrsg.) [2005].

z. B. die Möglichkeit, dass Anwendungen, die für ältere Windows-Versionen geschrieben wurden, auch auf der aktuellen Version lauffähig sind.

Eine weitere Gefahr für den Wettbewerb besteht, wenn sich der Zugang zu dem monopolisierten PC-Betriebssystemmarkt für die Komplementärgütermärkte zu einer „notwendigen Ressource" entwickelt. Diese Gefahr ist im Zusammenhang mit der Marktmachtübertragung analysiert.

2.2.1.5 Institutionelle Schranken

Institutionelle Schranken sind die Folge rechtlicher oder gesellschaftspolitischer Normen. Als Beispiel für einen Markt mit institutionellen Schranken lässt sich der deutsche Mobilfunkmarkt nennen.[653] Die beschränkte Anzahl der bereits vergebenen Mobilfunklizenzen stellt eine staatliche, für potenzielle Netzbetreiber unüberwindbare Marktzutrittsschranke dar. Weitere vergleichbare Maßnahmen, welche die Anzahl der Marktteilnehmer quantitativ limitieren, sind z. B. Konzessionen für Taxifahrer oder kostenintensive Zulassungsverfahren, wie sie für das Handwerk üblich sind. Auch die Vergabe von Patenten sowie Immaterialgüterrechten auf geistiges Eigentum stellen eine Marktzutrittsschranke dar. Institutionelle Schranken lassen sich im Vergleich zu den zuvor genannten Marktzutrittsschranken sicherlich am einfachsten und eindeutigsten als solche identifizieren. Sie sind nicht natürlich im Markt entstanden, sondern eine Folge externer ordnungspolitischer Eingriffe.[654]

Software ist als immaterielles Wirtschaftsgut weltweit durch das Urheberrecht geschützt.[655] Dieser Schutz gilt jedoch nur für die konkrete Implementierung eines Programms. Das Verfahren, das dem Programm zugrunde liegt, fällt hingegen nicht unter das Urheberrecht. Dies gestattet einem potenziellen Newcomer, Bestandteile des Verfahrens bei der Entwicklung des eigenen Betriebssystems zu verwenden, ohne hierbei das Urheberrecht zu verletzen.[656]

---

653 Die institutionelle Schranke im Mobilfunkmarkt lässt sich wiederum auf technische Restriktionen zurückführen, da nur eine begrenzte Zahl an Frequenzbändern frei verfügbar ist.

654 Vgl. KRUSE [1985], S. 13.

655 Die nationalen Urheberrechte wurden im Jahr 1996 durch den „WIPO Copyright Treaty" an die Anforderungen für digitale Medien angepasst. Vgl. WORLD INTELLECTUAL PROPERTY ORGANIZATION (Hrsg.) [2005]. Der Urheberrechtsschutz bedarf weder eines Registrierungs- noch eines sonstigen Anmeldeverfahrens. Es fallen praktisch alle Computerprogramme unter den Urheberrechtsschutz, auch wenn es der Entwickler nicht ausdrücklich wünscht.

656 Das Urheberrecht verbietet jede Art der Übersetzung, Bearbeitung oder Veränderung des Originals. Die Autoren Weyand und Haase leiten daraus ab, „dass das so genannte ‚reverse engineering' eines Computerprogramms nach herrschendem Urheberrechtsverständnis in den meisten

In den USA ist es seit Beginn der 1980er Jahre möglich, Software zumindest teilweise zu patentieren.[657] In den vergangenen Jahren stand die Patentierung von Software auch in der Europäischen Union zur Diskussion. Die EU-Kommission plante, den Schutz von Computerprogrammen zu vereinheitlichen. Im Januar 2002 präsentierte sie ihren Richtlinienentwurf für softwaregestützte Erfindungen. Hierin wurde der Patentschutz für Computerprogramme vorgesehen, die einen „technischen Beitrag" leisten.[658] Der Vorschlag der EU-Kommission gab den Anstoß für zahlreiche kontroverse Diskussionen, sowohl unter den EU-Parlamentariern als auch in der Öffentlichkeit.[659] Obwohl sich der Rat im Mai 2004 auf gemeinsame Standpunkte zur Patentierbarkeit von Software einigen konnte,[660] wurde der Richtlinienentwurf im Juli 2005 vom Europäischen Parlament zurückgewiesen und das Rechtsetzungsverfahren abgeschlossen.

Aus wettbewerbspolitischer Sicht ist die Patentierung von Software äußerst problematisch.[661] Die Ausführungen in der vorliegenden Studie haben gezeigt, dass Wettbewerb auf dem Markt für Betriebssysteme – selbst im Fall relativ schwacher Eigentumsrechte – nahezu unmöglich ist. Aktuellen und potenziellen Konkurrenten gelang es in den letzten 15 Jahren nicht, Kompatibilität zu

---

Ländern verboten ist." WEYAND, HAASE [2004], S. 200. Im Fall des reverse engineering werden Programmierungsschritte rekonstruiert und die jeweiligen Komponenten und ihre Beziehungen eines Programms/Systems identifiziert. Vgl. CHIKOFSKY, CROSS [1990], S. 13 ff.

657 Vgl. MONOPOLKOMMISSION (Hrsg.) [2003], Tz. 696.

658 Vgl. COMMISSION OF THE EUROPEAN COMMUNITIES (Hrsg.) [2002].

659 Vgl. KREMPEL [2005].

660 Vgl. COMMISSION OF THE EUROPEAN COMMUNITIES (Hrsg.) [2004b].

661 Die Autorin Zimmerlich gibt jedoch zu bedenken, dass der Patentschutz in Deutschland nur für eine Dauer von 20 Jahren gelte, wohingegen der Urheberrechtsschutz noch 70 Jahre nach dem Tode des Urhebers Gültigkeit besäße. Deshalb sieht sie die Gefahr, dass vom Urheberrechtsschutz erhebliche Beeinträchtigungen für den Wettbewerb ausgehen können, „die unter Umständen die mit dem Patentschutz einhergehenden negativen Auswirkungen für den Wettbewerb noch übertreffen." ZIMMERLICH [2004], S. 1271.

Das Spannungsverhältnis von Marktbeherrschung und Urheberrechtsschutz wird ausführlich von der Autorin Bartmann herausgearbeitet. Vgl. BARTMANN [2005], S. 10-18. Sie spricht sich für die Einräumung von Urheberrechten zum Schutz funktionaler Werke wie Datenbanken aus, „um einen hinreichenden Anreiz für die Schöpfung dieser Werke zu gewährleisten." BARTMANN [2005], S. 387. Jedoch müsse ein besonderes Augenmerk auf sog. Gatekeeper-Elemente wie Ideen, Informationen und Schnittstellen oder Strukturen gelegt werden. „Hier ist die Gefahr der Monopolisierung durch die Verleihung von Urheberrechten besonders groß. Dieser Gefahr ist – soweit möglich – bereits im Stadium der Schutzrechtseinräumung zu begegnen." BARTMANN [2005], S. 387.

Windows herzustellen, obwohl die dem Programm zugrunde liegenden Verfahren prinzipiell kopiert werden dürfen.[662]

Ein umfangreicher Patentschutz, durch den auch Teile von Programmen patentiert werden können, die zu allgemeinen informationstechnischen Infrastrukturen gehören, kann den Markteintritt von potenziellen Konkurrenten unmöglich machen.[663] In der wirtschaftswissenschaftlichen Literatur finden sich Studien, die positive Effekte von Patenten auf Innovationsanreize von Unternehmen nachweisen. In diesen Studien sprechen sich die Autoren für die Schaffung von Patenten aus, um so die „Produktion von Wissen" zu fördern. In empirischen Untersuchungen von Branchen, die ähnliche Charakteristika wie die Softwareindustrie aufzeigen, konnten diese Wirkungen jedoch nicht nachgewiesen werden.[664] Dem fragwürdigen positiven Einfluss auf die Innovationsanreize der Unternehmen würde durch die weitere Verfestigung der Monopolstellung ein erheblicher Effizienzverlust gegenüberstehen.[665]

Um zusätzliche Privilegien zu erlangen und von weiteren Kartellrechtsauflagen verschont zu bleiben, betreibt Microsoft Lobbying. So unterstützte das Unternehmen in den USA den Wahlkampf im Jahr 2004 mit 4,7 Millionen Dollar. Hiervon flossen 53 % den Republikanern zu.[666] In Deutschland rief das Unternehmen die Initiative für „Bildung und Innovation" aus, die sie im Rahmen eines parlamentarischen Abends vorstellte.[667] Die „empörte" Reaktion der US-amerikanischen Regierung auf die Entscheidung der EU-Kommission im Fall Microsoft vom 24. März 2004 gibt Grund zu der Annahme, dass das gezielte Lobbying des Softwarekonzerns bereits Wirkung zeigte.[668]

---

662 Die Aussage bezieht sich auf alle Länder außer den USA.

663 Der so entstandene absolute Kostenvorteil des Etablierten hätte eine prohibitive Wirkung auf den potenziellen Newcomer. Dies gilt insbesondere für kleine Softwareunternehmen in dieser „wenig kapitalintensiven Branche." MONOPOLKOMMISSION (Hrsg.) [2003], Tz. 703.

664 Vgl. MONOPOLKOMMISSION (Hrsg.) [2003], Tz. 703. In ihrer empirischen Studie zu Softwarepatenten haben die Autoren Blind, Edler, Nack und Straus darauf hingewiesen, dass sich die Mehrheit der deutschen Softwareunternehmen für den Status Quo und gegen die Softwarepatentierung aussprechen. Vgl. BLIND et al. [2003], S. 204. Insbesondere die Entwickler der Open-Source-Bewegung fühlen sich durch die Softwarepatentierung bedroht. Vgl. FREE SOFTWARE FOUNDATION EUROPE (Hrsg.) [2005].

665 Auf diese Gefahr weist auch die Monopolkommission hin. Vgl. MONOPOLKOMMISSION (Hrsg.) [2003], Tz. 703.

666 Vgl. WILDERMUTH [2004].

667 Vgl. HEISE (Hrsg.) [2005d].

668 SPIEGEL ONLINE (Hrsg.) [2004].

2.2.2 *Netzwerkspezifische Marktzutrittsschranken*

2.2.2.1 *Installierte Basis*

Neben den traditionellen Marktzutrittsschranken wirken sich die Netzwerkeffekte negativ auf das Marktzutrittsbegehren von Newcomern aus. In den nachfolgenden Abschnitten sind drei netzwerkspezifische Marktzutrittsschranken charakterisiert. Die beiden ersten Schranken treten in Kommunikations- und Komponentennetzwerken auf. Die dritte ist typischerweise nur bei Komponentennetzwerken vorzufinden.[669] Für den Betriebssystemmarkt sind somit alle drei Marktzutrittsschranken relevant.

Der Markteintritt eines Newcomers auf Märkten für Netzwerkgüter kann dadurch erschwert werden, dass der etablierte Anbieter eine große installierte Basis besitzt.[670] Die Autoren Farrell und Saloner haben diesen Effekt als „installed base effect" bezeichnet.[671] Aufgrund der geringeren Netzwerkgröße generieren die (potenziellen) Nachfrager aus dem Netzwerk des Newcomers einen geringeren Netznutzen. Hierdurch wird die Erwartungsbildung der potenziellen Nachfrager negativ beeinflusst. Im Extremfall werden sich die Nachfrager selbst dann nicht zu einem Neueintritt bzw. Wechsel des Netzwerkes entscheiden, wenn der Newcomer eine bessere Technik anbietet.[672] Der Effekt der installierten Basis resultiert in Kommunikationsnetzwerken primär aus dem direkten Netzwerkeffekt. Bei einem Komponentennetzwerk wie Windows wird er primär durch das Auftreten des indirekten Netzwerkeffektes hervorgerufen.

Der Newcomer kann diese Marktzutrittsschranke nur durch die Herstellung von Kompatibilität zu Windows beseitigen. Hierdurch würden jedoch neue Kosten entstehen, die bei einem Marktaustritt versunken wären. Im Fall von Inkompatibilität bliebe nur mit der Einführung eines innovativen Produktes eine Chance für einen erfolgreichen Markteintritt.

Verhaltensweisen von Microsoft in der Vergangenheit haben jedoch gezeigt, dass das Unternehmen auf eine drohende Abwanderung ihrer installierten Basis z. B. durch die Anwendung der *Vaporware-Strategie* reagiert. So hat Microsoft Mitte der 1990er Jahre mehrmals angekündigt, ein neues Betriebssystem mit verbessertem Browser in Kürze am Markt einzuführen, jedoch kam es dieser

---

669 Dies impliziert, dass sie auch in Netzwerken auftreten, die sowohl die Eigenschaften eines Kommunikations- als auch die Eigenschaften eines Komponentennetzwerkes aufweisen.

670 Vgl. YANG [1996], S. 1ff.

671 Farrell und Saloner haben die Kosten der Inkompatibilität in einem dynamischen Modell abgebildet. Vgl. FARRELL, SALONER [1986b].

672 Vgl. PICOT, SCHEUBLE [2000], S. 250 ff.

Ankündigung nicht nach.[673] Dieses Verhalten hat zu einer erheblichen Verunsicherung der Nachfrager geführt.[674] Es ist anzunehmen, dass zumindest die ersten Ankündigungen die Windows-Kunden darin bestärkt haben, bis zu der Markteinführung einer neuen Version zu warten und nicht zu der Konkurrenz zu wechseln.[675]

2.2.2.2 Wechselkosten

Falls sich aktuelle Netzwerkteilnehmer für den Wechsel zu einem neuen Netzwerk entscheiden, treten in der Regel Wechselkosten auf. Diese entstehen z. B. durch ein Ersetzen der technischen Ausstattung, Schulungen für das neue System, Konvertierung der Daten auf ein neues Format und Suchkosten. Insbesondere der Anteil der irreversiblen Kosten (sunk costs) an den Wechselkosten kann den Wechsel der Teilnehmer und somit den Markteintritt des Newcomers be- oder gar verhindern.[676]

Auch der Betriebssystemmarkt ist durch das Auftreten von Wechselkosten gekennzeichnet, wobei der Anteil der sunk costs erheblich ist. Ein aktueller Windows-Nutzer wird sich nur für den Wechsel zu einem neuen Betriebssystem entscheiden, wenn der Nettonutzen, den er durch das neue Betriebssystem erfährt, den Nettonutzen des alten Betriebssystems übersteigt. Der Begriff Nettonutzen umfasst hierbei die Differenz aus abdiskontiertem Nutzen und abdiskontierten Kosten. Bei der Weiternutzung von Windows entstehen ihm nur geringe Zusatzkosten für den Kauf eventueller zusätzlicher Anwendungsprogramme. Die bereits getätigten Ausgaben für das Betriebssystem und die Anwendungsprogramme wird der Nutzer nicht in seine Berechung einkalkulieren, da er keinen bzw. einen geringen Wiederverkaufserlös erwarten kann. Die Investitionen in die alte Windows-Plattform stellen somit sunk costs dar. Bei einer Entscheidung für den Beitritt zum Komponentennetzwerk des Newcomers sind vor dem Eintritt

---

673 Vgl. KOPEL [1997].

674 Wey spricht sich vor diesem Hintergrund für eine Verbraucherschutzpolitik aus, die irreführende Produktankündigungen unterbindet. Vgl. WEY [2005], S. 326. Jedoch besteht das Problem, dass sich diese Verhaltensweisen nur schwer identifizieren lassen. Vgl. FICHERT [2002], S. 10.

675 Es bleibt darauf zu vertrauen, dass die Konsumenten den jeweiligen Anbieter selbst sanktionieren werden, z. B. indem sie die Ankündigungen zukünftig ignorieren. Vgl. hierzu ausführlich CHOI, KRISTIANSEN, NAHM [2005], S. 313.

676 Dies ist insbesondere dann zu erwarten, wenn der Newcomer auf den Wechsel der aktuellen Teilnehmer angewiesen ist, da nur noch wenige potenzielle Erstkäufer existieren. Zu den Auswirkungen von Wechselkosten auf dynamischen Wettbewerb vgl. FARRELL, SHAPIRO [1988] und KLEMPERER [1995].

alle Kosten für die Ermittlung des Nettonutzens relevant, da sowohl das Betriebssystem als auch die Komplementärgüter und eventuelle Schulungen finanziert werden müssen.[677]

Sunk costs können dazu führen, dass die Nettonutzendifferenz zwischen dem neuen Betriebssystem und Windows negativ ist, obwohl das Betriebssystem deutliche qualitative Verbesserungen aufweist (Lock-in-Effekt[678]).[679] In diesem Fall wird sich der Windows-Nutzer gegen den Wechsel entscheiden. Falls die Wechselabsichten der meisten Nutzer hierdurch negativ beeinflusst oder sogar unterbunden werden, bestehen für einen potenziellen Newcomer keine Chancen für einen erfolgreichen Marktzutritt.

Die Bedeutung von Wechselkosten und der installierten Basis bei Netzwerkgütern wurde formaltheoretisch erstmals von David herausgearbeitet. David kommt zu dem Schluss, dass der Wechsel von der vermeintlich ineffizienteren Tastenanordnung QWERTY zu der effizienteren Tastenanordnung DVORAK aufgrund zu hoher Wechselkosten und einer zu großen installierten Basis von QWERTY-Nutzern ausgeblieben ist.[680]

Die Autoren Liebowitz und Margolis weisen darauf hin, dass Newcomer die Möglichkeit haben, die eigene Technik so zu fördern, dass diese eine unterlegene Technik verdrängt. Diese Förderung könnte z. B. in Form von kostenlosen Schulungen oder Trainingsprogrammen erfolgen, wodurch die Wechselkosten der

---

677 Diese Aussage gilt unter der Voraussetzung, dass die Anwendungsprogramme primär für Windows hergestellt werden.

678 Die Autoren Shapiro und Varian unterscheiden sechs verschiedene Arten von Lock-in: vertragliche Verpflichtungen, langlebige Anschaffungen, markenspezifisches Training, Information und Datenbanken, spezialisierte Anbieter sowie Suchkosten und Treueprogramme. Vgl. SHAPIRO, VARIAN [1999], S. 157.

679 Unsicherheit über die Größe der erwarteten installierten Basis des neuen Netzwerkes kann den Übergangsprozess von dem Netzwerk des Etablierten zu dem des Newcomers zusätzlich hemmen. Hierdurch wird es schwer, den Nutzen zu bestimmen, den der Beitritt in das Netzwerk des Newcomers hervorrufen würde (Zusammenwirken von installierter Basis und Wechselkosten). Vgl. BLANKART, KNIEPS [1991], S. 12.

680 David sieht in dem Auftreten von Wechselkosten und Installed-Base-Effekt die Ursache für eine eingeschränkte Rationalität der aktuellen Teilnehmer (bounded rationality), durch die der Wechsel zu dem effizienteren Standard verhindert werden kann. Vgl. DAVID [1985]. David bekräftigte seinen Standpunkt in einer Reihe nachfolgender Arbeiten. Vgl. DAVID [1986], DAVID [1990], DAVID [1993], DAVID [1997]. Auch Arthur verfolgte Davids These weiter. Er entwirft aus den Kernaussagen Davids ein einfaches spieltheoretisches Modell mit sequenziellen Beitrittsentscheidungen. In diesem Modell identifiziert er die installierte Basis und die Höhe der Wechselkosten als Ursachen für das Ausbleiben eines Wechsels zu einem effizienteren Pfad (Pfadabhängigkeit). Vgl. ARTHUR [1989], S. 126 ff.

potenziellen Nachfrager gemindert würden.[681] Hierbei gehen sie von perfekten Kapitalmärkten aus, die in der Realität aber nicht vorliegen. Ein derartiges Vorhaben verursacht erhebliche Kosten, die einem Newcomer entstehen, einem Etablierten jedoch nicht. Auch diese würden sich negativ auf das Zutrittsbegehren eines potenziellen Newcomers auswirken.

In der Praxis ist die Relevanz von Wechselkosten unbestritten. Um eine Dimension dieser Kosten zu vermitteln, lässt sich die Migration der Stadt München von Windows-Umgebungen zu Linux-Umgebungen anführen. Die Stadt verfügte im Jahr 2003 über 14.183 PCs unterschiedlicher Hardwaregenerationen. Über die Hälfte dieser PCs waren für die Installation eines neuen Betriebssystems ungeeignet.[682] Es gab 170 Fachverfahren, die auf Basis des Microsoft-Betriebssystems liefen. Allein die Wiederbeschaffungskosten für die Fachanwendungen wurden auf 50 Millionen Euro geschätzt.[683] Zusätzlich waren weitere Kosten für IT-Fachkräfte, Sonderhardware und das Entwickeln von etwa 1.500 neuen Makros einkalkuliert. Der Gesamtkostenvorteil im Fall des Verzichtes auf die Linux-Migration wurde auf 2,34 Millionen Euro geschätzt.[684] Hierbei ist zu beachten, dass die Kosten für Schulung und Einarbeitung nicht enthalten waren, da diese von IBM getragen wurden.[685] Aufgrund dieser erheblichen Kosten riet Unilog der Stadt München, aus betriebswirtschaftlicher Perspektive auf die Migration zu verzichten.[686]

Durch Verhaltensweisen wie die Lizenzpolitik in Form von Upgrade-Lizenzprogrammen und der Vaporware-Strategie kann das Unternehmen Microsoft diese Marktzutrittsschranke wesentlich erhöhen.

2.2.2.3 Komplementärgüterschranken

Durch den indirekten Netzwerkeffekt kann auf Märkten für Komponentennetzwerke eine weitere Marktzutrittsschranke hervorgerufen werden. Die potenziellen Nachfrager werden das Betriebssystem nachfragen, bei dem sie die größte Vielfalt und die günstigsten Preise für Anwendungsprogramme erwarten. Die

---

681 Vgl. LIEBOWITZ, MARGOLIS [1994], S. 133 ff.

682 Bei weiteren 5.000 PCs sollte eine Speichererweiterung vorgenommen werden. Vgl. UNILOG INTEGRATA (Hrsg.) [2003], S. 13.

683 Vgl. UNILOG INTEGRATA (Hrsg.) [2003], S. 8.

684 Vgl. UNILOG INTEGRATA (Hrsg.) [2003], S. 27.

685 IBM unterstützte das Linux Projekt u. a. aus Prestigegründen. Vgl. COMPUTERWOCHE (Hrsg.) [2004], S. 12.

686 Vgl. UNILOG INTEGRATA (Hrsg.) [2003], S. 27.

Anwendungsentwickler schreiben ihre Programme für das am weitesten verbreitete Betriebssystem Windows. Im Jahr 1999 gab es für Windows mehr als 70.000 Anwendungsprogramme, für konkurrierende Betriebssysteme wie Mac OS oder Linux hingegen nur einen Bruchteil davon. Der Richter des Bezirksgerichtes von Columbia hat in diesem Zusammenhang den Begriff *applications barrier to entry* geprägt.[687]

Der Newcomer könnte zunächst versuchen, die Schranke durch Herstellung von Kompatibilität zu dem Betriebssystem Windows zu überwinden. Die Erfahrungen der vergangenen Jahre zeigen jedoch, dass dies – bei gegebenem Urheberrecht – nahezu unmöglich ist. Gelingt ihm die Schaffung von Kompatibilität nicht, so bleibt die Alternative, durch gezielte Marketingmaßnahmen sowohl die Anwendungsprogrammierer als auch die potenziellen Kunden von dem qualitativen Vorteil des eigenen Produktes zu überzeugen.

Die Anbieter von Anwendungsprogrammen ließen sich z. B. zum porting durch gezielte Informationspolitik über Produkteigenschaften des neuen Betriebssystems und das Angebot der Entwicklung eines Betriebssystems nach ihren Wünschen überreden. Eine weitere Möglichkeit bestünde darin, die wichtigsten Komplementärgüter selbst anzubieten. Diese Strategie verfolgt Microsoft Windows mit dem Bürosoftwarepaket Office. Potenzielle Nachfrager könnten z. B. durch vergünstigte oder kostenlose Nutzung auf Zeit zum Kauf der Basiskomponente veranlasst werden. Darüber hinaus wären sie eventuell durch gezielte Informationspolitik von den qualitativen Verbesserungen der eigenen Basiskomponente zu überzeugen.

Alle angeführten Maßnahmen lassen sich zwar prinzipiell anwenden, verursachen jedoch erhebliche Kosten und haben zudem wenig Aussicht auf Erfolg. Diese Vermutung wird durch die erörterten Marktanteilsentwicklungen und durch Unternehmensbefragungen bekräftigt.[688] Microsoft kann versuchen, diese Marktzutrittsschranke durch vertragliche Bindungen zu erhöhen, z. B. durch eine Ausschließlichkeitsbindung der Hersteller von Anwendungsprogrammen. So wäre denkbar, dass die Anbieter von Anwendungssoftware – unter Androhung

---

687 Vgl. UNITED STATES DISTRICT COURT FOR THE DISTRICT OF COLUMBIA (Hrsg.) [1999b], Tz. 36 ff.

688 In einer Studie der Investmentbank Merill Lynch, in der die IT-Manager der 50 größten US-amerikanischen Unternehmen gefragt wurden, ob sie ein Interesse besäßen, Linux auf den Clients einzusetzen, antworteten nur 15 % mit ja. Als Grund für das mangelnde Interesse gaben sie an, dass die relevanten Anwendungen nicht mit Linux kompatibel seien. Vgl. MERRILL LYNCH (Hrsg.) [2004], S. 7.

der Zurückhaltung relevanter Schnittstelleninformationen – dazu verpflichtet werden, ihre Software exklusiv für Windows zu programmieren.

2.3. Zwischenfazit

Die Erfolgsaussichten für Newcomer auf dem Markt für Client-PC-Betriebssysteme sind im nachfolgenden Schema zusammengefasst.

Abbildung 21: Erfolgsaussichten für Newcomer

	Inkompatibilität	**Kompatibilität**
Me-too-Produkte	keine Aussicht auf Erfolg: - alle Marktzutrittsschranken kommen zum Tragen - verbleibendes Marktpotenzial zu gering	geringe Aussicht auf Erfolg: - alle Marktzutrittsschranken kommen zum Tragen - netzwerkspezifische Marktzutrittsschranken werden erheblich gesenkt - verbleibendes Marktpotenzial zu gering
Innovation	bessere Chancen auf Erfolg: - alle Marktzutrittsschranken kommen zum Tragen - Marktpotenzial groß aufgrund der Innovation	gute Chancen auf Erfolg: - traditionelle Marktzutrittsschranken kommen zumindest teilweise zum Tragen - netzwerkspezifische Marktzutrittsschranken werden erheblich gesenkt - Marktpotenzial groß aufgrund der Innovation

Quelle: Eigene Darstellung

Es wird deutlich, dass die Aussichten für eine erfolgreiche Tätigkeit am Markt bei einem potenziellen Newcomer mit einem Me-too-Produkt selbst dann gering sind, wenn es ihm gelingt, Kompatibilität zu Windows herzustellen. Die Ursache hierfür liegt in dem geringen verbleibenden Marktpotenzial. Die Chancen erhöhen sich für einen Marktneuling mit einem innovativen Konkurrenzprodukt. Eine echte Innovation wird neue Nachfrage generieren und ihm somit die Möglichkeit eröffnen, die Kostendegression auszuschöpfen. Gelingt es dem Newcomer nicht,

Kompatibilität zu Windows herzustellen, so hat er auch weiterhin insbesondere die netzwerkspezifischen Marktzutrittsschranken zu überwinden. Kann er hingegen Kompatibilität zu Windows herstellen, so werden die netzwerkspezifischen Marktzutrittsschranken weitestgehend entfallen. Die traditionellen Marktzutrittsschranken bleiben zumindest teilweise bestehen. In diesem Fall sind die Chancen für eine erfolgreiche Tätigkeit am Markt vergleichsweise gut.

Die Realisierung der letztgenannten Möglichkeit ist jedoch aufgrund der erörterten Entwicklung der vergangenen Jahre unwahrscheinlich. Bisher gelang es keinem konkurrierenden Anbieter von Microsoft, eine hinreichende Kompatibilität zu der Windows–Betriebssystemfamilie herzustellen. Darüber hinaus hat Microsoft gezeigt, dass es im Fall einer ernsthaften Bedrohung der eigenen Monopolstellung auch gezielte Verhaltensweisen zur Verdrängung der Wettbewerber einsetzen kann.[689] Die Analyse lässt den Schluss zu, dass der Markt für Client-PC-Betriebssysteme durch das Auftreten hoher Marktzutrittsschranken gekennzeichnet ist und somit eine verfestigt-vermachtete Marktstruktur aufweist.[690]

D Gefahr der Marktmachtübertragung

1 Einführung

Ein Monopolist, der durch hohe Marktzutrittsschranken geschützt ist, stellt auch eine potenzielle Gefährdung für den Wettbewerb auf anderen Märkten dar, insbesondere dann, wenn er auf vor- oder nachgelagerten Märkten selbst tätig ist bzw. beschließt, dort tätig zu werden (vertikale Integration).[691]

In der statischen Wohlfahrtstheorie wird die Absicht eines Monopolisten zur vertikalen Integration dann bezweifelt, wenn auf dem angrenzenden, z. B. dem nachgelagerten, Markt ***Wettbewerb besteht***. In diesem Fall kann gezeigt werden, dass ein Engagement für den Monopolisten und demzufolge auch die Übertra-

---

689 Vgl. hierzu die Ausführungen in Kapitel D 2.

690 Diese Auffassung wird von EVANS u. a [2001] nicht geteilt. Sie sehen es in ihrem Artikel als nachgewiesen an, dass das Preissystem von Microsoft nicht dem Preissystem eines Monopolisten entspricht, der durch hohe Marktzutrittsschranken geschützt ist. Die Autoren kommen zu dem Schluss, dass ein Monopolist einen höheren Preis für seine Produkte nehmen würde als die bei Microsoft der Fall sei.

691 Ein Unternehmen ist hingegen horizontal integriert, wenn es z. B. unterschiedliche Anwendungsprogramme anbietet. Vgl. FICHERT [2002], S. 10. In dieser Studie liegt der Fokus auf der vertikalen Integration, da vergangene Entwicklungen darauf schließen lassen, dass das Betriebssystemmonopol zur Marktmachtübertragung auf nachgelagerte Märkte genutzt wurde.

gung der Marktmacht keine rationale Strategie darstellt. Stehen die komplementären Produkte in einem fixen Einsatzverhältnis, so ist der Monopolist nach dieser Argumentation auch ohne ein Engagement auf dem nachgelagerten Markt in der Lage, die gesamte Monopolrente abzuschöpfen.[692] Für Microsoft würde dies bedeuten, dass der Anbieter über das Entgelt für die Zugangsinformationen zum Markt für Betriebssysteme auch zusätzliche Renten des nachgelagerten Marktes für Anwendungssoftware abschöpfen könnte.

Besteht auf den angrenzenden Märkten hingegen ***kein Wettbewerb***, so lässt sich anhand des einfachen statischen, preistheoretischen Modells zeigen, dass der Monopolist Anreize zur vertikalen Integration besitzt und diese Anreize die Effizienz steigern können. Werden zwei aufeinander folgende Märkte von zwei getrennten Monopolisten bewirtschaftet, nehmen beide Unternehmen Monopolaufschläge vor, wodurch es zu einer so genannten doppelten Marginalisierung kommt.[693] Besäße hingegen einer der Monopolisten auf beiden Märkten eine Monopolstellung (vertikale Integration), so würde er sich die Inputfaktoren des vorgelagerten Marktes zu wettbewerblichen Preisen zur Verfügung stellen und nur einen Monopolaufschlag bei dem Verkaufspreis des Endproduktes vornehmen. Vor dem skizzierten Hintergrund wären sowohl die Endkunden als auch der Monopolist besser gestellt. Die Endkunden hätten einen vergleichsweise niedrigeren Preis zu zahlen und der Monopolist würde – bei gegebenem, selbst vorgenommenem Monopolaufschlag – eine größere Menge absetzen, wodurch Gewinnsteigerung möglich wäre.[694] Dieses Argument wurde von Autoren angeführt, die sich gegen die vertikale Separierung von Betriebssystemen und Anwendungssoftware im Fall Microsoft aussprachen.[695]

In der Realität sind auf zahlreichen Märkten für Standardanwendungssoftware bisher oligopolistische Marktstrukturen anzutreffen. Einige dieser Märkte – z. B. die Märkte für Business Software und Bürosoftware – weisen aufgrund bedeutender primär direkter Netzwerkeffekte selbst strukturelle Zutrittsschranken auf. Da jedoch keine bzw. nur geringe Komplementärgüterschranken vorliegen, sind die Eintrittshemmnisse für einen innovativen Newcomer – im Vergleich zum Markt für Client-PC-Betriebssysteme – deutlich geringer. Deshalb entspricht das

---

692 Vgl. CARLTON, PERLOFF [1990], S. 512 ff.

693 Vgl. grundlegend zu doppelter Marginalisierung SPENGLER [1950], MACHLUP, TABER [1960] sowie GREENHUT, OHTA [1979].

694 Vgl. CARLTON, PERLOFF [1990], S. 527.

695 Vgl. GISSER, ALLEN [2001]. Für diese Form der Entflechtung hatte sich Richter Jackson, der Richter des Bezirksgerichts von Columbia, in seinem ursprünglichen Beschluss im Jahr 2000 ausgesprochen. Vgl. UNITED STATES DISTRICT COURT FOR THE DISTRICT OF COLUMBIA (Hrsg.) [2000a], Tz. 1 ff.

angeführte Argument der doppelten Marginalisierung über weite Strecken nicht der Realität. Für die oligopolistischen Marktstrukturen auf dem Markt für Anwendungssoftware lässt sich sogar zeigen, dass der Gewinn des Betriebssystemmonopolisten durch eine vertikale Integration gesteigert werden kann.[696].

Für Microsoft ist anzunehmen, dass die erwartete Erhöhung der Monopolrenten ein treibender Faktor insbesondere bei dem Angebot von Bürosoftware und Server-PC-Betriebssystemen war. Hierbei ist zu beachten, dass das Betriebssystem keine reine Vorleistung wie eine Telefonleitung darstellt. Vielmehr ist es ein eigenständiges Programm, das direkt an den Endkunden verkauft wird. Vor diesem Hintergrund kann die Monopolrente für den Betriebssystemmarkt direkt von den Endkunden abgeschöpft werden. Durch ein Zugangsentgelt, z. B. für die Schnittstelleninformationen, die eine notwendige Ressource darstellen, können zwar prinzipiell weitere Renten auf dem nachgelagerten Markt abgeschöpft werden. Da auf diesem Markt ein gegenseitiges Abhängigkeitsverhältnis besteht, d. h. Microsoft ist auf die Anbieter von Anwendungen angewiesen und diese auf die Schnittstelleninformationen zu dem Betriebssystem, bestehen berechtigte Zweifel, ob diese Strategie realisierbar ist. Vielmehr erwecken die Verhaltensweisen von Microsoft den Eindruck, als seien zusätzliche Gewinne durch die eigene Tätigkeit – im Idealfall durch die Erlangung einer Monopolstellung – auf den angrenzenden Märkten zu realisieren.

In der Literatur werden neben der Gewinnmaximierung u. a. die nachfolgenden Gründe für den Wunsch nach vertikaler Integration angeführt:

- Die Sicherung der eigenen Marktmacht[697],
- das Vorliegen von Größen- und Verbundvorteilen[698],
- die Senkung der Transaktionskosten[699],
- das „Ausschalten von Marktmacht“ auf den vorgelagerten Märkten[700] und
- die „Sicherstellung der Lieferung von Vorleistungen“ [701].

---

696 Vgl. GILBERT, KATZ [2001], S. 34 f.

697 Vgl. ZOHLNHÖFER [1968], S. 27.

698 Vgl. PERRY [1989], S. 187. Diese liegen bei der Herstellung von Software vor.

699 Unter Transaktionskosten werden alle Kosten subsumiert, die bei der Durchführung einer Transaktion anfallen. „There are four types of transaction costs are likely to be substantial enough to make vertical integration desirable: they involve specialized assets, uncertainty that makes monitoring difficult, information or extensive coordination." CARLTON, PERLOFF [1990], S. 505.

700 Vgl. CARLTON, PERLOFF [1990], S. 520 ff.

701 Vgl. CARLTON, PERLOFF [1990], S. 522.

Während offensichtlich ist, dass Größen- und Verbundvorteile sowie Transaktionskosten einen Einfluss auf die Ausweitung der Tätigkeit von Microsoft hatten, lagen die letzten beiden Gründe nicht vor. Dies zeigt sich auch daran, dass Microsoft bisher noch nicht bestrebt ist, auf dem Hardwaremarkt tätig zu werden.

Für Microsoft standen in den frühen Phasen des Marktes für Client-PC-Betriebssysteme strategische Gründe wie die Sicherung der eigenen Marktmacht im Vordergrund. So entschied sich das Unternehmen, zusätzlich zum Betriebssystem Bürosoftware anzubieten, um die Durchsetzung von Windows am Markt zu fördern. Die Verantwortungsträger bei Microsoft erkannten die Wirkung der indirekten Netzwerkeffekte und versuchten die Erwartungen der Nachfrager von Betriebssystemen sowie der Anbieter von Anwendungssoftware zu Gunsten von Microsoft zu beeinflussen.[702]

Mitte der 1990er Jahre sah Microsoft die eigene Vormachtstellung auf dem Markt für Client-PC-Betriebssysteme durch innovative Middleware-Techniken wie Netscape Internet-Browser und Java bedroht. Hier galt es, mit einer eigenen Technik die Konkurrenten vom Markt zu verdrängen, um so zur weiteren Verfestigung der eigenen Monopolstellung beizutragen.[703]

Seit Ende der 1990er Jahre stellt die Erschließung neuer Wachstumsmärkte einen Hauptmotivationsfaktor für die vertikale Integration dar. Microsoft ist aufgrund seiner hohen Börsenkapitalisierung stark von den Erwartungen der Anleger beeinflusst. Diese sehen in den „wachstumsschwachen" Märkten für Client-PC-Betriebssysteme und Bürosoftware zu wenig „Phantasie". Für das Unternehmen gilt es, neue Märkte zu erschließen, um einen deutlichen Rückgang des Börsenwertes zu verhindern.[704]

Microsoft gelang es, als dominantem Anbieter auf dem Markt für Client-PC-Betriebssysteme die eigenen Integrationsvorhaben durch wettbewerbsbeschränkende Verhaltensweisen zu unterstützen. Diese Praktiken und die damit einhergehenden ökonomischen Probleme sind im nachfolgenden Kapitel analysiert.

---

702 Carlton und Perloff zeigen, dass vertikale Integration eine rationale Strategie darstellt, um Netzwerkeffekte zu kontrollieren. Vgl. CARLTON, PERLOFF [1990], S. 523.

703 Vgl. FICHERT [2002], S. 10.

704 Vgl. MURPHY [2005] sowie FRANKFURTER ALLGEMEINE ZEITUNG (Hrsg.) [2005], S. 15. Da sich viele der von Microsoft angebotenen Produkte in der späten Wachstumsphase befinden und das Unternehmen in zahlreiche Rechtsstreitigkeiten verwickelt war bzw. ist, wurde die Aktie für die Anleger zunehmend unattraktiver. Demzufolge sank der Kurs der Microsoft Aktie von 59,56 US-$ im Dezember 1999 auf 27,27 US-$ im März 2006. Vgl. BARR, SULLIVAN [2006].

2 Praktische Beispiele

2.1 Der Markt für Internet-Browser

Als Microsoft im November 1995 den ersten eigenen Internet-Browser[705] MS-Internet Explorer am Markt anbot, befand sich der Markt für Internet-Browser in der frühen Wachstumsphase.[706] Zu diesem Zeitpunkt war der „Netscape Navigator" des Unternehmens Netscape mit einem Anteil von über 80 % Marktführer.[707] Im Vorfeld der Markteinführung des Internet Explorer hatte Microsoft versucht, Netscape zu interessenskonformen Handlungen zu bewegen. Microsoft unterbreitete Netscape den Vorschlag, den Browser-Markt zwischen den beiden Unternehmen aufzuteilen. Nachdem Netscape nicht einwilligte, kündigte Microsoft an, Netscape vom Markt verdrängen zu wollen und selbst die Marktführerschaft anzustreben.[708] Die Entwicklung eines eigenen Browsers war für Microsoft in zweierlei Hinsicht bedeutsam:

Erstens stellt der Browser die zentrale Zugangssoftware zum Internet dar, das zu diesem Zeitpunkt massiv an Bedeutung gewann.

Zweitens sah das Unternehmen Microsoft seine dominante Position auf dem Markt für Client-PC-Betriebssysteme bedroht. Der Netscape Navigator stellte zu diesem Zeitpunkt eine Anwendung dar, die auf das Betriebssystem aufsetzte. Die Herstellung von Kompatibilität zu dem Betriebssystem konnte durch die Nutzung der obersten Schnittstelle (API) erfolgen. Deshalb ließ sich der Browser

---

705 Internet Explorer und Netscape Navigator sind WWW-Browser mit grafischer Benutzeroberfläche. Seit 1997 heißt der „Netscape Navigator" „Netscape Communicator".

706 Der Internet-Browser Markt wird von Netscape wie folgt definiert: „There is a relevant market for web browsers. In technical terms, a web browser is a software program on a PC that presents a graphical interface designed to allow a user to be able to navigate, view, type in Uniform Resource Locators, move backward and forward, stop, reload and operate virtually all Web content located on separate servers. Products such as Netscape Navigator, Internet Explorer and Opera are Web browsers because they are designed to allow a user to perform all these functions and to access virtually all Web content. Other software products (including software programs that have some ability to access content on the World Wide Web) are not in the relevant market for Web browsers because they do not provide the full range of functionality offered by Web browsers and do not provide access to virtually all Web content. There is a demand by users for the full functionality provided by Web browsers for which other software programs are not a substitute. New entry into the Web browser market is difficult, in part, because of the existence of network effects that cause Web developers to prefer to develop applications and content for the dominant Web browser and cause Web browser users to prefer the Web browser for which Web applications and content have been optimized." UNITED STATES DISTRICT COURT FOR THE DISTRICT OF COLUMBIA (Hrsg.) [2002a].

707 Vgl. HEISE (Hrsg.) [2005e].

708 Vgl. UNITED STATES DISTRICT COURT FOR THE DISTRICT OF COLUMBIA (Hrsg.) [1999b], Tz. 69 ff.

vergleichsweise leicht auf andere Betriebssysteme portieren.[709] In der immer bedeutender werdenden Client-Server-Landschaft sah Microsoft die Gefahr, dass Anwendungen zukünftig nicht mehr auf den Client-Rechnern direkt, sondern auf einem zentralen Server installiert sein würden. Wenn die Anwendungen nur im Browser-Fenster geöffnet werden, sind sie von den zugrunde liegenden Betriebssystemen des Client-PCs unabhängig.[710]

Zum Zeitpunkt der Markteinführung war der Internet Explorer in einem Zusatzpaket integriert, das mit dem Betriebssystem Windows 95 ausgeliefert wurde. In das so genannte B-Release von Windows 95, welches im Mai 1996 am Markt eingeführt wurde, war der Internet Explorer 3.0 bereits so eingebettet, dass er sich beim Setup installierte.[711] Der Code des Internet Explorers wurde so mit dem Betriebssystem verflochten, dass es einem Laien nicht möglich war, diesen vom Betriebssystem zu entfernen.[712] Da er als integrativer Bestandteil des Betriebssystems verkauft wurde, erweckte dies den Anschein, als stelle Microsoft den Browser den Windows-Kunden kostenlos zur Verfügung. Netscape hingegen war als Shareware nur gegen Entgelt zu erwerben.[713]

Darüber hinaus schloss Microsoft zwei der wesentlichen Vertriebswege von Netscape. Zum einen verbot Microsoft den Original Equipment Manufacturers (OEMs), die ihre PCs mit dem Betriebssystem Windows auslieferten, den Icon des Explorers von der Bildschirmoberfläche zu entfernen.[714] Zum anderen vereinbarte Microsoft mit 14 der 15 führenden Internet Access Providers (IAPs) in den USA die exklusive Verwendung des Internet Explorer als Zugangssoft-

---

709 Das Schreiben auf das oberste API senkt die Abhängigkeit von einem bestimmten Betriebssystem.

710 Vor dem skizzieren Hintergrund nimmt der Browser die Funktion eines so genannten Adapters ein. In der Informationstechnik spricht man in diesem Zusammenhang auch von einer Middleware.

711 Vgl. MEYER-SPRADOW [1998], S. 19.

712 Vgl. UNITED STATES DISTRICT COURT FOR THE DISTRICT OF COLUMBIA (Hrsg.) [1999b], Tz. 187 ff. Microsoft argumentierte in späteren Klageerwiderungen, dass die Integration des Internet Explorers eine Produktinnovation auf einem dynamischen, sich stetig verändernden Markt darstelle.

713 Shareware bedeutet, dass ein Programm für eine bestimmte Zeit frei verfügbar ist. Danach muss es gelöscht oder für die reguläre Nutzung gekauft werden. Der Einsatz nicht lizenzierter Software ist strafbar. Der Navigator war 1994 für den wissenschaftlichen Gebrauch frei erhältlich, kostete aber für den privaten Gebrauch 39 US-Dollar. Vgl. PERTSCH [2000].

714 Microsoft war es nur möglich, diesen Druck aufgrund seiner dominanten Marktstellung auf dem Markt für Client-PC-Betriebssysteme auszuüben. Die OEMs waren auf das Betriebssystem Windows angewiesen. Vgl. FLEISCHER, KÖRBER [2001], S. 626.

ware.[715] Auch der Konkurrent Apple, der zunächst den Netscape Navigator nutzte, wurde von Microsoft 1997 zur Verwendung des Internet Explorers gedrängt. In einer Ausschließlichkeitsvereinbarung erklärte sich Microsoft weiterhin nur dann bereit, für die Macintosh-Plattform Office-Produkt zu entwickeln, wenn Apple sich im Gegenzug dazu verpflichtete, mit ihrem Betriebssystem den Internet Explorer auszuliefern.[716] Durch eine Beteiligung in Höhe von 150 Millionen US-Dollar vergrößerte Microsoft im Jahr 1997 seinen Einfluss auf den finanzschwachen Apple-Konzern.[717] Ferner betrieb Microsoft flankierende Maßnahmen wie die bereits erwähnte Vaporware-Strategie.

Diese Strategien hatten zumindest mittelbaren Einfluss auf den Marktanteil des Netscape Navigators, der in den Jahren 1995 bis 1998 von über 80 % auf 41,5 % sank.[718] Netscape sah sich daraufhin veranlasst, sowohl den Navigator als auch die Standardversion des Netscape Communicator[719] im Januar 1998 zur „freeware" zu erklären.[720] Aber auch diese Maßnahme vermochte es nicht, die verloren gegangenen Marktanteile zurückzuerobern. Seit dieser Zeit war es nicht mehr möglich, einen direkten Endkundenpreis für den Browser zu verlangen. Auch heute sind die wenigen alternativen Browser im Internet als freeware oder als Zugabe zu Computerzeitschriften erhältlich. Netscape konnte sich aufgrund der sinkenden Marktanteile und der fehlenden Einnahmen nicht mehr als eigenständiges Unternehmen am Markt behaupten.[721] Zu Beginn des Jahres 1999 wurde das Unternehmen von AOL für 4,2 Mrd. USD gekauft.[722]

Das US-amerikanische Justizministerium sah insbesondere in der physischen Kopplung des Explorers mit Windows eine Zuwiderhandlung gegen die Vereinbarungen des consent decree von 1995[723] und erhob im Oktober 1997 eine Unter-

---

715 Vgl. FLEISCHER, KÖRBER [2001], S. 626.

716 Vgl. FLEISCHER, KÖRBER [2001], S. 626.

717 Vgl. CHANDRASEKARAN, SHANNON [1997], S. 1.

718 Vgl. FESTA [1998].

719 Der Navigator ist ein klassischer Browser, der Communicator besitzt z. B. eine zusätzliche Email-Funktion.

720 Eine Freeware ist eine kostenlose Software.

721 Netscape bezog Einnahmen von Unternehmen, die ihre Webseiten für den Browser optimierten, und erhielt darüber hinaus Werbeeinnahmen.

722 Vgl. HEISE (Hrsg.) [2005e].

723 Das consent decree ist ein bindender Vergleich, der im Rahmen eines Zivilrechtsverfahrens zwischen den streitenden Parteien geschlossen wird. „Ein solcher vom Gericht akzeptierter Vergleich hat grundsätzlich die gleichen Wirkungen wie ein Urteil aufgrund eines ausgetragenen Rechtsstreits." Schmidt [2005], S. 264.

lassungsklage.[724] Nachdem diese Klage in zweiter Instanz gescheitert war, erhob das Justizministerium im Mai 1998 erneute Klage vor dem Bundesbezirksgericht in Washington D. C. Begleitet wurde diese Klage von dem District of Columbia und 19 Bundesstaaten. Die Kläger warfen dem Unternehmen vor, dass es durch seine Verhaltensweisen gegen Sec. 1 und 2 des Sherman Act verstoßen habe.[725]

Das Bezirksgericht stellte im Jahr 2000 drei Verstöße gegen das US-amerikanische Wettbewerbsrecht fest:

- Monopolisierung des Marktes für Client-Betriebssysteme (Verstoß gegen Sec. 2 Sherman Act),
- versuchte Monopolisierung des Browsermarktes (Verstoß gegen Sec. 2 Sherman Act) und
- Kopplung zwischen Browser und Betriebssystemen (Verstoß gegen Sec. 1 Sherman Act)[726]

Vor diesem Hintergrund beantragte das Justizministerium die Zerschlagung von Microsoft in zwei selbständige Unternehmen. In seinem abschließenden Urteil („Final Judgement") kam der zuständige Bezirksrichter Jackson zum gleichen Schluss und ordnete im Juni 2000 die Entflechtung des Softwarekonzerns an.[727]

Nachdem Microsoft in Berufung ging, wurden die festgestellten Verstöße zwar über weite Strecken bestätigt, die angeordnete Aufspaltung jedoch in zweiter Instanz verworfen. Schließlich wurde der Fall an das Bezirksgericht zurückgegeben[728] Da der bisher zuständige Richter Jackson aufgrund „feindlicher"

Mit der Unterzeichnung des consent degree, endete das erste Verfahren der Vereinigten Staaten gegen Microsoft im Oktober 1995. „Gegenstand jenes consent degree waren allein die Lizenzpraktiken; die Vermarktung integrierter Produkte wurde mit einer auslegungsbedürftigen Kompromissformel ausgeklammert." FLEISCHER, DOEGE [2000], S. 706. Insofern ließ sich dieser Verstoß nicht eindeutig nachweisen.

724 Vgl. ECONOMIDES [2001], S. 9.

725 Vgl. FLEISCHER, DOEGE [2000], S. 706 f.

726 Vgl. FLEISCHER, KÖRBER [2001], S. 625, sowie UNITED STATES DISTRICT COURT FOR THE DISTRICT OF COLUMBIA (Hrsg.) [2000b].

727 Vgl. UNITED STATES DISTRICT COURT FOR THE DISTRICT OF COLUMBIA (Hrsg.) [2000a].

728 Vgl. HEISE (Hrsg.) [2001] und HAHN [2002], S. 2. Auch das Justizministerium hatte die Forderung nach einer Aufspaltung des Konzerns zurückgezogen. Vgl. DEPARTMENT OF JUSTICE (Hrsg.) [2001]. Dieser Rücknahme der Forderung waren ein Regierungswechsel und ein Wechsel im US-amerikanischen Justizministerium vorangegangen. George Bush jr., der sich in der Vergangenheit gegen eine Zerschlagung des Softwarekonzerns und für eine liberalere Handhabung der US-amerikanischen Wettbewerbspolitik aussprach, hatte im Januar 2001 die Präsident-

Äußerungen gegen Microsoft als befangen galt, übernahm die Richterin Kollar-Kotelly den Fall. Nach dem Urteil des Berufungsgerichtes schlossen neun Bundesstaaten und das Justizministerium einen Vergleich mit Microsoft. Die verbleibenden Bundesstaaten und der District of Columbia setzten das Klageverfahren weiter fort.[729]

Der Fall Microsoft wurde fortan von der zuständigen Richterin in zwei getrennten Verfahren behandelt. Zum einen galt es den getroffenen Vergleich nach Maßstab des Tunney Acts zu beurteilen. Zum anderen wurden in einem zweiten Verfahren die von den verbleibenden Klägern beantragten Sanktionen untersucht. Am 1. November 2002 verkündete die Richterin Kollar-Kotelly die Entscheidungen in den beiden Verfahren. Der Vergleich zwischen den neun Bundesstaaten und dem Justizministerium wurde unter Auflagen genehmigt. Der überwiegende Teil der in diesem Vergleich enthaltenen Bestimmungen wurde als Sanktionen im zweiten Verfahren anerkannt, das die verbleibenden Bundesstaaten gegen Microsoft führten.[730] Bei den Auflagen handelte es sich im Wesentlichen um

- die Offenlegung von APIs, die die Hersteller von Middlewareprodukten benötigten,
- ein Communications Protocol Program, durch das bestimmte in Windows Desktop Produkten enthaltene Programme für die Kommunikation mit Microsoft Server Betriebssystemen unter diskriminierungsfreien Bedingungen verfügbar gemacht werden sollten,
- ein Set Program Access and Defaults, dass OEMs und Nachfragern von Betriebssystemen die Möglichkeit gibt, vorinstallierte Programme (wie den MS-Explorer) zu beseitigen.

Trotz dieser Auflagen hatte das über vier Jahre andauernde Verfahren für Netscape bzw. AOL fatale Folgen. Als es im November 2002 beendet wurde, waren der Browser-Markt als eigenständiger Markt nicht mehr existent und Netscape mit einem Marktanteil von unter 5 % in der Bedeutungslosigkeit versunken.[731]

---

schaftswahlen gewonnen und den Juristen Charles James an die Spitze der Kartellbehörde setzen lassen. In einem TV-Interview, das ein Jahr zuvor vom CNBC geführt wurde, hatte sich James ebenfalls gegen die Zerschlagung des Microsofts ausgesprochen. Vgl. MUELLER [2001].

729 Vgl. UNITED STATES DISTRICT COURT FOR THE DISTRICT OF COLUMBIA (Hrsg.) [2001].

730 Vgl. UNITED STATES DISTRICT COURT FOR THE DISTRICT OF COLUMBIA (Hrsg.) [2002b].

731 Vgl. HEISE (Hrsg.) [2002] sowie HEISE (Hrsg.) [2005e].

2.2. *Der Markt für Server-PC-Betriebssysteme*

2.2.1 *Vorbemerkungen*

Eine Marktmachtübertragung hat insbesondere dann Aussicht auf Erfolg, wenn der Monopolist den Zugang zu einer Einrichtung bzw. Plattform kontrolliert, die für den Wettbewerb auf den angrenzenden Märkten von essenzieller Bedeutung ist. Auch dies trifft auf Windows zu. So ist es z. B. einem Anbieter für Office-Programme nahezu unmöglich, seine Güter abzusetzen, wenn ihm die Zugangsinformationen (relevanten Schnittstellen) zu Windows fehlen. In diesem Fall kommt den Schnittstellen die Bedeutung einer so genannten Essential Facility zu.[732] Microsoft hat diese wichtigen Informationen in der Vergangenheit Anbietern auf angrenzenden Märkten entweder unvollständig oder mit großer zeitlicher Verzögerung zugänglich gemacht, wenn die Unternehmen in einem direkten Konkurrenzverhältnis zu Microsoft standen. Auch die jüngste Entscheidung der EU-Kommission, die den Markt für Server-PC-Betriebssysteme betraf, stellte unter anderem auf das Zurückhalten von Schnittstelleninformationen ab.[733]

Dem Verfahren war eine Beschwerde des US-amerikanischen Hard- und Softwareunternehmens Sun Microsystems gegen Microsoft vorausgegangen. Der Hintergrund dieser am 10. Dezember1998 bei der Europäischen Kommission eingereichten Beschwerde war, dass sich Microsoft weigerte, relevante Schnittstelleninformationen zur Kommunikation zwischen Server-Betriebssystemen und dem "allgegenwärtigen" Client-PC-Betriebssystem Windows offen zu legen. Demzufolge hatte die Europäische Kommission am 1. August 2000 eine Mitteilung von Beschwerdepunkten an Microsoft gesandt ("the first Statement of Objections"), mit der das Verfahren gegen den Softwarehersteller eröffnet wurde. Am 30. August 2001 erfolgte eine zweite Mitteilung der Kommission an Microsoft. Diese Mitteilung enthielt Beschwerdepunkte, die einen weiteren Missbrauchskomplex, die physische Kopplung des Windows Media Players mit dem Client-PC-Betriebssystem Windows, betrafen. Die Untersuchungen zu diesem Missbrauchskomplex hatte die Kommission auf eigene Initiative begonnen. Am 4. August 2003 versandte die Kommission eine dritte zusammenfassende

---

732 Bereits im Jahr 1997 wurde von dem Autor Harz darauf hingewiesen, dass die Schnittstellen von Windows die Charakteristika von Essential Facilities aufweisen. Vgl. HARZ [1997]. Inwieweit technische Standards die Charakteristika von Essential Facilities aufweisen können, wird auch von LANGLOIS [2001] unersucht.

733 Vgl. im Folgenden COMMISSION OF THE EUROPEAN COMMUNITIES (Hrsg.) [2004a], Tz. 3 ff.

Mitteilung an Microsoft, die beide Missbrauchskomplexe umfasste.[734] Die Kommission warf dem Softwarehersteller vor, seine marktbeherrschende Stellung auf dem Markt für Client-PC-Betriebssysteme zu missbrauchen (Art. 82 EG-Vertrag), indem es

1. technische Informationen vorenthalten habe, die die Konkurrenten auf dem Markt für Server-Betriebssysteme für die Vernetzung von Servern mit Clients benötigen (Informationen zur Herstellung der so genannten Interoperabilität[735]) **und**

2. den Windows Media Player physisch mit dem Client-PC-Betriebssystem Windows verbunden zu haben (physische Produktkopplung).

Beide Strategien wurden nach Ansicht der Kommission von Microsoft angewendet, um die Marktmacht von dem Markt der Client-PC-Betriebssysteme auf die Märkte für *work group server*-Betriebssysteme[736] und Multimedia Player zu übertragen.

Nachdem eine Anhörung zu den Beschwerdekomplexen stattgefunden hatte und Microsoft die Gelegenheit gegeben wurde, zu den Vorwürfen Stellung zu nehmen, gab die Kommission am 24. März 2004 ihre Entscheidung, in der sie beide Missbrauchskomplexe als bestätigt ansah, bekannt. Neben einem Bußgeld von 497,2 Mio. Euro[737] erließ die Kommission zwei maßgebliche Verhaltensauflagen.[738] Zum einen sollte Microsoft die Schnittstellen offen legen, die zur Herstellung einer Interoperabilität mit den Windows-Client-Betriebssystemen erfor-

---

734 Da die Kommission beide Missbrauchskomplexe in einem Verfahren zusammenfassen wollte, war die dritte Mitteilung aus verfahrenstechnischen Gründen notwendig. Die Europäische Kommission darf in ihrer endgültigen Entscheidung nur über die Punkte befinden, „die Bestandteil der Beschwerdepunkte waren." BECHTHOLD u. a. (Hrsg.) [2005], VO 1/2003 Art. 27, Tz. 12.

735 "Interoperability is the ability of two or more systems or components to exchange information and to use the information that has been exchanged." INSTITUTE OF ELECTRICAL AND ELECTRONICS ENGINEERS (Hrsg.) [1990].

736 Die Begriffe work group server und Arbeitsgruppenserver werden in der vorliegenden Studie synonym verwendet.

737 Die Kommission begründet die besondere Höhe des Bußgeldes mit der Dauer und Schwere des Vergehens sowie der besonderen Bedeutung des Softwarekonzerns. Zum Zeitpunkt der Entscheidung war das Unternehmen gemessen an der Marktkapitalisierung das größte Unternehmen der Welt. Aus der Entscheidungsbegründung geht jedoch nicht hervor, ob die Kommission sich bei der Berechnung des Bußgeldes auf bestimmte Bezugsgrößen wie Gewinne oder Umsätze des Softwarekonzerns gestützt hat. Insgesamt bleiben die Berechnungsmuster unklar. Vgl. COMMISSION OF THE EUROPEAN COMMUNITIES (Hrsg.) [2004a], Tz. 1074 ff.

738 Vgl. COMMISSION OF THE EUROPEAN COMMUNITIES (Hrsg.) [2004a], Tz. 994 ff.

derlich sind.[739] Zum anderen wurde Microsoft die praktizierte Kopplung des Windows Media Players mit dem Betriebssystem Windows untersagt.

Am 7. Juli 2004 ging Microsoft gegen die Entscheidung der Kommission beim Europäischen Gericht erster Instanz (EuG) in Berufung.[740] Noch im gleichen Monat beantragte das Softwareunternehmen eine Aussetzung des Entscheidungsvollzugs bis zur endgültigen Entscheidung des EuGs. Am 22. Dezember 2004 befand der EuG, dem Aussetzungsantrag nicht stattzugeben. Als zentrales Argument führte der EuG an, Microsoft könne nicht nachweisen, durch die Verfügungen der Europäischen Kommission einen irreparablen Schaden zu erleiden.[741] Microsoft verzichtete darauf, gegen die Vollzugsentscheidung des EuG Einspruch einzulegen. Am 12. Juli 2006 wurde von der Europäischen Kommission ein erneutes Bußgeld in Höhe von 280 Mio. Euro gegen Microsoft mit der Begründung verhängt, das Unternehmen habe die Aufforderung zur Offenlegung und Dokumentation der Schnittstellen zwischen dem Client-Betriebssystem Windows und dem Windows-Server-Betriebssystem nur unzureichend erfüllt. Das Bußgeld basiert auf einem Tagessatz von 1,5 Millionen Euro pro Werktag. Dieser wird seit dem 16. Dezember 2005 berechnet.[742] Die Entscheidung im Hauptverfahren ist bis heute noch nicht getroffen.

Im Folgenden ist die Gefahr der Marktmachtübertragung auf Märkte für Netzwerkgüter am Beispiel des Server-Betriebssystemmarktes analysiert. Da die physische Kopplung des Windows Media Players mit dem Client-PC-Betriebssystem Windows aus ökonomischer Sicht ähnlich zu bewerten ist wie die Kopplung des Internet Explorers, ist dieser Teil der Entscheidung nicht Inhalt der nachfolgenden Analyse.

Zunächst werden die ökonomischen Hintergründe der EU-Entscheidung beleuchtet. Hierzu erfolgt im nachfolgenden Abschnitt eine detaillierte Marktabgrenzung des Marktes für Server-Betriebssysteme. Die verwendeten Daten beziehen sich über weite Strecken auf den Zeitraum zwischen 2000 und 2004, da sich auch die Europäische Kommission bei ihrer Entscheidungsfindung auf die-

---

739 Hierbei definiert die Kommission "Interoperability Information" als „complete and accurate specifications for all Protocols implemented in Windows Work Group Server Operating Systems to deliver file and print services and group and administration services, including Windows Domain Controller services, Active Directory services and Group Policy services and Group Policy services, to Windows Work Group Server Networks;..." COMMISSION OF THE EUROPEAN COMMUNITIES (Hrsg.) [2004a], Art. 1. Nr. 1.

740 Vgl. STOPPER [2005], S. 91.

741 Vgl. EuG (Hrsg.) [2004], Tz. 476-478.

742 Vgl. COMMISSION OF THE EUROPEAN COMMUNITIES [2006].

sen Zeitraum bezieht. Im Anschluss an die Marktabgrenzung wird untersucht, welche Netzwerkeffekte bei Server-Betriebssystemen (insbesondere für work group server) auftreten können. Schließlich wird gezeigt, welche wettbewerbsbeschränkenden Strategien Microsoft einsetzen kann, um die Marktmacht vom Markt für Client-PC-Betriebssysteme auf den Markt für work group server-Betriebssysteme zu übertragen.

2.2.2 Serverkategorien

Der Markt für Server lässt sich auf drei unterschiedliche Arten segmentieren, die in Abbildung 22 zusammengefasst sind.[743]

Abbildung 22: Möglichkeiten der Segmentierung des Servermarktes

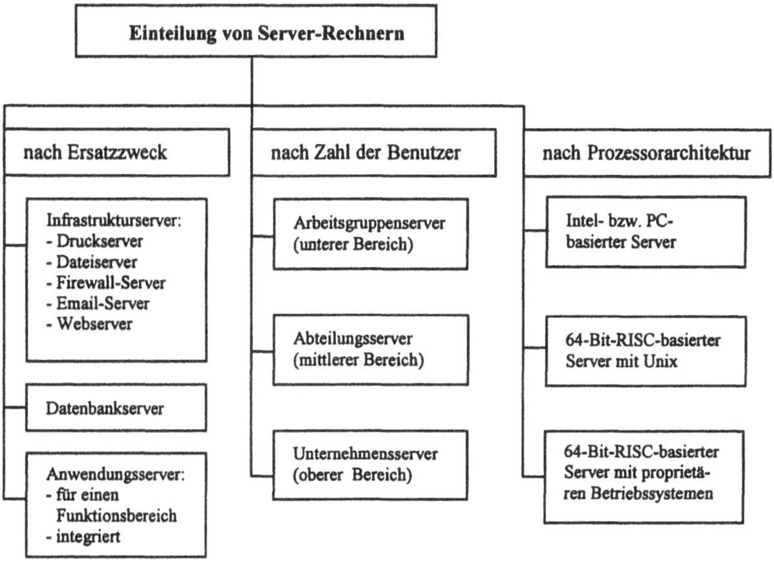

Quelle: In Anlehnung an HANSEN, NEUMANN [2005], S. 74.

---

[743] Vgl. Zur Marktabgrenzung auf dem Markt für Server-Betriebssysteme FICHERT, SOHNS [2004], S. 907 ff.

Eine erste Möglichkeit, den Servermarkt zu gruppieren, ist die Abgrenzung nach dem ***„Einsatzzweck"***. Dieser lässt wiederum auf die Hardwareausstattung schließen, die zur Erfüllung der jeweiligen Aufgaben notwendig ist. Dabei limitiert eine gegebene Hardwareausstattung die Alternativen bei der Wahl des Betriebssystems. So erfordert z. B. die Verwaltung einer großen Datenbank eine hohe Rechen- und Speicherkapazität, die nur durch den Einsatz sehr leistungsfähiger Server-Systeme garantiert werden kann. Hingegen können weniger leistungsintensive Dienste – wie die eines Druckservers – auch von einem herkömmlichen PC-System wahrgenommen werden. Die Untersuchungen der EU-Kommission haben ergeben, dass von den Nutzern für bestimmte Server-PC-Anwendungen unterschiedliche Betriebssysteme präferiert werden. So greifen Unternehmen etwa für Dateiverwaltungs- und Druckdienste zumeist auf Windows zurück, während Linux häufiger für Firewall- und Maildienste zum Einsatz kommt.[744]

Die zweite Möglichkeit der Segmentierung des Servermarktes ist die Abgrenzung nach der ***„Zahl der Benutzer"***. Typischerweise werden die drei Kategorien Unternehmens-, Abteilungs- und Arbeitsgruppenserver unterschieden:[745]

Der ***Unternehmensserver*** ist ein Dienstleister für das gesamte Unternehmen. Er unterstützt meist mehr als 100 Arbeitsplätze. Diese besonders leistungsfähigen Rechner sind in der Regel in den Rechenzentren von Großunternehmen vorzufinden. Sie erfüllen sehr rechenleistungs- und speicherintensive Aufgaben wie die eines Datenbank- und Anwendungsservers. Der Markt für Unternehmensserver wird seit jeher von traditionellen Mainframe[746]-Rechnern dominiert.[747] Da die Anschaffungskosten mehrere Millionen Euro betragen können, ist die Nachfrage nach wie vor auf Großunternehmen beschränkt. Typische Unternehmensserver sind traditionelle 64-BIT-Rechner der zSeries (oberer Leistungsbereich) und pSeries von IBM sowie vergleichbare Rechner von Unternehmen wie Hewlett Packard und Fujitsu Siemens. Die „Leistungsexplosion" im

---

744 Vgl. COMMISSION OF THE EUROPEAN COMMUNITIES (Hrsg.) [2004a], Tz. 598 ff.

745 Die so genannten „Hochleistungsserver" sind vernachlässigt, da diese nur im technisch-wissenschaftlichen Bereich eingesetzt werden und daher nur wenige 100 Exemplare existieren. Vgl. HANSEN, NEUMANN [2002], S. 81 ff.

746 Englischer Begriff für „Großrechner".

747 In diesem Marktsegment hat IBM seit jeher eine dominante Marktposition inne. Dies gilt gleichzeitig für die Mainframe-Betriebssysteme, die IBM gemeinsam mit den Rechnern verkauft. Vgl. HANSEN, NEUMANN [2005], S. 79.

Mikroprozessorenbereich hat jedoch dazu geführt, dass Hochleistungs-PCs auch auf den Markt für Unternehmensserver drängen.[748]

Der ***Abteilungsserver*** bedient zwischen zehn und 100 Arbeitsplätze, jedoch nicht alle potenziellen Nutzer in einem Großunternehmen.[749] Er ist von seiner Leistungsfähigkeit auf die Bedürfnisse einer Abteilung in einem Großunternehmen ausgerichtet, stellt hingegen in mittelständischen Unternehmen typischerweise den Zentralrechner dar.[750] Abteilungsserver stellen in vielen Fällen zentrale Infrastrukturdienste und geschäftskritische Datenbank- und Anwendungssysteme bereit.[751] Typische Infrastrukturdienste sind die Netzwerkverwaltungs-, Mail- und Datensicherungsdienste. Auch einfache Datenbankanwendungen können auf dem Abteilungsserver laufen. Zu den Abteilungsservern sind zum einen traditionelle Workstations und Midrange[752]-Rechner, zum anderen sehr leistungsfähige Server-PCs zu zählen. In jüngster Zeit haben sich diese immer mehr zu ernstzunehmenden Konkurrenten der Midrange-Rechner entwickelt. Typische Rechner dieser Kategorie sind die 64-Bit-Risc-Prozessoren AMD-Opteron, Intel-Itanium 2, IBM Power4 und der Sun UltraSPARC III.[753] Die Preise für diese Rechner liegen zwischen zehntausend und einer halben Millionen Euro.[754]

Das Marktsegment der ***Arbeitsgruppenserver*** entstand erst zu Beginn der 1990er Jahre. Die wachsende Bedeutung des Internets rief auch bei kleinen und mittelständischen Unternehmen den Wunsch nach Vernetzung hervor. Die Zunahme der Leistungsfähigkeit im Mikroprozessorenbereich und die Entwicklung erster netzwerkfähiger PC-Betriebssysteme ermöglichte es, den günstigen PC, der sich in Unternehmen und Haushalten bereits als Client-Rechner durchgesetzt hatte, auch als Server zu nutzen.[755] Ein Arbeitsgruppenserver unterscheidet sich in vielen Fällen nur durch das Mehrplatzbetriebssystem von einem gewöhnlichen PC. Er unterstützt in der Regel nicht mehr als zehn Arbeitsplätze. In vielen Fällen stellt er Druck-, Datei- oder Webdienste bereit, die eine vergleichsweise ge-

---

748 Vgl. HEISE (Hrsg.) [2003j] sowie AMD (Hrsg.) [2003].

749 Vgl. STAHLKNECHT, HASENKAMP [2002], S. 14.

750 Er erfüllt hier die Funktionen des Unternehmensservers. Vgl. HANSEN, NEUMANN [2005], S. 78.

751 Vgl. HANSEN, NEUMANN [2005], S. 76 f.

752 Die Begriffe Midrange-Rechner oder Minicomputer werden synonym für typische Mittelklasseserver verwendet.

753 Vgl. HANSEN, NEUMANN [2005], S. 77.

754 Teilweise werden auch Intel-Xeon-Systeme als Abteilungsserver eingesetzt. Die Preise dieser Rechner liegen zwischen 10.000 und 25.000 Euro. Vgl. HANSEN, NEUMANN [2005], S. 77.

755 Teilweise werden auch Workstations als Arbeitsgruppenserver eingesetzt.

ringe Rechnerleistung erfordern. Typische Arbeitsgruppenserver sind leistungsstarke Einprozessorsysteme wie die Intel Pentium 4-Prozessoren oder Intel-kompatible Prozessoren von AMD mit vergleichbarer Leistung. Als Dualprozessorsysteme werden Intel-Xeon-Prozessoren und AMD-Opteron-Prozessoren eingesetzt. Die Preise für Arbeitsgruppenserver liegen in etwa zwischen 5.000 und 15.000 Euro.[756]

Drittens lässt sich der Markt für Server-Betriebssysteme nach der ***„Prozessorarchitektur"*** eines Computers abgrenzen, wobei CISC- und RISC-Prozessoren zu unterscheiden sind. Ursprünglich waren die RISC-Prozessoren, die als Prozessoren traditioneller Workstations, Midrange- und Mainframe-Computern dienen, den CISC-Prozessoren, die in einem PC zum Einsatz kommen, deutlich überlegen. Wie bereits im vorangegangenen Abschnitt erörtert, schließen jedoch die PCs gemessen an ihrer Leistungsfähigkeit immer mehr zu traditionellen RISC-Rechnern auf. Mit Blick auf die komplementäre Software bleibt den überwiegend gewerblichen Kunden, in Abhängigkeit von der Prozessorarchitektur, nur eine beschränkte Auswahl an Betriebssystemen. Diese Möglichkeiten, die ihnen zur Verfügung stehen, sind im nachfolgenden Abschnitt erörtert.

2.2.3 Betriebssysteme

2.2.3.1 Betriebssysteme für traditionelle RISC-Server

Traditionelle RISC-Server werden in der Regel mit herstellerspezifischen Betriebssystemen verkauft. Der Nachfrager eines Betriebssystems für diesen „traditionellen" Server muss somit beim Kauf eine simultane Entscheidung über eine bestimmte Hardware-Software-Kombination treffen (Intersystemwettbewerb). Fragt der Nutzer ein Betriebssystem für einen sich bereits im Betrieb befindlichen RISC-Server nach, so muss er in der Regel auf die neuere Version des bereits installierten Betriebssystems zurückgreifen; Betriebssysteme einer anderen Betriebssystemfamilie sind nicht oder nur eingeschränkt lauffähig.

Auf traditionellen RISC-Servern werden in vielen Fällen herstellerspezifische ***Unix-Server-Betriebssysteme*** eingesetzt. Die Hardwarehersteller modifizieren den Unix-Quellcode so, dass das Betriebssystem optimal an die Systemeigenschaften der eigenen Hardwarefamilie angepasst wird. Derartige Unix-Server-Varianten mit hohem Verbreitungsgrad sind beispielsweise AIX von IBM, HP-UX von Hewlett-Packard, Reliant UNIX von Fujitsu Siemens und Solaris von Sun. Sie sind in der Regel nur auf der Hardware des jeweiligen Herstellers

---

756 Vgl. HANSEN, NEUMANN [2005], S. 75.

uneingeschränkt lauffähig. Die Preise für Unix-Server-Betriebssysteme lassen sich wie bereits erörtert aufgrund des gemeinsamen Verkaufs von Hardware und Software nur schwer feststellen. Auf Basis einer Marktstudie, die das Marktforschungsinstitut IDC im Jahr 2003 durchführte, lässt sich jedoch ein Durchschnittspreis von 3.895 Euro pro verkauftem Unix-Server-Betriebssystem errechnen.[757]

Neben Unix-Betriebssystemen finden seit vielen Jahren auch ***proprietäre Server-Betriebssysteme*** auf diesen traditionellen Rechnern Anwendung. Aktuelle Versionen derartiger Server-Betriebssysteme bieten die Unternehmen IBM, Fujitsu Siemens und Hewlett Packard an.[758] Diese Betriebssysteme sind speziell für die eigene Hardware programmiert und auch nur auf dieser lauffähig. Die zunehmende Nachfrage nach hardwareunabhängigen Betriebssystemen (offene Betriebssysteme) führt aber auch hier zum Umdenken. Die Anbieter sind bestrebt, ihre bisher proprietären Systeme in Anlehnung an Unix und Linux offen zu gestalten.[759] Der Preis der erläuterten proprietären Betriebssysteme für traditionelle RISC-Server lässt sich ähnlich wie bei UNIX-Betriebssystemen schwer feststellen, da auch hier die Hardware gemeinsam mit der Software verkauft wird. Auf Basis der IDC-Daten von Oktober 2003 ist für die Gruppe der proprietären Betriebssysteme für traditionelle Server ein Durchschnittspreis von 73.420 US-$ zu ermitteln.[760]

2.2.3.2 Betriebssysteme für Server-PCs

Entscheidet sich der Nachfrager hingegen für einen Server-PC, kann er prinzipiell zwischen den Betriebssystemen der Windows Server-Familie, Netware, Mac OS X Server, Unix und Linux wählen.

Diese Auswahlmöglichkeit erfährt mehrere Einschränkungen. So wird Mac OS X Server von Apple nur für Arbeitsgruppenserver entwickelt und ist darüber hinaus auch nicht von einem Apple PC auf einen IBM- bzw. Intel-kompatiblen PC portierbar.[761] Bei der Entscheidung für einen Intel-kompatiblen Server-PC stehen demnach nur noch die Betriebssysteme Linux, NetWare, Windows und

---

757 Eigene Berechnungen nach Angaben von IDC (Hrsg.) [2003], S. 3 f.

758 Zu Hewlett Packard gehört seit 2001 Compaq, somit werden ehemalige Betriebssysteme von Compaq in die Betriebssysteme von Hewlett Packard integriert oder unter dem gleichen Namen weitergeführt.

759 Vgl. HANSEN, NEUMANN [2001], S. 980 f.

760 Eigene Berechnungen nach Angaben von IDC (Hrsg.) [2003], S. 3 f.

761 Vgl. HSE COMPUTER GMBH (Hrsg.) [2005].

Unix zur Verfügung. Insbesondere im oberen Leistungsbereich ist es auch bei Server-PCs üblich, dass sie vom jeweiligen Hardwarehersteller mit vorinstalliertem Betriebssystem verkauft werden, so dass auch hier tendenziell ein Intersystemwettbewerb vorliegt. Nach dem Kauf ist es nur in Ausnahmefällen sinnvoll, ein bereits mitgeliefertes Betriebssystem durch ein anderes zu ersetzen. Falls jedoch ein Betriebssystem für einen bereits genutzten Server-PC nachgefragt wird, kann sich der Nutzer im Prinzip frei zwischen den Betriebssystemen der Windows Server- Familie, Netware, Unix und Linux entscheiden (Intrasystemwettbewerb). Die Betriebssysteme Unix und Linux wurden bereits charakterisiert. Der Preis für Unix-Server-PC-Varianten ist – wie auch für alle anderen Unix-Produkte – aufgrund der Hardware-Software-Bündelung nur schwer feststellbar.[762] Die aktuelle Linux Server-Version von SuSE (bzw. Novell), die für etwa fünf Nutzer geeignet ist, lässt sich ab 400 Euro bei dem Online-Warenhaus Amazon erwerben.[763]

Nachfolgend werden die Microsoft Windows Server-Familie und das Betriebssystem Netware, das exklusiv für Server-Dienste entwickelt wurde, vorgestellt.

Windows Server-Betriebssysteme sind speziell für Intel-kompatible Server-PCs entwickelt. Zeitgleich mit dem ersten Client-Betriebssystem Windows NT 3.1 erschien mit Windows NT Advanced Server 3.1 das erste Server-Betriebssystem von Microsoft. Es folgten als Pendants zu den jeweiligen Client-Betriebssystemen die Server-Betriebssysteme Windows NT Server 3.5, Windows NT Server 3.51, Windows NT Server 4.0 Server Family, Windows 2000 Server Family[764] und Windows Server 2003[765].

---

[762] Vgl. COMMISSION OF THE EUROPEAN COMMUNITIES (Hrsg.) [2004a], Tz. 98.

[763] Vgl. AMAZON (Hrsg.) [2005b].

[764] Die Windows 2000 Server Family enthält drei Server Versionen: Windows 2000 Server, Windows 2000 Advanced Server und Windows 2000 Datacenter Server. Vgl. MICROSOFT CORP (Hrsg.) [2003b].

[765] Die Windows 2003 Server Family enthält Windows 2003 Standard Edition, Windows Server 2003 Enterprise Edition, Windows Server 2003 Datacenter Edition und Windows Server 2003 Web Edition. Vgl. MICROSOFT CORP (Hrsg.) [2003b].

Abbildung 23: Windows Server History

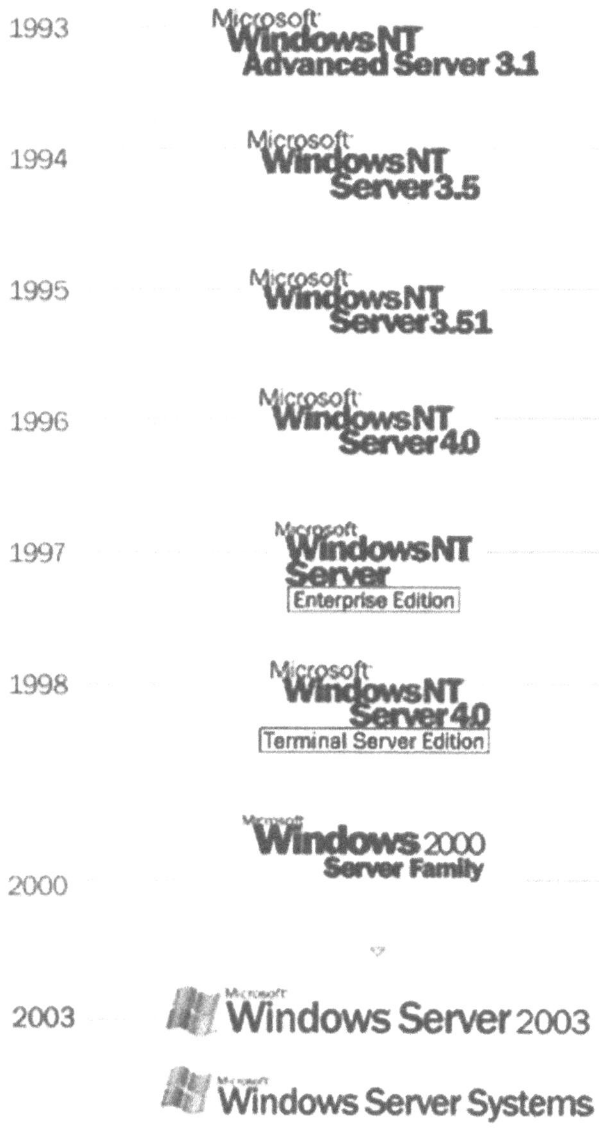

Quelle: MICROSOFT CORP (Hrsg.) [2002b] und MICROSOFT CORP (Hrsg.) [2002d].

Je nach Variante werden Windows Serverbetriebssysteme auf Arbeitsgruppenservern, Abteilungsservern in Kleinbetrieben (z. B. Windows Server 2000), mittleren Betrieben (Windows 2000 Advanced Server) und in Rechenzentren von Großunternehmen (Windows 2000 Datacenter Server) eingesetzt. Mit der Windows Server 2003-Familie erhofft sich Microsoft, weiter auf dem Markt für Unternehmensserver vorzudringen. Die Version Windows Server 2003 Datacenter Edition kommt auf 64-Bit-Hochleistungsrechnern wie dem Intel-Itanium und dem AMD-Opteron zum Einsatz.[766]

Tabelle 6: Leistungsfähigkeit ausgewählter Windows 2000 Server-Versionen

	Windows 2000 Server	Windows 2000 Advanced Server	Windows 2000 Datacenter Server
Maximum CPUs	4	8	32
Maximum Memory	4 GB	8 GB	32 GB
File Print Services	X	x	X
Internet Information Services 5.0	X	x	X
Application Services	X	x	X
Networking and Comm Services	X	x	X
Active Directory	X	x	X
Terminal Services	X	x	X
Kerberos and PKI Support	X	x	X
COM+	X	x	X
Failover Clustering		X	X
Network Load Balancing		X	X
Process Control Manager			X
WinSock Direct			X
Windows Datacenter Program			X
Price	$ 1,000	$ 4,000	$ 10 Ks - $ 100 Ks

Quelle: BEAR STEARNS (Hrsg.) [2003], S. 49.

766 Vgl. HEISE (Hrsg.) [2003k] sowie HEISE (Hrsg.) [2003l].

Die Tabelle 6 zeigt am Beispiel der Windows 2000 Server-Familie die Eignung der unterschiedlichen Betriebssystemvarianten für die verschiedenen Einsatzgebiete. So kann die Standard Edition nur bis zu vier Prozessoren verwalten und wird tendenziell bei Arbeitsgruppen- oder Abteilungsservern eingesetzt. Die Datacenter Edition kann hingegen bis zu 32 Intel-Prozessoren skalieren und soll – nach Angaben von Microsoft – eine Alternative zu den wesentlich teureren Betriebssystemen der traditionell als Unternehmensserver dienenden Mainframes darstellen. In der Praxis wird diese Aussage aufgrund der weiterhin begrenzten Skalierbarkeit, des höheren Ausfallrisikos und der größeren Virenanfälligkeit im Vergleich zu einem proprietären Großrechnerbetriebssystem noch immer kritisch betrachtet.[767] Tabelle 6 lässt erkennen, dass selbst innerhalb der Windows-Familie die Betriebssystempreise von 1.000 US-$ bis zu 100.000 US-$ variieren können. Auch die Preise für die nachfolgende Servergeneration Windows 2003 beginnen wie bisher bei etwa 1.000 US-$. Die günstigste Version ist für fünf Nutzer zugelassen.[768]

Das Betriebssystem ***NetWare*** wurde von dem Unternehmen ***Novell*** 1983 als eines der ersten Netzwerkbetriebssysteme – hauptsächlich für die Steuerung von Datei- und Druckerservern – entwickelt.[769] Für das reine Serverbetriebssystem, das überwiegend in PC-Netzwerken zur Anwendung kommt, existieren abgesehen von Konfigurations- und Diensteprogrammen keine Client-Anwendungen. Netware kommuniziert in einem Netzwerk mit Client-Betriebssystemen wie Windows, Mac OS, Linux oder Unix. Novell konnte sich mit Netware in den 1990er Jahren als Marktführer für Server-PC-Betriebssysteme etablieren.[770] Mittlerweile büßte es jedoch gegenüber Mitwettbewerbern wie Windows und Unix-Varianten stark an Marktanteilen ein. Einer der Gründe für diese Entwicklung ist die Tatsache, dass die anderen Betriebssystemfamilien wie Windows und Linux sowohl Client- als auch Serverlösungen umfassen. Sie stellen demnach Komplettlösungen dar, für die im Gegensatz zu Netware zahlreiche Anwendungsprogramme existieren. Dieser strategische Nachteil für Novell könnte ein Grund für die Übernahme des deutschen Linux Distributoren SuSE im Jahr 2003 gewesen sein.[771] Das aktuelle Betriebssystem von Netware, Netware 7, ist in zwei Versionen käuflich zu erwerben. Eine Version basiert auf dem ursprüng-

---

767 Experteninterview mit Susanne Beck, IBM Unternehmensberatung am 20.08.2005.

768 Vgl. COMMISSION OF THE EUROPEAN COMMUNITIES (Hrsg.) [2004a], Tz. 85.

769 Vgl. COMMISSION OF THE EUROPEAN COMMUNITIES (Hrsg.) [2004a], Tz. 96.

770 Vgl. NOVELL (Hrsg.) [1995].

771 Am 11. April 2003 hat Novell die Übernahmen von SuSE bekannt gegeben. Vgl. SUSE (Hrsg.) [2003].

lichen Quellcode von Netware. Die zweite Version des Betriebssystems basiert auf dem Quellcode von Linux.[772] Der Preis für eine Novell Netware Version, die für fünf Nutzer zugelassen ist, lag im Januar 2003 bei 896 US-$.[773] Die Ausführungen zu Hardwarekategorien und Betriebssystemen sind in Abbildung 24 überblicksartig zusammengefasst.

2.2.4 Kriterien der Marktabgrenzung

Abbildung 24 verdeutlicht die Zusammenhänge zwischen den zuvor erläuterten „Abgrenzungskriterien" grafisch. Intel-kompatible Server-PCs dominieren heute das Segment der Arbeitsgruppenserver und dringen mit zunehmender Leistungsfähigkeit immer weiter in die Bereiche der Abteilungs- und der Unternehmensserver vor. Diese Leistungssteigerung lässt sich auch anhand des Einsatzzweckes erkennen. Während Server-PCs vor einigen Jahren ausschließlich die weniger anspruchsvollen Dienste übernahmen, werden sie mittlerweile auch als Datenbank- oder Anwendungsserver eingesetzt. Vorangetrieben wird diese Substitution der traditionellen RISC-Computer insbesondere durch die vergleichsweise geringen Kosten der Server-PCs.[774]

Abbildung 24: Determinanten der Marktabgrenzung bei Servern und Server-Betriebssystemen

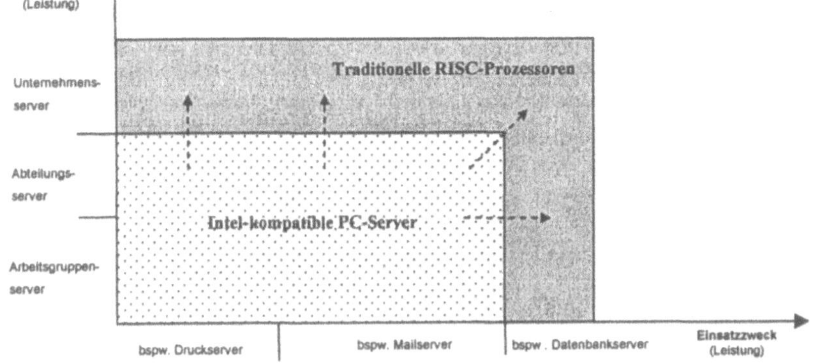

Quelle: FICHERT, SOHNS [2004], S. 910.

---

772 Vgl. COMMISSION OF THE EUROPEAN COMMUNITIES (Hrsg.) [2004a], Tz. 95.

773 Vgl. COMMISSION OF THE EUROPEAN COMMUNITIES (Hrsg.) [2004a], Tz. 94.

774 Vgl. HEISE (Hrsg.) [2003m].

Angesichts der zunehmenden Nachfrage nach Server-PCs waren im Jahr 2002 bereits 88 % aller weltweit verkauften Server-Lizenzen typische PC-Betriebssysteme.[775] Mit 3,1 Millionen Lizenzen kamen dabei 55 % aller Server-Betriebssysteme aus dem Hause Microsoft.[776] Gemessen am weltweiten Gesamtumsatz ist die Bedeutung der Windows Server-Betriebssysteme jedoch deutlich geringer. Sie besitzen nur einen Anteil von 16,7 % am weltweiten Marktvolumen von insgesamt 7,7 Mrd. US-Dollar. Traditionelle Betriebssysteme wie Unix und diverse proprietäre Midrange- und Mainframe-Betriebssysteme verzeichnen aufgrund ihrer wesentlich höheren Preise einen Umsatzanteil von etwa 80 %. Jedoch lassen stark abnehmende Verkaufszahlen derartiger Betriebssysteme und der stetig steigende Absatz der PC-Betriebssysteme Windows und Linux darauf schließen, dass sich auch der Markt für Server-Betriebssysteme in einem Wandel befindet.[777] Es ist ein Trend hin zu den Server-PCs mit den typischen PC-Betriebssystemen Windows und Linux zu erkennen. Dem steht eine seit Beginn der 1990er Jahre sinkende Nachfrage nach den relativ teuren traditionellen Midrange- und Mainframe-Prozessoren mit Unix oder traditionellen proprietären Betriebssystemen gegenüber. Dies lässt den Schluss zu, dass sich der Markt für traditionelle Serverbetriebssysteme in der Rückbildungsphase befindet. Solche Betriebssysteme werden zunehmend durch PC-Betriebssysteme wie Windows und Linux substituiert und werden schließlich einen Nischenmarkt besetzen. Der Markt für PC-Betriebssysteme befindet sich hingegen in der Wachstumsphase.

In ihrer Entscheidung bezieht sich die EU-Kommission ausschließlich auf den Markt der Betriebssysteme für Arbeitsgruppenserver (work group server).[778] Diesen Markt, der Server mit Preisen von maximal 25.000 Euro beinhaltet, grenzt die Kommission von den wesentlich teureren „high end"-Servern ab.[779] Typische Dienste für einen Arbeitsgruppenserver seien Datei-, Druck-, Arbeitsgruppen- und Nutzeradministrationsdienste.[780]

---

775 Vgl. hierzu IDC (Hrsg.) [2003].

776 Gemäß der Zahl der verkauften Lizenzen waren Linux-Server-Betriebssysteme im Jahr 2000 die Nummer zwei nach Windows. Der Marktanteil von Linux stieg in den Jahren 2000 bis 2002 von 20,9 % auf 23,1 %. Hierbei ist zu beachten, dass die Marktforscher von IDC ausschließlich Linux-Distributionen in die Datenerhebung einbezogen. Die tatsächliche Nachfrage nach Linux lag etwas höher, da einige Unternehmen auch Freeware-Versionen verwenden. Vgl. hierzu IDC (Hrsg.) [2003], S. 3.

777 Im Jahr 2002 wurden 16,7 % weniger Unix- sowie 58,5 % weniger proprietäre Midrange- und Mainframe-Betriebssysteme verkauft als 2001. Vgl. hierzu IDC (Hrsg.) [2003], S. 4.

778 Vgl. COMMISSION OF THE EUROPEAN COMMUNITIES (Hrsg.) [2004a], Tz. 343.

779 Vgl. COMMISSION OF THE EUROPEAN COMMUNITIES (Hrsg.) [2004a], Tz. 57 sowie Tz. 482.

780 Vgl. COMMISSION OF THE EUROPEAN COMMUNITIES (Hrsg.) [2004a], Tz. 486.

Der Marktanteil von Windows, gemessen am weltweiten Gesamtumsatz von Betriebssystemen für Server unter 25.000 USD, betrug im Jahr 2002 61,0 %. Bezogen auf die Zahl der verkauften Lizenzen lag der Windows-Anteil bei 64,9 %.[781] Die Kommission hat auf der Grundlage von Unternehmensbefragungen den Marktanteil noch genauer anhand der Einsatzgebiete von work group server-Betriebssystemen spezifiziert. Auf Servern, die die typischen Aufgaben eines work group servers wahrnehmen (Druck-, Dateiverwaltungs- und Nutzeradministrierungsdienste), befinden sich zu etwa 70 % Windows-Betriebssysteme (installed base). Selbst bei konservativen Schätzungen kommt die Europäische Kommission auf Basis ihrer eigenen Studie zu dem Ergebnis, dass Windows einem Marktanteil von 60 % besitzt.[782]

2.2.5 Schlussfolgerungen

Die Marktanteile und die Marktanteilsentwicklung belegen eindeutig, dass Microsoft bereits heute eine dominante Marktstellung auf dem Markt für Arbeitsgruppenserver (work group server) einnimmt.

Bei allen Server-Betriebssystemen tritt ein direkter Netzwerkeffekt durch das Wissen über die Funktionsweise des Betriebssystems auf. So ist es für ein Unternehmen als Nachfrager von Betriebssystemen einfacher, Fachkräfte und Beratungsunternehmen für das am weitesten verbreitete Server-Betriebssystem zu finden. Stammt ein Server-Betriebssystem aus der gleichen Betriebssystemfamilie wie ein weit verbreitetes Client-Betriebssystem und besitzen beide eine ähnliche Benutzerschnittstelle, lässt sich das Wissen über das Client-Betriebssystem vergleichsweise einfach auf das Server-Betriebssystem übertragen.[783] Der charakterisierte Netzwerkeffekt wirkt zugunsten der Microsoft Server-Betriebssysteme, da diese sowohl auf dem Client- als auch auf dem Server-Markt eine dominante Marktstellung erreichen konnten.

Ein indirekter Netzwerkeffekt kann – wie auch bei Client-Betriebssystemen – durch die Vielfalt und die Preise der speziellen Server-Anwendungen entstehen. In den Anfängen der verteilten Datenverarbeitung war dieser indirekte Netzwerkeffekt jedoch von vergleichsweise geringer Bedeutung. Es war üblich, dass

---

781 Vgl. COMMISSION OF THE EUROPEAN COMMUNITIES (Hrsg.) [2004a], Tz. 491. Aus den unterschiedlichen Anteilen am Umsatz und an der Zahl der verkauften Systeme lässt sich erkennen, dass der Preis für Windows-Server unter dem Durchschnittspreis im betrachteten Segment liegt. Überdurchschnittliche Preise sind vor allem für UNIX-Server festzustellen.

782 Vgl. COMMISSION OF THE EUROPEAN COMMUNITIES (Hrsg.) [2004a], Tz. 499.

783 Vgl. COMMISSION OF THE EUROPEAN COMMUNITIES (Hrsg.) [2004a], Tz. 522.

die Hardwarehersteller die eigenen Server gemeinsam mit den herstellerspezifischen Betriebssystemen auslieferten. In den Unternehmen wurde überwiegend Individualsoftware als Anwendungssoftware eingesetzt. Bei der Programmierung für Individualsoftware wird ausschließlich auf die speziellen Wünsche eines Unternehmens/einer Unternehmensgruppe eingegangen. Eine Anpassung an ein bestimmtes Betriebssystem verursachte nur geringe Zusatzkosten, so dass die installierte Basis des jeweiligen Betriebssystems bei der Anwendungsentwicklung nur eine untergeordnete Rolle spielte.

Erst mit der zunehmenden Nachfrage nach Standardanwendungssoftware, die sowohl auf Client- als auch auf Serverbetriebssystemen aufsetzt, gewann dieser Netzwerkeffekt an Bedeutung. Wie bei Desktop-Anwendungen passen die Anbieter von standardisierten Server-Anwendungen ihre Programme auf die APIs des Betriebssystems an, von dem sie erwarten, dass es sich am Markt durchsetzt. Die Unternehmen als Nachfrager von Server-Betriebssystemen fragen das Betriebssystem nach, für das sie zukünftig die größte Vielfalt und die niedrigsten Preise der Anwendungsprogramme erwarten.

Der charakterisierte indirekte Netzwerkeffekt hat neben den hiervon ausgehenden Konzentrationstendenzen eine marktzutrittsbehindernde Auswirkung auf Newcomer. Jedoch lässt sich am Beispiel von Microsoft zeigen, dass diese Marktzutrittsschranke in frühen Marktphasen nicht unüberwindbar ist. Als Microsoft Mitte der 1990er Jahre auf den Markt für Arbeitsgruppenserver trat, war Novell mit dem Betriebssystem Netware Marktführer in diesem Marktsegment. Microsoft entschied sich, gleichzeitig mit dem Angebot von Server-Betriebssystemen diverse Server-Anwendungen anzubieten, wodurch es gelang, die Erwartungsbildung von Nachfragern der Server-Betriebssysteme und von Anbietern der Server-Anwendungen positiv zu beeinflussen. Hierdurch gelang es Microsoft, die „application barrier to entry“ zu überwinden. Die Server-Anwendungen, die für die Kommunikation mit den Windows Client-Anwendungen von Bedeutung sind, bietet das Unternehmen heute als Stand-alone-Programme und gemeinsam mit Server-Betriebssystem in Server-Paketen an.

Bei Server-Betriebssystemen kann darüber hinaus die Interoperabilität eine weitere Marktzutrittsschranke darstellen. Interoperabilität ist in Client-Server-Systemen die Voraussetzung dafür, dass Betriebssysteme bzw. Anwendungsprogramme der Client-PCs mit Betriebssystemen oder Anwendungsprogrammen von Servern kommunizieren können. Nur wenn diese teilweise heterogenen Systeme kompatibel sind, kann eine gemeinsame Bearbeitung von Aufgaben durch mehrere Benutzer gewährleistet werden. Unternehmen als primäre Nachfrager von Server-Betriebssystemen werden das Server-Betriebssystem wählen, das die Herstellung von Kompatibilität mit den jeweiligen Client-Anwendungen gewährleistet. Diese Kompatibilität wird – wie auch bei Client-Anwendungen und Client-Betriebssystem – durch Schnittstellen erreicht.[784]

Zu Beginn der verteilten Datenverarbeitung besaß die Interoperabilität für die Anbieter von Betriebssystemen eine vernachlässigbar geringe Bedeutung. Zu dieser Zeit bestand ein Client-Server-System aus Thin Clients ohne eigene Anwendungslogik und mächtigen Servern (Großrechner oder Hosts). Die Anwendungssoftware war auf den Großrechnern installiert und wurde über ein Anwendungsfenster durch die Clients aufgerufen.[785] Bei den eingesetzten Anwendungsprogrammen handelte es sich zumeist um Individualsoftware. Die Kompatibilität zwischen Clients und Servern war eine Grundvoraussetzung für den Kauf bzw. die Eigenerstellung von Anwendungssoftware.

Mit dem Siegeszug der PCs in den 1980er und 1990er Jahren begann man diese als Clients in den Unternehmen einzusetzen. Bei der heute vorherrschenden dreistufigen Server-Architektur dient der Client nicht mehr als eine reine Repräsentationsoberfläche. Auf ihm sind in der Regel Betriebssysteme und Anwendungsprogramme bzw. Anwendungsprogrammteile installiert. Durch die Installation eigener Client-Software gewinnt die Interoperabilität zwischen Client- und Server-Software an Bedeutung.

Die Bedeutung der Herstellung von Interoperabilität ist für Anbieter von Server-Betriebssystemen noch immer vergleichsweise gering, wenn sie auf einem Markt agieren, auf dem Individualsoftware als Client- und Server-Lösungen auf dem Betriebssystem eingesetzt wird. Auch in den Fällen, in denen auf einem Server-Betriebssystem primär serverseitige Anwendungen installiert sind, liegt die Aufgabe der Herstellung von Interoperabilität tendenziell nicht bei den Anbietern dieser Betriebssysteme.

Ein Beispiel hierfür sind ERP-Systeme. Die Anwendungslogik ist in diesem Fall auf dem Anwendungsserver installiert. Die Clients sind entweder durch Anwendungsfenster oder kleine clientseitige Programmtools über das Netzwerk mit dem Server-Programm verbunden. Hierbei wird die Interoperabilität durch Anbieter der ERP-Systeme, z. B. SAP, selbst hergestellt. Bei der Herstellung von Kompatibilität zwischen den einzelnen Systemkomponenten bedienen sich die Anbieter von serverseitigen Anwendungsprogrammen auch der Middleware-Komponenten. Für den Anbieter von Server-Betriebssystemen wäre im skizzier-

---

[784] Vgl. COMMISSION OF THE EUROPEAN COMMUNITIES (Hrsg.) [2004a], Tz. 523, sowie FICHERT, SOHNS [2004], S. 912.

[785] In vielen Fällen stellte der Client eine reine Repräsentationsoberfläche ohne eigenen Prozessor und Betriebssystem dar, der nur über den Netzwerkanschluss Aufgaben bearbeiten konnte.

ten Fall jedoch noch die „application barrier to entry" zu überwinden, was ebenfalls durch den Einsatz von Middleware gelingen könnte.[786] Die Darlegungen zeigen, dass die Konzentrationstendenzen auf den Märkten von Betriebssystemen für Abteilungs- und Unternehmensserver im Vergleich zu Betriebssystemen für Arbeitsgruppenserver bisher noch schwächer ausgeprägt sind. Die zwei maßgeblichen Gründe hierfür sind der verstärkte Einsatz von Middleware und von serverseitigen Anwendungen.

Eine große Bedeutung kommt der Interoperabilität zu, wenn die Anwendungslogik primär auf den Clients installiert ist. Ein Beispiel hierfür ist das Email- und Organisationsprogramm Outlook von Microsoft. Um dieses Programm interaktiv zu nutzen, müssen alle Mitarbeiter eines Unternehmens auf das Programm zugreifen können. In der Regel wird Outlook gemeinsam mit anderen Programmen des Office-Paketes auf den Clients installiert. Das gemeinsame Arbeiten an dem Programm wird über das Server-Anwendungsprogramm *Exchange Server* ermöglicht. Der Exchange Server verwaltet z. B. Termineinträge, die ein Mitarbeiter für sich selbst oder andere Mitarbeiter des Unternehmens vornimmt. In diesem Fall erfolgt die Kommunikation in erster Linie über die Anwendungsprogramme auf Server- und Client-Seite. Um eine reibungsfreie Kommunikation zu gewährleisten, müssen die Programmteile miteinander kompatibel sein. Microsoft kann als Hersteller beider Programme eine optimale Anpassung vornehmen. Möchte ein konkurrierender Anbieter von Server-Betriebssystemen wie Sun die gleiche Kompatibilität zur Verfügung stellen, so wäre dies u. a. dann möglich, wenn das Microsoft-Server-Anwendungsprogramm Exchange Server auf dem Betriebssystem Solaris (von Sun) lauffähig ist. Microsoft selbst besitzt jedoch als Konkurrent auf der Server-Betriebssystemebene kein Interesse, den Exchange Server auf die Schnittstellen von Solaris anzupassen.

Vor diesem Hintergrund ist Sun selbst zur Herstellung von Kompatibilität zu der Microsoft-Software gezwungen. Eine Möglichkeit besteht darin, dass Sun die Schnittstellen ermittelt, über die das Windows-Server-Betriebssystem mit dem Exchange Server kommuniziert. In diesem Fall könnte Sun Solaris mit den gleichen Schnittstellen ausstatten oder eine Middleware konstruieren, die die Schnittstellen bereitstellt. Eine weitere Möglichkeit bestünde darin, eine konkurrierende Server-Anwendung so zu programmieren, dass sie mit der Client-Anwendung Outlook kommunizieren kann. Für diese Alternative würde Sun jedoch nicht nur genaue Kenntnisse der Schnittstellen, sondern auch Informationen über den Quellcode des Exchange Servers benötigen.

---

786 In diesen Hochpreissegmenten ist der Einsatz von Middleware generell üblich.

Eine ähnliche Problematik entsteht, wenn der Server Datei- oder Druckverwaltungsdienste übernehmen soll. Hierzu benötigt ein konkurrierender Hersteller von Server-Betriebssystemen die Schnittstellen der Windows-Client-Betriebssysteme, da sowohl Druck- als auch Dateiverwaltung über das Betriebssystem erfolgen.

Microsoft hat auf dem Client-PC-Betriebssystemmarkt bereits seit 15 Jahren eine dominante Marktposition inne, die sich in den letzten Jahren bei einem Marktanteil von über 90 % stabilisiert hat.[787] Darüber hinaus besitzt das Unternehmen einen über 90-prozentigen Marktanteil auf dem Markt für Office-Programme.[788] Somit ist es in der Lage, sich durch die Geheimhaltung von Schnittstellen einen Vorteil gegenüber konkurrierenden Server-Betriebssystemen zu verschaffen, ohne nur ein Betriebssystem verkauft zu haben. Falls andere Betriebssysteme aufgrund fehlender Schnittstelleninformationen die Kompatibilität zu den Client-PC-Betriebssystemen nicht gewährleisten können, stellt dies für sie eine asymmetrische Marktzutrittsschranke dar, die unabhängig von der Nachfrage nach dem jeweiligen Server-Betriebssystem wirkt.

Die Ausführungen zeigen, dass die Konzentrationstendenzen auf dem Server-OS-Markt primär struktureller Natur sind. Alle Teilmärkte sind durch das Auftreten von Netzwerkeffekten charakterisiert. Die Neigung der Anbieter zum alleinigen Netzwerkaufbau wird neben den Netzwerkeffekten durch angebotsseitige Voraussetzungen wie Subadditivität und „instant scalability“ weiter verstärkt. Die Bedeutung der Netzwerkeffekte variiert jedoch mit den Charakteristika der installierten Anwendungsprogramme und der vorliegenden Client-Server-Architektur. Netzwerkeffekte sind bei Servern, auf denen standardisierte Anwendungsprogramme eingesetzt werden, besonders stark ausgeprägt. Diese Marktsegmente tendieren auch ohne den Einsatz spezifischer Verhaltensweisen zu der (Quasi-)Monopolstellung eines Anbieters. Durch die Zurückhaltung der relevanten Schnittstelleninformationen gelang es Microsoft, diese strukturellen Tendenzen zu seinen Gunsten zu beeinflussen und sich in den frühen Marktphasen gegenüber Konkurrenten wie Novell durchzusetzen.

Nachdem Windows bedeutende Marktanteile im Arbeitsgruppenserversegment erreichen konnte, stellt die Notwendigkeit zur Schaffung von Interoperabilität eine nahezu unüberwindbare Marktszutrittsschranke dar. Ohne Kenntnis der relevanten Schnittstelleninformationen ist die Herstellung von Kompatibilität

---

[787] Vgl. hierzu die Analyse des Marktes für Client-PC-Betriebssysteme in Kapitel B, insbesondere die Abschnitte 4 bis 7.

[788] Vgl. die Ausführungen in Kapitel A 3.5.4.

unmöglich. Die analysierten Besonderheiten auf dem Markt für Serverbetriebssysteme und die skizzierte Marktanteilsentwicklung geben Grund zu der Annahme, dass Microsoft versuchen wird, die dominante Marktstellung auf weitere Teilsegmente des Marktes für Serverbetriebssysteme auszudehnen.

Zu diesem Schluss kommt auch die Europäische Kommission. Sie verpflichtet Microsoft, alle relevanten Schnittstelleninformationen offen zu legen, die für konkurrierende Hersteller von essentieller Bedeutung sind, um die Interoperabilität mit den Windows-Clients herzustellen.[789] Selbst bei Erfolg dieser Maßnahme bleiben die Konzentrationstendenzen auf dem Markt für Server-Betriebssysteme weiterhin bestehen, insbesondere in dem Marktsegment der Anwendungsserver mit standardisierten Server-Anwendungen. Die Chance für Me-too-Produkte wäre auch bei Wegfall dieser Marktzutrittsschranke vergleichsweise gering, da die verbleibenden Netzwerkeffekte bereits zugunsten der Microsoft-Betriebssysteme wirken. Zum einen würde jedoch die Übertragung der Marktmacht auf weitere Teilsegmente des Marktes für Serverbetriebssysteme deutlich erschwert. Zum anderen ließe sich hierdurch die Chance für einen Innovationswettbewerb erhöhen.

---

[789] Vgl. COMMISSION OF THE EUROPEAN COMMUNITIES (Hrsg.) [2004a].

Abbildung 25: Identifikation des wettbewerblichen Problembereiches

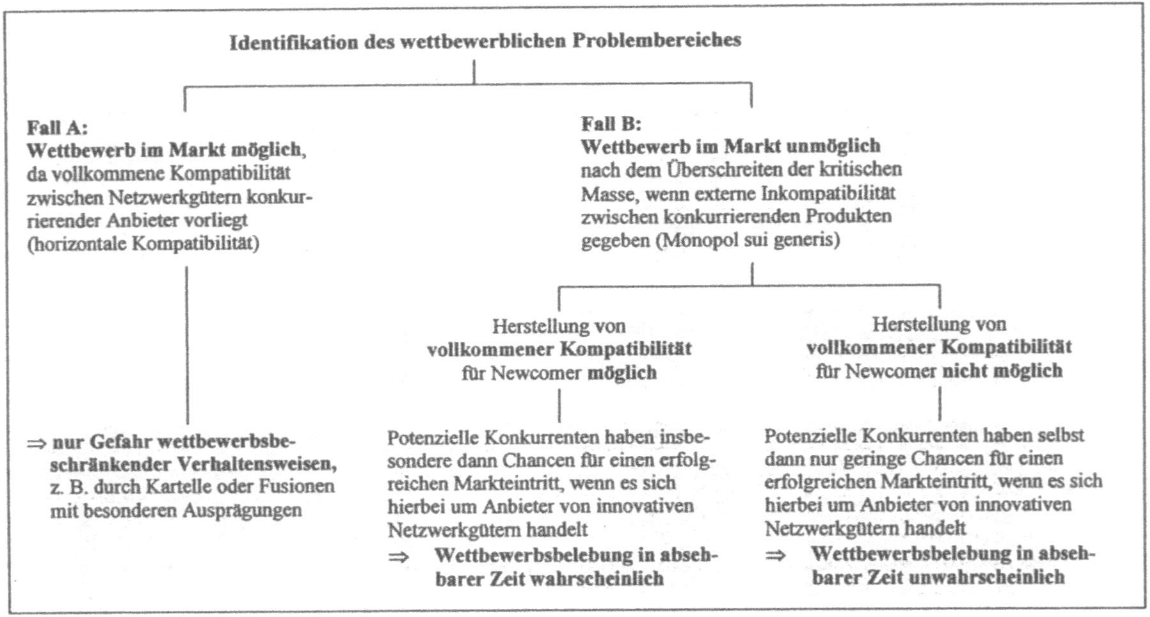

Quelle: Eigene Darstellung

Fünfter Teil: Anforderungen an die Wettbewerbspolitik auf Märkten für Netzwerkgüter

A Erkenntnisse aus der vorangegangenen Analyse

In der Regel haben bedeutende Netzwerkeffekte in Kombination mit homogenen Nachfragepräferenzen zur Folge, dass sich auf dem jeweiligen Markt ein Standard durchsetzt. Ob auf Märkten für Netzwerkgüter Wettbewerb auch nach dem Erreichen der kritischen Masse möglich ist, hängt u. a. von der Form der Standardisierung und der Höhe der Marktzutrittsschranken ab. Im nachfolgenden Schaubild sind die Chancen für den Wettbewerb auf Märkten für Netzwerkgüter zusammengefasst. **Fall A:** Die größte Chance für einen dauerhaften Wettbewerb im Markt besteht, falls die Unternehmen ihre Netzwerkgüter auf Basis eines industrieweiten Ex-ante-Standards anbieten. Prinzipiell ist Wettbewerb auch dann möglich, wenn in frühen Marktphasen kein Ex-ante-Standard vorliegt, wodurch ein Wettbewerb zwischen mehreren inkompatiblen Netzwerken entsteht. In diesem Fall setzt sich nach dem Erreichen der kritischen Masse eine Technik als De-facto-Standard durch. Gestattet der Eigentümer dieser Technik konkurrierenden Unternehmen, Netzwerkgüter auf Basis seines De-facto-Standards zu entwickeln und anzubieten, so ist ein Wettbewerb auf dem Markt auch weiterhin möglich. Eine vergleichsweise gute Chance für Wettbewerb innerhalb eines Standards liegt bei physischen Netzwerkgütern vor, da hier die Lizenzierungsstrategie von Anbietern häufig gewählt wird.

Die Gefahr, dass ein wirksamer Wettbewerb aufgrund von wettbewerbsbeschränkenden Verhaltensweisen – wie dem Abschluss von Kartellverträgen – nicht von Dauer ist oder erst gar nicht zustande kommt, ist bei einem De-facto-Standard jedoch vergleichsweise hoch. So wurde bereits in Kapitel D 5 des Zweiten Teils dieser Arbeit darauf hingewiesen, dass der Lizenzgeber in der Regel auch nach der Öffnung seines Standards eine dominante Marktstellung behaupten kann.

Fall B: Falls sich nach dem Erreichen der kritischen Masse eine Technik durchsetzt, auf deren Basis ein Unternehmen seine Netzwerkgüter exklusiv produziert und anbietet, so wird dieser aufgrund der analysierten marktstrukturellen Voraussetzungen eine (Quasi-)Monopolstellung erlangen (Monopol sui generis).[790] Allerdings bleibt ein Wettbewerb um die temporäre Marktstellung möglich, falls die Marktzutrittsschranken, insbesondere die netzwerkspezifischen Marktzutrittsschranken, so niedrig sind, dass innovative Newcomer in den Markt eintreten.

---

790 Vgl. SHAPIRO [1999], 14 ff.

Wettbewerb ist auf absehbare Zeit hingegen unterdrückt, wenn es den potenziellen Konkurrenten nicht gelingt, Kompatibilität zu dem Netzwerk des dominanten Anbieters herzustellen. Liegt externe Inkompatibilität vor, so sind die Marktzutrittsschranken kaum zu überwinden.

B Implikationen für die Wettbewerbspolitik

In der ökonomischen Literatur differieren die Meinungen darüber, wie die Wettbewerbspolitik mit den Märkten für Netzwerkgüter, insbesondere mit Märkten für virtuelle Netzwerkgüter, verfahren sollte. Während Autoren wie Fisher/ Rubinfeld und Bresnahan die Notwendigkeit sehen, wettbewerbsbeschränkende Verhaltensweisen auch auf diesen innovativen Märkten zu unterbinden und gegebenenfalls strukturelle Eingriffe vorzunehmen, empfehlen Shelanski/Sidak und Gey bei Märkten für virtuelle Netzwerkgüter auf sämtliche staatlichen Eingriffe zu verzichten.[791] In ihren Augen ist der Anbieter von virtuellen Netzwerkgütern permanent einem Innovationsdruck ausgesetzt, da die Marktzutrittsschranken generell als niedrig angesehen werden. Sie bewerten die Ineffizienzen, die durch staatliche Eingriffe verursacht werden, weitaus höher als die in ihren Augen fraglichen Effizienzvorteile, die durch einen staatlichen Eingriff hervorgerufen werden könnten.

Die Fallbeispiele der Studie haben deutlich gemacht, dass von den Befürwortern dieser „Laissez-faire-Strategie“ das Selbstheilungspotenzial von dynamischen Märkten wie dem Softwaremarkt überbewertet wird, während sie die Bedeutung der Marktzutrittsschranken unterschätzen.[792] Am Beispiel des Microsoft Betriebssystems Windows wurde gezeigt, dass eine dominante Marktstellung auch auf dynamischen Märkten von Dauer sein kann. Als zentrale Ursache für die Persistenz der Monopolstellung wurden die hohen netzwerkspezifischen Marktzutrittsschranken identifiziert. Darüber hinaus ist der Monopolist in der Regel bestrebt, durch gezielte Verhaltensweisen die Marktzutrittsschranken zu erhöhen. Gerade weil diese Märkte ein hohes Innovationspotenzial aufweisen,

---

791 Vgl. FISHER, RUBINFELD [2000], BRESNAHAN [2002], GEY [2001], S. 935 ff., SHELANSKI, SIDAK [2001], S. 38.

792 Zu diesem Ergebnis kommt auch FISHER [2001]. Er weist darauf hin, dass es gefährlich sei, auf dynamischen Märkten generell die wettbewerbsbeschränkenden Verhaltensweisen eines Monopolisten zu tolerieren. Das wettbewerbsbeschränkende Verhalten dadurch zu rechtfertigen, dass der Monopolist innovativ sei, sehe er als gefährlich an. Hier müsse eine Abwägungsentscheidung zwischen Schutz des Wettbewerbs und der Innovationsanreize getroffen werden. Vgl. FISHER [2001], S. 52.

besteht neben statischen Ineffizienzen die zusätzliche Gefahr, dass durch eine dauerhafte Monopolstellung erhebliche dynamische Ineffizienzen entstehen.

Deshalb ist ein „laissez-faire" nicht die geeignete Strategie, um auf Märkten für Netzwerkgüter einen hinreichenden wettbewerblichen Schutz zu gewährleisten. Vielmehr sollte es Aufgabe der Wettbewerbspolitik sein, unter Kenntnis der zuvor analysierten Besonderheiten dieser Märkte, das aktuelle wettbewerbpolitische Instrumentarium auf seine Eignung für die speziellen Marktgegebenheiten zu überprüfen. Falls das Instrumentarium nicht ausreicht bzw. ungeeignet erscheint, um die Ursachen der Wettbewerbsbeschränkung zu bekämpfen, ist es so anzupassen, dass zukünftig ursachenadäquate Instrumente vorliegen.

Bei der Auswahl der Instrumente ist prinzipiell darauf zu achten, bei dem gegebenen Ziel die wettbewerbliche Selbststeuerungseffizienz zu bewahren bzw. wieder herzustellen und die Eingriffintensität so gering wie möglich zu halten, um die Ineffizienzen, die durch staatliche Vorgaben verursacht werden, zu minimieren.

C Wirksamkeit herkömmlicher wettbewerbspolitischer Instrumente

1 Verhaltensverbote und Fusionskontrolle

Im Prinzip sind im europäischen und deutschen Wettbewerbsrecht geeignete Instrumente vorhanden, um im **Fall A** die Ursache der Wettbewerbsbeschränkung wirksam zu unterbinden. Jedoch erfordert eine gezielte Anwendung eine präzise Kenntnis der strukturellen Besonderheiten von Märkten für Netzwerkgüter, insbesondere wenn es sich hierbei um Märkte für virtuelle Netzwerkgüter handelt. Werden die Instrumente ohne diese Kenntnis angewendet, wirken sie nicht ursachenadäquat und können sogar negative Folgen für den Wettbewerb auf dem betroffenen Markt haben. Nachfolgend sind einige Beispiele genannt:

a) Unter kartellrechtlichen Gesichtspunkten erscheinen Standardisierungsgremien als horizontale Kooperationsformen auf den ersten Blick problematisch. Bei Netzwerkgütern erfordert die Beurteilung einer Kooperationsform im Vergleich zu „normalen" Gütern ein wesentlich größeres Maß an Sensibilität für die marktstrukturellen Voraussetzungen. Während eine Zusammenarbeit der Anbieter von „Nicht-Netzwerkgütern" mindestens zu einer größeren Markttransparenz führt und in vielen Fällen sogar mit der Absicht betrieben wird, den Wettbewerb zu beschränken, konnte in dieser Studie gezeigt werden, dass der mittel- bis langfristige Wettbewerb auf dem Markt für Netzwerkgüter ohne eine Kooperation der Anbieter nicht möglich ist. Beschränkt sich die Kooperation lediglich auf eine Festlegung von Schnittstellen, die ein

Zusammenfügen der Netzwerkgüter konkurrierender Hersteller zu einem gemeinsamen Netzwerk ermöglichen und handelt es sich um einen offenen Kreis von Teilnehmern (z. B. industrieweite Kooperation), so ist die Kooperation aus wettbewerbspolitischen Gesichtspunkten zu begrüßen.[793] Deshalb haben sich bereits die Regierungen in Europa und den USA dazu entschlossen, die Entwicklung offener nicht-proprietärer Standards zu unterstützen.[794] So werden z. B. gemäß der Horizontalleitlinien der Europäischen Kommission Vereinbarungen über Normen nicht von Artikel 81 Absatz 1 erfasst, wenn sie, „für alle zugänglich und transparent sind und nicht die Verpflichtung zur Einhaltung einer Norm enthalten, oder die Bestandteile einer umfassenden Vereinbarung zur Gewährleistung der Kompatibilität von Erzeugnissen sind."[795] Ist jedoch der Teilnehmerkreis des Gremiums limitiert und werden wesentliche Aktionsparameter der Unternehmen gemeinsam festgelegt, wäre die Kooperationsform zu untersagen. Vor dem skizzierten Hintergrund sind horizontale Kooperationsformen dahingehend zu untersuchen, zu welchem Zweck sie gegründet sind und wie sich ihr Teilnehmerkreis zusammensetzt.[796]

b) Deutsches, europäisches und US-amerikanisches Wettbewerbsrecht ermöglichen prinzipiell das Verbot eines Kopplungsvertrages. Ein derartiger Vertrag lässt sich jedoch nur dann relativ unkompliziert nachweisen, wenn Güter vorliegen, die sachlich und handelsüblich zwei getrennten Märkten angehören. Während dieser Nachweis auf Märkten mit einem geringen Innovationspotenzial vergleichsweise einfach ist, stellt er die Wettbewerbshüter auf dynamischen Märkten wie dem Softwaremarkt vor eine besondere Herausforderung. Das wettbewerbsbeschränkende Verhalten kann mit der derzeiti-

---

793 Vor diesem Hintergrund sind in den USA bisher alle Absprachen gebilligt worden, die in der Computerindustrie mit dem vornehmlichen Ziel der Standardisierung getroffen wurden. Vgl. KATZ, SHAPIRO [1998], 12ff.

794 Vgl. ERBER, HAGEMANN [2002], S. 291.

795 COMMISSION OF THE EUROPEAN COMMUNITIES (Hrsg.) [2001], Tz. 163.

796 In den Horizontalleitlinien der Europäischen Kommission ist auch darauf hingewiesen, unter welchen Voraussetzungen eine horizontale Kooperation zur Festlegung gemeinsamer Normen von der Kommission als wettbewerbspolitisch problematisch eingestuft wird: „Vereinbarungen über Normen können von Artikel 81 Absatz 1 erfasst werden, wenn sie den Partnern die gemeinsame Kontrolle über Produkte, die Produktion und/oder Innovation gewährleisten, wodurch die Fähigkeit eingeschränkt wird, bei den Produktionsmerkmalen zu konkurrieren, und Dritte wie z. B. Lieferanten oder Käufer der normierten Erzeugnisse benachteiligt werden. Bei der Bewertung solcher Vereinbarungen müssen die Art der Norm und ihre anzunehmende Auswirkung auf die betreffenden Märkte einerseits und der Umfang möglicher Beschränkungen andererseits berücksichtigt werden, die über das Hauptziel der Normierung hinausgehen." COMMISSION OF THE EUROPEAN COMMUNITIES (Hrsg.) [2001], Tz. 166.

gen Regelung erst dann nachgewiesen werden, wenn ein Produkt bereits auf dem Markt ist. Darüber hinaus können zwischen dem Zeitpunkt der Einleitung eines Verfahrens bis zur endgültigen Entscheidung mehrere Jahre liegen.[797]

Insbesondere das US-amerikanische Verfahren gegen Microsoft ließ erkennen, dass die Wettbewerbspolitik mit den herkömmlichen Instrumenten den Wettbewerb auf dem Markt für WWW-Browser nicht schützen konnte. Als das Verfahren beendet wurde, war der Marktanteil von Netscape auf unter 5 % gesunken und der Markt für WWW-Browser quasi nicht mehr existent.[798]

c) US-amerikanisches, europäisches und deutsches Wettbewerbsrecht sind primär auf den Schutz des Wettbewerbes im Markt ausgerichtet.[799] Für den Fall mehrerer inkompatibler Netzwerkgüter konkurrierender Anbieter ist der Wettbewerb auf dem Markt nach dem Erreichen der kritischen Masse unmöglich, falls sich eine Technik durchsetzt, die nur von einem Unternehmen angeboten wird. Die Ursache für die Monopolisierung des Marktes liegt jedoch nicht primär in den Verhaltensweisen, die von den Anbietern in frühen Marktphasen zum Erreichen der kritischen Masse angewendet werden. Sie basiert vor allem auf den in dieser Studie analysierten Besonderheiten der Märkte von Netzwerkgütern und ist somit marktstrukturell bedingt. Verhaltensweisen wie eine Penetrationspreissetzung sind demnach auch dann nicht als generell wettbewerbsbeschränkend anzusehen, wenn sie auf den Märkten für „Nicht"-Netzwerkgüter „ursächlich" für die Erlangung einer Monopolstellung wären. In frühen Marktphasen, in denen das jeweilige Netzwerk vergleichsweise klein und der Netznutzen gering ist, dient die Penetrationspreissetzung dem Aufbau des Netzwerkes und stellt somit eine Überlebensstrategie für den jeweiligen Anbieter, nicht jedoch eine den Wettbewerb beschrän-

---

797 Die Autorin Gerking hat die wirtschaftlichen Folgen langer Verfahrensdauern untersucht. Vgl. GERKING [1999], S. 38 ff. Sie zeigt, dass lange Verfahrensdauern zu einer Entwertung des Prozesserfolges auf Seiten des Klägers führen. So kann eine lange Verfahrensdauer die Mitursache für den Konkurs eines Klägers darstellen. Darüber hinaus ist es möglich, dass der Prozessgrund entfällt. Ein weiteres Problem ist, dass die langen Wartezeiten überbrückt werden müssen. Diese Gründe lassen die Verfahrensdauer zu einer Klagebarriere in Zivilrechtsprozessen werden. Für den Beklagten überwiegen tendenziell die Vorteile einer langen Verfahrensdauer. Zwar besteht auch bei ihm Unsicherheit über den Ausgang des Verfahrens, jedoch erhält er einen deutlichen Zeitgewinn und die Chance den Prozessgegner so weit zu zermürben, „daß er sich zu einem für den Schuldner günstigen Vergleich drängen lässt." GERKING [1999], S. 45.

798 Vgl. FICHERT, SOHNS [2004], S. 915.

799 Vgl. FICHERT [2002], S. 14.

kende Kampfpreisstrategie dar.[800] Durch die intertemporale Preisdifferenzierung internalisiert der Anbieter die Netzwerkeffekte, die in den verschiedenen Marktphasen in unterschiedlicher Höhe auftreten. Seine Entscheidung, die Preise in frühen Marktphasen aufgrund des vergleichsweise unbedeutenden Netzwerkeffektes niedrig anzusetzen, um in späteren Marktphasen, in denen das Netzwerk eine bestimmte Größe erreicht hat, die Preise anzuheben, ist effizient. Demgegenüber wäre eine Preisstruktur ineffizient, die diese Auswirkungen nicht berücksichtigt. Eine Untersagung der intertemporalen Preisdifferenzierung – z. B. durch ein Verbot einer nicht kostendeckenden Preissetzung – wäre zu restriktiv und könnte im Extremfall sogar zu erheb lichen Ineffizienzen führen.

Es erscheint jedoch nicht ratsam, generell alle Verhaltensweisen in den frühen Marktphasen zu erlauben, ohne die Marktteilnehmer und ihre Aktivitäten auf anderen Märkten zu analysieren. Wie zuvor erläutert, nehmen die Verhaltensweisen der Anbieter einen Einfluss darauf, welches Unternehmen zuerst die kritische Masse und schließlich die dominante Marktstellung erreicht. Das Beispiel der WWW-Browser hat gezeigt, dass das Unternehmen Microsoft die physische Kopplung von Internet Explorer und dem Betriebssystem Windows nur deshalb erfolgreich vornehmen konnte, weil es eine dominante Marktstellung auf dem Markt für Client-PC-Betriebssysteme innehatte.[801] Ein weiteres Beispiel ist der Vertrag zur exklusiven Verwendung des Internet Explorers, den Microsoft mit den IAPs vereinbarte. Auch in diesem Fall gelang Microsoft die Durchsetzung des Vertrages nur aufgrund der dominanten Stellung, die das Unternehmen auch heute noch auf dem Markt für Client-PC-Betriebssysteme besitzt. Bei der Anwendung von Verhaltensverboten ist im Falle von Mehrproduktunternehmen, die auf komplementären Märkten tätig sind, auch ihre dortige Marktstellung einzubeziehen.

Die Anwendung der Fusionskontrolle erfordert ebenfalls eine präzise Kenntnis der netzwerkspezifischen Besonderheiten. Nach dem GWB besteht die Aufgabe der Fusionskontrolle darin, Zusammenschlüsse dann zu verhindern, wenn durch sie eine marktbeherrschende Stellung im Sinne des § 19 Abs. 2 Satz 1 oder 2 GWB entsteht oder verstärkt wird.[802] In der Europäischen Union wurde die

---

800 Vgl. WIESE [1990], S. 14 f.

801 Vgl. FICHERT [1998], S. 344ff. Generell ist es – ohne genaue Kenntnis der softwarespezifischen Besonderheiten – schwer zu beurteilen, ob es sich bei der physischen Kopplung um eine Produktinnovation gehandelt hat oder um eine gezielte Maßnahme, um die Vormachtstellung auf dem Browser Markt zu erlangen.

802 Eine Fusion kann genehmigt werden, obwohl die zuvor genannten Kriterien erfüllt sind, wenn die Beteiligten nachweisen, „dass durch den Zusammenschluss auch Verbesserungen der Wett-

Marktbeherrschung um die Formulierung „wirksamer Wettbewerb … erheblich behindert würde“ ergänzt (Art. 2 Abs. EG-Fusionskontrollverordnung Nr. 139/ 2004). Hierdurch sollen so genannte „einseitig wettbewerbsschädigende Auswirkungen eines Zusammenschlusses erfasst werden, die sich aus nicht-koordiniertem Verhalten von Unternehmen bei fehlender Marktbeherrschung ergeben.“ [803]

Die Umsatzschwellenwerte, die bei der Anzeigepflicht eines Zusammenschlusses im deutschen und europäischen Wettbewerbsrecht Anwendung finden, sind für den Schutz von Märkten für Netzwerkgüter nicht hilfreich. Sie ermög lichen es einem dominanten Anbieter ein kleines, innovatives Unternehmen zu erwerben. So muss ein Großkonzern wie Microsoft die geplante Übernahme eines deutschen Unternehmens mit einem Umsatz von weniger als 10 Millionen Euro nicht beim Bundeskartellamt anmelden (Anschlussklausel) (§ 35 Abs. 2 Nr. 1 GWB). In der EU wäre ein Zusammenschluss erst dann anmeldepflichtig, wenn der gemeinschaftsweite Gesamtumsatz für mindestens zwei beteiligte Unternehmen jeweils über 100 Mio. Euro liegt (Art. 1 Abs. 2 lit. b) bzw. Abs. 3 lit. c) EG-Fusionskontrollverordnung Nr. 139/2004). Auch hier ist der Anschluss eines umsatzschwachen, jungen Unternehmens an einen Großkonzern möglich.

Eine exklusive Beachtung der Umsätze lässt das Innovationspotenzial eines umsatzschwachen Unternehmens außer Acht. Es ist nicht auszuschließen, dass sich ein junges, innovatives Unternehmen mit geringen Umsätzen zu einem starken Wettbewerber entwickeln wird. Da auf Märkten für Netzwerkgüter dem Innovationswettbewerb eine zentrale Bedeutung zukommt, ist der Zusammenschluss des Etablierten mit einem innovativen Newcomer bzw. einem potentiellen Konkurrenten auf angrenzenden Märkten ohne Ausnahme zu untersagen.[804] Vor diesem Hintergrund wäre der Empfehlung des Wissenschaftlichen Beirates beim Bundesministerium für Wirtschaft zu folgen: „Fusionen sollten auch dann untersagt werden, wenn sie die gegenwärtige Marktstellung zwar kaum tangieren, vorstoßenden Wettbewerb aber unwahrscheinlich machen.“[805]

---

bewerbsbedingungen auftreten und dass diese Verbesserungen die Nachteile der Marktbeherrschung überwiegen.“ (§ 36 Abs. 1 GWB). Auch die Verordnung über Kontrolle von Zusammenschlüssen der Europäischen Union (FKO) lässt diese „Effizienzargumente“ bei der Beurteilung einer Fusion zu (Vgl. Art. 2 Satz 1 lit. b).

803 SCHMIDT [2005], S. 240.

804 Vgl. SCHWALBE, ZIMMER [2006], S. 348 f. Die Autoren weisen ebenfalls darauf hin, dass eine Fusion zwischen einem Etablierten und einem potentiellen Wettbewerber einen erheblichen negativen Einfluss auf das Marktergebnis haben kann.

805 Vgl. WISSENSCHAFTLICHER BEIRAT BEIM BUNDESMINISTERIUM FÜR WIRTSCHAFT UND TECHNOLOGIE (Hrsg.) [2001], Tz. 127.

2 Missbrauchsaufsicht

Die Probleme, die sich beim Einsatz der herkömmlichen wettbewerbspolitischen Instrumente ergeben, lassen sich besonders anschaulich anhand des Falles erörtern, in dem der Wettbewerb mehrerer inkompatibler Techniken schließlich die dauerhafte Dominanz eines Anbieters ((Quasi-)Monopol) bzw. einer Gruppe von Anbietern (Kollektivmonopol) zur Folge hat **(Fall B)** und der Wettbewerb aufgrund der markstrukturellen Ausgangsvoraussetzungen dauerhaft unterdrückt ist (verfestigt-vermachtete Märkte). Bei einer verfestigt-vermachteten Marktstruktur auf Märkten für Netzwerkgüter lassen sich grundsätzlich die drei Fälle in Abbildung 26 unterscheiden:

In allen drei skizzierten Fällen hat sich nach dem Erreichen der kritischen Masse ein (Kollektiv-) Monopol herausgebildet, das aufgrund hoher struktureller Marktzutrittsschranken vor potenziellen Wettbewerbern geschützt ist. Im ersten Fall steht der Monopolist direkt und ausschließlich mit den Endkunden in Kontakt. Im zweiten Fall ist er ausschließlich bzw. zusätzlich als Lieferant oder Abnehmer für Wettbewerbsmärkte bedeutsam, aber auf diesem nicht selbst tätig. Im dritten Fall tritt er ebenfalls als Lieferant oder Abnehmer auf, wobei er auf dem/den abhängigen Wettbewerbsmarkt/-märkten selbst tätig ist oder beabsichtigt, dort tätig zu werden. In allen Fällen kann davon ausgegangen werden, dass es auf dem relevanten Markt zu statischen und dynamischen Ineffizienzen kommt. Darüber hinaus besteht im dritten Fall die besondere Gefahr, dass der Monopolist seine Marktmacht missbraucht, um diese auf angrenzende Märkte zu übertragen.

Der analysierte Markt für WWW-Browser hat gezeigt, dass eine Marktmachtübertragung vereinfacht wird, wenn der Zugang zu dem Netzwerk des Monopolisten (MS-Windows) eine notwendige Bedingung für eine erfolgreiche Tätigkeit der Anbieter auf vor- oder nachgelagerten Wettbewerbsmärkten darstellt. So konnte Microsoft dem eigenen Produkt MS-Explorer einen Wettbewerbsvorteil gegenüber dem Netscape-Navigator durch die Zurückhaltung bzw. die zeitlich verzögerte Weitergabe von relevanten Schnittstelleninformationen verschaffen. Gleiches gilt auch für die Vorgehensweise von Microsoft bei Server-PC-Betriebssystemen.[806] Zugangsverweigerung bzw. –diskriminierung haben zur Folge, dass die Wettbewerber auf den komplementären Märkten für Anwen-

[806] Die Ursache liegt darin, dass die relevanten Schnittstelleninformationen für den Wettbewerb auf den komplementären Märkten für Sever- und Anwendungssoftware unentbehrlich sind, somit den Charakter einer essential facilitiy besitzen.

Abbildung 26: Folgen einer dauerhaften Monopolstellung ohne staatlichen Eingriff

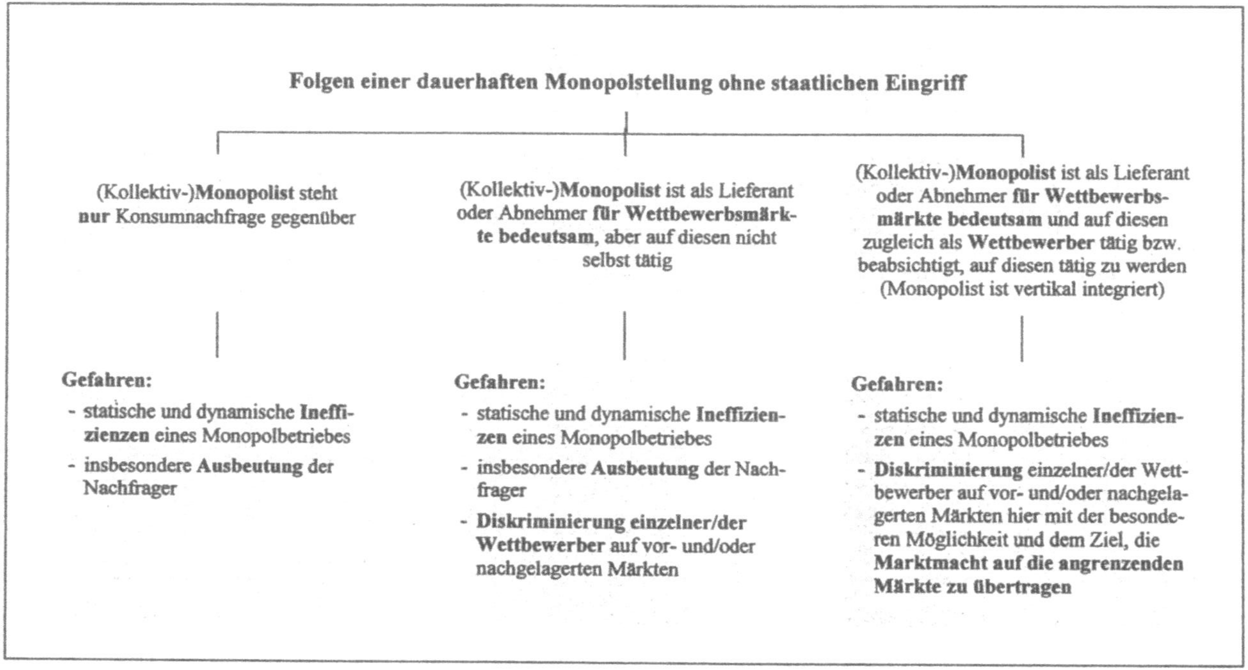

Quelle: Eigene Darstellung

dungssoftware bzw. Server-PC-Software generell schlechtere Startchancen haben als Microsoft mit dem jeweiligen Konkurrenzprodukt.[807]

Bisher unterliegen verfestigt-vermachtete Märkte im europäischen und deutschen Wettbewerbsrecht der „Missbrauchsaufsicht über marktbeherrschende Unternehmen". Durch die Missbrauchsaufsicht sollen zum einen die Unternehmen bzw. private Wirtschaftssubjekte auf vor- und nachgelagerten Wirtschaftsstufen vor der „Ausbeutung" durch den dominanten Anbieter geschützt werden (vertikale Beziehung). Zum anderen werden direkte Konkurrenten sowie Unternehmen auf vor- und/oder nachgelagerten Märkten vor „Behinderungspraktiken" des dominanten Anbieters geschützt (vertikale und horizontale Beziehung).[808]

Die „Ausbeutungsmissbrauchsaufsicht" stellt eine Ex-post-Korrektur nichtkompetitiver Marktergebnisse dar.[809] Da sie nicht die Ursachen der Wettbewerbsbeschränkung, sondern lediglich deren Symptome bekämpft, hat sie einen eindeutig neutralisierenden Charakter. Bisher hat in der Anwendungspraxis der deutschen und europäischen Wettbewerbsbehörden primär der Tatbestand des Preishöhenmissbrauches eine Rolle gespielt. Obwohl § 19 Abs. 4 Nr. 2 GWB mit „sonstige Geschäftsbedingungen" auch andere Aktionsparameter einbezieht, lässt sich für diese der Nachweis eines Missbrauches in der Praxis kaum erbringen.

Selbst die Feststellung eines missbräuchlich überhöhten Preises bereitet den Wettbewerbsbehörden in der Anwendungspraxis erhebliche Schwierigkeiten. Ein Missbrauch wird angenommen, wenn der Preis von dem Preis abweicht, der sich bei wirksamem Wettbewerb mit hoher Wahrscheinlichkeit einstellen würde. Als Maßstab dient demnach ein hypothetischer Wettbewerb (so genannter Als-ob-Wettbewerb). Zur Ermittlung des Als-ob-Wettbewerbspreises bedienen sich die Kartellbehörden in der Regel empirischer Vergleichsmärkte (direkte Methode), wobei das räumliche Vergleichsmarktkonzept präferiert wird.[810] Im Idealfall können Märkte nur zum Vergleich herangezogen werden, wenn sie ohne Marktbeherrschung sind und ein geeignetes und ausreichend sicheres Vergleichsmaterial liefern. In der Praxis sind derartige Vergleichsmärkte, „die sich in den marktrelevanten Bedingungen von dem zu untersuchenden Markt lediglich durch

---

807 In der wettbewerbsökonomischen Literatur wird in diesem Zusammenhang auch davon gesprochen, dass sich die Konkurrenten auf den vor- und/oder nachgelagerten Märkten mit dem dominanten Anbieter (Microsoft) nicht auf dem selben „level playing field" befinden. Vgl. FICHERT, SOHNS [2004], S. 914.

808 Vgl. SCHMIDT [2005], S. 173.

809 Vgl. SCHMIDT [2005], S. 152.

810 Vgl. GÖTTING [2006], Tz. 74.

den Grad des Wettbewerbs unterscheiden"[811], rar. Vor diesem Hintergrund hat der BGH in dem Beschluss zu den Stadtwerken Mainz erneut anerkannt, dass bei Störung des Wettbewerbes auch Monopolunternehmen zum Vergleich herangezogen werden können. Darüber hinaus sei ein Vergleich mit einem einzigen Unternehmen nicht zu beanstanden. Eine schmale Vergleichsbasis erfordere lediglich, „daß der Vergleichspreis nicht nur möglichst genau ermittelt, statt in erheblichem Umfang lediglich geschätzt wird, sondern daß bei der Festlegung der Erlösobergrenze durch die Einbeziehung von Sicherheitszuschlägen auf den ermittelten wettbewerbsanalogen Preis die Unsicherheiten der schmalen Vergleichsbasis ausgeglichen werden."[812]

Falls die unmittelbare Vergleichbarkeit nicht gegeben ist, finden im deutschen und europäischen Wettbewerbsrecht in der Regel ergänzende „Kostenkalkulationskonzepte" Anwendung (indirekte Methode). Neben der ergänzenden Kostenkontrolle ermöglichen beide Wettbewerbsverfassungen, den Preishöhenmissbrauch ausschließlich auf Basis einer Kostenprüfung nachzuweisen. Ein Preis wird als absolut überhöht angesehen, wenn eine unangemessene Preis-Kosten-Relation vorliegt.[813]

Der Nachweis eines missbräuchlich überhöhten Preises über eine ergänzende Kostenkontrolle oder gar eine isolierte Kostenbetrachtung birgt ebenfalls erhebliche Probleme. Zum einen lässt sich nicht eindeutig klären, welche Kosten die Vergleichsbasis darstellen und welche Betrachtungszeiträume relevant sind. Zum anderen ergeben sich, selbst wenn der Kostenbegriff eindeutig definiert ist, erhebliche Schwierigkeiten in der Anwendungspraxis. So sind die konzerninternen Verrechnungspreise nur schwer zu kontrollieren, insbesondere ein global agierendes Unternehmen kann sie quasi willkürlich festlegen. Die gleiche Argumentation lässt sich bei der Gemeinkostenschlüsselung anführen, auch hier kann von dem marktbeherrschenden Unternehmen eine „willkürliche" Aufteilung auf die einzelnen Artikel vorgenommen werden. Darüber hinaus lässt sich die Angemessenheit der Kosten kaum nachprüfen.[814] Generell ist problematisch, dass das

---

811 BARTLING [1981], S. 137.

812 BGH (Hrsg.) [2005], DE-R 1517.

813 Der EuGH hat in einem Urteil im Rahmen der Missbrauchsaufsicht (Art. 82 EG-Vertrag, United Brands Rs. 27/76, das Konzept der Gewinnbegrenzung mittels der „Preis-Kosten-Relation" ausdrücklich anerkannt, in der europäischen Rechtsanwendungspraxis hat dieses Konzept jedoch noch keine Rolle gespielt. Vgl. GÖTTING [2006], Tz. 80. Das Bundeskartellamt hat im Fall TEAG eine isolierte Kostenbetrachtung zum Nachweis eines Preishöhenmissbrauches zugrunde gelegt. Begründet wurde das Ausweichen auf die Kostenkontrolle damit, dass sich ein Vergleichsmarktkonzept nicht eigne, um den Missbrauchsverdacht zu bekräftigen. Vgl. MONOPOLKOMMISSION (Hrsg.) [2005], Tz. 561.

814 Vgl. MONOPOLKOMMISSION (Hrsg.) [2006a] Tz. 19.

Konzept der Preis-Kosten-Kontrolle an den tatsächlichen Kosten eines Unternehmens ansetzt. Handelt es sich hingegen um einen „nicht angreifbaren" Markt, so besteht die Gefahr, dass bei einem marktbeherrschenden Unternehmen aufgrund größerer betrieblicher Ineffizienzen im Vergleich zu Unternehmen im Wettbewerb höhere Kosten verursacht werden. Eine ineffiziente Betriebsführung lässt sich bei einer reinen Kostenkontrolle kaum aufdecken und wird somit weiter legitimiert.[815]

Zusätzlich zu den genannten spezifischen Kritikpunkten ist die Regulierung von Aktionsparametern generell als problematisch anzusehen. Falls, wie es im deutschen und europäischen Wettbewerbsrecht üblich ist, mit dem Preis nur ein Aktionsparameter reguliert wird, kann es zu Ausweichreaktionen des betroffenen Unternehmens kommen. Des Weiteren lassen sich die Ergebnisse eines Wettbewerbsprozesses nicht durch staatliche Entscheider voraussagen. Darüber hinaus führt eine Ausbeutungsmissbrauchsaufsicht insbesondere aufgrund ihrer statischen Natur in der Regel zu zusätzlichen Inneffizienzen.

Auf Märkten für virtuelle Netzwerkgüter besteht häufig die einzige Chance für Wettbewerb in einem Innovationswettbewerb um eine temporäre Monopolstellung. Falls die Preise des Monopolisten durch einen staatlichen Eingriff künstlich niedrig gehalten werden, kann dies zur Folge haben, dass der Markteintritt für einen innovativen Newcomer aufgrund erwarteter niedriger Gewinne unattraktiv wird. Hierdurch würde die Marktdynamik gehemmt. Die Kritikpunkte machen deutlich, dass eine Marktergebniskontrolle die wettbewerbliche Selbststeuerungseffizienz auf Märkten nicht ersetzen kann und nur dann eingesetzt werden sollte, wenn sich der relevante Markt nicht mehr in einen Wettbewerbsmarkt überführen lässt.

Zwar sind bei der Behinderungsmissbrauchsaufsicht keine Vergleichsmärkte nachzuweisen, jedoch wirkt auch sie in vielen Fällen nicht ursachenadäquat. Insbesondere im europäischen Wettbewerbsrecht wird aufgrund des geltenden Aufgreifkriteriums „Marktbeherrschung" das Ziel verfehlt, einen „Noch-Wettbewerbsmarkt" vor einer drohenden Vermachtung zu schützen. Im deutschen Wettbewerbsrecht wurde das Kriterium zwar herabgesetzt, dennoch wirkt das Verbot von Behinderungspraktiken aber nur in zwei Fällen ursachenadäquat:[816]

---

[815] Vgl. MONOPOLKOMMISSION (Hrsg.) [2006a], Tz. 19.

[816] Vgl. BARTLING [2005].

Zum einen kann der Aufbau von verhaltensbedingten Marktzutrittsschranken auf dem relevanten Markt z. B. durch das Verbot von Kampfpreisunterbietungen in späten Marktphasen eingedämmt und so die markteintrittsbereite potenzielle Konkurrenz geschützt werden.

Zum anderen kann die Behinderungsmissbrauchsaufsicht zum Schutz des Wettbewerbs auf vor- oder nachgelagerten Wettbewerbsmärkten dienen. So ist es möglich, Verhaltensverbote auszusprechen, wenn das marktmächtige Unternehmen versucht, die eigene Marktmacht auf andere Märkte zu übertragen. Darüber hinaus gibt es die Möglichkeit, Verhaltensweisen wie die Zugangsdiskriminierung bzw. -verweigerung zu ahnden und Auflagen für einen diskriminierungsfreien Zugang festzulegen.[817]

Generell weisen jedoch sowohl die Ausbeutungs- als auch die Behinderungsmissbrauchsaufsicht das Problem auf, dass die genau spezifizierten Verhaltensverbote bzw. –gebote erst ex post ausgesprochen werden können.

Das hohe Maß an Dynamik auf Märkten für virtuelle Netzwerkgüter gebietet aber ein zügiges, z. T. sogar präventives Eingreifen der Wettbewerbsbehörden. Da eine Ex-post-Kontrolle in der Regel erhebliche Zeitverzögerungen – von der Einleitung eines Verfahrens bis hin zur endgültigen Entscheidung – zur Folge hat, kann sie zu einer Zementierung der Monopolstellung beitragen. Anhand des Marktes für WWW-Browser wurde gezeigt, dass die Dauer eines Verfahrens auch von der Komplexität der zu beurteilenden Materie abhängt. Während Ausschließlichkeitsverträge ohne größere zeitliche Verzögerung untersagt werden können, ist dies z. B. bei physischer Kopplung oder Zurückhaltung von relevanten Schnittstelleninformationen nicht realisierbar.[818]

3 Zwischenfazit

Die vorangegangenen Erörterungen machen deutlich, dass das Instrumentarium des deutschen und europäischen Wettbewerbsrechtes nur dann geeignet ist, ursachenadäquat gegen Wettbewerbsbeschränkungen vorzugehen, wenn:

- es generell unter Beachtung der besonderen marktstrukturellen Umstände angewendet wird, d. h. die Auslegung der gesetzlichen Regelungen an die besonderen Umstände am Markt angepasst wird

---

817 So versuchte Microsoft u. a. durch Ausschließlichkeitsbindungen die Marktmacht von Windows auf den Markt für Internetbrowser zu übertragen.

818 Vgl. FICHERT [2002], S. 15.

Abbildung 27: Eignung herkömmlicher wettbewerbspolitischer Instrumente

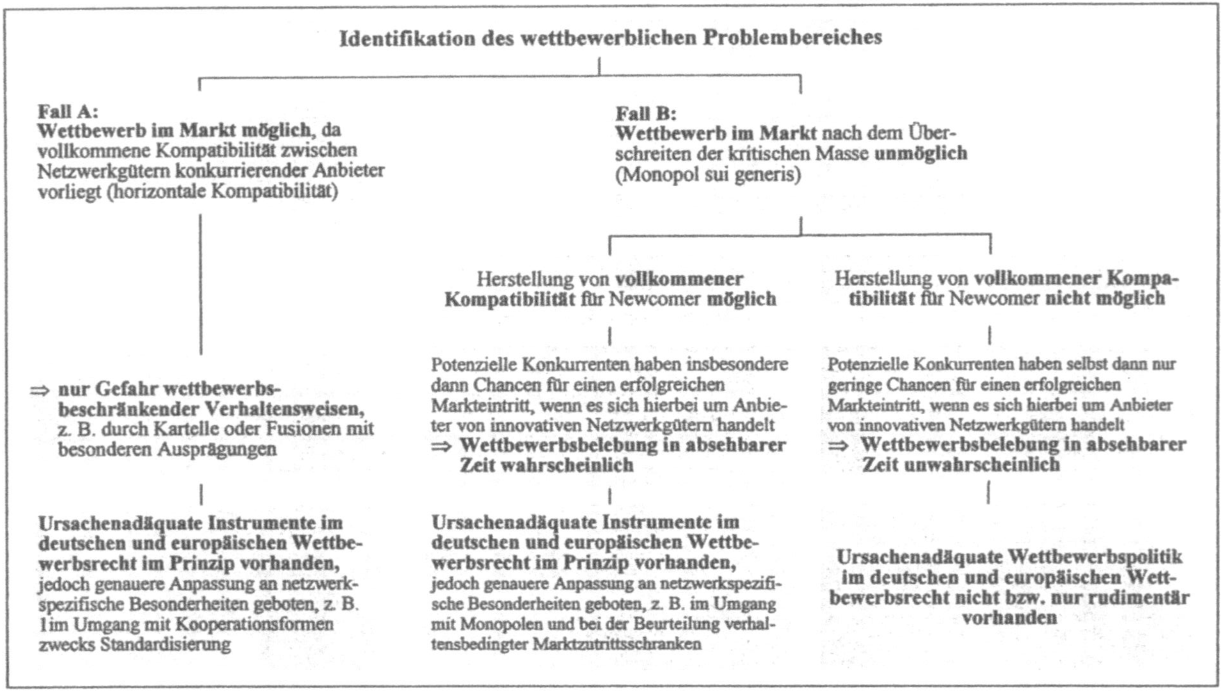

Quelle: Eigene Darstellung

und

- die kritische Masse noch nicht überschritten wurde

oder

- der Wettbewerb innerhalb eines Standards bzw. ein Wettbewerb um ein bestreitbares Monopol und insofern um den Markt aufgrund niedriger netzwerkspezifischer Marktzutrittsschranken möglich ist.

Die Abbildung 25, welche die Chancen des Wettbewerbs auf Märkten für Netzwerkgüter in Abhängigkeit von der Kompatibilitätsentscheidung der Anbieter dargestellt, lässt sich nun um die gewonnen Erkenntnisse aus den vorangegangenen Abschnitten ergänzen.

Es wird deutlich, dass die herkömmlichen wettbewerbspolitischen Instrumente nicht geeignet sind, wenn nach dem Erreichen der kritischen Masse eine (quasi-) monopolistische Marktstruktur die natürliche Folge ist und der dominante Anbieter darüber hinaus durch hohe Marktzutrittsschranken dauerhaft vor potenzieller Konkurrenz geschützt wird (Fall B). Europäisches und deutsches Wettbewerbsrecht können dieser Situation bisher nur mit der „Missbrauchsaufsicht über marktbeherrschende Unternehmen" begegnen. Durch die Missbrauchsaufsicht wird - aufgrund ihrer überwiegend neutralisierenden Wirkung - jedoch nicht die Ursache der Wettbewerbsbeschränkung behoben. Darüber hinaus weist sie wegen ihres Ex-post-Charakters weitere bedeutende Nachteile auf, die vor allem auf Märkten für virtuelle Netzwerkgüter gravierende Folgen haben können. Da die Wettbewerbsbeschränkung auf diesen Märkten primär auf die analysierten marktstrukturellen Ursachen zurückzuführen ist, liegt es nahe, strukturpolitische Instrumente auf ihre Eignung zu untersuchen.

D Entflechtungsansätze

Als strukturpolitisches Instrument wurde im Zusammenhang mit verfestigtvermachteten Märkten für Netzwerkgüter insbesondere die eigentumsrechtliche Entflechtung des marktmächtigen Unternehmens diskutiert.[819] Hierbei lassen sich vertikale und horizontale Entflechtung differenzieren:

Von einer vertikalen Entflechtung ist prinzipiell nur ein Mehrproduktunternehmen betroffen.[820] Bei diesem würde der Geschäftsbereich, in dem das Unter-

---

[819] Vgl. unter vielen LITAN u. a. [2000], S. 46 ff., LITAN, NOLL, NORDHAUS [2002], SIDAK [2001], S. 74 f., SHELANSKY, SIDAK [2001] und EVANS u. a. [2000], S. 97 ff.

[820] Zu den Vorteilen der vertikalen Entflechtung vgl. KRUSE [1997], S. 258 ff.

nehmen eine Monopolstellung einnimmt, als eigenständiges Unternehmen von den anderen Geschäftsbereichen abgetrennt. Eine derartige Lösung strebte der US-amerikanische Bezirksrichter Jackson bei seinem Urteil gegen Microsoft im Jahr 2000 an. Er beabsichtigte, Microsoft in zwei separate Unternehmen aufzuspalten.[821] Eines der neuen Unternehmen sollte zukünftig ausschließlich als Hersteller und Anbieter von Betriebssystemen am Markt auftreten. Das zweite Unternehmen hätte hingegen weiterhin die Rechte behalten, Anwendungsprogramme zu entwickeln und am Markt anzubieten.

Eine vertikale Separierung verfolgt nicht das vorrangige Ziel, den Wettbewerb auf dem jeweiligen Markt direkt zu beleben. Primär ließe sich im Fall von Microsoft der Wettbewerb auf den nachgelagerten Märkten für Anwendungssoftware schützen, da die Neigung eines Monopolisten, die Wettbewerber auf dem nachgelagerten Mark beim Zugang zu dem eigenen Netzwerk zu diskriminieren, deutlich verringert wird. Ein Unternehmen, das ausschließlich Betriebssysteme anbieten darf, besitzt keine Möglichkeit, die eigene Marktmacht auf die nachgelagerten Märkte zu übertragen (Vermeidung des leverage effects). Für die Anbieter auf den nachgelagerten Märkten für Anwendungssoftware würden hierdurch die Marktzutrittsschranken gesenkt bzw. würde eine größere Startchancengleichheit geschaffen.

Die Monopolstellung des Anbieters für Betriebssysteme bleibt durch die vertikale Entflechtung zunächst unangetastet. Somit besteht nach einer vorgenommenen Separierung auch weiterhin die Gefahr der Ausbeutung, da der Monopolist die Monopolrenten – ohne staatliche Beeinflussung – durch überhöhte Netzzugangsentgelte prinzipiell abschöpfen kann. Falls auf den nachgelagerten Märkten für Anwendungssoftware Wettbewerb herrscht, würden die überhöhten Zugangsentgelte direkt an die Nachfrager weitergegeben. Eine vertikale Separierung würde jedoch die Regulierung der Netzzugangsentgelte und -modalitäten erheblich erleichtern. So lassen sich die Kosten und Preise eines Einproduktunternehmens einfacher kontrollieren, wenn keine internen Verrechnungspreise mit anderen Geschäftbereichen einzubeziehen sind.

Mittelfristig kann eine vertikale Entflechtung auch zur Senkung von Marktzutrittsschranken für Newcomer auf dem betrachteten Markt – z. B. dem Markt für Betriebssysteme – beitragen. Es ist denkbar, dass das neu gegründete Unternehmen für Anwendungssoftware seine Programme nicht mehr exklusiv für das Betriebssystem Windows anbietet. Prinzipiell wird sich das neue Unternehmen

---

[821] Vgl. UNITED STATES DISTRICT COURT FOR THE DISTRICT OF COLUMBIA (Hrsg.) [2000a], Tz.-64-65.

für das am weitesten verbreitete Betriebssystem entscheiden. Jedoch bestünde insbesondere für einen innovativen Windows-Konkurrenten eine vergleichsweise größere Chance, das abgespaltene Unternehmen für Anwendungssoftware zum porting auf die eigene Plattform zu bewegen.[822] Zusätzlich würden die Chancen für Substitutionswettbewerb z. B. durch Middleware erhöht, da die Anbieter von Middleware ebenfalls leichter an die relevanten Schnittstelleninformationen gelangen dürften.

Dennoch birgt eine vertikale Separierung auch bedeutende Gefahren. Unterliegt der Monopolist z. B. keiner Preisregulierung und liegt darüber hinaus auf einem der nachgelagerten Märkte ebenfalls eine monopolistische Marktstruktur vor, so besteht - neben erheblichen direkten Kosten der Reorganisation - die Gefahr der doppelten Herausbildung von Monopolpreisen (doppelte Marginalisierung).[823] Diese Gefahr lässt sich besonders anschaulich am Beispiel von Microsoft verdeutlichen. Falls sowohl der Anbieter des Betriebssystems Windows als auch der jeweilige Anbieter des Office-Paketes einen individuellen Monopolpreis verlangen würde, wären die Nachfrager im Vergleich zu einem vertikal integrierten Monopolisten schlechter gestellt.[824] Dieser Umstand macht deutlich, dass auch nach einer vertikalen Entflechtung die Notwendigkeit einer Preis- und Konditionenregulierung – aufgrund der verbleibenden (quasi-)monopolistischen Marktstrukturen – verbleibt.

Hinzu kommt, dass eine vertikale Entflechtung bei einer modular aufgebauten Software Ineffizienzen hervorruft. Entwicklung, Wartung und Vertrieb von Software sind, wie in Kapitel A 2.2 im Vierten Teil dieser Arbeit erörtert, durch bedeutende Synergieeffekte (Verbundeffekte) gekennzeichnet. Diese würden bei einer Trennung in zwei unabhängige Unternehmen entfallen. Des Weiteren besteht die Möglichkeit, dass durch eine vertikale Trennung die Investitionsanreize sowohl auf Seiten des Herstellers von Betriebssystemen als auch bei dem Hersteller von Anwendungssoftware reduziert werden.[825] Dieser Gefahr der Unterinvestitionen wäre durch entsprechende Regulierungsmaßnahmen entgegenzu-

---

822 Vgl. BRESNAHAN [2002].

823 Vgl. GILBERT, KATZ [2001], S. 28 ff.

824 Die Autoren Gisser und Allen haben in einem Artikel die Vorteile von Microsoft als vertikal integriertem Monopolisten herausgearbeitet. Sie gehen jedoch davon aus, dass die vorherrschende Marktstruktur für Anwendungssoftware mittel- bis langfristig ebenfalls eine monopolistische sein wird. Vgl. GISSER, ALLEN [2001]. In dieser Studie wurde jedoch gezeigt, dass die Annahme der doppelten Marginalisierung keine Gültigkeit hat, wenn auf dem Markt der jeweiligen Anwendungssoftware Wettbewerb herrscht. Bei der Beurteilung der Chancen für den Wettbewerb wäre hier ebenfalls die Höhe der Marktzutrittsschranken einzubeziehen.

825 MONOPOLKOMMISSION (Hrsg.) [2006b], Tz. 16 f.

wirken. Hierbei müssten Investitionen sowohl in ihrer absoluten Höhe als auch in ihrer qualitativen Ausrichtung nach einer normativen Vorgabe gesteuert werden. Eine derartige Steuerung ist ebenfalls mit großen Problemen verbunden.

Diesen vergleichsweise sicheren Ineffizienzen steht eine mögliche wettbewerbsbelebende Wirkung gegenüber, die im Vorfeld nicht absehbar ist. So bleibt es im Beispiel von Microsoft offen, ob sich die Anbieter von Anwendungssoftware für den Fall einer vertikalen Entflechtung eher zu einem porting zu anderen Betriebssystemen entscheiden.[826] Dies wird tendenziell nur der Fall sein, wenn es einem anderen Betriebssystem gelingt, Kompatibilität zu Windows herzustellen und/oder das jeweilige Betriebssystem einen deutlichen Innovationsvorsprung haben sollte.

Entsprechend ist es in der Literatur als wahrscheinlich angesehen worden, dass die Konsumenten bei der ursprünglich vorgesehenen vertikalen Entflechtung von Microsoft aufgrund deutlich höherer Preise und einer geringeren Innovationsdynamik letztlich schlechter abschneiden würden.[827] Eine vertikale Entflechtung ist demnach prinzipiell nicht zu befürworten. Gerade auf Märkten für virtuelle Netzwerkgüter werden die Vorteile der vertikalen Trennung deren Nachteile nicht ohne weiteres kompensieren. Deshalb scheiden für virtuelle Netzwerkgüter vertikale Entflechtungen in der Regel als geeignete wettbewerbspolitische Eingriffe aus.

Eine horizontale Entflechtung wirkt unterschiedlich je nachdem, ob ein Unternehmen nur ein Produkt anbietet (Einproduktunternehmen) oder als Mehrproduktunternehmen am Markt auftritt. Falls ein Unternehmen nur ein Produkt anbietet und mit diesem Angebot eine dauerhafte Monopolstellung erlangt hat, würde bei einer horizontalen Entflechtung das gesamte Unternehmen in mehrere etwa gleich große Unternehmen aufgeteilt. Bietet das Unternehmen hingegen diverse Produkte an, wäre von einer horizontalen Entflechtung zunächst nur der Geschäftsbereich betroffen, bei dem das Unternehmen die Monopolstellung innehat. Dieser Geschäftsbereich würde herausgelöst und in mehrere Einzelunternehmen ähnlicher Größe aufgeteilt. Im Fall von Microsoft hätte diese Maßnahme die Auswirkung, dass der Geschäftsbereich Windows aus dem Gesamtunternehmen herausgelöst und in mehrere unabhängige Unternehmen separiert würde, wobei jedes dieser Unternehmen ein Betriebssystem anböte.[828] Dies stellt

---

826 Vgl. hierzu z. B. SHELANSKI, SIDAK [2001], S. 78.

827 So z. B. EVANS, SCHMALENSEE [2000], S. 11 und O'BRIEN [2001], S. 60.

828 Dieser Vorschlag wird von Litan, Nordhaus, Noll und Sherer vertreten. Sie schlagen im Fall von Microsoft vor, die Betriebssystemsparte von dem Unternehmen abzutrennen und sie in drei identische Unternehmen aufzuteilen. Vgl. Litan u. a. [2000], S. 8.

faktisch ein Maßnahmenbündel aus vertikaler Trennung (Herauslösen der Betriebssystemsparte) und horizontaler Trennung (Aufteilen der Betriebssystemsparte in mehrere unabhängige Unternehmen) dar. Mit dem Maßnahmenbündel sind im Idealfall zwei Ziele zu erreichen: Erstens können – falls ein dauerhafter Wettbewerb zwischen den unabhängigen Betriebssystemherstellern entsteht – die Ausbeutung der Nachfrager und eventuell auftretende dynamische Ineffizienzen verhindert werden. Zweitens ist durch das Herauslösen der Betriebssystemsparte prinzipiell die Diskriminierung der Wettbewerber auf der nachgelagerten Ebene zu verhindern.

Es ist zwar davon auszugehen, dass nach einer horizontalen Entflechtung zwischen den neu entstandenen Unternehmen sehr schnell ein intensiver Wettbewerb auftritt. Allerdings wird insbesondere bei virtuellen Netzwerkgütern die erhoffte Wettbewerbsbelebung nur von kurzer Dauer sein oder sogar ganz ausbleiben. Gründe hierfür sind die in der vorliegenden Studie analysierten nachfrage- und angebotsseitigen Größenvorteile. Sie führen dazu, dass im Fall künstlich geschaffener (externer) Inkompatibilität erneut ein Wettbewerb um den dominanten Standard zu erwarten ist. Der Eigentümer des dominanten Standards wird dabei wieder eine (Quasi-)Monopolstellung erlangen. Denkbar wäre allerdings, die neu entstandenen Unternehmen zur Herstellung von Kompatibilität zu verpflichten, was einen Wettbewerb innerhalb des Standards ermöglichen würde.[829]

Neben den statischen Ineffizienzen, die durch das Ignorieren von nachfrage- und angebotsseitigen Größenvorteilen sowie durch die direkten Kosten der Trennung und Neuorganisation hervorgerufen werden, sind zusätzliche Ineffizienzen zu befürchten. So lassen sich meist keine „Bruchlinien" feststellen, die eine horizontale Separierung erleichtern würden. Diese müsste demnach mit einem hohen Maß an Willkür des Eingriffs in gewachsene Betriebssysteme vorgenommen werden. Weitere Probleme entstünden durch die Aufteilung der Mitarbeiter des alten Unternehmens/Geschäftsbereiches auf die neuen Unternehmen. Darüber hinaus wäre das Namensrecht bei den neu formierten Unternehmen zu klären. Prinzipiell ist es denkbar, dass eines dieser Unternehmen weiterhin das Namensrecht an dem Betriebssystem erhält. Zuvor wären jedoch mögliche Auswirkungen der Beibehaltung des Namensrechtes zu überprüfen. Falls hierdurch ein Startchancenvorteil zu erwarten ist, müsste der Name zumindest leicht modifiziert werden. Für die übrigen neu geschaffenen Unternehmen wäre ein neuer

---

[829] Bei physischen Netzwerkgütern bestünde eine höhere Wahrscheinlichkeit dafür, dass sich die betroffenen Unternehmen selbst zu der Herstellung von externer Kompatibilität verpflichten und so auch langfristig die Chance für Wettbewerb innerhalb eines Standards gegeben ist.

Produkt- und Unternehmensname festzulegen. Wie auch bei einer vertikalen Entflechtung besteht bei einer horizontalen Entflechtung die generelle Gefahr, dass die Investitionsanreize der Unternehmen gehemmt werden.

Durch ein Maßnahmenbündel aus horizontaler und vertikaler Entflechtung wäre auf Märkten für Netzwerkgüter sowohl mit den charakterisierten Risiken der horizontalen Entflechtung als auch mit den bereits erörterten Risiken einer vertikalen Entflechtung zu rechnen. Neben den charakterisierten Risiken weist eine Entflechtung den Nachteil auf, dass die ökonomische Wirkung erst langfristig eintritt. Da sie einen erheblichen Eingriff in die privaten Eigentumsrechte darstellen, ist mit langwierigen gerichtlichen Verfahren zu rechnen.

Die Ausführungen machen deutlich, dass aufgrund der bestehenden Risiken und der fehlenden Nachhaltigkeit einer wettbewerbsbelebenden Wirkung auch horizontale Fusionen kein geeignetes Instrument zur wettbewerblichen (Re-)Organisation darstellen.

E Senken der Marktzutrittsschranken als ursachenadäquates Instrument

1 Grundidee

Die vorangegangenen Erörterungen haben gezeigt, dass die Dominanz eines Anbieters auf Märkten für Netzwerkgüter, insbesondere für virtuelle Netzwerkgüter, primär auf die strukturellen Besonderheiten des Marktes zurückzuführen ist. Vor diesem Hintergrund ist die Anwendung von Verhaltensverboten in der Regel unwirksam, da das Verhalten der Teilnehmer nicht die tiefere Ursache für das Vorliegen der verfestigt-vermachteten Marktstrukturen darstellt. Es wurde auch deutlich, dass „harte" Struktureingriffe wie horizontale und vertikale Entflechtungen nur eine geringe Aussicht auf eine dauerhafte Belebung des Wettbewerbs haben, aber zu bedeutenden Ineffizienzen führen können.

Ein ursachenadäquates Vorgehen auf Märkten für Netzwerkgüter erfordert die bereits erwähnte genaue Kenntnis der strukturellen Besonderheiten des Marktes. Diese sind bei der Entscheidung zur wettbewerbspolitischen Vorgehensweise einzubeziehen. Wie in der vorliegenden Studie gezeigt wurde, besteht auf Märkten, die durch das Vorliegen von virtuellen Gütern, bedeutenden Netzwerkeffekten, angebotsseitigen Größenvorteilen und homogenen Nachfragepräferenzen gekennzeichnet sind, eine immanente Tendenz zu der Dominanz eines Standards. Falls auf Basis dieses Standards nur ein Unternehmen seine Güter anbietet, somit Inkompatibilität zwischen den Netzwerkgütern der konkurrierenden Hersteller vorliegt, impliziert dies gleichzeitig eine Tendenz zu einem natürlichen Monopol. Die Anbieter auf dem jeweiligen Markt können lediglich Einfluss darauf nehmen, wer die Monopolstellung einnimmt und wie hoch die Marktzutrittsschranken sind. Ohne den Eingriff in die privaten Eigentumsrechte wird ein dauerhafter Wettbewerb im Markt, wie er auf Märkten für „normale" Güter üblich ist, nicht möglich sein.

Bei einer Entscheidung für die Wahrung der Eigentumsrechte an einer Technik sind statische Ineffizienzen in gewissem Umfang in Kauf zu nehmen, um eine zu geringe Netzwerkgröße und ein dynamisches Wettbewerbsversagen zu verhindern. Die Wettbewerbspolitik muss einen Ausgleich zwischen den Innovationsanreizen für den Innovators, den Nachfragepräferenzen und der Öffnung des Marktes für den Wettbewerb im Sinne einer „second best Lösung" schaffen.[830]

Dieser Ausgleich kann durch das „weiche" strukturpolitische Instrument „befristete Senkung" von Marktzutrittsschranken erfolgen (Abbildung 28). Das Instrument eignet sich insbesondere auf Märkten für virtuelle Netzwerkgüter wie Software. Die Anbieter virtueller Netzwerkgüter sind aufgrund der Immaterialität von Software gezwungen, ihre Produkte immer wieder zu verbessern, d. h. zumindest Inkrementalinnovationen vorzunehmen. Blieben diese Produktverbesserungen aus, so würde die Nachfrage nach dem Erreichen der Sättigungsgrenze abrupt abbrechen, da bei virtuellen Gütern keine Verschleißerscheinungen auftreten. Gelingt es, die Marktzutrittsschranken zu senken, so besteht ein kontinuierlicher Innovationsdruck.[831]

---

830 Vgl. WEY, BAAKE, KAMECKE [2004], S. 15.

831 Vgl. WISSENSCHAFTLICHER BEIRAT BEIM BUNDESMINISTERIUM FÜR WIRTSCHAFT UND TECHNOLOGIE (Hrsg.) [2001], Tz. 4 sowie Tz. 48 ff.

Abbildung 28: Ausgestaltung wettbewerblicher Marktstrukturpolitik auf verfestigt-vermachteten Märkten für Netzwerkgüter

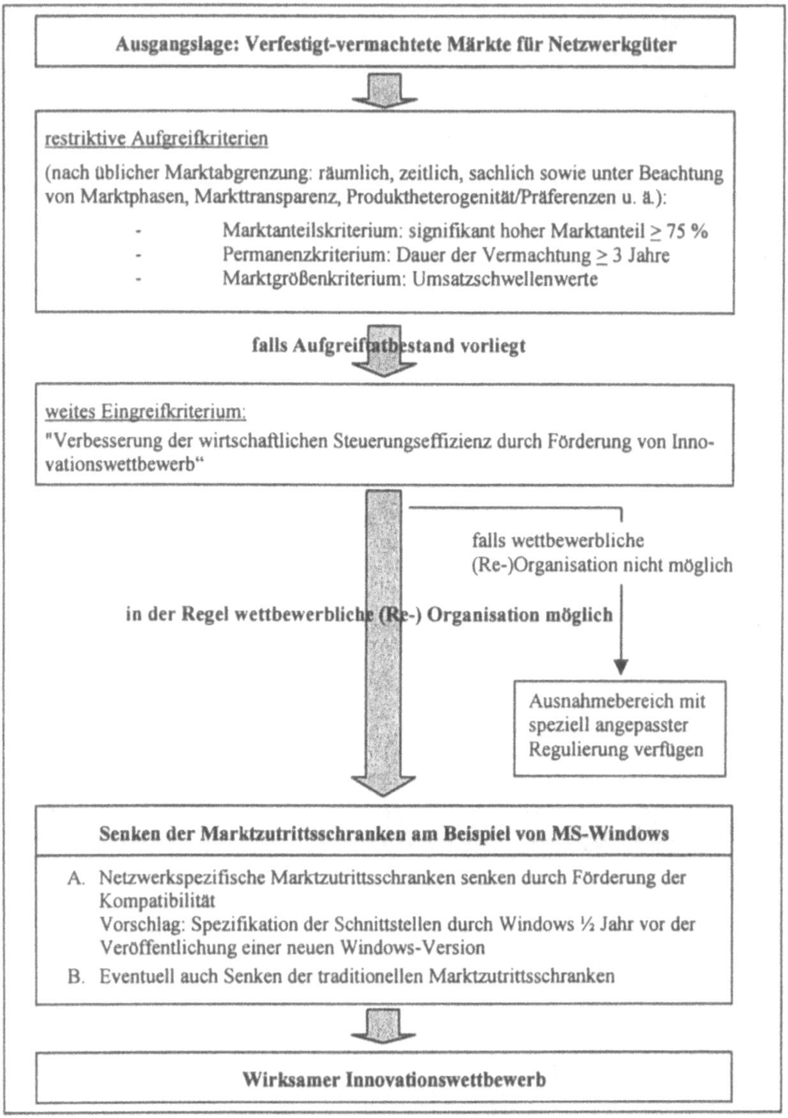

Quelle: Eigene Darstellung in Anlehnung an BARTLING [1992], S. 16.

Es bleibt darauf hinzuweisen, dass die Herabsetzung von Marktzutrittsschranken auf Märkten für physische Netzwerkgüter nur dann Aussicht auf Erfolg hat, wenn sich der Markt noch in einer frühen Marktphase befindet. In späten Marktphasen bleiben bei physischen Gütern bedeutende Produktverbesserungen aus, der Markt kann dennoch weiter existieren, da Ersatzkäufe getätigt werden. Aufgrund der fehlenden Innovationsdynamik würde das Senken der Marktzutrittsschranken nicht ausreichen, um den wettbewerblichen Selbststeuerungsmechanismus wiederzubeleben. Vor dem skizzierten Hintergrund bleibt dann als ultima ratio nur, einen wettbewerblichen Ausnahmebereich zu konstituieren. Die Vielfalt der Alternativen, die der Wettbewerbspolitik in diesem Fall zur Verfügung stehen, werden in der vorliegenden Studie nicht charakterisiert, da sie zum einen bereits aus dem Bereich der traditionellen natürlichen Monopole bekannt sind.[832] Zum anderen wurde darauf hingewiesen, dass Netzwerkeffekte die primäre Ursache für verfestigt-vermachtete Marktstrukturen auf Märkten für virtuelle Güter darstellen. Bei physischen Gütern besteht hingegen eine große Chance für einen dauerhaften Wettbewerb innerhalb eines Standards.

2 Restriktive Aufgreifkriterien

2.1 Marktabgrenzung

Zunächst gilt es für die Wettbewerbspolitik, den relevanten Markt räumlich, sachlich und zeitlich abzugrenzen. Im Sinne einer zeitlichen Marktabgrenzung gehören Anbieter und Nachfrager dann dem gleichen relevanten Markt an, „wenn sie zu einem bestimmten Zeitpunkt zum Leistungsaustausch bereit sind."[833] Bei virtuellen Netzwerkgütern wie Software dürften keine zeitlichen Marktgrenzen vorliegen, da sie aufgrund der Virtualität in allen Ländern/ Industriestaaten zur gleichen Zeit erworben werden können. Eine künstliche Marktspaltung kann jedoch zumindest temporär z. B. dadurch hervorgerufen werden, dass ein Produkt in verschiedenen Ländern zu unterschiedlichen Zeitpunkten eingeführt wird (technisch-wirtschaftliche Schaffung von Marktgrenzen).

Die räumliche Marktabgrenzung dürfte bei virtuellen Gütern wie dem Softwaremarkt ebenfalls vergleichsweise leicht fallen.[834] Ein Charakteristikum für

---

[832] Für detaillierte Ausführungen zu wettbewerblichen Ausnahmebereichen vgl. BARTLING [1983].

[833] SCHMIDT [2005], S. 55.

[834] Der räumlich relevante Markt stellt ein Gebiet mit hinreichend homogenen Wettbewerbsbedingungen dar. Dieses Gebiet unterscheidet sich von anderen Märkten durch die spürbar anderen Wettbewerbsbedingungen. Vgl. ZIMMERMANN [2004], S. 32 f.

Virtualität ist, dass sich Räume nahezu ohne Zeitverlust überwinden lassen. Insofern liegt es bei virtuellen Gütern wie Software nahe, den Markt global abzugrenzen.[835]

Demgegenüber stellt die sachliche Marktabgrenzung eine besondere Herausforderung dar.[836] Eine zentrale Ursache hierfür ist der bereits erörterte modulare Aufbau von Software. Diese Problematik wurde u. a. bei dem US-amerikanischen Verfahren gegen Microsoft deutlich. Den zuständigen Wettbewerbsbehörden fiel es schwer darüber zu befinden, ob es sich bei dem Internet Explorer um eine Produktinnovation von Windows oder um ein eigenständiges Programm handelte.[837] Die Abgrenzung nach dem Bedarfsmarktkonzept, wie sie im europäischen und deutschen Wettbewerbsrecht üblich ist, erlaubt es, technische Zusammenhänge zunächst auszublenden. Im Vordergrund steht die funktionelle Austauschbarkeit für den Nachfrager.[838] Jedoch wird die Angebotsseite zusätzlich bei der Marktabgrenzung einbezogen, um in Zweifelsfällen eine Entscheidungshilfe zu geben.[839]

Schließlich wäre von den Wettbewerbsbehörden zu klären, ob und in welchem Umfang die Marktstellung eines Anbieters auf angrenzenden Märkten, insbesondere auf Märkten für Komplementärgüter, bei der Marktabgrenzung berücksichtigt werden soll. Auch diese Entscheidung wird bei komplexen Beziehungsgeflechten und den gegebenen Marktbedingungen vergleichsweise schwer zu treffen sein.

2.2 Marktgrößenkriterium

Nachdem die Marktabgrenzung erfolgt ist, gilt es für die Wettbewerbspolitik festzustellen, ob der relevante Markt so bedeutend ist, dass ein struktureller Eingriff gerechtfertigt wäre.

Bei einem Markt mit einem sehr geringen Umsatzvolumen lässt sich davon ausgehen, dass die Marktzutrittsschranken für Newcomer gering sind. Deshalb

---

835 Vgl. WEY [2004], S. 7. Der relevante Markt dürfte zumindest alle Industriestaaten umfassen.

836 Probleme treten auch bei anderen Gütern/Märkten primär bei der sachlichen Marktabgrenzung auf. Vgl. SCHMIDT [2005], S. 49.

837 Vgl. FISHER [1999] und HOVENKAMP [2002].

838 Erzeugnisse gelten als funktionell austauschbar, wenn sie zur Befriedigung eines gleich bleibenden Bedarfs besonders geeignet und mit anderen Produkten nur sehr eingeschränkt austauschbar sind. Vgl. ZIMMERMANN [2004], S. 31 f.

839 Vgl. COMMISSION OF THE EUROPEAN COMMUNITIES (Hrsg.) [2004a], Tz. 343 ff.

ist der dominante Anbieter generell einem permanenten Druck durch potenzielle Konkurrenten ausgesetzt und so zu wettbewerblichem Handeln gezwungen. In diesem Fall würde ein vergleichsweise hoher ökonomischer Aufwand (Kosten des strukturellen Eingriffs) einem vergleichsweise geringen ökonomischen Ertrag (Senken der Marktzutrittsschranken für Newcomer) gegenüber stehen.

Ein weiterer Grund gebietet Zurückhaltung bei Eingriffen auf Märkten mit geringem Umsatzvolumen. In vielen Fällen sind die Umsätze sehr gering, weil sich die Märkte in frühen Marktphasen befinden. In Kapitel A 2 des Dritten Teils dieser Studie wurde erörtert, dass in diesen frühen Marktphasen die Marktzutrittsschranken in der Regel überwindbar sind.

Dennoch können Märkte, die aufgrund ihrer geringen Marktgröße unbedeutend erscheinen, eine hohe strategische Bedeutung haben. So war der Markt für WWW-Browser Mitte der 1990er Jahre bei ausschließlicher Betrachtung des Umsatzvolumens vergleichsweise unbedeutend. Die strategische Bedeutung aufgrund seiner Middleware-Funktion war jedoch sehr groß. Dieses Beispiel zeigt, dass für eine ursachenadäquate Wettbewerbspolitik die ausschließliche Betrachtung des Marktvolumens auf dynamischen Märkten nicht ausreicht. Insbesondere bei strategisch bedeutenden Märkten kommt der Wettbewerbspolitik eine weitere wichtige Rolle zu. Deshalb gilt es die Übertragung der Marktmacht von einem Markt mit verfestigt-vermachteter Marktstruktur auf einen jungen, dynamischen Markt mit einer hohen strategischen Bedeutung zu verhindern. Allerdings wäre der Ansatzpunkt für die Wettbewerbspolitik der Markt für Client-PC-Betriebssysteme gewesen, der eine verfestigt-vermachtete Marktstruktur aufweist, nicht jedoch der zum damaligen Zeitpunkt junge Markt für WWW-Browser.

2.3 Vermachtungskriterium

Ein struktureller Eingriff sollte nur dann erfolgen, wenn auf dem relevanten Markt ein Anbieter eine eindeutig dominante Marktstellung besitzt. Die große Intensität eines marktstrukturellen Eingriffs gebietet ein besonders umsichtiges Vorgehen mit diesem Instrument. Deshalb wäre bei der Feststellung der Dominanz eines Anbieters restriktiver vorzugehen, als dies bei der Feststellung von Marktmacht gemäß dem GWB oder dem europäischen Wettbewerbsrecht der Fall ist.

Bei einem Marktanteil von z. B. $\geq$ 75 % lässt sich mit großer Sicherheit davon ausgehen, dass der Anbieter eine dominante Marktstellung auf dem jeweiligen Markt einnimmt. Dieser Marktanteil dürfte bei Netzwerkgütern vergleichsweise schnell erreicht werden, da bei Inkompatibilität zwischen den Netzwerkgütern konkurrierender Anbieter nach dem Überschreiten der kritischen Masse typischerweise eine Technik zum De-facto-Standard wird und der jeweilige Eigentümer dieser Technik eine (Quasi-)Monopolstellung einnimmt. Vor dem Hintergrund der Rechtssicherheit wäre somit ein signifikant hoher Marktanteil von z. B. $\geq$ 75 % festzulegen. Neben dem Marktanteilskriterium spielen auch weitere Marktstrukturvariablen wie die Finanzkraft des betrachteten Unternehmens, die relative Stärke potenzieller Wettbewerber und die möglichen Verflechtungen mit anderen Unternehmen eine Rolle.[840]

2.4 Marktphase

Bei der Beurteilung, ob ein struktureller Eingriff erfolgen soll, kommt der Marktphase eine besondere Bedeutung zu. Es wurde bereits daraufhin gewiesen, dass eine (quasi-)monopolistische Marktstruktur in der Einführungs- und frühen Wachstumsphase eine häufig auftretende Marktform ist, die jedoch c. p. keinen Grund für marktstrukturelle bzw. regulatorische Eingriffe darstellt (vgl. Kapitel A 2, Dritter Teil). In dieser frühen Marktphase konzentriert sich der Innovator in der Regel auf den Auf- und Ausbau der eigenen Marktmacht.[841] Er wird bei Netzwerkgütern in der Regel das Penetrationspreissystem anwenden, um möglichst schnell die kritische Masse an Teilnehmern zu erreichen. In der frühen Wachstumsphase treten zumeist die ersten imitierenden Unternehmen auf den Markt. Diese Phase ist bis zum Erreichen der kritischen Masse zumeist von einem intensiven Wettbewerb gekennzeichnet. Deshalb ist grundsätzlich davon auszugehen, dass die Nachfrager in frühen Marktphasen nicht ausgebeutet werden.[842]

Selbst in den Fällen, in denen sich Anbieter für die Setzung von vergleichsweise hohen Preisen entscheiden (Skimming-Strategie), legitimiert diese Preissetzung alleine keinen Marktstruktureingriff. Die höheren Einführungspreise ermöglichen die Amortisation der Forschungs- und Entwicklungskosten und sind

---

840 Vgl. FICHERT [2002], S. 19.

841 Vgl. WEY, BAAKE, KAMECKE [2004], S. 17.

842 Es kann nicht ausgeschlossen werden, dass mehrere Hersteller, die ihre Netzwerkgüter auf Basis einer Technik anbieten, ihre Verhaltensweisen abstimmen, weil sie eine kollektive Marktbeherrschung anstreben. In der Regel ist auf wachsenden Märkten die Möglichkeit zu einer Verhaltenskoordination deshalb vergleichsweise gering, da die zu erwartenden Gewinne Markteintritte von Newcomern hervorrufen. Neuere Untersuchungen kommen jedoch zu dem Ergebnis, dass die Möglichkeit zu einer Verhaltenskoordination durch eine zunehmende Anzahl von Unternehmen nicht übermäßig beeinträchtigt wird. Vor diesem Hintergrund kann den Verhaltensverboten eine gewisse Bedeutung zukommen. Vgl. SCHWALBE, ZIMMER [2006], S. 292.

als Lohn für die erfolgreiche Innovation anzusehen. Falls der Innovator bereits in frühen Marktphasen regulatorische Eingriffe befürchten muss, die eine Amortisation dieser Kosten gefährden, wird hierdurch seine Neigung, Forschungs- und Entwicklungsinvestitionen zu tätigen, deutlich gemindert. Vor diesem Hintergrund sollte in der Einführungs- und frühen Wachstumsphase generell von Marktstruktureingriffen abgesehen werden, um die Innovationsanreize der Unternehmen nicht zu behindern.[843]

Ein struktureller Eingriff kann jedoch ursachenadäquat sein, wenn ein Anbieter durch Verhaltensweisen wie Ausschließlichkeitsverträge und die vertragliche oder physische Kopplung von Produkten versucht, seine Marktmacht von einem angrenzenden Markt auf den betrachteten Markt zu übertragen. Diese Verhaltensweisen haben insbesondere dann Aussicht auf Erfolg, wenn das Produkt auf dem angrenzenden Markt für die Anbieter auf dem betrachteten Markt eine große Bedeutung besitzt. Im Extremfall handelt es sich dabei um eine „wesentliche Einrichtung" bzw. „essential facility". Allerdings wäre nicht in die Strukturen des neuen, jungen Marktes einzugreifen, sondern in die des vergleichsweise alten Marktes, auf dem der betrachtete Anbieter eine dominante Marktstellung einnimmt.[844]

Nach dem Erreichen der kritischen Masse, das typischerweise in der Wachstumsphase erfolgt, wird unter der Voraussetzung mehrerer inkompatibler Techniken ein Netzwerk relativ schnell eine dominante Marktstellung erlangen. Dieser Zeitpunkt ist in der Regel für den Anbieter ideal, um die Preise für seine Netzwerkgüter anzuheben. Mit der nun einsetzenden deutlichen Zunahme der Netzwerkgröße steigt der Netznutzen und somit die Zahlungsbereitschaft der Nachfrager. Eine Preiserhöhung stellt auch jetzt kein zwingendes Signal für einen wettbewerbspolitischen Eingriff dar. In der Regel hat der Anbieter bis zum Erreichen der kritischen Masse primär hohe Ausgaben für Forschung, Entwicklung und Etablierung seines Produktes getätigt, so dass die Preiserhöhung noch immer als Lohn für die vorangegangenen Investitionen angesehen werden kann. Die zeitlich befristete Monopolstellung wäre zu dulden, da die Gewinne einen Anreiz für die Durchführung weiterer Investitionen geben können. Deshalb ist auch kurz nach dem Erreichen der kritischen Masse generell von Marktstruktureingriffen abzuraten.

Eine verfestigt-vermachtete Marktstruktur liegt in der Regel erst dann vor, wenn sich der Markt zumindest am Ende der Wachstumsphase oder in einer

---

843 Vgl. WEY, BAAKE, KAMECKE [2004], S. 32.

844 Vgl. hierzu die Ausführungen zum Marktgrößenkriterium.

noch späteren Marktphase befindet.[845] In diesen Phasen hat sich eine Technik dauerhaft am Markt etabliert und konkurrierende Techniken/Netzwerke spielen nur noch eine untergeordnete Rolle. Die Marktzutrittsschranken sind, insbesondere aufgrund der netzwerkspezifischen Marktzutrittsschranken, sehr hoch. Anbieter von Me-too-Produkten haben keine Intention, in den Markt einzutreten, aber auch die Markteintritte innovativer Anbieter werden durch die Höhe der Marktzutrittsschranken gehemmt. Ein typisches Charakteristikum für eine verfestigt-vermachtete Marktstruktur ist der Versuch des dominanten Anbieters, seine Marktmacht auf angrenzende Märkte auszuweiten. Diese Strategie ist meist nur dann erfolgreich, wenn er sich seiner Marktstellung auf dem betrachteten Markt sicher sein kann.

Ein struktureller Eingriff sollte erst in diesen späteren Marktphasen erfolgen. Liegt eine verfestigt-vermachtete Marktstruktur vor, ließe sich aufgrund der Schwere des Eingriffes ein zusätzliches Permanenzkriterium – wie im folgenden Abschnitt behandelt – einführen, um durch ein besonders restriktives Vorgehen Rechtssicherheit zu gewährleisten.

2.5 Permanenzkriterien[846]

Für den Nachweis von permanenter Marktmacht ließe sich ein Zeitraum festlegen, in dem

- keine Preisbewegungen trotz deutlicher Kosten- oder Nachfrageänderungen stattgefunden haben oder
- bei Preisänderungen ein spontan-solidarisches Parallelverhalten der Unternehmen auf dem relevanten Markt vorlag oder
- der Marktanteil des betrachteten Unternehmens ≥ 75 % betragen hat.

Bei der Festlegung der Dauer müsste gegebenenfalls danach differenziert werden, ob es sich bei dem relevanten Markt um einen Markt für physische oder für virtuelle Netzwerkgüter handelt. Märkte für physische Netzwerkgüter weisen im Vergleich zu virtuellen Netzwerkgütern zumeist eine geringere Dynamik auf. Märkte für virtuelle Netzwerkgüter sind hingegen durch kürzere Produktlebenszyklen gekennzeichnet.

---

845 Der Zeitpunkt des Eingriffes darf jedoch nicht zu spät sein, um zu verhindern, dass ein technologisch veraltetes System durch Wettbewerbsbeschränkungen am Leben gehalten wird. Vgl. BLUM, VELTINS [2002], S. 19.

846 In Anlehnung an BARTLING [1997], S. 24 f.

Für Märkte mit einer vergleichsweise geringeren Dynamik ließe sich ein Zeitraum von fünf Jahren festlegen, innerhalb dessen eines der zuvor genannten Permanenzkriterien erfüllt sein müsste. Bei Märkten mit einer vergleichsweise hohen Innovationsdynamik wie dem Softwaremarkt wäre der Zeitraum hingegen auf drei Jahre zu verkürzen. Da Innovationswettbewerb auf Softwaremärkten die zentrale Voraussetzung ist, um die Dynamik auf diesen Märkten zu erhalten, sollte der marktstrukturelle Eingriff hier schneller erfolgen.[847]

3 Weites Eingreifkriterium

Liegen die relevanten Aufgreifkriterien vor, so könnte der Marktstruktureingriff mit einem weiten Eingreifkriterium, z. B. „Verbesserung der wirtschaftlichen Steuerungseffizienz durch Förderung von Innovationswettbewerb", erfolgen. Als ursachenadäquates Instrument bietet sich das Senken der Marktzutrittsschranken an, da Marktzutrittsschranken die Ursache für den gehemmten bzw. ausbleibenden Innovationswettbewerb sind.[848]

Dies könnte durch den Abbau der Schranken zwischen den Märkten erfolgen. Aufgrund der herausragenden Bedeutung des Innovationswettbewerbs kommt jedoch insbesondere bei virtuellen Netzwerkgütern dem Senken von Marktzutrittsschranken für Newcomer eine zentrale Bedeutung zu.

Hierbei sollte der Fokus auf der Förderung von Kompatibilität zwischen den Netzwerkgütern konkurrierender Anbieter liegen. Gelingt eine „weitestgehende" Schaffung von Kompatibilität, würden hierdurch die Marktzutrittsschranken deutlich gesenkt und der Markteintritt für innovative Newcomer wesentlich erleichtert. In der Studie wurde gezeigt, dass auf Märkten für Netzwerkgüter neben netzwerkspezifischen Marktzutrittsschranken auch traditionelle Marktzutrittsschranken anzutreffen sind. Für einen innovativen Newcomer sind diese aber in der Regel überwindbar, so dass der Fokus auf den netzwerkspezifischen Marktzutrittsschranken und somit der Schaffung von Kompatibilität liegen sollte.

Der Wettbewerbspolitik stehen generell mehrere Möglichkeiten zur Begünstigung externer Kompatibilität zu Verfügung. So könnte z. B. der Eigentümer des De-facto-Standards dazu gezwungen werden, das Know-how seiner Technik den

---

[847] Die Reifephase wird bei Märkten für virtuelle Netzwerkgüter nach dem Erreichen der kritischen Masse aufgrund der einsetzenden positiven Rückkopplung im Vergleich zu physischen Netzwerkgütern schneller erreicht.

[848] Wie in den vorangegangenen Kapiteln erörtert, kann der Wettbewerb auf Märkten für virtuelle Netzwerkgüter in vielen Fällen nur in Form eines Innovationswettbewerbs (Wettbewerb um die temporäre Monopolstellung) stattfinden.

Wettbewerbern kostenlos zur Verfügung zu stellen. Dies ließe sich z. B. dadurch erreichen, dass bei Vorliegen eines Permanenzkriteriums der Patentschutz bzw. Urheberschutz entfallen würde. Denkbar wäre auch, dass der Anbieter für die Zurverfügungstellung des Know-Hows ein angemessenes Entgelt von den konkurrierenden Anbietern erheben dürfte (Zwangslizenzierung) und so die Eigentumsrechte an seiner Technik – unter Einschränkung – behalten könnte.

Die Instrumente lassen sich anschaulich am Beispiel von Microsoft darstellen. Im ersten Fall würde Microsoft dazu gezwungen, den Quellcode von Windows für die Wettbewerber offen zu legen. Im zweiten Fall müsste Microsoft den Wettbewerbern den Quellcode von Windows gegen ein angemessenes Entgelt zur Verfügung stellen.

Der Eingriff ließe sich auch so gestalten, dass der Urheberschutz für die aktuelle Windows-Version z. B. XP in dem Moment entfällt, in dem die nachfolgende Betriebssystemgeneration am Markt eingeführt wird. In diesem Zusammenhang müsste von Microsoft der Quellcode für Windows XP öffentlich zugänglich gemacht werden. Hierdurch wäre zwar nicht die volle Kompatibilität zu der aktuellen Version von Windows gewährleistet, jedoch ließe sich von den konkurrierenden Anbietern Kompatibilität zu allen Anwendungen herstellen, die auf Windows XP laufen (intertemporale Kompatibilität). In diesem Fall wären konkurrierende Betriebssysteme, bis auf den zeitlichen Nachteil, mit der neuen Windows-Generation gleichgestellt. Ein neuer Wettbewerb um das Erreichen der kritischen Masse von Teilnehmern könnte beginnen.

Diese Formen der direkten Einflussnahme auf Kompatibilität weisen jedoch einen bedeutenden Nachteil auf, weil in die Eigentumsrechte des Anbieters eingriffen wird. So käme die unentgeltliche Zwangslizenzierung einer Enteignung gleich. Dies betrifft nicht nur die alten Windowsversionen. Da Software modular aufgebaut ist und auch neuere Software die Module älterer Generationen enthält, kann der Quellcode der neuen Windows Version über weite Teile identisch mit dem der alten Vorgängerversion sein. Somit bestünde für Microsoft nur noch ein geringer Anreiz, neue Generationen von Windows zu entwickeln.

Deutlich wirkungsvoller erscheint deshalb die Lösung, das dominante Unternehmen ex ante zu dem Offenlegen aller relevanten Schnittstellen zu bewegen, die den konkurrierenden Anbietern die Herstellung von Kompatibilität ermöglichen. Hierdurch wird indirekt auf die Schaffung von horizontaler Kompatibilität Einfluss genommen. Auch die Europäische Kommission hat in ihrer Entscheidung vom März 2004 die Offenlegung der Schnittsstellen als Verhaltensauflage erlassen.[849] Obwohl die Forderung prinzipiell sinnvoll erscheint, birgt sie zwei Probleme. Zum einen ging dieser Entscheidung ein über vierjähriges Verfahren voraus. Die Beschwerde von Sun Microsystems lag bereits sechs Jahre zurück. Zum anderen ist Microsoft in Berufung gegangen und kommt den Auflagen noch immer nicht wie gewünscht nach.[850]

Im konkreten Fall von Windows ließe sich eine Ex-ante-Offenlegung der Schnittstellen folgendermaßen umsetzen: Microsoft müsste im Vorfeld der Markteinführung, z. B. ein halbes Jahr zuvor, dazu veranlasst werden, alle relevanten Schnittstellen von Windows offen zu legen und diese genau zu dokumentieren. Die Expertenkommission wäre damit beauftragt, die Offenlegung der Schnittstellen zu kontrollieren und die Dokumentation der Schnittstellen auf Vollständigkeit zu untersuchen. Es ist zu beachten, dass es sich hierbei um Schnittstellen, nicht jedoch um den Quellcode handelt.[851] Die Schnittstellen ermöglichen es u. a., den auf Windows aufsetzenden Anwendungsprogrammen mit dem Betriebssystem zu kommunizieren. Sie stellen jedoch nur einen kleinen Teil des Programms dar. In vielen Fällen ist der Anbieter von Betriebssystemen

---

849 Vgl. COMMISSION OF THE EUROPEAN COMMUNITIES [2004], Tz. 999-1004.

850 Vgl. COMMISSION OF THE EUROPEAN COMMUNITIES [2006]. Microsoft hat bereits angekündigt: „We will ask the European Courts to determine whether our compliance efforts have been sufficient and whether the Commission's unprecedented fine is justified." MICROSOFT CORP (Hrsg.) [2006a].

851 Microsoft hingegen vertritt die Ansicht, dass es sich bei der Pflicht zur Offenlegung von Schnittstellen, die von der Europäischen Kommission angeordnet wurde, nicht nur um Schnittstellen, sondern um internes Technologie-Know-how handelt. Dies liege an der „falschen" Definition des Begriffes Interoperabilität, die von der Kommission verwendet werde. Die Definition umfasse neben Interface Protokollen (APIs) auch das geistige Eigentum des Unternehmens. Demzufolge würden durch die angeordnete Zwangslizenzierung die Wettbewerber in die Lage versetzt, die Microsoft Technologie, die wertvolles geistiges Eigentum darstelle, zu „klonen". Deshalb legte das Unternehmen Beschwerde gegen die Entscheidung der Kommission ein. In einer Pressemitteilung vom 25. Januar 2006 gab Microsoft schließlich bekannt, dass das Unternehmen „den gesamten Windows Server-Quellcode für die Technologe lizenzieren wird, auf die sich die Entscheidung der Kommission vom März 2004 bezieht. Das Unternehmen hat sich zu dieser freiwilligen Maßnahme entschlossen, um die Beschwerdepunkte der Kommission vom 22. Dezember auszuräumen. Die Kommission hatte in einem „Statement of Objections" geltend gemacht, dass die bisher von Microsoft bereitgestellten technischen Dokumentationen nicht ausreichende Informationen enthielten, „um Lizenznehmern die erfolgreiche Implementierung bestimmter Windows Server-Kommunikationsprotokolle zu ermöglichen." MICROSOFT CORP (Hrsg.) [2006d]. In der anschließenden Anhörung, die im Zeitraum vom 30. bis 31. März 2006 in Brüssel stattfand, gaben die Wettbewerber von Microsoft an, dass das Microsoft Work Group Server Protocol Programm nicht geeignet sei, die von der Kommission erlassenen Auflagen im Hinblick auf die Interoperabilität zu erfüllen, weil ein Großteil der benötigten Informationen fehle. Auch das Angebot, den Quellcode des Server-Betriebssystems offen zu legen, sei keine Alternative zu einer spezifischen und umfassenden Dokumentation der Kommunikationsprotokolle. Vgl. HEISE (Hrsg.) [2006b].

an einer Offenlegung und vollständigen Dokumentation seiner Schnittstellen ohnehin interessiert, da er hierdurch erhofft, die Anbieter von komplementärer Anwendungssoftware zum porting auf sein Betriebssystem zu bewegen.

Der Zwang zur frühzeitigen Offenlegung der Schnittstellen hätte Einfluss auf die wettbewerbliche Ausgangssituation mehrerer Märkte. Zunächst wären dadurch die direkten Wettbewerber auf dem Markt für Client-PC-Betriebssysteme besser gestellt. Diese hätten genaue Vorabinformationen über die Kommunikationsweise zwischen Windows und den Anwendungsprogrammen, z. B. Office-Suites und könnten ihre Betriebssysteme entsprechend anpassen. Wie bereits erörtert, wird eine vollständige Kompatibilität nur durch ein perfektes reverse engineering erreicht. Dieses ist jedoch, angesichts des sehr aufwendigen Quellcodes von Windows, nicht in vollem Umfang zu realisieren. Für die konkurrierenden Betriebssystemanbieter bestünde aber die Möglichkeit, vorher eine Analyse des Marktes für Anwendungssoftware vorzunehmen und die Programme zu identifizieren, deren Lauffähigkeit auf dem eigenen Betriebssystem zwingend gesichert sein muss, um wettbewerbsfähig zu sein. Nur für diese Programme, z. B. für die Office-Produkte, wäre zu gewährleisten, dass sie mit den gleichen Schnittstellen auf ihr Betriebssystem zugreifen, wie es bei Windows der Fall ist. Diese einseitige Gewährleistung von Kompatibilität auf Seiten der konkurrierenden Betriebssystemhersteller wäre ebenfalls mit einem großen Aufwand verbunden, da ein Teil des Quellcodes angepasst werden müsste, jedoch erhielten insbesondere die Anbieter von innovativen Betriebssystemen die Chance, Kompatibilität durch eigene Initiative herzustellen.

Das Problem der intertemporalen Kompatibilität ließe sich dadurch beheben, dass generell die Schnittstellen aller aktuell am Markt verwendeten Versionen von Windows offen gelegt und dokumentiert werden müssten.

Neben der direkten horizontalen Wettbewerbswirkung wäre dem dominanten Anbieter mit der Verpflichtung zur Offenlegung der Schnittstellen auch gleichzeitig die Möglichkeit genommnen, durch Informationszurückhaltung seine Marktmacht auf angrenzende Märkte wie Märkte für Anwendungs- und Serversoftware zu übertragen (Senkung der Marktzutrittsschranken auf vor- bzw. nachgelagerten Märkten). Den Konkurrenten von Microsoft auf den Märkten für Server-Betriebssysteme, Multimediaplayer, Webbrowser und Office-Suites würde die Möglichkeit gegeben, ihre Programme schneller an das Betriebssystem Windows anzupassen. In der Studie wurde gezeigt, dass Microsoft gerade dann geneigt ist, Schnittstelleninformationen zurückzuhalten, wenn sie auf dem Markt selbst als Anbieter tätig sind.

4 Ergänzende Maßnahme: Ex-ante-Verhaltensverbote

Die Offenlegung der Schnittstellen ließe sich durch eine zusätzliche Ex-ante-Verhaltenskontrolle des dominanten Anbieters flankieren. Die Anordnung von Verhaltensverboten wäre von der zuständigen Wettbewerbsbehörde/Beschlussabteilung vorzunehmen. Diese würde ihre Entscheidungen wiederum nach Einholen einer Meinung/eines Berichts einer Expertenkommission treffen. Expertenkommission und Beschlussabteilung wären so lange mit der Kontrolle des Marktes beauftragt, wie dieser die Charakteristika einer verfestigt-vermachteten Marktstruktur aufweist.[852] Von Beschlussabteilung/Expertenkommission wären sowohl Verhaltensweisen zu kontrollieren, die Einfluss auf die Höhe der Marktzutrittsschranken des verfestigt-vermachteten Marktes haben, als auch die Verhaltensweisen, die die wettbewerbliche Ausgangssituation auf den vor- oder nachgelagerten Märkten verzerren.

Im konkreten Fall von Microsoft würde das bedeuten, dass der dominante Anbieter im Vorfeld der Markteinführung, etwa ein halbes Jahr zuvor, dazu verpflichtet würde, die Vorabversion (Beta-Version) seines Betriebssystems an die Beschlussabteilung bzw. das Expertengremium zu übergeben und Neuerungen anzuzeigen.[853] Gleichzeitig hätte der dominante Anbieter eine Rechtfertigung für die Neuerung zu erbringen. So wäre von Microsoft im Falle der physischen Kopplung des Internet Explorers mit dem Windows Betriebssystem nachzuweisen gewesen, dass diese Neuerungen sowohl auf dem Markt für Client-PC-Betriebssysteme zu keiner Erhöhung der Marktzutrittsschranken führen als auch die dominante Marktstellung nicht auf den Markt für WWW-Browser übertragen würde.

Falls die Expertenkommission die physische Kopplung dennoch als primär wettbewerbsbeschränkend eingestuft hätte, wäre von Microsoft nachzuweisen gewesen, dass die Integration eine Innovation sei und eindeutig zu einer Besserstellung der Nachfrager führe. Zusätzlich wäre der Nachweis zu erbringen gewesen, dass keine andere Möglichkeit besteht, die Besserstellung der Nachfrager „ohne die gleichzeitige Erhöhung der Marktzutrittsschranken zu erreichen (‚In-

---

[852] Auch die Europäische Kommission hatte in ihrer Entscheidung im Jahr 2004 angekündigt, von einem Treuhänder überwachen zu lassen, ob die Vorgaben der Kommission eingehalten werden. Dies ist bereits ein erster Schritt hin zu einem ursachenadäquaten Wettbewerbsschutz. Leider werden durch diese Maßnahme nur die Märkte für Server-PC-Betriebssysteme und Media Player geschützt. Falls auf anderen Märkten ähnliche wettbewerbsbeschränkende Verhaltensweisen zu beobachten wären, so müsste die Kommission die Untersuchungen erneut in Gang setzen, was wieder aufgrund des Zeitverlustes zu erheblichen Ineffizienzen führen würde. Vgl. FICHERT, SOHNS [2004], S. 916.

[853] Vgl. FICHERT [2002], S. 20.

novationsbonus').“[854] Die Beschlussabteilung hätte unter Rücksprache mit der Expertenkommission schließlich eine Abwägungsentscheidung darüber treffen müssen, ob die physische Kopplung zu genehmigen sei.

Darüber hinaus könnte es zweckmäßig sein, alle Aktionen des dominanten Anbieters, die einen Einfluss auf Konkurrenten oder Nachfrager haben, ex ante anzeigepflichtig zu machen. Falls dies jedoch als zu aufwendig erscheint, ließe sich die Expertenkommission z. B. beauftragen, alle anderen Verhaltensweisen des dominanten Anbieters einer kritischen Beobachtung zu unterziehen und sie dann zu untersagen, wenn sie eine primär wettbewerbsbeschränkende Wirkung besitzen.

Durch die Ex-ante-Anzeigepflicht lassen sich Fehler vermeiden, die z. B. bei dem Vergleich zwischen Microsoft und dem US-amerikanischen Justizministerium im Jahr 1995 (consent decree) gemacht wurden. In diesem verpflichtete sich Microsoft, freiwillig auf den Abschluss von Kopplungsverträgen unter Einbeziehung der aktuellen Windows-Version zu verzichten. In der Folgezeit integrierte Microsoft den Internet Explorer in die nachfolgende Betriebssystemgeneration und sah darin keinen Verstoß gegen die Auflagen des consent decree.

Ex-ante-Anzeigepflicht und Verhaltenskontrolle haben, im Vergleich zu der aktuellen Vorgehensweise auf der europäischen Ebene, den Vorteil, dass der Aufbau von verhaltensbedingten Marktzutrittsschranken „im Keim erstickt“ würde. Hierdurch ließe sich vermeiden, dass nach Beendigung eines über Jahre andauernden Rechtsstreites der relevante Markt als einer der Streitgründe wie im Fall des WWW-Browser-Marktes quasi nicht mehr existiert. Darüber hinaus wäre ein höheres Maß Rechtssicherheit gewährleistet, was auch dem dominanten Anbieter zu Gute käme. Dieser besäße in der Regel bereits im Vorfeld einer Aktion bzw. unmittelbar danach, Kenntnis darüber, ob diese von der zuständigen Wettbewerbsbehörde genehmigt wird oder nicht. Die aktuelle Vorgehensweise im europäischen Verfahren gegen Microsoft hat gezeigt, dass auf den dominanten Anbieter einige Jahre nach der wettbewerbsbeschränkenden Verhaltensweise ein hohes Bußgeld zukommen kann, ohne dass dieser sich im Vorfeld über die Auswirkungen und das Ausmaß bewusst war.

---

[854] FICHERT [2002], S. 21.

5 Schlussbemerkung

Mit der Studie werden zwei zentrale Ziele verfolgt:

In einem ersten Schritt sollten die Auswirkungen von Netzwerkeffekten auf den Wettbewerb untersucht und ein Analysemuster für die praktische Wettbewerbspolitik entwickelt werden. Hierbei konnte gezeigt werden, dass Netzwerkeffekte bei gleichzeitigem Vorliegen von externer Inkompatibilität und homogenen Nachfragepräferenzen ursächlich für die Monopolisierung des jeweiligen Marktes sind. Dieser Fall tritt insbesondere bei virtuellen Netzwerkgütern auf. Da aufgrund der externen Inkompatibilität zumeist hohe netzwerkspezifische Marktzutrittsschranken vorliegen, ist die Marktstruktur in der Regel zusätzlich verfestigt.

Im zweiten Schritt sollten der Wettbewerbspolitik praktische Handlungsempfehlungen beim Umgang mit Märkten für Netzwerkgüter gegeben werden. Eine horizontale Kooperation der Anbieter, die im Idealfall zu einem industrieweiten Standard führt, ist die einzige Chance für den Wettbewerb auf dem Markt. Vor diesem Hintergrund ist die Wettbewerbspolitik gefordert, diesen Kooperationsformen aufgeschlossen gegenüberzustehen. Die besondere Herausforderung dieser Aufgabe besteht darin, Standardisierungen zu fördern, gleichzeitig aber auf die wettbewerbskonforme Ausführung zu achten. Konkret bedeutet dies, die Festlegung der relevanten Schnittstelleninformationen zu befürworten, ohne darüber hinausgehende Absprachen zu tolerieren, durch die der Wettbewerb beschränkt werden könnte.

Setzt sich hingegen ein proprietärer Standard im Wettbewerb durch, so ist dies meist mit einer Monopolisierung des jeweiligen Marktes verbunden. In der Studie konnte gezeigt werden, dass dieser Fall tendenziell bei virtuellen Netzwerkgütern eintritt, da günstige Produktionsbedingungen wie instant scalability und angebotsseitige Größenvorteile die Neigung des Anbieters, die Alleinherrschaft auf einem Markt zu erreichen, fördern. Diese strukturell bedingte Monopolisierung des Marktes stellt die Wettbewerbspolitik vor eine neue und zugleich große Herausforderung. Bisher ist das Wettbewerbsrecht in Deutschland und der Europäischen Union primär auf den Schutz des Wettbewerbs auf dem relevanten Markt ausgerichtet, der Schutz des Innovationswettbewerbs um eine zeitlich befristete Monopolstellung ist nur sehr eingeschränkt möglich.

Zum einen muss das Bewusstsein verstärkt werden, dass eine monopolistische Marktstruktur kein generelles Indiz für ein Wettbewerbsversagen auf einem Markt ist. Vielmehr gilt es zunächst unter Beachtung der jeweiligen Marktphase festzustellen, ob sich der Monopolist potenzieller Konkurrenz ausgesetzt fühlt,

d. h. die Marktzutrittsschranken niedrig sind und eine hinreichende Marktdynamik vorliegt.

Zum anderen gilt es zu erkennen, dass die Ursache für die Monopolisierung des Marktes nicht primär in der Anwendung wettbewerbsbeschränkender Verhaltensweisen liegt, sondern in der Existenz der spezifischen marktstrukturellen Bedingungen, allen voran der Netzwerkeffekte. Durch ein Verbot dieser Verhaltensweisen kann nicht verhindert werden, dass es zu einer Monopolisierung kommt. Vor diesem Hintergrund bleiben die herkömmlichen Verhaltensverbote zum Schutz der aktuellen Konkurrenten unwirksam. Durch eine umsichtige Anwendung des Verbots von Behinderungspraktiken kann jedoch der Markteintritt für die potenziellen Konkurrenten erleichtert werden, da der Aufbau verhaltensbedingter Marktzutrittsschranken erschwert wird. In diesem Fall steht die Wettbewerbspolitik vor der Herausforderung, die vorhandenen wettbewerbspolitischen Instrumente unter Einbeziehung der hier gewonnenen Erkenntnisse zu nutzen.

Falls der Monopolist jedoch durch hohe Marktzutrittsschranken sogar vor Innovationswettbewerb geschützt ist, sind weder Verhaltensverbote noch die im europäischen und deutschen Kartellrecht Anwendung findende Missbrauchsaufsicht geeignet, um die Ursache der Wettbewerbsbeschränkung zu beheben und so die wettbewerbliche Selbststeuerungseffizienz wieder herzustellen. Daher wurde in dieser Studie ein Konzept für den Umgang mit diesen verfestigt-vermachteten Marktstrukturen entwickelt. Dieses Konzept besteht aus der kombinierten Anwendung zweier Instrumente:

Durch die Ex-ante-Offenlegung und Dokumentation von Informationen über relevanten Schnittstellen werden die netzwerkspezifischen (strukturellen) Marktzutrittsschranken auf dem relevanten Markt gesenkt.

Die Ex-ante-Verhaltenskontrolle, die gegebenenfalls Verhaltensverbote im Vorfeld erlassen kann, unterbindet den Aufbau von verhaltenbedingten Marktzutrittsschranken.

Der vorgeschlagene Instrumentenmix hat zwei wesentliche Vorteile: Erstens wirkt es im Vergleich zu den herkömmlichen wettbewerbspolitischen Instrumenten, Verhaltensverbote und Missbrauchsaufsicht, sowohl ursachenadäquat als auch dauerhaft. Zweitens ist durch den Ex-ante-Charakter ein schnelles Eingreifen möglich, wodurch die aufgezeigten Ineffizienzen, eines über Jahre andauernden Verfahrens weitestgehend vermieden werden können.

Aufbauend auf dieser Arbeit besteht weiterer Forschungsbedarf. So wären unter anderem die geeigneten institutionellen Zuständigkeiten bei der Umsetzung der praktischen Wettbewerbspolitik weiter zu konkretisieren. Schließlich besitzen die Märkte für virtuelle Netzwerkgüter in der Regel einen globalen Charakter. Deshalb ist eine rein nationale Lösung des Wettbewerbsproblems nicht angebracht.[855] In dem Koordinationsbedarf der unterschiedlichen Wettbewerbsbehörden besteht eine weitere große Herausforderung für die Wettbewerbspolitik. Abschließend bleibt darauf hinzuweisen, dass die zunehmende technische Komplexität von Märkten wie Software eine enge interdisziplinäre Zusammenarbeit zwischen Ökonomen, Juristen und Produktentwicklern erfordert. Nur so kann die Wettbewerbspolitik den neun Anforderungen gerecht werden.

---

[855] Zur Notwendigkeit einer besseren internationalen Kooperation vgl. u. a. O'TOOLE [2001], S. 69.

Sechster Teil: Literaturverzeichnis

ACKERMANN, R. [1999], Pfadabhängigkeit, Institutionen und Regelreform, Diss., Einreichungsfassung, Freiburg.

AKERLOF, G. A. [1970], The Market for 'Lemons', Quality Uncertainty and the Market Mechanism, in: Quarterly Journal of Economics, 84, S. 488-500.

AMAZON (Hrsg.) [2005a], URL: http://www.amazon.de/exec/obidos/ASIN/B0008068X0/qid=1124883141/sr=8-3/ref=pd_ka_3/302-1459489-5362422 [Stand 23.08.2005].

AMAZON (Hrsg.) [2005b], URL: http://www.amazon.de/exec/obidos/search-handle-form/ref=sr_sp_go_qs/302-1459489-5362422 [Stand 23.08.2005].

AMD (Hrsg.) [2003], AMD führt den AMD Opteron™ Prozessor HE (50Watt) und EE (30Watt) ein, URL: http://www.amd.com/de-de/Processors/ProductInformation/0,,30_118_8825,00.html [Stand 06.04.2004].

APPLE (Hrsg.) [2003], Apple im Überblick, URL: http://www.apple.com/chde/about/ [Stand 17.09.2003].

APPLE (Hrsg.) [2005], Apple Store, URL: http://store.apple.com/Apple/WebObjects/germanstore [Stand 24.08.2005].

ARTHUR, B. W. [1989], Competing Technologies, Increasing Returns, and Lock-In by Historical Events, in: The Economic Journal, 99 (394), S. 116-131.

ARTHUR, B. W. [1994], Increasing Returns and Path Dependence in the Economy, Ann Abor.

BACKHAUS, K. [1999], Industriegütermarketing, München.

BAIN, J. S. [1956], Barriers to New Competition: Their Character and Consequences in Manufacturing Industries, Cambridge/Mass.

BAIN, J. S. [1968], Industrial Organization, New York u. a.

BALZERT, H. [1996], Lehrbuch der Software-Technik – Software-Entwicklung, Heidelberg u. a.

BARTLING, H. [1980], Leitbilder der Wettbewerbspolitik, München.

BARTLING, H. [1981], Wettbewerbspolitik auf strukturell vermachteten Märkten, in: Verein für Socialpolitik, Gesellschaft für Wirtschafts- und Sozialwissenschaften (Hrsg.), Zukunftsprobleme der Sozialen Marktwirtschaft (Band 116), S. 137-157.

BARTLING, H. [1983], Wettbewerbliche Ausnahmebereiche – Rechtfertigung und Identifizierung, in: Feldsieper, M., Groß, R. (Hrsg.), Wirtschaftspolitik in weltoffener Wirtschaft, Berlin, S. 325-346.

BARTLING, H. [1984], Sektorstudie "Landwirtschaft", in: Oberender, P. (Hrsg.), Struktur und Wettbewerb in der BRD, München, S. 1-51.

BARTLING, H. [1992], Schlußfolgerungen aus Entwicklungstendenzen der Wettbewerbstheorie für die Wettbewerbspolitik, Aufsätze zur Wirtschaftspolitik, Forschungsinstitut für Wirtschaftspolitik an der Universität Mainz, 35, Mainz, sowie in: Wirtschaft und Wettbewerb, Jg. 43 (1993), I, S. 16-30.

BARTLING, H. [1997], Von der Wettbewerbstheorie zur Theorie der Wettbewerbspolitik, in: Kruse, J., Stockmann, K., Vollmer, H. (Hrsg.), Wettbewerbspolitik im Spannungsfeld nationaler und internationaler Kartellrechtsordnungen, Festschrift für Ingo Schmidt, Baden-Baden, S. 17-31.

BARTLING, H. [2004], Marktzutrittsschranken, URL: http://www.politik.vwl.uni-mainz.de/ [Stand 14.07.2005].

BARTLING, H. [2005], Abschließende Würdigung des Verbotes von Behinderungs- und Verdrängungspraktiken, URL: http://www.politik.vwl.uni-mainz.de/ [Stand 14.07.2005].

BARR, R., SULLIVAN, B. [2006], Microsoft's Ballmer Says Investors Don't See Growth, in Bloomberg.com (Hrsg.), News vom 16. März 2006, URL: http://www.bloomberg.com/apps/news?-pid=newsarchive&sid=ay9O.ChrK5e8 [Stand 26.01.2007].

BARTMANN, J. [2005], Grenzen der Monopolisierung durch Urheberrechte am Beispiel von Datenbanken und Computerprogrammen, Köln u. a.

BAUMOL, W. J., PANZAR, J. C., WILLIG, R. D. [1988], Contestable Markets and the Theorie of Industry Structure, San Diego u. a.

BEAR STEARNS (Hrsg.) [2003], Microsoft Corp. (MSFT-23.70), The Digital Ecosystem, New York.

BEBELO, R. [2003], Im neuen Gewand. Was Office dem Einzelanwender bringt, in: c't magazin für computer technik, 22, S. 128-132.

BECHTHOLD, R. u. a. (Hrsg.) [2005], EG-Kartellrecht Kommentar, München.

BESEN, S. M., FARRELL, J. [1994], Choosing How to Compete: Strategies and Tactics in Standardization, Journal of Economic Perspectives, 8, 117-131.

BGH (Hrsg.) [2005], „Stadtwerke Mainz", Beschluss vom 28. Juni 2005, KVR 17/04, WuW/E DE-R 1513-1519.

BIECKENBACH, F., KUMKAR, L., SOLTWEDEL, R. [2002], Wettbewerbspolitik und Regulierung – die Sichtweisen der Neuen Institutionenökonomik, in: Zimmermann, K. F. (Hrsg.), Neue Entwicklungen in der Wirtschaftswissenschaft, Heidelberg, S. 217-275.

BLANCHARD, O., ILLING, G. [2004], Makroökonomik, München u. a.

BLANKART, C., KNIEPS, G. [1991], Netzökonomik, in: Wirtschaftswissenschaftliche Dokumentation (Hrsg.), Diskussionspapier 154, Technische Universität Berlin, Berlin.

BLANKART, C., KNIEPS, G. [1993], State and Standards, in: Public Choice, 77, S. 39-52.

BLANKART, C., KNIEPS, G. [1996], Regulierung von Netzen?, in: ifo Studien, 42 (4), S. 183-504.

BLIND, K. u. a. [2003], Softwarepatente. Eine empirische Analyse aus ökonomischer und juristischer Sicht, Heidelberg.

BLOCH, F. [1995], Endogenous Structures of Association in Oligopolies, Rand Journal of Economics, 26, S. 537-556.

BLUM, U., VELTINS, M. [2002], Wettbewerbsleitbilder für die Cyber-Ökonomie. URL: tu-dresden.de/wwvwlgkw/pdf/ddpe200205.pdf [Stand 14.05.2005].

BÖGELEIN, M. [1990], Ordnungspolitische Ausnahmebereiche. Marktwirtschaftliche Legitimation und wirtschaftspolitische Konsequenzen, Wiesbaden.

BOOZ, ALLEN & HAMILTON (Hrsg.) [1994], Zukunft Multimedia – Grundlagen, Märkte und Perspektiven in Deutschland, Frankfurt a. M.

BOROWICZ, F., SCHERM, E. [2001], Standardisierungsstrategien: Eine erweiterte Betrachtung des Wettbewerbs auf Netzeffektmärkten, in: zfbf – Zeitschrift für betriebswirtschaftliche Forschung, 53, S. 319-416.

BORRMANN, J., FINSINGER, J. [1999], Markt und Regulierung, München.

BORRMANN, J., FINSINGER, J., ZAUNER, K. G. [2003], Eine Markteintrittsbarriere – was ist das?, in: Nutzinger, H. G. (Hrsg.), Regulierung, Wettbewerb und Marktwirtschaft. Festschrift für Carl Christian von Weizsäcker, Göttingen.

BOSTON.INTERNET.COM (Hrsg.) [2001], IDC Revises Software Market Growth Forecasts, URL: http://boston.internet.com/news/article.php/928581 [Stand 27.09.05].

BRESNAHAN, T. F. [2002], The right remedy, Stanford law school, Working Paper 233, Stanford, URL: http://lawschool.stanford.edu/olin/workingpapers/ WP233BRESNAHAN.pdf [Stand 02.09.2003].

BROWN, S., SIBLEY, D. [1986], The Theory of Public Utility Pricing, Cambridge.

BUNDESMINISTERIUM FÜR WIRTSCHAFT UND ARBEIT (Hrsg.) [2004], Wirtschaftsbericht 2004. Zukunftsfaktor Innovation, URL: www.isc.hbs.edu/pdf/-Wirtschaftsbericht-2004.pdf. [Stand 11.08.2005].

BUSINESS SOFTWARE ALLIANCE (Hrsg.) [2003], Pressemeldungen, URL: http://www.bsa.or.at/presseecke/2002/Bs062-08a.html [Stand: 07.04.2003].

BUSINESS SOFTWARE ALLIANCE (Hrsg.) [2005], Studie: IDC Pirateriezahlen, URL: http://www.bsa.org/germany/piraterie/piraterie.cfm [Stand 10.09.05].

BUCHANAN, J. M. [1965], An Economic Theory of Clubs, in: Economica, 32, S. 1-14.

BUSCHMANN, F. u. a. [1996], Pattern-Oriented Software Architecture – A System of Patterns. URL: http://www.informatik.haw-hamburg.de/ ~raasch/SEP-Webseiten/Framework/Was%20ist%20ein%20Framework.htm [Stand 12.03.2003].

BUXMANN, P., KÖNIG, W. [1998], Das Standardisierungsproblem: Zur ökonomischen Auswahl von Standards in Informationssystemen, in: Wirtschaftsinformatik, 2, S. 122-129.

BUXMANN, P. [2001], Standardisierung und Netzeffekte, in: WISU 4/01, Düsseldorf, S. 544-558.

BUXMANN, P. [2003], Strategien von Standardsoftware-Anbietern, URL: http://www.is.tu-darmstadt.de/download/strategien_von_standardsoftwarean bietern. pdf [Stand 28.11.2004].

CAMPBELL-KELLY, M. [2003], From Airline Reservations to Sonic the Hedgehog: A History of the Software Industry, Cambridge.

CANALYS (Hrsg.) [2004], Mobile Device Analysis, URL: http://www.canalys.com/pr/r2003041.htm [Stand 20.08.2004].

CARLTON, D. W., PERLOFF, J. M. [1990], Modern Industrial Organization, Glenview u. a.

CHANDRASEKARAN, R., SHANNON, V. [1997], Struggling Apple gets Boost from Microsoft, in: Washington Post, 7. August 1997; S. 1.

CHIKOFSKY, E. J., CROSS, J. H., [1990], Reverse Engineering and Design Recovery: A Taxonomy, in: IEEE Software, 7 (1), S. 13-17.

CHOI, J. P. [1996], Do Converters Facilitate the Transition to a New Incompatible Technology? A Dynamic Analysis of Converters, in: International Journal of Industrial Organization, 14, S. 825-835.

CHOI, J. P. [1997], Herd Behaviour, the 'Penguin Effect', and the Suppression in Informational Diffusion: An Analysis of Informational Externalities and Payoff Interdependency, in: Rand Journal of Economics, 28, S. 407-425.

CHOI, J. P., KRISTIANSEN E. G., NAHM, J. [2005], An Economic Analysis of Product Pre-announcements, in: CES ifo, Economic Studies, 51 (2-3), S. 299-320.

CHRISTMANN, C. [2004], Liberalisierung auf Monopolmärkten, Frankfurt a. M. u. a.

CHURCH, J., GANDAL, N. [1992], Network Effects, Software Provision, and Standardization, in: Journal of Industrial Economics, 40, S. 85-103.

CHURCH, J., GANDAL, N. [1993], Complementary Network Externalities and Technological Adoption, in: Journal of Industrial Organization, 11, S. 239-260.

CIBC (HRSG.) [2001], World Market, Microsoft Corp, Toronto.

COENEN, M. [2006], Der Handel mit Funkfrequenzen zwischen Wettbewerb und Regulierung, Baden-Baden.

COMMISSION OF THE EUROPEAN COMMUNITIES (Hrsg.) [2001], Leitlinien zur Anwendbarkeit von Artikel 81 EG-Vertrag auf Vereinbarungen über horizontale Zusammenarbeit, ABl. 2001 C3/2.

COMMISSION OF THE EUROPEAN COMMUNITIES (Hrsg.) [2002], Patents: Commission proposes rules for inventions using software, http://europa.eu.int/comm/-internal_market/en/indprop/comp/02-277.htm [Stand 23.08.2005].

COMMISSION OF THE EUROPEAN COMMUNITIES (Hrsg.) [2004a], COMP/C-3/37.792 Microsoft, Brüssel, URL: http://europa.eu.int/comm/-competition/antitrust/cases/decisions/37792/en.pdf [Stand 28.11.2004].

COMMISSION OF THE EUROPEAN COMMUNITIES (Hrsg.) [2004b], Patents: Commission welcomes Council agreement on Directive on computer-implemented inventions, URL: http://europa.eu.int/rapid/-pressReleasesAction.do?reference=IP/04/659&format-=HTML&aged=1&language=EN&guiLanguage=en [Stand 23.09.2005].

COMMISSION OF THE EUROPEAN COMMUNITIES (Hrsg.) [2006], Commission imposes penalty payment of €280,5 million on Microsoft for continued non-compliance with March 2004 Decision, URL: http://europa.eu./rapid/-pressReleasesAction.do?reference=IP/06/971&format-=HTML&aged=1&language=EN&guiLanguage=en [Stand 13.07.2006].

COMPUTERWOCHE (Hrsg.) [2003], Lizenzkosten sagen nicht viel aus, in: Computerwoche, 11, S. 27.

COMPUTERWOCHE (Hrsg.) [2004], München rechnet mit Linux-Problemen, in: Computerwoche, 1/2, S. 12.

CORNES, R., SANDLER, T. [1986], The Theory of Externalities, Public Goods and Club Goods, New York.

CUSUMANO, M. A., SMITH, S. A. [1997], Beyond the Waterfall: Software Development at Microsoft, in: Yoffie, D. B (Hrsg.), Competition in the Age of Digital Convergence, Boston.

DASGUPTA, P., STIGLITZ, J. E. [1988], Potential Competition, Actual Competition and Economic Welfare, in: European Economic Review, 32, S. 569-577.

DATACOM BUCHVERLAG GMBH (Hrsg.) [Stand 2007], ITWissen – Das große Online-Lexikon für Informationstechnologie, URL: http://www.itwissen.info/.

DAVID, P. A. [1985], Clio and the Economics of QWERTY, American Economic Review, 75 (2), 332-337.

DAVID, P. A. [1986], Understanding the Economics of QWERTY: the Necessity of History, in: Parker, W. N. (Hrsg.), Economic History and the modern Economist, New York, S. 30-49.

DAVID, P. A. [1990], Positive Feedbacks in the Economy, in: Scientific American, 262, S. 92-99.

DAVID, P. A., GREENSTEIN, S. M. [1990], The Economics of Compatibility Standards: An Introduction to Recent Research, in: Economics of Innovation and New Technologies, 1, S. 3-41.

DAVID, P. A., FORAY, D. [1992], Percolation Structures, Markov Random Fields and the Economics of EDI Standards Diffusion, in: Callon, M., Foray, D., Mangematin, V. (Hrsg.), Recherche coopérative, normalisation et rôle des pouvoirs publics: Approche pluridisciplinaire des stratégies européennes des normalisation, Paris, S. 34-67.

DAVID, P. A. [1993], Historical Economics in the Long Run: Some Implications of Path Dependence, in: Snooks, G. D. (Hrsg.), Historical Analysis in Economics, London, S. 29-40.

DAVID, P. A. [1997], Path Dependence and the Quest of Historical Economics: One more Chorus of the Ballad of QWERTY, Discussion Papers in Economic and Social History, Nr. 20, University of Oxford.

DEMSETZ, H. [1968], The Cost of Transacting, in: Quarterly Journal of Economics, 82, S. 53-63.

DEPARTMENT OF JUSTICE (Hrsg.) [2001], Justice Department informs Microsoft of Plans for further Proceedings in the District Court, URL: http://www.usdoj.gov/atr/public/press_releases/2001/8981.htm [Stand 04.07.2006].

DREHER, M. [1999], Die Verweigerung des Zugangs zu einer wesentlichen Einrichtung als Missbrauch der Marktbeherrschung, in: Der Betrieb, 16, S. 833-839.

DYBVIG, P. H., SPATT, C. H. [1983], Adoption Externalities as Public Goods, Journal of Public Economics, 20, S. 231-247.

ECONOMIDES, N., SIOW, A. [1988], The Division of Markets is limited by the Extent of Liquidity (Spatial Competition with Externalities), in: American Economics Review, 40, S. 108-121.

ECONOMIDES, N., WHITE, L. J. [1994], Networks and Compatibility: Implications for antitrust, in: European Economic Review, 38, S. 651-662.

ECONOMIDES, N., HIMMELBERG, C. [1995], Critical Mass and Network Size with Application to the US FAX Market, URL: http://raven.stern.nyu.edu/networks/95-11.pdf [Stand 28.11.2004].

ECONOMIDES, N. [1996a], The Economics of Networks, in: International Journal of Industrial Organization, 14, S. 673-699.

ECONOMIDES, N. [1996b], Network Externalities, Complementarities, and Invitation to Enter, in: European Journal of Political Economy, 12, S. 211-233.

ECONOMIDES, N. [2001], The Microsoft Antitrust Case, in: Journal of Industry, Competition and Trade, 1:1, S. 7-39.

ECONOMIDES, N. [2002], Comment on the Proposed Settlement in the Current Microsoft Case, URL: http://www.stern.nyu.edu/networks/ [Stand 22.07.2005].

ECONOMIDES, N. [2003], Competition Policy In Network Industries: An Introduction, URL: http://www.stern.nyu.edu/networks/ [Stand 12.04.2004].

ECONOMIDES, N., SKRZYPACZ, A. [2003], Standards Coalitions Formation and Market Structure in Network Industries, URL: http://www.stern.nyu.edu/networks/Standards.pdf [Stand 20.09.2005].

EDSTORM, J., ELLER, M. [1999], Barbarians Led by Bill Gates. Microsoft von innen betrachtet: Wie die reichste Firma der Welt ihre Macht ausübt, Bonn.

EGGERTSSON, T. [1990], Economic Behavior and Institutions. Principles of Neoinstitutional Economics, Cambridge.

ELLICKSON, B. u. a. [1997], Clubs and Markets, University of California, Los Angeles, Mimeo.

ELLISON, G. [1993], Learning, Local Interaction and Coordination, Econometrica, 61, S. 1047-1073.

ELZINGA, K. G., MILLS, D. E. [1998], PC Software, Charlottesville.

ENDRES, A. [2005], Der Softwaremarkt als Beschäftigungsmotor, URL: http://www.aendres.de/Texte/E_Dienstleistung.pdf [Stand 23.09.05].

ERBER, G., HAGEMANN, H. [2002], Netzwerkökonomie, in: Zimmermann, K. F. (Hrsg.), Neue Entwicklungen in der Wirtschaftswissenschaft, Heidelberg, S. 277-319.

ERLEI, M. [1998], Institutionen, Märkte und Marktphasen, Tübingen.

EUG (Hrsg.) [2004], Order of President of the Court of First Instance, 22 December 2004, in Case T-201/04, Microsoft Corp. v. Commission of the European Communities.

EVANS, D. S. u. a. [2000], Did Microsoft Harm Consumers? Two Opposing Views. Washington, D. C.

EVANS, D. S., SCHMALENSEE, R. [2000], The Economics of the Microsoft Antitrust Case in the United States: An Updated Post-Trial Primer, Washington, D. C.

EVANS, D. S. u. a [2001], A Monopolist Would Still Charge More for Windows: A Comment on Werden, in: Review of Industrial Organization, 18, S. 263-268.

EVANS, D. S., HAGIU, A., SCHMALENSEE, R. [2005], A Survey of the Economic Role of Software Platforms in Computer-based Industries, in: CES ifo Economic Studies, 51 (2-3), S. 289-225.

FARRELL, J., SALONER, G. [1985], Standardization, Compatibility, and Innovation, Rand Journal of Economics, 16 (1), S. 70-83.

FARRELL, J., SALONER, G. [1986a], Standardization and Variety, in: Economics Letters, 20, S. 71-74.

FARRELL, J., SALONER, G. [1986b], Installed Base and Compatibility: Innovation, Product Preannouncements, and Predation, in: American Economic Review, 76, S. 940-955.

FARRELL, J., SALONER, G. [1987], Competition, Compatibility and Standards: the Economics of Horses, Penguins and Lemmings, in: Gabel, L. H. (Hrsg.): Product Standardization and Competitive Strategy, Amsterdam, S. 1-21.

FARRELL J., GALLINI, N. [1988], Second-Sourcing as a Commitment: Monopoly Incentives to Attract Competition, in: Quarterly Journal of Economics, 103, S. 673-694.

FARRELL, J., SHAPIRO C. [1988], Dynamic Competition with Switching Costs, in: Rand Journal of Economics, 19, S. 123-137.

FARRELL, J. [1989], Standardization and Intellectual Property, Jurimetrics Journal, 30, S. 35-50.

FARRELL, J., SALONER, G. [1992], Converters, Compatibility, and the Control of Interfaces, in: Journal of Industrial Economics, 40, S. 9-35.

FERGUSON, C. H., MORRIS, C. R. [1993], Computer Wars: The Fall of IBM and the Future of Global Technology, New York.

FERGUSON, C. H., MORRIS, C. R. [2003], Computer Wars: The Post IBM World, New York.

FESTA, P. [1998], Study: Netscape Share below 50%, URL: http://news.com.com/2102-1023-216043.html [Stand 05.05.2004].

FICHERT, F. [1998], Das Microsoft-Monopol: Herausforderung für die Wettbewerbspolitik, in: Wirtschaftsdienst, 78 (6), S. 343-347.

FICHERT, F. [1999], Umweltschutz im zivilen Luftverkehr. Ökonomische Analyse von Zielen und Instrumenten, Berlin.

FICHERT, F. [2002], Wettbewerbspolitik im digitalen Zeitalter – Öffnung vermachteter Märkte virtueller Netzwerkgüter, Beitrag im Rahmen des dritten Workshops „Ordnungsökonomik und Recht“ des Walter Eucken Instituts. URL: http://walter-eucken-institut.de/veranstaltungen/workshop2002/Fichert-Paper.pdf [Stand 06.04.2004].

FICHERT, F., SOHNS, A. [2004], Wettbewerbsschutz auf dem Markt für Server-Betriebssysteme, in: Wirtschaft und Wettbewerb, 9, S. 907-917.

FINANZNACHRICHTEN (Hrsg.) [2005], Microsoft ist Deutschlands beliebtester Arbeitgeber, URL: http://www.finanznachrichten.de/nachrichten-2005-02/artikel-4386499.asp [Stand 23.08.2005].

FISCHER, J. u. a. [2002], Bausteine der Wirtschaftsinformatik. Grundlagen, Anwendungen, PC-Praxis, Berlin u. a.

FISHER, F. M. [1999], Innovation and Monopoly Leveraging, MIT, Boston, URL: http://papers.ssrn.com/sol3/delivery.cfm/SSRN_ID247514_code001025510.pdf?abstractid=247514 [Stand 28.11.2004].

FISHER, F. M., RUBINFELD, D. L. [2000], United States v. Microsoft: An Economic Analysis, Berkeley, URL: http://papers.ssrn.com/paper.taf?abstract_id=247520 [Stand 28.03.2003].

FISHER, F. M. [2001], Innovative Industries and Antitrust: Comments on The Microsoft Antitrust Case, in: Journal of Industry, Competition and Trade, 1:1, S. 41-52.

FLEISCHER, H., DOEGE, N. [2000], Der Fall United States v. Microsoft. in: Wirtschaft und Wettbewerb,7-8, S. 705-717.

FLEISCHER, H., KÖRBER, T. [2001], Marktmacht, Machtmissbrauch und Microsoft, in: Kommunikation & Recht, 12, S. 623-631.

FOCUS (Hrsg.) [2003], Der Markt für Computer Hard- und Software. Daten, Fakten, Trends. URL: http://www.medialine.de [Stand 26.11.2003].

FOCUS (Hrsg.) [2005], Der Markt für Informationstechnologie. Daten, Fakten, Trends, URL: http://www.medialine.de [Stand 25.09.2005].

FORBES (Hrsg.) [2007], Microsoft Corporation, URL: http://www.forbes.com/-finapps/jsp/finance/compinfo/CIAtAGlance.jsp?cusip=594918104 [Stand 25.01.2007].

FRANKFURTER ALLGEMEINE ZEITUNG (Hrsg.) [2005], Microsoft sucht neue Umsatzträger. Premiumversionen von Office und Windows, 30 Juli 2005, S. 15.

FRANKFURTER ALLGEMEINE ZEITUNG (Hrsg.) [2006], Microsoft schreibt der EU in letzter Minute, URL: http://www.faz.net/s/RubE2.de.html [Stand 10.05.2006].

FREE SOFTWARE FOUNDATION EUROPE (Hrsg.) [2005], Software-Patente bedrohen Kartellverfahren gegen Microsoft: Die Europäische Kommission ist dabei, eine ihrer besten Leistungen zu untergraben, URL: http://www.germany.fsfeurope.org/projects/swpat/letter-20050502.de.html [Stand 24.05.2005].

FRITSCH, W. [2002], Middleware. Integration bleibt aufwendig, in: Information Week, URL: http://www.informationweek.de/print.ghp3/channels/channel123/021730.htm [Stand 16.07.2003].

FRITSCH, M., WEIN, T., EWERS, H.-J. [2005], Marktversagen und Wirtschaftspolitik, München.

FUCHS, D. [2001], Applikations-Server – gestern, heute, morgen?, URL: http://sokrates.hs-bremerhaven.de/veroef.htm [23.06.03].

GARTNER (Hrsg.) [2003a], Worldwide ERP Software Application New License Revenue Market Share Estimates for 2002, URL: http://www3.gartner.-com/5_about/press_releases/pr18june2003a.jsp [Stand 17.07.2003].

GARTNER (Hrsg.) [2003b], Top 5 Worldwide CRM Software New License Revenue Market Share Estimates for 2002, URL: http://www3.gartner.com/5_about/press_releases/pr12june2003a.jsp [Stand 17.07.2003].

GARTNER (Hrsg.) [2003c], Worldwide SCM Software New License Revenue Market Share Estimates for 2002, URL: http://www3.gartner.com/5_about/-press_releases/pr23june2003a.jsp [Stand 17.07. 2003].

GARTNER (Hrsg.) [2005], Gartner Sees a Lack of Momentum for Desktop Linux and Open Source Office Products, URL: http://www.gartner.com/press_-releases/asset_133577_11.html [Stand 11.09.2005].

GERKING, W. [1999], Die wirtschaftlichen Folgen langer Verfahrensdauer, in: Schmidtchen, D., Weth, S. (Hrsg.), Der Effizienz auf der Spur – Die Funktionsfähigkeit der Justiz im Lichte der ökonomischen Analysen des Rechts, Baden-Baden, S. 38-47.

GERLING, R. A. [2001], Unsichere Software – Eine systematische Betrachtung, URL: http://ig.cs.tu-berlin.de/ma/rg/ap/2001-11b/Gehring-UnsichereSoftware-22112001.pdf [Stand: 41.05.2003].

GERWIN, J. HÖCHERL, I. [1995], Video 2000. Strategische Produktpolitik bei internationalem Wettbewerb, in Brockhoff, K. (Hrsg.), Management von Innovationen. Planung und Durchsetzung – Erfolge und Misserfolge, Wiesbaden.

GEY, P. [2001], Das Berufungsurteil in Sachen Microsoft – Kartellrecht in dynamischen Technologiemärkten, in: Wirtschaft und Wettbewerb, 10, S. 933-944.

GILBERT, R. J. [1989], Mobility Barriers and the Value of Incumbency, in: Schmalensee, R., Willig, R. D. (Hrsg.), Handbook of Industrial Organization, 1, Amsterdam u. a.

GILBERT, R. J. und KATZ, M. L. [2001], An Economist's Guide to U.S. v. Microsoft, in: Journal of Economic Perspectives, 15(2), S. 25-44.

GISSER, M., ALLEN, M. S. [2001], One Monopoly is Better Than Two: Antitrust Policy and Microsoft. in: Review of Industrial Organization, 19, S. 211-225.

GITNET-SECURITY (Hrsg.) [2003], URL: http://www.gitnet.de/content/eidap/security/ [Stand 17.05.2003].

GLINZ, M. [2004], Einführung: Software-Entwicklung als Problem, URL: http://www.ifi.unizh.ch/groups/req/ftp/se_I/kapitel_01.pdf [Stand: 01.10.2005].

GOYAL, S., JANSSEN, M. [1993], Non-Exclusive Conventions and Social Coordination, Working Paper, Erasmus University, Rotterdam.

GOYAL, S. [1995], Interaction Structures and Social Change, Working Paper, Erasmus University, Rotterdam.

GRAUMANN, M. [1993], Die Ökonomie von Netzwerkprodukten, in: Zeitschrift für Betriebswirtschaft, 63, S. 1331-1355.

GRANT, R. M. [1991], The Resource-Based Theory of Competitive Advantage: Implications for Strategy Formulation, in: California Management Review, 33(3): 114-135.

GREENHUT, M. L., OHTA, H. [1979], Vertical Integration of Successive Oligopolists, in: American Economic Review, 69 (1), 137-141.

GRÖHN, A. [1999], Netzwerkeffekte und Wettbewerbspolitik. Eine ökonomische Analyse des Softwaremarktes, Tübingen.

HAHN, R. W. [2002], United States v. Microsoft: Benefits of Settlement, URL: http://www.brookings.edu/views/papers/hahn/200000226.htm [Stand 23.09.2003].

HANSEN, H. R., NEUMANN, G. [2001], Wirtschaftsinformatik I, Stuttgart.

HANSEN, H. R., NEUMANN, G. [2005], Wirtschaftsinformatik 1. Grundlagen und Anwendungen, Stuttgart.

HARZ, M. H. [1997], Dominance and Duty in the European Union: A Look Through Microsoft Windows at the Essential Facilities Doctrine, URL: www.law.emory.edu/EILR/volumes/spg97/HARZ.html [Stand 06.04.2004].

HAUCAP, J. [2001], Warum manche Spielfilme erfolgreicher sind, andere aber nicht. Eine ökonomische Analyse, Arbeitspapiere des Instituts für Rundfunkökonomie an der Universität zu Köln, Heft 128.

HAUS, F. C. [2002], Zugang zu Netzen und Infrastruktureinrichtungen, Köln u. a.

HAUSER, H. [1979], Qualitätsinformationen und Marktstrukturen, in: Kyklos, 32, S. 739-763.

HEINRICH, L. J., HEINZL, A., ROITHMAYR, F. [2004], Wirtschaftsinformatik Lexikon, München u. a.

HEISE (Hrsg.) [2001], Zerschlagungsurteil gegen Microsoft aufgehoben, URL: http://www.heise.de/newsticker/meldung/18836 [Stand 24.06.2006].

HEISE (Hrsg.) [2002], Stationen im Microsoft-Kartellverfahren, URL: http://www.heise.de/newsticker/result.xhtml?url=/newsticker/meldung/32027&words=Zerschlagung%20Microsoft [Stand 04.07.2006].

HEISE (Hrsg.) [2003a], Motorola steigt bei Symbian aus, URL: http://www.-heise.de/newsticker/meldung/39867 [Stand 24.11.2004].

HEISE (Hrsg.) [2003b], Motorola arbeitet mit Microsoft bei Smartphones zusammen, URL: http://www.heise.de/newsticker/meldung/40065 [Stand 24.11.2004].

HEISE (Hrsg.) [2003c], Smartphones mit Symbian OS und Pocket PC, URL: http://www.heise.de/mobil/newsticker/meldung/35308 [Stand 24.11.2004].

HEISE (Hrsg.) [2003d], Linux für Motorola-Handys, URL: http://www.heise.de/-newsticker/meldung/34491 [Stand 24.11.2004].

HEISE (Hrsg.) [2003e], PeopleSoft und JD Edwards setzen Fusionsplan um, URL: http://www.heise.de/newsticker/result.xhtml?url=/newsticker/meldung/37635&words=jd%20Edwards [Stand 13.09.2005].

HEISE (Hrsg.) [2003f], Stirb langsam/2, URL: http://www.heise.de/newsticker/-result.xhtml?url=/newsticker/data/jk-31.03.02-004/default.shtml&words=OS%2F2%20Stirb%20langsam [Stand 05.06.2003].

HEISE (Hrsg.) [2003g], Schlussverkauf/2, URL: http://www.heise.de/newsticker/result.xhtml?url=/newsticker/data/hps-11.12.02-001/default.shtml&words=Schlussverkauf%202 [Stand 05.06.2003].

HEISE (Hrsg.) [2003h], Neuauflage von OS/2 fertig, URL: http://www.-heise.de/newsticker/result.xhtml?url=/newsticker/data/ps-02.08.01-000/default.shtml&words=eComStation [Stand 05.06.2003].

HEISE (Hrsg.) [2003i], OS/2-Lebenszeichen: eComStation 1.1 freigegeben, URL: http://www.heise.de/newsticker/result.xhtml?url=/newsticker/data/db-06.05.03-000/default.shtml&words=eComStation [Stand 05.06.2003].

HEISE (Hrsg.) [2003j], Itanium 2: HP weit voraus, URL: http://www.heise.de-/newsticker/meldung/38301 [Stand 06.04.2004].

HEISE (Hrsg.) [2003k], Microsoft kündigt 64-Bit-Windwos für AMD CPUs an, URL: http://www.heise.de/newsticker/meldung/print/36011 [Stand 05.04.2003].

HEISE (Hrsg.) [2003l], Windows Server 2003 ist fertig, URL: http://www.heise.de/newsticker/meldung/print/35703 [Stand 05.04.2003].

HEISE (Hrsg.) [2003m], Der heterogene Supercomputer, URL: http://www.heise.de/newsticker/meldung/39059 [Stand 06.04.2004].

HEISE (Hrsg.) [2004a], Hewlett-Packard trumpft bei PDAs auf, URL: http://www.heise.de/newsticker/data/jk-10.11.03-010/ [Stand 24.11.2004].

HEISE (Hrsg.) [2004b], Nokia übernimmt Mehrheit an Handy-Systemhersteller Symbian, URL: http://www.heise.de/newsticker/meldung/44428 [Stand 24.11.2004].

HEISE (Hrsg.) [2004c], Oracle kauft PeopleSoft für 10,3 Milliarden Dollar, URL: http://www.heise.de/newsticker/meldung/54189 [Stand 13.09.2005].

HEISE (Hrsg.) [2005a], Heise IT-Markt, URL: http://www.heise.de/itmarkt/ [Stand 13.09.2005].

HEISE (Hrsg.) [2005b], Oracle übernimmt Siebel [Update], URL: http://www.heise.de/newsticker/result.xhtml?url=/newsticker/meldung/63825&words=Oracle%20Siebel [Stand 13.09.2005].

HEISE (Hrsg.) [2005c], SAP baut Position als Marktführer aus [Update], URL: http://www.heise.de/newsticker/meldung/58807 [Stand 13.09.2005].

HEISE (Hrsg.) [2005d], Microsoft rückt in den parlamentarischen Raum vor, URL: http://www.heise.de/newsticker/print/62735 [Stand 13.09.2005].

HEISE (Hrsg.) [2005e], Lebenszeichen von Netscape, URL: http://www.heise.de-/newsticker/meldung/64559 [Stand 04.10.2005].

HEISE (Hrsg.) [2006a], Microsoft erwartet Durchbruch im EU-Kartellstreit, URL: http://www.heise.de/newsticker/meldung/print/71579 [Stand 10.05.2006].

HEISE (Hrsg.) [2006b], EU-Kommission verhängt neues Bußgeld gegen Microsoft, URL: http://www.heise.de/newsticker/meldung/75368 [Stand 25.01.2007].

HENG, S. [2005], Software-Häuser: Wandel vom Produkthersteller zum Solution-Provider, in: Economics – Digitale Ökonomie und struktureller Wandel, Deutsche Bank Research (Hrsg.), Nr. 50.

HERGERT, M. [1987], Technical Standards and Competition in the Microcomputer Industry, in: Gabel, L. H. (Hrsg.): Product Standardization and Competitive Strategy, Amsterdam, S. 67-89.

HEUß, E [1965], Allgemeine Markttheorie, Tübingen u. a.

HOHMANN, H. [2001], Die Essential Facility Doctrine im Recht der Wettbewerbsbeschränkungen, Baden-Baden.

HOLZNAGEL, B., KOENIG, C., [2001], Der Begriff der wesentlichen Leistungen nach § 33 des Telekommunikationsgesetzes, URL: http://www.vatm.de/content/studien/inhalt/03-04-2001. pdf [Stand 15.97.2003].

HOVENKAMP, H. [2002], IP ties and Microsoft's rule of reason, in: Antitrust Bulletin, 47 (2/3), S. 369-423.

HSE COMPUTER GMBH (Hrsg.) [2005], MAC OS X Server v10.3, URL: http://www.hsecomputer.de/produkte/apple/osx_server.html [Stand 23.08.2005].

IDC (Hrsg.) [2000], Worldwide Software Market Forecast Summary 2000-2004, Report #22766, Framingham.

IDC (Hrsg.) [2002], Windows 2000 vs Linux für Unternehmensanwendungen, Framingham.

IDC (Hrsg.) [2003], Worldwide Client and Server Operating Environments Forecast, 2002-2007: Microsoft Growth Sets Stage for SOE Dominance, Framingham.

IDC (Hrsg.) [2005], One Third of All Software in Use Still Pirated, Major Study Finds, URL: http://www.idc.com/getdoc.jsp?containerId=prUS00150505 [Stand 10.09.2005].

INSTITUTE OF ELECTRICAL AND ELECTRONICS ENGINEERS (Hrsg.) [1990], IEEE Standard Computer Dictionary: A Compilation of IEEE Standard Computer Glossaries, New York.

JAVAWORLD (Hrsg.) [1999], Middleware, URL: http://www.javaworld.-com/javaworld/jw-03-1999/jw-03-middleware.html#sidebar1 [Stand 03.09.2005].

JORDE, T. M., TEECE, D. J. [1990], Innovation and Cooperation: Implications for Competition and Antitrust, in: Journal of Economic Perspectives, 4, S. 75-96.

KAMALI, M., WUNDERLICH, S. [2002], Die .Net-Versionen bedeuten einen evolutionären Schritt vorwärts, in: dot.net magazin, URL: http://www.entwickler.-com/itr/online_artikel/psecom,id,109,nodeid,31.html [Stand 04.11.2003].

KATZ, M. L., SHAPIRO, C. [1985], Network Externalities, Competition, and Compatibility, in: American Economic Review, 75 (3), S. 424-440.

KATZ, M. L., SHAPIRO, C. [1986a], Technology Adoption in the Presence of Network Externalities, in: The Journal of Political Economy, 94 (4), Chicago, S. 822-841.

KATZ, M. L., SHAPIRO, C. [1986b], Product Compatibility Choice in a Market with Technological Progress, in: Oxford Economics Papers, 38, S. 146-165.

KATZ, M. L., SHAPIRO, C. [1992], Product Introduction with Network Externalities, The Journal of Industrial Economics, XL (1), S. 55-84.

KATZ, M. L., SHAPIRO, C. [1994], Systems Competition and Network Externalities, Journal of Economic Perspectives, 8, S. 93-115.

KATZ, M. L., SHAPIRO, C. [1998], Antitrust in Software Markets, University of California, Los Angeles, Mimeo.

KLEMPERER, P. [1995], Competition when Consumers have Switching Costs: An Overview with Applications to Industrial Organization, Macroeconomics, and International Trade, in: Review of Economic Studies, 62, S. 515-539.

KNIEPS, G. [2005], Wettbewerbsökonomie. Regulierungstheorie, Industrieökonomie, Wettbewerbspolitik. Berlin u. a.

KNIEPS, G. [2003], Der disaggregierte Regulierungsansatz der Netzökonomie, in: Knieps, G., Brunekreeft, G. (Hrsg.), Zwischen Regulierung und Wettbewerb. Netzsektoren in Deutschland, Heidelberg.

KÖSTER, D. [1998], Was sind Netzprodukte? Eigenschaften, Definition und Systematisierung von Netzprodukten, in: Discussion Paper, FS IV 98–10, Wissenschaftszentrum Berlin, Berlin.

KOLBE, C. [1991], Eintrittsbarrieren und die Eintrittsfähigkeit potentieller Konkurrenten, in: Jürgensen, H., Kantzenbach, E. (Hrsg.), Wirtschaftspolitische Studien, 85, Göttingen.

KOOTHS, S., LANGENFURTH, M., KALWEY, N. [2003a], Die Bedeutung der Microsoft Deutschland GmbH für den deutschen IT-Sektor, in: Dieckheuer, G., Kooths, S. (Hrsg.), MICE Economic Research Studies, Bd. 3, URL: http://mice.uni-muenster.de/mers/mers3-EconomicImpact_de.pdf [25.09.2005].

KOOTHS, S., LANGENFURTH, M., KALWEY, N. [2003b], Open-Source-Software. Eine volkswirtschaftliche Bewertung, in: Dieckheuer, G., Kooths, S. (Hrsg.), MICE Economic Research Studies, Bd. 4, URL: http://mice.uni-muenster.de/mers/mers4-OpenSource_de.pdf [25.09.2005].

KOPEL, D. [1997], Justice Attacks Microsoft with Antitrust Vaporware, URL: http://www.cato.org/dailys/11-19-97.html [Stand 20.05.2005].

KREMPEL, S. [2005], Im Chaos-Club, in: Die Zeit, 12/2005, URL: http://www.kelber.de/medien/doks/20050217_Handelsblatt_Softwarepatente.pdf [Stand 17.08.2005].

KRÜGER, R., TETENS, G., VOß, A. [1995], Markteintrittsmöglichkeiten und ordnungspolitische Alternativen für deutsche Telekommunikationsnetzmärkte, Baden-Baden.

KUBICEK, H., REIMERS, K. [1996], Hauptdeterminanten der Nachfrage nach Datenkommunikationsdiensten: Abstimmungsprozesse vs. kritische Massen, in: Marketing – Zeitschrift für Forschung und Praxis, 1, S. 55-67.

KREMPL, S. [2002], Die Krake Microsoft: Die digitale Welt in den Fangarmen Redmonds, in: c't magazin für computer technik, 22, S. 102-107.

KRUSE, J. [1985], Ökonomie der Monopolregulierung, Göttingen.

KRUSE, J. [1988], Irreversibilität und natürliche Markteintrittsbarrieren. Sunk Costs and Natural Entry Barriers, in: Jahrbuch für Nationalökonomik und Statistik, 204 (6), S. 508-517.

KRUSE, J. [1997], Vertikale Integration als Wettbewerbsproblem, in: Kruse, J., Stockmann, K., Vollmer, H. (Hrsg.), Wettbewerbspolitik im Spannungsfeld nationaler und internationaler Kartellrechtsordnungen, Festschrift für Ingo Schmidt, Baden-Baden, S. 247-270.

KRUSE, J. [2001], Deregulierung in netzbasierten Sektoren, eingereicht bei: Wirtschaftspolitischer Ausschuss des Vereins für Socialpolitik, 27.-29. März 2001 in St. Gallen (vorläufige Fassung).

LANGLOIS, R. N. [2001], Technological Standards, Innovation, and Essential Facilities: Toward a Schumpeterian Post-Chicago Approach, in: Ellig, J. (Hrsg.), Dynamic Competition and Public Policy. Technology, Innovation, and Antitrust Issues, Cambridge u. a., S. 193-229.

LEIBENSTEIN, H. [1966], Allocative Efficiency vs. "X-Efficieny", in: The American Economic Review, 56, S. 392-415.

LELAND, H. E. [1979], Quacks, Lemons and Licensing: A Theory of Minimum Quality Standards, in: Journal of Political Economy, 87, S. 1328-1346.

LEVY, S. M. [1997], Should "Vaporware" be an Antitrust Concern?, in: The Antitrust Bulletin, Spring, S. 33-43.

LIEBOWITZ, S. J., MARGOLIS, S. E. [1990], The Fable of the Keys, in: Journal of Law and Economics, 33, S. 1-25.

LIEBOWITZ, S. J., MARGOLIS, S. E. [1994], Network Externalitiy: An Uncommon Tragedy, in: Journal of Economic Perspectives, 8 (2), S. 133-150.

LIEBOWITZ, S. J., MARGOLIS, S. E. [1995a], Are Network Externalities a New Source of Market Failure?, in: Research in Law and Economics, 17, S. 1-22.

LIEBOWITZ, S. J., MARGOLIS, S. E. [1995b], Path Dependence, Lock-In, and History, in: Journal of Law, Economics and Organization, 11 (1), S. 205-226.

LIEBOWITZ, S. J., MARGOLIS, S. E. [1998], Network Externalities (Effects), in: MacMillian u. a. (Hrsg.), The New Palgrave's Dictionary of Economics and the Law, London, S. 671-675.

LIEBOWITZ, S. J., MARGOLIS, S. E. [2001a], Winners, Losers & Microsoft. Competition and Antitrust in High Technology, Revised Edition, The Independent Institute, Oakland.

LIEBOWITZ, S., MARGOLIS, S. E. [2001b], Network Effects and the Microsoft Case, in: Ellig, J. (Hrsg.), Dynamic Competition and Public Policy. Technology, Innovation, and Antitrust Issues, Cambridge u. a., S. 163-192.

LIEBOWITZ, S., MARGOLIS, S. E. [2004a], Path Dependence, URL: http://wwwpub.utdallas.edu/~liebowit/palgrave/palpd.html [Stand 28.11.2004].

LIEBOWITZ, S., MARGOLIS, S. E. [2004b], Path Dependence, Lock-In, and History, URL: http://wwwpub.utdallas.edu/~liebowit/paths.html [Stand 28.11.2004].

LITAN, R. E. u. a. [2000], Remedies Brief of Amici Curiae, URL: http://www.brookings.edu/views/papers/litan/200000428.htm [Stand 23.09.2003].

LITAN, R. E., NOLL, R. G., NORDHAUS, W. D. [2002], Comment on the Revised Proposed Final Judgement, URL: http://www.aei-brookings.org/admin/-authorpdfs/page.php?d=184 [Stand 20.07.2005].

LOTUS (Hrsg.) [2003], Lotus Notes History, URL: http://www-10.lotus.com/ldd/-today.nsf/0/BC684F3A96B4EFD185256B9C0064AE9C [Stand 03.04.2003].

MACHLUP, F. TABER, M. [1960], Bilateral Monopoly, Successful Monopoly, and Vertical Integration, in: Economica, 27, 101-119.

MARKS, A. [2004], Suse Linux: Besser als Windows XP?, in: PC Welt, URL: http://www.pcwelt.de/know-how/software/102278/index1.html# [Stand 15.05.2005].

MARKUS, L. [1987], Toward a "Critical Mass" Theory of Interactive Media. Universal Access, Interdependence and Diffusion, in: Communication Research, 14 (5), S. 491-511., S. 499f.

MATUTES, C., PADILLA, J. [1994], Shared ATM Networks and Banking Competition, in: European Economic Review, 38, S. 1113-1138.

MATUTES, C., REGIBEAU, P. [1996], A Selective Review of the Economics of Standardization, in: European Journal of Political Economy, 12, S. 183-209.

MERK, G. [1959], Pioniere und Pioniergewinne, in: Schweizerische Zeitschrift für Volkswirtschaft und Statistik, 93, S. 47-58.

MERTENS, P. u. a. [2000], Grundzüge der Wirtschaftsinformatik, Berlin u. a.

MERILL LYNCH (Hrsg.) [2004], CIO Survey Results, New York.

MEYER-SPRADOW, J. [1998], IE-frei in 90 Sekunden. Wie `integriert´ ist der Internet Explorer?, in: c't magazin für computer technik, 1, S. 19.

MEYERS LEXIKON REDAKTION (Hrsg.) [2001], Duden Informatik, Mannheim u. a.

MICROSOFT CORP (Hrsg.) [2001], Upgrading from Previous Versions of Windows, URL: http://www.microsoft.com/windowsxp/pro/upgrading/matrix. mspx [Stand 25.09.2005].

MICROSOFT CORP (Hrsg.) [2002a], Retail Pricing for Windwos XP Professional, URL: http://www.microsoft.com/windowsxp/pro/howtobuy/pricingretail. mspx [Stand 24.09.2005].

MICROSOFT CORP (Hrsg.) [2002b], Windows Products and Technologies History. Windows Server Timeline, Updated: June 30, 2003, URL: http://www.microsoft.com/windows/winhistory/SrvrGraphic.mspx [Stand 18.01.2007].

MICROSOFT CORP (Hrsg.) [2002c], Windows Products and Technologies History. Windows Desktop Products History, Updated: June 2, 2003, URL: http://www.microsoft.com/windows/winHistoryDesktop.mspx [Stand 18.01.2007].

MICROSOFT CORP (Hrsg.) [2002d], WinHistorySrvrGraphic, Updated: June 30, 2003, URL: http://www.microsoft.com/windows/WinHistorySrvrGraphic. mspx [Stand 28.01.2007].

MICROSOFT CORP (Hrsg.) [2003a], Windows History. Windows Desktop Timeline, URL: http://www.microsoft.com/windows/winHistoryProGraphic.mspx [Stand 18.01.2007].

MICROSOFT CORP (Hrsg.) [2003b], WinHistoryServer URL: http://www. microsoft.com/windows/WinHistoryServer.mspx [Stand 28.01.2007].

MICROSOFT CORP (Hrsg.) [2005a], 30 Jahre Microsoft. Die wichtigsten Stationen in der Geschichte von Microsoft. URL: http://www.microsoft.com/germany/ presseservice/meldungen.asp?=531456 [Stand 25.09.2005].

MICROSOFT CORP (Hrsg.) [2005b], Look up Prices for Windows XP Home Edition, URL: http://www.microsoft.com/windowsxp/home/howtobuy/pricing. mspx [Stand 25.09.2005].

MICROSOFT CORP (Hrsg.) [2005c], Microsoft Corporation Annual Report 2005, Seattle, Washington.

MICROSOFT CORP (Hrsg.) [2005d], Webcasts & Events zu Microsoft SQL Server, URL: http://www.microsoft.com/germany/sql/events/default.mspx [Stand 25.08.2005].

MICROSOFT CORP (Hrsg.) [2006a], Statement on July 12 Fine Announced by European Commission, URL: http://www.microsoft.com/presspass/press2006/jul06/07.mspx [Stand 13.07.2006].

MICROSOFT CORP (Hrsg.) [2006b], Get Ready, URL: http://www.microsoft.com/windowsvista/getrady/capable.mspx [Stand 13.07.2006].

MICROSOFT CORP (Hrsg.) [2006c], Microsoft Corporation Annual Report 2006, Seattle, Washington.

MICROSOFT CORP (Hrsg.) [2006d], Microsoft geht mit der Lizenzierung von Windows-Quellcode über die Entscheidung der EU-Kommission hinaus, URL: http://www.microsoft.com/gemany/presseservice/detail.mspx?id=531546 [Stand 25.01.2007].

MÖRSCH, M. [2005], Qualitätstransparenz für ambulante und stationäre Gesundheitsleistungen, Frankfurt a. M. u. a.

MONOPOLKOMMISSION (Hrsg.) [1984], Ökonomische Kriterien für die Rechtsanwendung, V. Hauptgutachten 1984/1985, Baden-Baden.

MONOPOLKOMMISSION (Hrsg.) [1992], Wettbewerbspolitik oder Industriepolitik, IX. Hauptgutachten 1990/1991, Baden-Baden.

MONOPOLKOMMISSION (Hrsg.) [2003], Netzwettbewerb durch Regulierung, XIV. Hauptgutachten 2000/2001, Baden-Baden.

MONOPOLKOMMISSION (Hrsg.) [2005], Wettbewerbspolitik im Schatten „Nationaler Champions", XV. Hauptgutachten 2002/2003, Baden-Baden.

MONOPOLKOMMISSION (Hrsg.) [2006a], Mehr Wettbewerb auch im Dienstleistungssektor!, XVI. Hauptgutachten 2004/2005, Baden-Baden.

MONOPOLKOMMISSION (Hrsg.) [2006b], Die Privatisierung der Deutschen Bahn AG, URL: http://www.monopolkommission.de/sonder.html [Stand 13.01.2007].

MUELLER, D. [2001], Microsoft 2001: Das Jahr vor Gericht, in: ZDNet.de, News Business vom 31. Dezember 2001, URL: http://www.zdnet.de/news/business/0,39023142,2101824,00.htm [Stand 25.01.2007].

MÜLLER, W. [1999], Microsoft zerschlagen oder Windows öffnen, in: Freitag, 46, URL: http://www.freitag.de/1999/46/99460601.htm [Stand 07.07.2004].

MURPHY, V. [2005], Microsoft's Midlife Crisis, in: Forbes.com, URL: http://www.forbes.com/forbes/2005/1003/088_print.html [Stand 20.09.2005].

NELSON, P. [1970], Information and Consumer Behaviour, in: Journal of Political Economy, 78 (2), S. 311-329.

Nelson, R. R., Winter S. G. [1977], In Search of a Useful Theory of Innovation, in: Research Policy, Vol. 6, S. 36-76.

NIELSEN (Hrsg.) [2005], Media research – Bruttowerbeaufwendungen, URL: www.nielsen-media.de/pages/download.aspx?mode.pdf [Stand 18.04.2005].

NOAM, E. M. [1991], Network Tipping and the Tragedy of the Common Network: A Theory for the Formation and Breakdown of Public Telecommunications Systems, in: Communications & Strategies, 1, S. 43-72.

NOVELL (Hrsg.) [1995], NetWare 4.1 Fuels Novell's Most Successful Year of NetWare Sales NetWare 4.1 Unit Sales Up 300 Percent in FY95, IDC Research Shows NetWare Outships MS Windows NT Server by 4-to-1 Margin, URL: http://www.novell.com/news/press/archive/1995/12/pr95282.html [Stand: 27.09.2005].

O'BRIEN, D. P. [2001], Comments on The Microsoft Antitrust Case, in: Journal of Industry, Competition and Trade, 11, S. 53-61.

OECD [1997], Information Technology Outlook 1997, URL: http://www.oecd.org/dataoecd/52/29/1893085.pdf [Stand 25.09.2005].

OECD [2002], Information Technology Outlook 2002 (Highlights), URL: http://-www.oecd.org/dataoecd/63/60/1933354.pdf [Stand 30.09.2005].

OECHSLER, J. [1994], Decentralization and the Coordination Problem, Working Paper, Humboldt-Universität zu Berlin, Berlin.

OPEN OFFICE ORG. [2005], OpenOffice.org - die freie Office Suite, URL: http://de.openoffice.org/ [Stand: 23.08.05].

OPERATING SYSTEM DOCUMENTATION PROJECT (Hrsg.) [2007], OS/2 Warp, URL: http://www.operating-system.org/betriebssystem/_german/bs-os2.htm [Stand 16.01.2007].

O'TOOLE, F. [2001], Comment on The Microsoft Antitrust Policy Case, in: Journal of Industry, Competition and Trade, 1:1, S. 63-69.

PATTAY, W. [1994], Die technologischen Ursachen für die wachsende Bedeutung internationaler Normen und die ordnungspolitischen Herausforderungen für ihre Durchsetzung in der Telekommunikation, München.

PEITZ, M. [2006], Marktplätze und indirekte Netzwerkeffekte, in: Perspektiven der Wirtschaftspolitik 7, S. 317-333.

PERRY, M. K. [1989], Vertical Integration: Determinants and Effects, in: Schmalensee, R., Willig, R. D. (Hrsg.), Handbook of Industrial Organization, Amsterdam u. a., S. 183-255.

PERTSCH, M. [2000], WINSOCK – Anwendungen, URL: http://www.rhrz.uni-bonn.de/doku/zeitung/rhrzak10/arti1003.html [Stand 15.03.2003].

PICOT, A., SCHEUBLE, S. [2000], Hybride Wettbewerbsstrategien in der Informations- und Netzökonomie, in: Welge, M. K., Al-Laham, A., Kajüter P. (Hrsg.), Praxis des strategischen Managements – Konzepte, Erfahrungen, Perspektiven, Wiesbaden, S. 239-257.

PINDYCK, R. S., RUBINFELD, D. L. [2005], Mikroökonomik, 6. Auflage, München u. a.

RICHTER, R., FURUBOTN, E. G. [1999], Neue Institutionenökonomik. Eine Einführung und kritische Würdigung, Tübingen.

ROGERS, E. M. [1983], Diffusion of Innovations, New York u. a.

ROGERS, E. M. [1986], Communication Technology – The New Media in Society, New York u. a.

ROGERS, E. M. [1995], Diffusion of Innovations: Modifications of a Model for Telecommunications, in: Stoetzer, M.-W., Mahler, A. (Hrsg.), Die Diffusion von Innovationen in der Telekommunikation, Berlin u. a., S. 25-38.

ROHLFS, J. [1974], A Theory of Interdependent Demand for a Communications Service, in: The Bell Journal of Economics, 5, S. 16-37.

RUDY, J. [2002], Computers: Software, in: Standard & Poor's (Hrsg.): Industry Surveys, New York.

SAILER, K. [2001], Regulierungsbedarf in Netzwerken? Implikationen für die Internetökonomie, in: Die Weltwirtschaft, 6, S. 350-378.

SALONER, G. [1990], Economic Issues in Computer Interface Standardization, in: Economics of Innovation and New Technologies, 1, S. 135-156.

SAP (Hrsg.) [2007], Anwendungslogik, URL: http://help.sap.com/saphelp_glossary/de/72/6add907373d411ba570800060d888b/content.htm [Stand 16.01.2007].

SCHLIEPER, U. [1980], Externe Effekte, in: Albers, W. u. a. (Hrsg.), Handwörterbuch der Wirtschaftswissenschaften (HdWW), zugl. Neuauflage des Handwörterbuches der Sozialwissenschaften, Stuttgart u. a.

SCHMIDT, I. [2001], Wettbewerbspolitik und Kartellrecht, Stuttgart.

SCHMIDT, I. [2005], Wettbewerbspolitik und Kartellrecht, Stuttgart.

SCHMITT, T. [2003], Java/Java Beans, http://syssoft.uni-trier.de/systemsoftware/-download/Middleware.pdf Stand [Stand 30.09.2003].

SCHODER, D. [1995], Diffusion von Netzeffektgütern – Modellierung auf Basis des Mastergleichungsansatzes der Synergetik, in: Marketing, 1, S. 18-28.

SCHRÖTER, M. [2001], Mechanismen des Marktes für beratungsintensive ERP-Software. Theoretischer Ansatz zur Untersuchung der Dominanz der SAP im Markt für beratungsintensive ERP-Software, Köln.

SCHÜLER, H.-P. [2002], Windows 9x/ME: zu unsicher fürs nächste Office, Heise (Hrsg.) URL: http://www.heise.de/newsticker/data/hps-30.10.02-000/ [Stand 14.11.2002].

SCHULZ, N. [2003], Wettbewerbspolitik, Tübingen.

SCHUMPETER, J. [1952], Theorie der wirtschaftlichen Entwicklung, Berlin.

SCHWALBE, U.; ZIMMER, D. [2006], Kartellrecht und Ökonomie. Moderne ökonomische Ansätze in der europäischen und deutschen Zusammenschlusskontrolle, Frankfurt a. M.

SHAPIRO, C. [1999], Competition Policy in the Information Economy, URL: http://faculty.haas.berkeley.edu/shapiro/comppolicy.pdf [Stand: 23.09.2005].

SHAPIRO, C., VARIAN, H. R. [1999], Online zum Erfolg, München.

SHARKEY, W. [1982], The Theory of Natural Monopoly, New York.

SHELANSKY, H. A., SIDAK, G. J. [2001], Antitrust Divestiture in Network Industries, in: University of Chicago Law Review, Vol. 68, No. 1, S. 95-197.

SHEPARD, A. [1987], Licensing to Enhance Demand for New Technologies, in: Rand Journal of Economics, 18, S. 360-368.

SHEPHARD, W. G. [1984], Contestability vs. Competition, in: American Economic Review, 74, S. 572-587.

SHEREMATA, W. A. [1998], "New" Issues in Competition Policy Raised by Information Technology Industries, in: The Antitrust Bulletin, XLIII (3-4), S. 547-583.

SHURMER, M., SWANN, G. M. P. [1994], The Emergence of Standards in PC Software: Who Would Benefit from Industrial Invention?, in: Information Economics and Policy, 6, S. 295-318.

SHY, O. [2001], The Economics of Network Industries, Cambridge.

SIEDERSLEBEN, J. [2002], Softwaretechnik, Praxiswissen für Softwareingenieure, München.

SIDAK, G. J. [2001], An Antitrust Rule for Software Integration, in: Yale Journal on Regulation, Vol. 18:1, 2001, S. 1-83.

SNEED, H. M. [1996], Der Trend geht zu objekt-orientierten Client/Server-Systemen, in: Computerwoche-Extra (Hrsg.), 1, URL: http://www3.computer woche.de/heftarchiv/1996/19960216/a132978.html [Stand 29.04.2004].

SOFTGUIDE (Hrsg.) [2005], Anbieter für Branchensoftware, URL: http://www.softguide.de/ [Stand 13.09.2005].

SOMMERGUT, W. [2005], 20 Jahre Windows: Der lange Weg zum Monopol, in: Computerwoche, URL: http://www.computerwoche.de/index.cfm?-artid=78039&category=341&Pageid=253# [Stand 23.08.2005].

SPARKASSEN-FINANZGRUPPE (Hrsg.) [2003], Branchenstudie. Straßengüterverkehr, http://module.dsv-gruppe.de/unternehmer/ostalb/300branchendienste-/kurzb_2003_06.pdf [Stand 27.06.05].

SPENGLER, J. J. [1950], Vertical Integration and Antitrust Policy, in: Journal of Political Economy, 58, 347-352.

SPIEGEL ONLINE (Hrsg.) [2002], Hilfe für Hacker, URL: http://www.-spiegel.de/netzwelt/technologie/0,1518,216769,00.html [Stand 30.08.2005].

SPIEGEL ONLINE (Hrsg.) [2004], US-Regierung erbost über EU-Kommission, URL: http://www.spiegel.de/wirtschaft/0,1518,druck-292318,00.htm [Stand 30.08.2005].

STAHLKNECHT, P., HASENKAMP, U. [2002], Einführung in die Wirtschaftsinformatik, Berlin u. a.

STAHLKNECHT, P., HASENKAMP, U. [2005], Einführung in die Wirtschaftsinformatik, Berlin u. a.

STIGLER, G. J. [1968], The Organization of Industry, Homewood.

STOLPE, M. [1995], Technology and the Dynamics of Specialization in Open Economies, Kieler Studien 271, Tübingen.

STOPPER, M. [2005], Der Microsoft-Beschluss des EuG, in: Dreher u. a. (Hrsg.), Zeitschrift für Wettbewerbsrecht, 1, S. 87-110.

SUN MICROSYSTEMS (Hrsg.) [2005], Star Office 8, URL: http://www.sun.com/-software/star/staroffice/whats_new.jsp [Stand 25.07.05].

SUSE (Hrsg.) [2003], Novell-Übernahmen von SuSE, URL: http://www.suse.de/us/company/press/press_releases/archive03/novell_suse.html [Stand 23.10.2003].

SWANN, G. M. P. [2000], Ökonomie der Normung. Abschlussbericht für die Direktion Normen und technische Vorschriften Department of Trade and Industry, Manchester.

TEGNER, H. [1996], Zur (Ir)Relevanz pekuniärer externer Effekte, in: Volkswirtschaftliche Diskussionsbeiträge der WWU, 237, URL: http://www-wiwi.uni-muenster.de/ivm/volltext/pekunia/pekunia2.pdf [Stand 20.07.2003].

TELETARIF (Hrsg.) [2003], Linux auf allen Plattformen einsetzbar, URL: http://www.teltarif.de/arch/2003/kw11/s10092.html [Stand 24.11.2003].

TEPESC, V. [2002], Lizenzometer, in: c't magazin für computer technik, 4, S. 168-173.

THUM, M. [1994a], Network Externalities, Technological Progress, and the Competition of Market Contracts, International Journal of Industrial Organization, 12, S. 269-289.

THUM, M. [1994b], Möglichkeiten und Grenzen staatlicher Standardsetzung, URL: http://www.tu-dresden.de/wwvwlfw/media/PDF/WP/mt_homoo.pdf [Stand 25.09.2005].

TOLKSDORF, M. [1971], Ruinöse Wettbewerbsprozesse, in: Wirtschaft und Wettbewerb, 21, S. 287-294.

TRESCH, M. [1996], Middleware: Schlüsseltechnologie zur Entwicklung verteilter Informationssysteme, in: Informatik-Spektrum, 19, S. 249-256.

TROJANER BOARD (Hrsg.) [2005], URL: http://www.trojaner-board.de/archive-/index.php/t-13114.html [Stand 30.08.2005].

TU WIEN (Hrsg.) [2005], Glossar, Betriebssysteme, URL: http://gd.tuwien.ac.at/study/hrh-glossar/13-2_2.htm [Stand 24.08.2005].

UNILOG INTEGRATA (Hrsg.) [2003], Projekt Client Studie der Landeshauptstadt München. Kurzfassung des Abschlussberichts inklusive Nachtrag, München.

UNITED STATES DISTRICT COURT FOR THE DISTRICT OF COLUMBIA (Hrsg.) [1999a], Direct Testimoney of Paul Maritz, URL: http://www.courttv.com/archive/trials/microsoft/legaldocs/maritz_full.html [Stand 28.11.2004].

UNITED STATES DISTRICT COURT FOR THE DISTRICT OF COLUMBIA (Hrsg.) [1999b], Findings of Facts, URL: http://www.ltg.ed.ac.uk/~richard/findfact.html [Stand 28.11.2004].

UNITED STATES DISTRICT COURT FOR THE DISTRICT OF COLUMBIA (Hrsg.) [2000a], Final Judgement, URL: http://www.dcd.uscourts.gov/ms-final2.pdf [Stand 03.09.2004].

UNITED STATES DISTRICT COURT FOR THE DISTRICT OF COLUMBIA (Hrsg.) [2000b], Conclusions of Law, URL: http://www.usdoj.gov/atr/cases/f4400/-4469.htm [Stand 03.09.2004].

UNITED STATES DISTRICT COURT FOR THE DISTRICT OF COLUMBIA (Hrsg.) [2001], STIPULATION, URL: http://cyber.law.harvard.edu/msdoj/011106-proposed-settlement.html [Stand 03.07.2006].

UNITED STATES DISTRICT COURT FOR THE DISTRICT OF COLUMBIA (Hrsg.) [2002a], Complaint, URL: http://cyber.law.harvard.edu/openlaw/msdoj/aol-complaint.html [Stand 12.08.2003].

UNITED STATES DISTRICT COURT FOR THE DISTRICT OF COLUMBIA (Hrsg.) [2002a], Final Judgement, URL: http://news.findlaw.com/hdocs-/microsoft/nyvms110102fd.pdf [Stand 25.01.2007].

VAHLDIEK, A. [2002], Microsoft nennt Verfalls-Daten für Windows, in: Heise (Hrsg.) URL: http://www.heise.de/newsticker/data/axv-15.10.02-000/ [Stand 14.11.2002].

VAHRENKAMP, K. [1991], Verbraucherschutz bei asymmetrischer Information. Informationsökonomische Analysen verbraucherpolitischer Maßnamen, München.

WEIBER, R., ADLER, J. [1995], Informationsökonomisch begründete Typologien von Kaufprozessen, in: Zeitschrift für betriebswirtschaftliche Forschung, 47, S. 43-65.

WEIGAND, S. [1993], Daten- und Textübertragung in der Bundesrepublik Deutschland – Determinanten der Diffusion von Telekommunikationsdiensten, Münster u. a.

WEISS, O. [2003], Am Desktop ist Linux laut Gartner Group nicht billiger als Windows, in: Computerwelt (Hrsg.), URL. http://www.computerwelt.at/detailArticle.asp?a=77754&n=2 [Stand 23.09.2003].

VON WEIZSÄCKER, C. C. [1980], Barriers to Entry, Berlin u. a.

WENDT, O., VON WESTARP, F., KÖNIG, W. [2000a], Pricing in Network Effect Markets, URL: http://www.wiiw.de/publikationen/PricinginNetworkEffect Markets.pdf [Stand 28.11.2004].

WENDT, O., VON WESTARP, F., KÖNIG, W. [2000b], Diffusionsprozesse in Märkten für Netzeffektgüter – Determinanten, Simulationsmodelle und Marktklassifikation, in: Wirtschaftsinformatik, 5, S. 422-434.

WERDEN, G. J. [2001], Microsoft's Pricing of Windows: A Reply to Reddy, Evans, Nichols, and Schmalensee, in: Review of Industrial Organization, 18, S. 269-271.

WEST, J. [2002], How Open is Open Enough? Melding Proprietary and Open Source Platform Strategies, URL: http://opensource.mit.edu/papers/rp-west.pdf [Stand 30.09.2005].

WEY, C. [1999], Marktorganisation durch Standardisierung: Ein Beitrag zur Neuen Institutionenökonomik des Marktes, Berlin.

WEY, C. [2004], Soziale Marktwirtschaft im Zeichen der Globalisierung, DIW Berlin, Berlin.

WEY, C., BAAKE, P., KAMECKE, U. [2004], Neue Märkte unter dem neuen Rechtsrahmen, DIW Berlin: Politikberatung, 6, URL: http://www.diw.de/deutsch/produkte/publikationen/diwkomakt/docs/diwkompakt_2005-006.pdf [Stand 14.09. 2005].

WEY, C. [2005], A Comment on Choi, Kristiansen and Nahm, in: CES ifo, Economic Studies, 51, 2-3, S. 321-328.

WEYAND, J., HAASE, H. [2004], Anforderungen an einen Patentschutz für Computerprogramme, in: Gewerblicher Rechtsschutz und Urheberrecht, S. 198-204.

WIESE, H. [1990], Netzeffekte und Kompatibilität – Eine theoretische und simulationsgeleitete Analyse zur Absatzpolitik für Netzeffekt-Güter, Stuttgart.

WILDERMUTH, J. [2004], Will Political Donations Keep Microsoft Intact?, in: Common Dreams, URL: http://www.commondreams.org/cgi-bi/print.cgi?file=/views01/0701-07.htm [Stand 25.03.2004].

WILLIAMSON, O. [1968], Economics as an Antitrust Defense: The Welfare Trade-Offs, in: American Economic Review, LVIII, S. 18-36.

WIMMER, F., BITTNER, L. (Hrsg.) [1993], Software-Marketing. Grundlagen, Konzepte, Hintergründe, Wiesbaden.

WISSENSCHAFTLICHER BEIRAT BEIM BUNDESMINISTERIUM FÜR WIRTSCHAFT UND TECHNOLOGIE (Hrsg.) [2001], Wettbewerbspolitik für den Cyberspace, Berlin.

WORLD INTELLECTUAL PROPERTY ORGANIZATION (Hrsg.) [2005], WIPO Copyright Treaty (WCT) (1996), URL: http://www.wipo.int/treaties/en/ip/wct [Stand 24.09.2005].

YANG, Y.-N. [1996], Network Effects, Pricing Strategies, and Optimal Upgrade Time in Software Provision, URL: http://econwpa.wustl.edu/eps/io/papers/9602/9602001.pdf [Stand 28.11.2004].

ZDF (Hrsg.) [2003], Microsoft Office 2003 und Alternativen, URL: http://www.zdf.de/ZDFde/inhalt/26/0,1872,2073594,00.html [Stand 15.12.2003].

ZERDICK, A. u. a. [1999], Die Internet-Ökonomie: Strategien für die digitale Wirtschaft (European Communication Council Report), Berlin u. a.

ZIMMERLICH, A. [2004], Der Fall Microsoft. Herausforderung für das Wettbewerbsrecht durch die Internetökonomie. in: WRP – Wettbewerb in Recht und Praxis, 10, S. 1260-1272.

ZIMMERMANN, D. [2004], Die Zwangslizenzierung von Immaterialgüterrechten nach Art. 82 EG – Schutz vor Wettbewerb oder Schutz des Wettbewerbs?, Baslerschriften zur europäischen Integration, 76, Basel.

ZOHLNHÖFER, W. [1968], Wettbewerbspolitik im Oligopol: Erfahrungen der amerikanischen Antitrustpolitik, Basel u. a.

Studien zur Wirtschaftspolitik

Herausgeber:
Forschungsinstitut für Wirtschaftspolitik an der Universität Mainz e.V.
55099 Mainz

Band 1 bis 34 im Selbstverlag, Band 35 bis 44 im Verlag Minerva Publikation, München, Band 45 bis 63 im Selbstverlag. Die Bände 45 bis 63 sind noch über das Institut zu beziehen.

Band 82 Monopolisierungstendenzen bei Netzwerkgütern. Wettbewerbspolitische Analyse mit Microsoft-Problematik von *Anne Katrin Sohns* (2007)

Band 81 Qualitätstransparenz für ambulante und stationäre Gesundheitsleistungen. Wirtschaftpolitische Handlungsempfehlungen zur Ergänzung der wettbewerblichen Selbststeuerung von *Michael Mörsch* (2005)

Band 80 Liberalisierung von Monopolmärkten von *Clemens Christmann* (2004)

Band 79 Zukunft des Franchising in Deutschland. Analyse von Beschäftigungspotenzialen mit Vorschlägen für verbesserte Wachstumsbedingungen von *Patrick Dieses* (2004)

Band 78 Effizienzfördernde Reformen im Gesundheitswesen. Analytischer Vergleich der gesetzlichen Unfall- und Krankenversicherung von *Dominik Wallau* (2004)

Band 77 Konflikte im Steuerrecht. Empirische Analyse von Streitpotenzialen im Einkommen-, Körperschaft- und Gewerbesteuerrecht mit Vorschlägen zur Konfliktreduzierung von *Bernhard G. Funck* (2004)

Band 76 Erfolgsfaktoren des Stadtmarketing. Eine theoretische und empirische Analyse mit wirtschaftspolitischen Schlußfolgerungen von *Urban Mauer* (2003)

Band 75 Regionalentwicklung durch Konversionspolitik von *Bernd Werner* (2002)

Band 74 Die Umsatzbesteuerung des elektronischen Handels mit digitalen Produkten von *Anja Altmann* (2002)

Band 73 Wirtschaftsräumliche Dezentralisierungstendenzen und ihre Ursachen. Eine Untersuchung unter besonderer Berücksichtigung der wirtschaftlichen Entwicklung ländlicher Räume in der Bundesrepublik Deutschland von *Ralf Stahl* (2002)

Band 72 Strukturwandel im Einzelhandel: Herausforderung für die Raumordnungspolitik von *Stefan Linz* (2002)

Band 71 Nachhaltige Entwicklung. Grenzen monetärer Operationalisierung und konzeptionelle Folgerungen von *Andreas A. Busch* (2001)

Band 70 Entwicklungs- und Beschäftigungsperspektiven für den mittelständischen Einzelhandel. Analyse rechtlicher Rahmensetzungen und wirtschaftspolitische Schlußfolgerungen von *Margarete Keßler* (2001)

Band 69 Abbau der Langzeitarbeitslosigkeit. Auswertung praktischer Erfahrungen von Einrichtungen außerhalb der öffentlichen Arbeitsvermittlung von *Christine M. Helbig* (2001)

Band 68 Verbesserung der Motivation und Wissensvermittlung zur Selbständigkeit. Möglichkeiten der Förderung von unternehmerischem Interesse und unternehmerischem Handeln bei Jugendlichen von *Vera Döring* (2001)

Band 67 Der Dienstleistungsstandort Rheinland-Pfalz. Bestandsanalyse, Perspektiven und wirtschaftspolitische Handlungsempfehlungen von *Claus Bauer* (2001)

Band 66 Mittlere Kommunen als Dienstleistungsstandorte. Empirische Bestandsanalyse, Entwicklungspotentiale und wirtschaftspolitische Handlungsmöglichkeiten von *Alexander Klein* (2001)

Band 65 Die Liberalisierung vergleichender Werbung in Deutschland. Erste empirische Befunde und wettbewerbspolitische Beurteilung von *Dorothea Varlam* (2000)

Band 64 Risikokapital und Neuer Markt. Die Aktie als Instrument der Risikokapitalbeschaffung für junge Wachstumsunternehmen von *Susanne Knips* (2000)

Band 63 Hindernisse für Teilzeitarbeit und flexible Arbeitsorganisation in der Bundesrepublik Deutschland von *Kerstin Altendorf* (1999)

Band 62 Wandel des Verhaltens von Frauen und Männern in Führungspositionen – Ökonomische Analyse empirischer Daten und eigener Befragungsergebnisse von *Birgit Mohneck* (1998)

Band 61 Die Bedeutung der Lohnnebenkosten für die Entwicklung der Arbeitskosten in Deutschland – Empirische Befunde und wirtschaftspolitische Handlungsempfehlungen von *Oliver Fink* (1998)

Band 60 Mittelstandsentwicklung im Transformationsprozeß der Reformstaaten Polen, Ungarn und Tschechien – Bestandsaufnahme, Finanzierungsprobleme und wirtschaftspolitischer Handlungsbedarf von *Arina Freitag* (1998)

Band 59 Lage und Perspektiven der Textil- und Bekleidungsindustrie von *Roman Riesch* (1998)

Band 58 Transfomation der Wirtschaftsordnung und politisches System – Anspruch und Wirklichkeit der Wirtschaftsreformen in Ungarn 1968 – 1996 von *Martin Hock* (1998)

Band 57 Die Glasindustrie in der Bundesrepublik Deutschland von *Peter Willett* (1998)

Band 56 Die Rolle des Mittelstandes beim Aufbau der Marktwirtschaft in der Tschechischen Republik – Eine empirische Analyse im Vergleich mit entwickelten Industrieländern unter besonderer Berücksichtigung des sektoralen Strukturwandels von *Christian Franckenstein* (1997)

Band 55 Aufbau von Altersversorgungssystemen im Transformationsprozeß der Reformstaaten Polen, Ungarn und Tschechien von *Eberhard Boller* (1997)

Band 54 Indikatoren der Systemtransformation – Kritische Analyse unter besonderer Berücksichtigung der Privatisierung in 26 Staaten von *Gunther Quidde* (1997)

Band 53 Arbeitsmarktpolitik in der Systemtransformation – Kritische Analyse für Polen, die Tschechische Republik und Ungarn von *Eckhard Schulte* (1997)

Band 52 Umweltpolitik im Transformationsprozeß der Reformstaaten Tschechien, Polen und Ungarn von *Bettina Naß* (1996)

Band 51 Die Zukunft der deutschen Textil- und Bekleidungsindustrie – Auswirkungen der Integration des Welttextilabkommens in die allgemeinen GATT-Regeln von *Kay M. Rathke* (1996)

Band 50 Lohnpolitik in der Systemtransformation – Kritische Analyse für Polen, die Tschechische Republik und Ungarn von *Mario Müller* (1996)

Band 49 Innerstädtische Standortprobleme von Einzelhandelsbetrieben – Situationsalalyse und wirtschaftspolitischer Handlungsbedarf von *Gabriele Speth* (1994)

Band 48 Die Schaffung wettbewerblicher Strutkuren im Transformationsprozeß – Eine vergleichende Analyse für die Visegrád-Staaten von *Jörg Henzler* (1994)

Band 47 Duales System, Rücknahmepflicht und Pfandregelung – Eine vergleichende Untersuchung unter besonderer Berücksichtigung des Einzelhandels von *Andrea Philipp* (1993)

Band 46 Gesamtwirtschaftliche Wirkungen staatlicher Ausfuhrgewährleistungen – Das Beispiel der Hermes-Deckungen von *Bernd Halfen* (1991)

Band 45 Das Zonenrandgebiet nach der deutschen Einigung – Wirtschaftliche Entwicklung und regionalpolitische Implikationen von *Michael Offer* (1991)

Band 44 Marktwirtschaftliche Innovationspolitik durch Outputorientierung staatlicher Förderung von *Dieter Kern* (1991)

Band 43 Tarifpolitik in strukturschwachen Branchen – Eine empirische Untersuchung der Druckerei- und der Textilindustrie in der Bundesrepublik Deutschland von *Andrea Beyer* (1991)

Band 42 Quantitative und qualitative Beschäftigungswirkungen neuer Technologien – Eine Analyse für Rheinland-Pfalz von *Florian Cantzler* (1991)

Band 41 Die deutsche Rundfunkordnung nach der Zulassung privater Anbieter – Absehbare Entwicklungen und medienpolitischer Handlungsbedarf von *Lukas Weber* (1990)

Band 40 Realisierungschancen einer Privatisierung öffentlicher Dienstleistungen von *Michaela Metzger* (1990)

Band 39 Die Bankdienste der Deutschen Bundespost in ordnungspolitischer Sicht von *Stefan Beckers* (1990)

Band 38 Der Markt für Übertragungseinrichtungen der Telekommunikation – Struktur, Entwicklung, Perspektiven von *Wolfgang Kopp* (1990)

Band 37 Eigenbeteiligung in der ambulanten Gesundheitsvorsorge – Möglichkeiten gesundheitsökonomischer Ausgestaltung von *Stefan Piffl* (1990)

Band 36 Deregulierung im Verkehr als politische Aufgabe von *Walter Hamm* (1989)

Band 35 Strukturwandel ohne Staatshilfe – Das Beispiel der Holzverarbeitenden Industrie in der Bundesrepublik Deutschland (1976-1985) von *Berthold Morschhäuser* (1988)

Band 34 Mitanbieterschaft der Deutschen Bundespost auf Endgerätemärkten von *Harry Rendel* (1988)

Band 33 Staatliche Eingriffe in den Mietwohnungsmarkt – Erfolgskontrolle und Reformvorschläge von *Waltraud Eucker-Herresthal* (1986)

Band 32 Die Gebührenpolitik der Deutschen Bundespost im Kleingut- und Fernmeldebereich – Analyse und kritische Würdigung ihrer Marktgerechtigkeit von *Jörg Rohde* (1986)

Band 31 Wettbewerb und Strukturwandel bei internationaler Marktverflechtung – Das Beispiel der Papier erzeugenden Industrie der Bundesrepublik Deutschland 1970-1983 von *Bernhard Neef* (1985)

Band 30 Die gruppenspezifische Be- und Entlastung von Klein-, Mittel- und Großunternehmen durch staatliche Abgaben und Transferzahlungen von *Gerhard Kern* (1984)

Band 29 Auswirkungen der 1977 neugefaßten Baunutzungsverordnung auf die Ansiedlung von Handelsbetrieben und die räumliche Struktur des Handels von *Kurt Hoffmann* (1984)

Band 28 Markttransparenz in der Lebensversicherung – Analyse bisheriger Erfahrungen und Empfehlungen für die Weiterentwicklung sektorspezifischer Regelungen aus wettbewerbs- und verbraucherpolitischer Sicht von *Michael Stöffler* (1983)

Band 27 Wettbewerbsregeln für den Luftverkehr in der EG von *Michael Hammes* (1982)

Band 26 Wettbewerbliche Wirkungen publizierter Jahresabschlüsse von *Klaus Höflich* (1981)

Band 25 Staatliche Ausbildungsplatzpolitik – Angebots- und Nachfrageanalyse, Überlegungen zum ordnungspolitischen Rahmen, Vorschläge zum Abbau eines Lehrstellenmangels von *Martin Weiblen* (1981)

Band 24 Währungszuschläge in der Seeschiffahrt und ihre Auswirkungen auf die Exportwirtschaft von *Helmut Reitze* (1981)

Band 23 Prämienanpassungsklauseln in der privaten Versicherungswirtschaft – Eine Analyse ihrer gesamtwirtschaftlichen Wirkungen von *Waltraud Eucker* (1980)

Band 22 Auslandsinvestitionspolitik und Außenhandelspolitik im Konflikt – Eine wirtschaftspolitische Studie auf Branchenebene von *Wolfgang Koch* (1980)

Band 21 Die Wettbewerbsverhältnisse auf dem Markt für Papier und Pappe in der Bundesrepublik Deutschland von *Paul Bernhard Mohr* (1977)

Band 20 Schwierigkeiten internationaler Vergleiche von Preisen und Kosten im Post- und Fernmeldebereich von *Bodo Fuchs* (1976)

Band 19 Branchenbezogene Investitionsplanung als Alternative zur unternehmerischen Kapazitätspolitik von *Ulrich Rosenkranz* (1975)

Band 18 Preis- und wettbewerbspolitische Problematik staatlicher Gebührenordnungen für freie Berufe von *Michael Knümann* (1975)

Band 17 Frankostationspreise der deutschen Zementindustrie in wettbewerbspolitischer Sicht von *Rolf Dieter Kretzer* (1969)

Band 16 Kann man mit "armen" Ländern Handel treiben? von *Hans Haupt* (1969)

Band 15 Subventionswirkungen: Ein Beitrag zur Systematisierung und wirtschaftspolitischen Beurteilung von Hilfen aus dem Staatshaushalt von *Rolf Schorn* (1967)

Band 14 Die deutsche Notenbank als Instrument sowjetzonaler Wirtschaftspolitik von *Hans-Joachim Schroeter* (1967)

Band 13 Spannen und Wettbewerb auf den Absatzwegen landwirtschaftlicher Erzeugnisse von *Horst Dohm* (1967)

Band 12 Der Wettbewerb zwischen der Deutschen Bundesbahn und den Luftfahrtunternehmen im innerdeutschen Eisenbahn- und Flugreiseverkehr von *Gerd Müller* (1967)

Band 11 Sachliche Lohnbestimmung – Das Ordnungsproblem auf dem Arbeitsmarkt von *Hans Georg Kloos* (1966)

Band 10 Staatliche Einkaufsmethoden in den Vereinigten Staaten von Amerika von *Sigurd Dülz* (1958)

Band 9 Vom Teilauftrag zum Vollauftrag von *Erich Welter* (1958)

Band 8 Rheinland-Pfalz: Eine Analyse seiner wirtschaftlichen Struktur von *Werner Bosch* (1957)

Band 7 Öffentliche Beteiligung an wirtschaftlichen Unternehmen. Ein Verzeichnis der Beteiligungen der öffentlichen Hand in der Bundesrepublik (1957)

Band 6 Die amerikanische Post als Auftraggeber von *Margaret Berry* (1956)

Band 5 Eifel – Hunsrück – Oberwesterwald: Analyse der Wirtschaftsstruktur, Möglichkeiten der wirtschaftlichen Intensivierung von *Werner Bosch* (1955)

Band 4 Einige Gedanken zum Thema der Preis-Kosten-Schere im Verkehrswesen von *Werner Fricke* (1954)

Band 3 Die Carl-Zeiss-Stiftung im Lichte der Wettbewerbsordnung von *Helmut Troeger* (1954)

Band 2 Mainz – Wiesbaden und das Mainmündungsgebiet – Eine Betrachtung über die wirtschaftliche Struktur und die Möglichkeiten einer engeren Zusammenarbeit von *Werner Bosch* (1954)

Band 1 Kreditorganisation und industrielle Kapitalversorgung von *Max Bliesener* (1953)

www.peterlang.de

Hardy Gude

Wettbewerbsstrategien etablierter Anbieter bei Markteintritt und neuer Konkurrenz

Frankfurt am Main, Berlin, Bern, Bruxelles, New York, Oxford, Wien, 2007.
VII, 207 S., zahlr. Tab. und Graf.
Europäische Hochschulschriften: Reihe 5, Volks- und Betriebswirtschaft. Bd. 3264
ISBN 978-3-631-56554-4 · br. € 39.–*

Die Reaktionen eines etablierten Unternehmens auf den bevorstehenden Markteintritt eines neuen Wettbewerbers lassen sich in aggressive (Abwehr und Behinderung) und nicht-aggressive Maßnahmen (Zulassung und Duldung) klassifizieren. Die Wahl der geeigneten Strategie ist dabei von einer ganzen Reihe von Faktoren abhängig, über die nur teilweise vollständige Informationen vorliegen. Die temporäre Beteiligung eines neuen Konkurrenten am Marktgeschehen kann für ein etabliertes Unternehmen eine vorteilhafte Strategie sein. Infolge des Markteintritts und der anschließenden Wettbewerbsphase werden bislang private Informationen des Neulings offengelegt. Diese nutzt der etablierte Anbieter zur erneuten Monopolisierung des Marktes mit einem höheren Gewinn als in der Ausgangssituation.

Aus dem Inhalt: Abwehr- und Verdrängungspreisstrategien · Abwehr des bevorstehenden Markteintritts · Sortimentserweiterung · Geschichte von der „Dicken Brieftasche"· Vorteile durch Konkurrenz · Wettbewerbsstrategien bei vollkommener und unvollkommener Information

FSC
www.fsc.org
MIX
Papier | Fördert gute Waldnutzung
FSC® C083411

Kolibri 360 GmbH
Ferdinand-Jühlke-Straße 7
99095 Erfurt, Deutschland
produktsicherheit@kolibri360.de

Druck:
CPI Druckdienstleistungen GmbH
im Auftrag der
Kolibri 360 GmbH
Ferdinand-Jühlke-Str. 7
99095 Erfurt